無錫文庫

第三輯

錫山徐氏宗譜

鳳凰出版傳媒集團
鳳凰出版社

ISBN 978-7-5506-0703-3

圖書在版編目（CIP）數據

錫山徐氏宗譜 / 徐家保，徐振清纂修. -- 南京 : 鳳凰出版社，2011.8
（無錫文庫. 第3輯）
ISBN 978-7-5506-0703-3

Ⅰ. ①錫… Ⅱ. ①徐… ②徐… Ⅲ. ①氏族譜系－無錫市 Ⅳ. ①K820.9

中國版本圖書館CIP數據核字(2011)第154402號

責任編輯　王　劍
裝幀設計　姜　嵩
出版發行　鳳凰出版傳媒集團
　　　　　鳳凰出版社(原江蘇古籍出版社)
　　　　　南京市中央路165號　郵編 210009
　　　　　發行部電話 025－83223462
集團網址　鳳凰出版傳媒網　http://www.ppm.cn
印　　刷　無錫市證券印刷有限公司
　　　　　無錫市揚名高新技術産業園B區75號　郵編 214024
開　　本　889×1194毫米　1/16
印　　張　35.5
版　　次　2011年8月第1版　2011年8月第1次印刷
標準書號　ISBN 978-7-5506-0703-3
定　　價　470.00圓
（本書凡印裝錯誤可向承印廠調換，電話：0510－85435666）

無錫文庫編輯委員會

無錫文庫學術顧問

總序

七千年文明史，三千年建城史，江南名城無錫，襟長江依太湖，自古以來就是魚米之鄉，禮儀之邦。無錫文化自泰伯南奔以來，騰蛟起鳳，尚德崇文，在數千年的傳承發展中，教化常持，經世務實，人杰輩出，大家林立，文藻絢麗，錯彩鏤金。舍南舍北皆春水，欲與湖山作主人，數千年的人文傳統，賦予了風光秀美的無錫以獨特的文化魅力，鑄就了城市剛柔相濟、秀逸清麗的的文化品格。

無錫是中國吴文化的發源地。早在商代晚期，周太王古公亶父的長子泰伯三讓王位，携其弟仲雍奔吴，定居無錫梅里，建『勾吴國』，『端委以治周禮』，施以禮儀教化；興修水利，授以農桑，不數年而『民人殷富』。泰伯帶來的中原文化與無錫本地土著文明相結合，吴文化以及作爲其重要組成部分的無錫文化就此發端。晋室南渡，北方人群大量南遷，帶來了中原的文化技術，促進了無錫農業、水利、手工業和商業的發展，中原文明再度與吴文化進行融合互滲。在本土文化與异地文化的碰撞和交融中，不斷推動着無錫這座城市的文明進步。

無錫歷史文化『追歷七千餘載歲月滌蕩，遂經四大轉折而成其廣大深厚：泰伯西來，吴文化成焉；永嘉南渡，江左文脉振焉；宋室波遷，江南文風始焉；歐風東漸，錫邑占風氣之先，民族工商文化始焉。數百代鄉彦賢達智慧與創造累積，文獻足徵，無慮百千』（《錫山先哲叢刊》重版弁言）。無錫文化以兼容并蓄多樣化的形態不斷發展。

崇文尚教，以教促文。北宋嘉祐三年（一〇五八），無錫始設縣學；北宋政和元年（一一一一），理學傳人楊時在無錫創建東林書院，此後無錫出現了喻樗、尤袤、李祥、蔣重珍等一批知名的教育家。至明代，顧憲成、高攀龍等在東林書院講學，此後又有許多書院相繼而起。古代無錫對教育的重視，促進了『崇文』和『尚教』的風氣，也造就了大量的人才。自隋朝開創科舉取士到清末廢除科舉，無錫共出了五名狀元、三名榜眼、六名探花和三名傳臚，并有五百四十名進士，一千二百多名舉人；『一榜九進士』、『六科三解元』，自古傳爲佳話。近代以來，經濟的繁榮進一步帶動了教育的興盛。無錫籍國學大師錢穆曾説：『晚清以下，群呼教育救國，無錫一縣最先起。』此後無錫的實業家紛紛出資興辦文化教育事業。教育的繁興，在極大程度上促進了無錫的文化發展，出現了空前的文化人才崛起的高峰。

文脉綿延，後出轉强。歷來『文化』的概念有廣義和狹義之分，這裏的『文脉』之『文』，用的是狹義的概念，即指經史、文學、藝術等人類所創造的精神財富的總和。在無錫的歷史文化傳統中，自古及今，悠悠文脉，如瓜瓞之綿綿。必須指出的是，從文化發生學的角度來看，早期中華文化的中心是在黄河流域的中原地區，無錫在宋元以前，雖有像顧愷之、李紳、尤袤、蔣捷、倪瓚等一批人文英才，但在整體上，無錫的文氣是自明清以迄近現代達到巔峰。在整個江南地區文教昌明和無錫經濟繁盛、教育勃興的大背景下，無錫地區在經史、文學、繪畫、音樂等諸多領域中，建樹卓越，俊才雲蒸，真正呈現出『人文之盛，冠於南國；碩彥輩出，著述繁富』的局面。

求實務本、重工崇商。無錫自古爲江南富庶之地、魚米之鄉。明代東林講學者將士商并列爲『本行』，講求經世致用；近代早期維新的思想家、實踐家薛福成提出『黜浮靡，崇實學』，大力倡揚『工商爲先，耕戰植其基，工商擴其用』的觀念，這些都成了近代以來無錫人求實務本、重工崇商的重要的思想根源；兼以明清時期，封建自然經濟解體，資本主義開始萌芽，無錫經濟日趨繁盛。鴉片戰爭以後，上海開埠，由於商品經濟的發展和商業資本積累的增加，逐步形成了一個以上海爲中心的，北接江陰、靖江，西連蘇州、無錫、常州的經濟區域。有布、米、絲、錢『四大碼頭』的無錫，被譽爲『小上海』。到了十九世紀末、二十世紀初，無錫許多有識之士積極引進西方生產技術，大力興辦工廠，形成了近代六大資本系統，無錫成了近代中國民族工商業的發祥地和蘇南經濟中心。經濟的繁盛，不僅爲無錫文化的不斷發展提供了堅實的物質基礎，而且也形成了無錫文化的主流形態之一的，具有鮮明特色和豐富內涵的『工商文化』。

文化源長，文獻宏大。在歷史上，無錫有過兩次較大規模的文化整理。一八九九年，《常州先哲遺書》是包涵無錫在内的第一次區域性文化整理集成。一九二二年，《錫山先哲叢刊》是無錫真正意義上從城市角度進行的一次文化整理。當時，國家積貧積弱，社會動蕩離亂，身處亂世的有識之士高擎文化的旗幟，以縱覽千古的魄力和毅力致力於城市文化傳統的繼承與弘揚，爲無錫地方人文教育提供了文化楷模，對增强無錫崇文興教氛圍發揮了重要的作用，爲無錫躋身江南名城提供了文化動力，其意義至今爲後人感念。

滄桑巨變，天上人間。經過近一個世紀的奮鬥探索，特別是改革開放三十多年來的迅猛發展，中華民族强勢崛起。國運昌隆，盛世修典。中共無錫市委、市政府高度重視地方傳統文化的整理弘揚工作。自二〇〇七年提出『建設文明無錫，打造文化名城』以來，無錫全面深入開展歷史文化遺産的挖掘、清理、保護和修復工作，傳承弘揚優秀傳統文化，彰顯城市人文歷史底藴，掀起歷史文化名城建設新高潮。此後，市委、市政府在《無錫市文化大發展大繁榮行動綱要》中明確要求全面整理出版地方歷史文獻，市委、市政府在《關於深化文化體制改革加快文化强市建設的决定》中再次明確要求編纂《無錫文庫》，正式啓動迄今爲止無錫地區規模最大、綜合性鄉邦文獻集成的修編工作。爲確保《無錫文庫》的編纂工作順利進行，市委、市政府專門成立了『無錫文庫工作委員會』，由市委宣傳部牽頭，設立了『無錫文庫編輯委員會』，計劃用三年時間完成編纂出版工作。《無錫文庫》的編纂，將以嶄新的學術角度和現代學科框架對城市歷史文化進行全面梳理和弘揚，站在時代的高度，充分展示城市深厚的歷史底藴，彰顯先賢哲人的智慧創造，解讀無錫文化的獨特個性，提煉升華無錫的人文精神，光前裕後，古爲今用，以文化人，由人化文，以史爲鑒，開啓未來。

《無錫文庫》的編纂出版必將發揮重要的文化功能：首先是搶救文獻。無錫自古即有豐富的地方文獻，無論經史子集，都有重要著作流傳於世。然而無錫近代歷經戰亂，一些重要典籍已毁佚，僅有書名存留；還有一些珍貴的明清地方史籍，也以孤本存世，處於若存若亡之間。由於各種原因，一些代表無錫文化的典籍保存於國内外各大圖書館中，在無錫不易見到。從清末到民國期間，在文化上有不少重要成果，而這部分書籍因長期被忽視而處於毁佚的邊緣。《無錫文庫》的編纂就是爲了搶救文獻，保存文脉。其次是古籍整理。無錫先賢留下的載籍很多，但現存書籍，版本雜亂，良莠不齊，整體而言没有經過系統編排梳理，使用不便。《無錫文庫》的編纂，就是從版本目録學的角度加以梳理，每書皆撰提要，鈎玄指要，便於閲讀使用。第三是服務大衆。《無錫文庫》所收皆爲地方古史遺文，是研究無錫歷史沿革和文化傳承的必讀書目。《無錫文庫》的編纂出版，使這些書籍的使用更加便捷和廣泛，對無錫的文化建設、城市規劃、古迹保護、名勝開發都具有很高的學術價值和實用價值。

歷史唯物主義觀是《無錫文庫》編纂出版工作的重要指導思想。《無錫文庫》是一部具有社會主義新時代特點的典籍集成，編纂理念和選編觀念更加科學，注重學術性、實用性和經典性相結合，并且儘量收入古籍版本研究的新成果，廣泛收集流散在國内外的珍貴典籍。編纂工作中，始終堅持『尊重歷史、尊重科學、尊重規律、尊重專家』的原則，堅持『雙百』方針，對傳統文化中重要的不同學派、不同觀點的資料兼收并蓄，力求客觀、完整和全面。當然，《無錫文庫》不可能包羅萬象，而以文史哲爲主要内容，兼顧其他類别著述，整體呈現出無錫歷史文化的發展脉絡。强化編纂工作的學術規範，提倡實事求是的良好學風，對文庫的整體規模、體例框架、所收書目、版式裝幀等進行反復論證，反復比較，多方聽取意見，慎之又慎，力争使《無錫文庫》成爲一部真正代表無錫文化的綜合性鄉邦文獻集成。

編纂出版《無錫文庫》的盛舉，得到了海内外衆多著名的文史專家、學者教授的熱烈響應。許倬雲、馮其庸、楊天石、李文海、徐中玉、馮遠、胡福明等無錫籍文化名人和劉玉才、程章燦、江慶柏、張廷銀、金良年等專家學者應邀擔任《無錫文庫》的學術顧問，他們扎實的學術功底、嚴謹的治學風範、卓越的學術見識，爲《無錫文庫》提供了有力的支撑。

千年吴地文明，百年工商繁華，賦予無錫人聰慧和靈秀，創造了具有獨特品質的城市文化和城市精神。當我們手捧先哲留下的珍貴文化遺産，不僅滿懷感恩、敬畏之心，更涌動着不負前賢、勵志圖新的激情，去努力創造城市文化嶄新的輝煌，讓無錫文化大發展大繁榮的春天更加姹紫嫣紅、繽紛燦爛！

無錫文庫編輯委員會

二〇一一年一月

凡例

一、《文庫》所收爲無錫籍作家的著述和與無錫相關的歷代文獻，分爲《官修舊志》、《地方史料專著》、《年譜家乘》、《無錫文存》和《近現代名家名著存目》五輯。

二、無錫地域範圍以現行行政轄區爲準。《文庫》立足無錫市區，兼顧江陰、宜興，適當選收江陰、宜興具有代表性的著作。

三、《文庫》所收著作，以史料價值高、使用價值大爲原則，適當兼顧其版本價值。

四、《文庫》主要采用影印方式出版，《近現代名家名著存目》收入作家小傳和主要著述目録。

五、《文庫》所收著作，其編纂年代下限爲一九四九年；《近現代名家名著存目》則不受此限。

六、《文庫》所收著作，原書如有蠹損、殘缺、漫漶不清處，原則上以相同版本予以换頁、補頁，使全書清晰、整齊。

七、《文庫》對所收每種圖書，均撰寫提要，置於每種書扉頁之背面；每册均新編頁碼，自爲起訖。

八、《文庫》編制書名索引和著者索引，以方便讀者使用。

第三輯編輯説明

本輯為《無錫文庫》之第三輯《年譜家乘》，收録無錫（含江陰、宜興）歷代名人年譜以及部分著姓望族家譜。

年譜是史籍中一種人物傳記體裁。但和一般的傳記有所不同，一般的傳記主要紀傳主的生平大要，而年譜則是以譜主爲中心，以年月爲經緯，比較全面細緻地叙述譜主一生事迹。所謂『叙一人之道德、學問、事業，纖悉無遺而系以年月者，謂之年譜』（朱士嘉《中國歷代名人年譜序》）。家譜是一種以表譜形式記載一個以血緣關係爲主體的家族世系繁衍及其重要人物事迹的圖書體裁，主要包含譜序、題辭、恩榮、凡例、像贊、世系、傳記、宗規、家訓、祠墓、義田、藝文等内容。

它們都屬於史籍中較爲特殊的體裁，過去由於歷史研究中理論的誤導，不重視或忽視人的主體性，對名人與望族的研究相對來説顯得薄弱。隨着思想禁錮的打破以及地方史研究的逐步深入，纔慢慢爲學界所重視，並成爲熱點。今天我們将此列爲專門研究對象，着眼點是它的社會意義，具體一些説，就是某一望族在它所處的社會制度下，對政治、經濟、文化、社會生活諸方面所發生的正負影響，又從某一望族的興衰過程透視其社會歷史的宏觀背景。同時望族的研究離不開個體研究，離不開對名人和精英在歷史發展中所處的地位和發揮的作用、功過善惡給予合乎歷史真實的評價。無論是群體或個體研究，其結果都對現實生活有借鑒的作用。

無錫，地靈人傑，截至二〇一一年，産生於此的百餘名科學院、工程院、社科院院士（學部委員）已使它成爲名副其實的『院士之鄉』、『人才高地』，無錫的人文之厚，正源自這片熱土千百年來所湧現出的衆多風流人物與著姓望族。本輯首次較全面地彙編了這些名人的年譜和部分著姓望族家譜共約一百三十種，爲學界研究提供參考。需要説明的是，考慮到文獻資料的完整性、實用性、稀見性，個別年譜家乘會突破一九四九年的年代下限；而當代編寫出版的無錫歷代名人年譜，坊間易得，不在此次收録之列；另有十一種年譜因已分别附録在《無錫文庫》第二、三、四輯的相關書内，也就不再重復收入，它們是：《梁溪先生年譜》（譜主李綱，李綸編）收入第四輯之《梁溪先生文集》，《修敬公年譜》（譜主秦旭）、《端敏公年譜》（譜主秦金）、《從川公年譜》（譜主秦瀚）、《海翁公年譜》（譜主秦德藻）收入第三輯之《錫山秦氏宗譜》，《盛顒年譜》（譜主盛顒）收入第三輯之《勾吴盛氏宗譜》，《顧端文公年譜》（譜主顧憲成）收入第四輯之《顧端文公遺書》，《師竹廬自述》（譜主賓鎮）收入第二輯之《師竹廬隨筆》，《孝侯公年譜》（譜主周處）、《簡惠公年譜》、《少宰公年譜》（譜主周家楫）收入第三輯之《國山周氏世譜》。

本輯排列順序，先年譜後家乘，無錫、江陰、宜興各自分編。年譜依譜主歷史年代爲序，全文收録。家乘依姓氏筆畫爲序，視其文獻價值，全文收録或選擇收録，選擇收録者，在提要中加以説明。

目録

錫山徐氏宗譜

（民國）徐家保 徐振清 纂修

《錫山徐氏宗譜》九十四卷，徐家保、徐振清纂修，清光緒三十一年（一九〇五）無錫惠山徐孺子先生祠古十笏堂木活字本。

徐家保（一八六七—一九二二），字獻廷，無錫人。徐壽之孫，襲封二品頂戴，四川建昌兵備道道臺。曾任湖北兩湖書院總教習。民國初任廣東石井機器局總辦。長期從事軍事技術工作。譯著有《煉鋼要言》等。徐振清（一八七二—一九五八），字衡山，徐家保弟。清内閣中書，京師大學堂化學教習。民國後任陸軍中將等職。

卷一序、目録，卷二、卷三誥敕，卷四家規、家訓，卷五傳，卷六各支譜序，卷七像賛，卷八至卷十二傳記，卷十三雜記，卷十四墓志，卷十五、卷十六源流世表，卷十七至卷九十四各支世表。

該譜爲無錫地區的一部徐氏統譜，包含支派六十餘支。涉及地區主要爲蘇、錫、常兼及外地，以無錫爲主。徐氏源出嬴姓，十分古老，得姓既早，分布遂廣。該譜奉徐鉉爲始祖，源於無錫膠山徐氏古宅古十笏堂。該譜即以古十笏堂名義印行。所載各支亦有支派之始祖。徐氏宗譜雖爲統譜，實際所收支派譜僅爲一部分，佚失的尚多，該譜編纂方式也僅是在惠山宗祠設譜局，由各地支派上門申報的辦法。譜中所收支派譜序言都寫於清代，故明清以來的譜系是可靠的。該譜卷十爲徐壽、徐建寅家族史料，很是寶貴。譜頭部分包含徐氏歷代誥命、姓氏源流、圖像，其中與宗祠有關的部分是較有價值的部分。

本書據清光緒三十一年本影印卷一至卷十四、卷十五部分。

（徐志鈞）

錫山徐氏宗譜

錢塘汪鳴鑾署檢

光緒三十一年夏重
脩於惠麓孺子公祠

序

天下事莫大乎敬宗敬宗莫大乎收族收族者即所以敬宗敬宗不外乎收族也收族者何千子萬孫皆祖宗之所由出也敬宗者何水源木本皆子孫之所當崇也其載之而不精者則惟譜竊思漢之時太史公作史記以著世家姓氏之所由出鄭氏作官譜應劭作族編王符作姓氏論劉宗之世何承休作姓苑唐興敕尚書著作郎袁彥昉品大姓名家譜狀

嘗六十七姓永爲國之梁柱二千
三百雜姓不與焉貞觀間有氏族
誌元和間有姓氏纂路景濤作姓
略柳沖撰族姓系錄迄宋眉山
蘇氏譜法參照萬吾義近於史
其文直敘而下廬陵歐氏吾善而

序六

不吾惡義取諸銘其文横列而左
自元而明其法兼取之蘇耶取之
歐譜學之精自底而上可爲進身
之階自宗而下不可問矣今年春四川
候補道徐家保向閩中吾徐振清出
其徐氏家乘請序於余余閱之見其

賜自若木公受姓於徐其後偃王行
義朝於徐者四十國漢孺子公爲高
士至宋則有公爲翰林學士封國
侯太祖稱之爲忠臣卿之延之世代
簪纓爲忠爲孝爲節爲義者
不可勝記誠家之至寶也家保振

序五

清告余曰此家先君仲甫公偕
弟歸道山後職籌暨同宗浙江候
補知縣徐善寶五品銜補用知縣徐
鳳岐附貢生候選訓導徐蓀榆五
品藍翎徐耀先監生徐昌浩庚午
科武舉徐上達中書科中書

徐承治約正徐達先等踵而成之余
曰和衷共濟克成此舉可為天下
風也於是乎書
光緒三十一年歲次乙巳孟夏之月
誥授光祿大夫頭品頂戴太子少保
兵部尚書湖廣總督南皮張之
洞頓首拜撰
例授奉政大夫
欽加五品頂戴翰林院孔目加一級同
邑吳元鑄頓首拜書

錫山徐氏宗譜

倡修

花翎二品頂戴記名出使大臣直隸候補道 徐建寅

纂修

花翎二品頂戴四川候補道 徐家保
召試經濟特科內閣中書 徐振清

協修

四品銜升用同知浙江候補知縣 徐善寶
五品銜分省補用知縣 徐鳳岐

五品銜中書科中書 徐承治
候選訓導附貢生 徐葆樹
監生 徐昌浩
庚午科武舉人 徐上達
約正 徐達先
五品銜分省補用縣 徐文淵

分校

五品藍翎武庠生 徐耀光
六品銜補用縣主簿 徐容光

五品銜候補縣丞徐福昌
五品銜中書科中書徐翼清
童生徐昌濟
生員徐世勲
候選按察使司知事徐朝輔
世襲雲騎尉鄉飲介賓徐祥甫
童生徐培福
童生徐壽朋
監生徐炳鏞

童生徐繼貞

錫山徐孺子先生祠圖

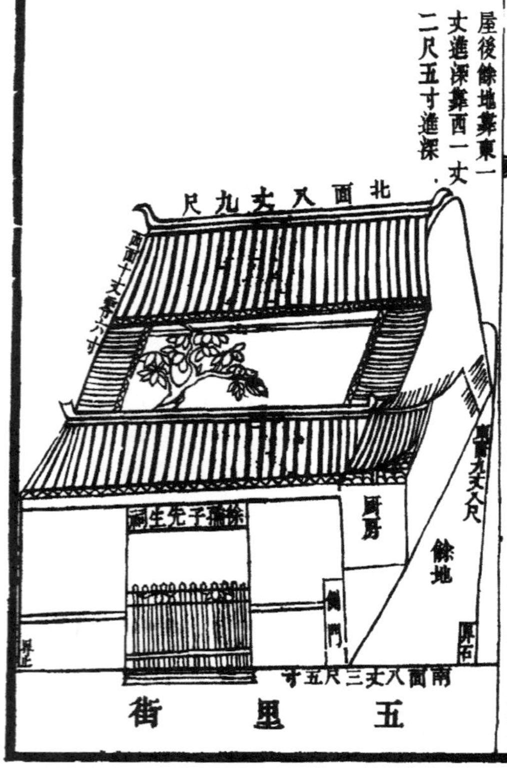

惠山孺子公祠堂圖

祀 東漢薦舉有道徵拜太原太守南州高士孺子徐公諱穉神位 北宋徽翰林學士累遷給事中兼散騎常侍工部尚書東海郡開國侯鼎臣徐公諱鉉之神位

明舉碩德明經科歷任湖南武陽順德州守授中憲大夫崇祀鄉賢祠全城義士祠雪溪徐公諱積之神位道光七年裔孫廷昌元標景元奉檄建咸豐八年八月經致仕在籍前吏部左侍郎侯桐等稟請 督撫學三憲咨請列入祀典春秋由地方官致祭坐落惠山綉嶺街之圖門外五里街上念二六圖遷字一千二百七十五號平田八厘一千二百七十六號平田一分八厘一千二百七十七號平田四厘一千二百七十八號平田二分一千二百七十九號平田二分四百五十號平田一分四百五十一號平田一分共計平田九分均以徐公祠花戶辦糧兵燹燬於粵匪同治十年經裔孫以莊等經捐復建享堂三楹光緒十七年經裔孫達先等經捐復建門樓廂房等所祠堂正門面對錫山龍光塔南址五里長街北址田東址墓界石西址龔公祠基其進深開濶丈尺載之於圖可考後之子

若孫而瞻拜於公祠者按圖索驥可一覽而知也

光緒三十一年歲次乙巳孟夏之月 裔孫鳳岐謹識

錫山徐氏宗譜

目録

卷一

卷二

卷三

卷八

錫山徐氏宗譜〈目錄　圭　古十笏堂

錫山徐氏宗譜〈目錄　美　古十笏堂

錫山徐氏宗譜

咸豐譜之所載而此次失修開列於左

大鴻橋支 載三公派　南門楊窰灣支 又
澄江白峯香麓支 裕一公派　徐家驛支 茂四公派
歐塘大房支 華六公派　又前房支 又
又老三房支 又　又叙四房支 又
又東二房支 又　又東三房支 又
又東四房支 又　又東五房支 又
又堠圩沈家頭支 又　又江邑宋家渡支 又

錫山徐氏宗譜〈目錄 譜牒失修考　一　古十務堂

又江邑王觀祉支 又　又櫻株園支 又
湖頭上莊支 華五公派　又上店宣莊支 又
漁梁新塘雅溪街本支 明十公派　又油車涇支 又
又華墅東阜鼓村支 又　又江邑徐象巷支 又
又錢子港支 又　又古塘支 又
又廣塘支 又　又蔡家基支 又
又石子街支 又　又峭岐支 又
又油車涇河南基支 又　又東平廟頭支 又
又陸家浜支 又　又洪染圩支 又

又草堂里支 又　又三條灣支 又
又華墅街上支 又　又北宅支 又
又萬水朝東住基支 又　又長壽北南油車支 又
又園街里支 又　又沙山石街支 又
又湯家巷支 又

錫山徐氏宗譜

同治譜之所載而此次失修開列於左

長安橋桃棗沿河支 裕一公派　大鴻橋支 載三公派
劉家塘支 裕六公派　寺頭吳巷支

錫山徐氏宗譜〈目錄 譜牒失修考　二　古十務堂

常州三橋大房 積公派　又三橋二房支 又
大沈瀆徐家灣支 華四公派　薛店南石子街支 華二公派
泰伯鄉東沈巷支 裕二公派　又東門九里菴支 又
芙蓉山徐巷支 亨一公派　又三里橋塘上支 又
江邑月城橋井塘頭支 登公派　又界溪橋支 又
又大塘頭支 又　湖頭佘瀆支 華五公派
湖頭上莊支 華五公派　又上店宣莊支 又
鄒岐前菴支 華六公派　又西陽山沈家頭支 又
又宋家渡支 又　又王觀祉支 又

前譜之所載文傳而此次因子孫失修或不失修續次冗就簡而未刻入譜中者俱列其篇名於左以待後之賢者覽之而采擇收刻焉

錫山徐氏宗譜 目錄 失載傳序 二 十笏堂

錫山徐氏宗譜 目錄 失載傳序 三 十笏堂

惠山孺子公祠祭田編號

字　號田　支助
字　號田　支助
字　號田　支助
字　號田　支助
字　號田　支助
字　號田　支助
字　號田　支助
字　號田　支助

字　號田　支助
字　號田　支助
字　號田　支助
字　號田　支助
字　號田　支助
字　號田　支助
字　號田　支助
字　號田　支助
字　號田　支助

字　號田　支助
字　號田　支助
字　號田　支助
字　號田　支助
字　號田　支助
字　號田　支助
字　號田　支助
字　號田　支助
字　號田　支助

字　號田　支助
字　號田　支助
字　號田　支助
字　號田　支助
字　號田　支助
字　號田　支助
字　號田　支助
字　號田　支助
字　號田　支助

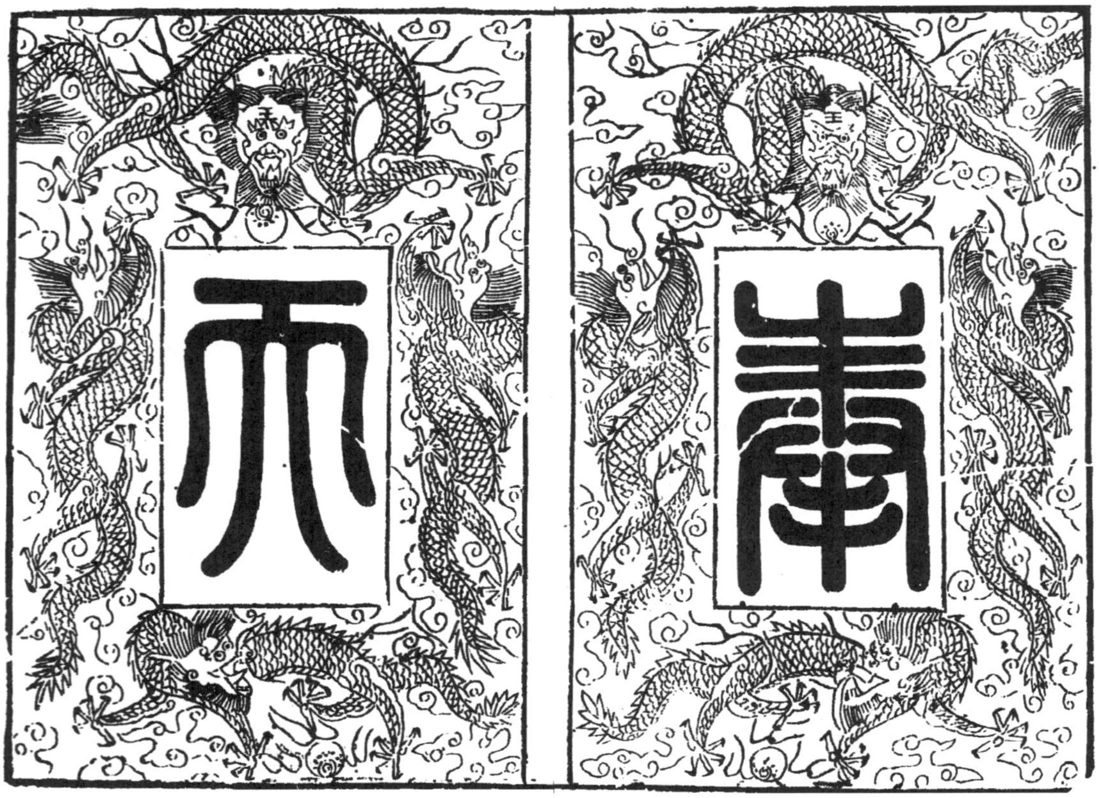

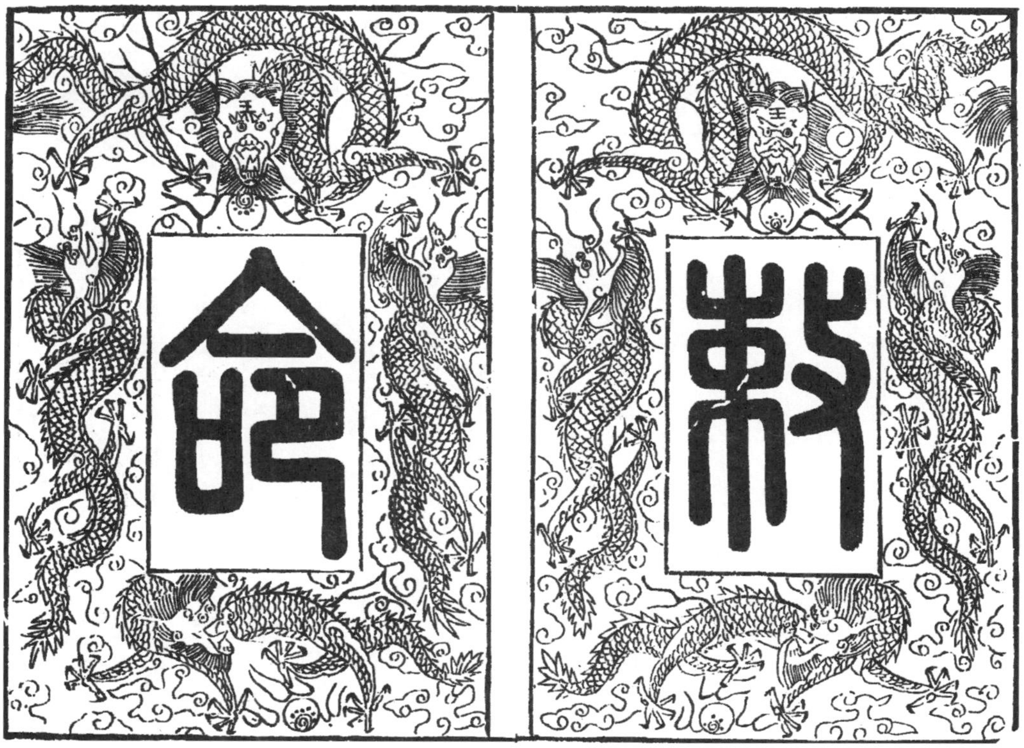

隋詔修名族

勅旨

大業十三年丁丑詔修氏
族大姓世胄爲國之梁柱
凡三十一姓合通婚姻詔

左柱國光祿大夫吏部尚
書許國公臣高士廉奉
勅旨知宗譜事俾臣更集九州
百郡仕貴賫先世譜狀投
上秘閣品爲四海大姓爲

國梁柱通婚姻常侍左右
欽此欽遵臣士廉觀在廷
羣臣所進先世名賢事跡
惟尙寶丞臣徐寧工部司
務臣徐宇等投進譜狀先

二

世迺嬴姓所出臯陶之裔
緒若木夏后氏封於徐子
孫以國爲氏自後歷朝歷
代純臣不絕胄出金枝源
流可考並有名狀投進稽

考臣等品量東海徐氏爲
國梁柱著於今錄但臣士
廉不揣庸昧輒措私心譔
錄左文輯爲機要以示子
孫鑑之爲易耳臣士廉稽

三

首頓首謹奏以
聞
聖旨准依奏行
大業十三年四月五日巳
時下

勅付權知譜事吏部尚書許國
公臣高士廉等遵奉修譔

四

奉　勅
大業十三年四月五日巳時下
之　寶

唐進徐氏家譜狀
殿中侍御史徐有功補闕
侍中徐有業進狀右有功
等恭覩
朝旨謂在廷臣僚屬四海望族

五

合行具先世名公鉅卿爲
官得姓之由各宜採摭來
上俾下有司輯成家譜以
傳將來有功等謹書一帙
具錄於前隨狀進投秘閣

修撰檢閱伏乞詳審纂集
書行照應施行伏候
欽旨
萬歲通天元年正月十八日殿
中侍御史徐有功補闕侍

中徐有業等進狀
唐汪正字進撰徐氏宗族
譜序
大唐勅朝奉大夫行秘書正字
臣汪行忠進撰臣行忠聞

譜者補也家之有譜若網
之有綱統緒相連百裔歸
於一祖本枝益茂千葉同
乎一根或負薪荷耒於山
野閒或鳴金曳玉於縉紳

列雖微顯殊科然續譜聯
宗義不容已臣奉
勅考得殿中侍御史徐有功
左補闕徐有業並進先世
名臣宗譜事跡勅序迺隋

大業中勅付高士廉撰考
徐氏裔向寶丞徐寧工部
司務徐宇祖代來歷系出
嬴姓臯陶後裔封於徐子
孫以國爲氏歷代忠良品
量大姓爲國之梁柱可通
婚姻有功有業皆其族裔
也自得姓以來或因官而
不返或適志而忘歸或佩
印授而立朝端或跨江淮

而遷桑梓或掛冠而南北
或羈旅而東西九州固磐
石之宗四海衍同源之派
若非奉
旨纂集焉究門第崇卑臣謹將
徐氏大姓出處名臣年月
事跡專錄一帙進奏乞行
頒降俾臣遵奉纂集衆姓
瞻仰懽悦感戴臣稽首頓
首謹序以

聞
勅旨依此行下
大唐勅朝奉大夫行秘書正字
臣 汪行忠進撰

十

勅 狀
萬歲通天元年甲申三月乙巳日
之 寶

奉
天承運
皇帝詔曰春秋神不歆非類
民不祀非族然載諸祀典
俾萬世血食必共能禦大

十一

災捍大患而有功德於生
靈者也爾徐侯偃王衢州
仁惠廟靈慈仁惠善利聖
濟英列聰明正直仁義聖
文功及於民血食惟舊所

司復列其陰績上聞朕以
神著盛德孚青一方宜極
褒崇以答神貽以從民請
可特加封
仁惠昭靈聖德英烈大王欽
承上命永惠下民敕誥
詔　書
致和元年二月詔日
之　寶

奉
天承運
皇帝諭曰任官惟明蒞政惟
平立身惟清清則無欲平
則不曲明則正俗三者備
矣然後可以理人君子純
其忠能以行其政惟賢盡
忠則朕德光矣政教以之
而美禮樂以之而興刑罰
以之而清仁惠以之而布

四海之內太平以臻嘉績
既聞於上下公明自陟于
皇廷欲爾厥政善撫邦民
播于雅頌祿于無窮欽此
欽遵牌到奉行

右付太子家令徐摛拜新
安太守欽此
大通二年五月初九日吏
部承給付准此
勅太子家令新安太守徐摛爲

中庶子太子左衛率徐如故
勅爾才猷膚敏識見老成愛民
屢報于旌書進職宜超于
幕府拚身罔玷蒞事益勤
屬當慶典之行預示褒嘉

之寵勿替初心以需來效
欽哉
敕　命
大同二年三月初三日下
之　寶

敕封中庶子太子左衛率徐搞
妻臧氏爲淑人餘如故
勅曰夫婦有齊體之義風化所
關朝廷有並命之榮禮文
攸具況乃賢能之配可無
推錫之恩爾徐搞妻臧氏
德性柔嘉言容謹飭出身
華族嬪于儒流婦道既修
褒章宜錫用旌內助式耀
中閫

十六

敕命
大同二年三月初三日下
之寶

十七

奉
天承運
皇帝敕曰禁林翰墨之司學
士清華之任修飾潤色實
資碩學於北門獻納論思

十八

自昔號稱爲內相極一時
之妙選爲儒者之至榮朕
有俊臣宜膺茂舉爾學士
徐鉉器度凝遠資識敏明
宏才懿行足以羽儀本朝

大册高文足以鼓動當世
陟揚禁近被遇眷知由侍
從之邇聯總師儒之要職
推行教法懋宜夙夜之勞
作成人材需集譽髦之士

十九

朕心所屬輿論攸歸
敕　命
太平興國五年六月　日
之　寶

奉
天承運
皇帝勅曰墨授風清聿重貳
藩之選紫泥雲煥用酬佐
政之勞爾江南常州府通
判徐元叙爲吏部尚書累
封東海郡開國侯徐鉉之
子學本庭闈品爲國器輔
宣雅化贊理名疆鑣連五
馬展驥足於康莊綸綍乎

迺被龍章於策府茲以覃
恩授爾爲承德郎錫之敕
命於戲官因人重當思別
駕之榮地與職親尙奏分
符之績欽哉

敕命
湻化五年九月　日
之寶

奉
天承運
皇帝勑曰敕刑部尚書徐堯
咨朕之有尚書猶天之有
北斗也斗爲天之喉舌尚
書爲朕之喉舌斗斟酌元
氣運乎四時尚書出納王
命敷政四海爾徐堯咨文
謨武烈克邁於衆宜恪職
鞠躬以毘朕政其尚慎哉

敕命
紹興三十一年九月五日
之寶

奉

天承運

皇帝制曰京邑所都域有浩

穰之財輦轂所重政多彈

壓之勞審求偉才俾治劇

務歷選仕位我得其人爾

開封府尹徐錮資識端方

器度閎遠學洞古今之藴

智周事物之幾繇歷清華

著風績有嚴重之威足以

震服豪右有厚寬之政足

之牧養細民沃目朕心擢

任天府夫四方之所聚會

故多桀黠之民百貨之所

阜通故多爭鬬之訟爾其

摘發奸伏裁剸劇煩使桴

鼓設而稀鳴囹圄空而不

煩首善之地爲萬邦之聳

瞻奏最之優致三輔之取

法是爲稱職則予汝嘉欽

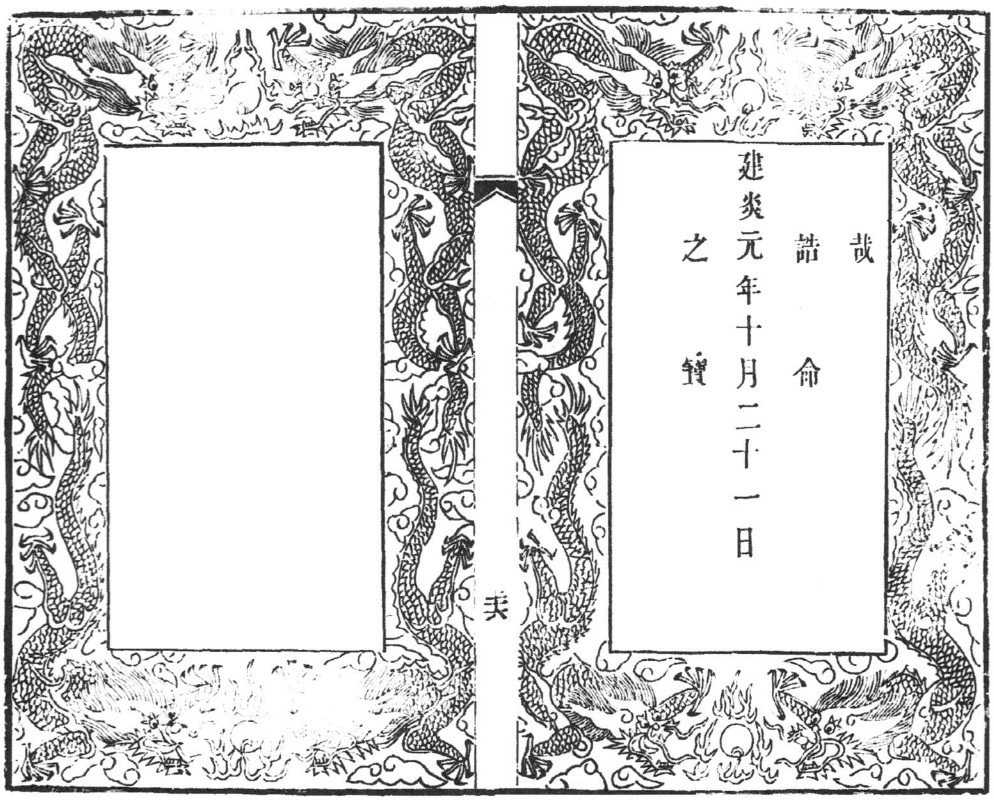
哉
誥命
建炎元年十月二十一日
之寶

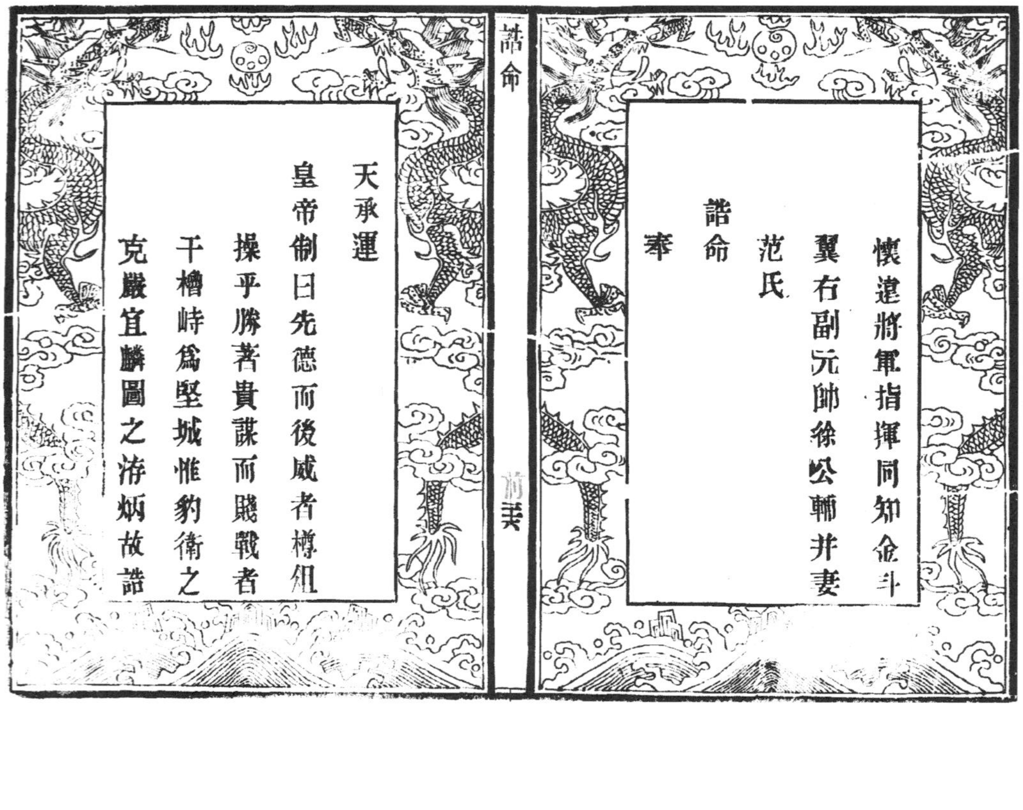
懷遠將軍指揮同知僉斗
翼右副元帥徐公輔并妻
范氏
誥命
奉
天承運
皇帝制曰先德而後威者樽俎
操乎勝著貴謀而賤戰者
干櫓峙爲堅城惟豹衛之
克嚴宜麟圖之洊炳故誥

禁而拱宸旌麾既肅乃統
方而象嶽劍履攸崇爾原
任指揮同知金斗翼右副
元帥徐公輔皭然鶴鶴華
矣熊熊虎林秉鉞按兵籍

如然眉蛟竄揚恍征冠巢
而落膽至夫提師嶶婺功
成甚鉅殲逆鄱陽桀驁潛
消爲臣效績干城奮壯氣
於生前因事酧庸錫爵隆

誥命

於身後恩沾三錫風被九
原茲特贈爾爲懷遠將軍
世襲輕車都尉東海郡侯
蔭子襲爵錫之誥命更念
家之有棟不殊國之有樞

故賢媛之持家猶勞臣之
定國鼙鼓在聽靜音詎斷
於琴瑟黼佩不渝哀夢復
申於臼杵爾懷遠將軍指
揮同知東海郡侯徐公輔

誥命

之妻某封夫人范氏毓姿
黼黻媲德牙璋饘粥方艱
嘗剖筍而置畝脯修漸給
更握算以資粃故孝篤華
陔不分忱於負笈且腆陳

錡釜必剤物之承筐僅畾
節於羔絲遽掩塵於鸞鏡
飲傷元禩祇勒褉於如賓
卜吉黄裳寔儀型於克相
兹贈爾爲郡君一品夫人

誥命

念其旨蓄並百鍊以雙金
食此屏藩懋七勛以五玉
於戲永彰勛勣英爽如存
特峻秩階寵光有赫

制誥
大明洪武元年三月三日
之寶

奉
天承運
皇帝制曰朕惟天下之郡府
人民至衆也置守所以為
民之師帥承流而宣化必
循良之才善於撫安者稱
其責焉爾徐積今授以朝
列大夫知武岡府事爾其
公以勵己勤以治民奉法
律而施政令使美績昭著

則不負簡畀良臣之至意
矣爾其懋哉
制誥
洪武四年五月
之寶

奉
天承運
皇帝制曰昔君之治民也體
天地之道欲萬物各得其
所咸享太平故列土以官
之使有德者承世祿及子
孫於戲當時之君天地之
德日月之明得聖人稱謂
德相當也當時之臣自列
土之後人不人賢非賢邪

然矣何以見之且列土者
使子其民祿及世世而爲
小國之君無乃不可乃不
才者非其所有而有歛取
無厭有十年而削土者有
之有二十年而泯號者有
之有三十年而覆命者有
之有數百年而祿及者有
之當斯之際賢不肖懸然
矣自周以下秦併六國之

後罷列土爲郡縣歷代因
之其司牧之官無永守之
條故有銓司連年未得其
人然非君不得人由人負
君也所以君知報而君天

下臣知報而名賢天下民
知報而樂於天下若君知
報報天命也所報者立法
治民若不知報非君天下
如臣知報報君命而又特

報民也臣所以特報爲何
謂祿出於民若爲臣而不
知報君則非臣天下若不
稟祿出焉而報民則非爲
民上于天下若不知報君

而未審何功而官若不知
報民未審何勞而食祿若
功勞俱無却乃官祿其身
古今未之有也今命爾知
武岡府事徐積爲中憲大

夫改知順德當立身致政
必欲知報以格
皇天之昭鑑往愼無怠

制誥
洪武九年六月初九日
之寶

雪溪公年老致仕墨勅命
勅諭一道
皇帝敕諭順德知府徐積卿以
碩德發身賢利先任武岡
復任順德牧守經驗八年

卿宅心允臧處事惟愼察
聞卿德蓋有年矣
朕居大位知卿老成方在倚
畀而卿以衰邁尙居劇任
朕甚憫之特賜金帶一條花

船一隻仍給驛舟送卿還
家卿本府有疑難大事卿
必同署會計鄉民無爵無
德者不可同坐卿之子孫
世世隨朝稱官人稱舍人

壹

雜泛差徭一體優免卿今
還鄉體
朕至意安精神慎藥石頤養
天和優游田里用享清平
之福以臻遐永之齡故諭

敕命
洪武十年三月二十四日
之寶
舊傳公在順德康惠大著
百姓留之久任八年年老

貳

告歸路經金陵太祖親覩
其清廉欲大用之深憐其
老因手書此墨敕貽之歸
家給俸終身而老於寢噫
雖有顯爵厚祿其何以加

此　　　　　　　德達謹記
雪溪公考功册一道
洪武十年八月二十五日考到
徐積年六十六歲常州府
無錫縣人秀才舉到初任

洪武四年六月除武岡府
知府歷俸五十箇月衙門
改府爲州洪武九年六月
除順德府授中憲大夫
考功監令郭傳丞李永劉

璉監印中憲大夫知順德
府徐積奉制如右
洪武十年十月初九日行
二印　　中字二十五號

誥授通議大夫山西按察
使司按察使徐弼并妻謝
氏彭氏
誥命
奉

天承運
皇帝制曰佐命立功臣予効匪
躬之節褒賢圖替朝廷隆
異數之恩爾奉政大夫原
任山東青州府同知徐弼

秉心塞淵任事精勤脊白
名流著爲茂宰持身清白
敷德政於琴堂秉賦忠誠
建奇勲於州牧茲特誥授
爾爲通議大夫陞任山西

按察使司按察使妻謝氏
誥贈淑人繼妻彭氏誥封
淑人於戲符宣十奏特拜
簡稽之重堂廉一德堪媲
匡勦之美棟樑預卜特煥

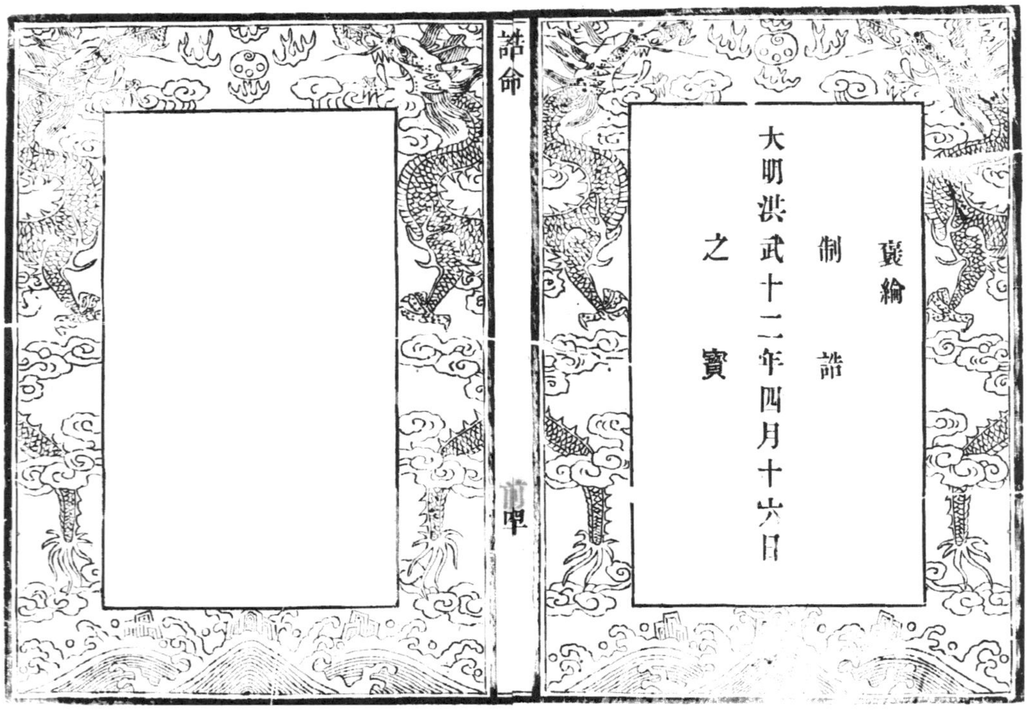

褒綸

制　誥

大明洪武十二年四月十六日

之　寶

誥命

奉

天承運

皇帝敕曰朝廷推恩臣下而

必及其親者所以爲重本

勸孝之道也而何闕於存

没哉工科給事中徐恪父

徐納慶鍾厥子祿養不逮

揆其所自宜有顯褒特贈

爲徵仕郎工科給事中冥

靈不昧服此休光

勑曰朕惟羣臣之才者固本
於父訓亦必資母德焉存
有褒封沒有追贈此國家
令典也工科給事中徐恪
嫡母周氏有子能官祿不
逮養揆其所自宜有顯褒
特贈爲孺人尚克承之永
賁幽壤

勑曰母以子貴古之道也我
國家制令典以勸百官故
推恩必及其所生焉爾張
氏乃工科給事中徐恪之
生母訓成厥子效用於時
揆厥本源宜隆恩典特封
爾爲孺人服此隆恩永綏
祿養

勑　命

成化六年八月二十六日

之　寶

奉
天承運
皇帝勑曰國家設六科給事
中所以平奏進詳命令審
覈是非駁正違失其任重

且要矣非得恭慎端直之
士曷克稱焉爾工科給事
中徐恪發身賢科給事廷
陛歷年兹久克著才猷是
用爾階徵仕郎錫之勑命

以爲爾榮夫居近侍以言
爲職貴達大體而畧細故
扶正道而進嘉謀爾當益
端乃心益勵乃行毋狥毋
激懋於厥官尙有顯陟需

爾後效
勑曰夫婦人倫之始故朝廷
推恩臣下命必及之爾工
科給事中徐恪之妻許氏
克謹婦道以相其夫夫既

顯榮爾宜偕貴特封爾爲
孺人祇服榮恩永光閨閫

敕命
成化六年八月二十六日
之寶

奉
天承運
皇帝制曰士有賢孫子必亢
其宗朝有命大夫必封其
世此古今之同揆豈存没

而異科爾徐孟則乃都察
院右副都御史徐恪之祖
父篤實存心寬和濟物世
傳書禮慶積衣冠有賢孫
而不及其名績之成閒再

世而始與於褒贈之典賚
諸事理曷有銜達茲特贈
爾爲通議大夫都察院右
副都御史庶幽壤之有賁
寵光於不昧

制曰推母德而上必有淵源
錄臣職之勞可無褒贈爾
鄒氏乃都察院右副都御
史徐恪之祖母生有懿質
配於儒家致有聞孫陟茲

顯位雖閱歲年之既久寧
忘慶澤之攸從茲特贈爲
淑人用酬教育之功益衍
枝流之澤

制誥
弘治七年二月二十六日
之寶

奉
天承運
皇帝制曰國家推使臣之禮
原教子之功官賞既加其
身褒封必及其父制實通
於今昔義不異於存亡爾
贈工科給事中徐納乃都
察院右副都御史徐恪之
父善行積躬遺經教子義
方之效已見於科甲錫命

誥命

唐吏部尚書太子詹事臣畢
構奏修大姓名族誌
謹按
西晉咸康二年丙申仲夏三
月十五日
詔行天下索諸大姓名族譜牒
有祖諫議大夫尚祿上表
臣等千載有幸奉
詔品量分別姓氏臣承黃帝之
後后稷公劉之苗裔周文

王昌之子畢公高以兄武
王發有天下後佐成王封
國於魏世望河間遂以祖
號爲字是爲畢氏一世之
始祖也相傳至萬仕晉邑

誥命　後十二

於魏至桓子與韓趙共滅
智氏分之孫文侯斯以周
威烈王命爲侯九世王假
秦伐爲郡自漢以來朝不
乏仕而世有聞人子孫蕃

衍遍布諸郡無不簪纓惟
臣無能蒙
恩厚祿
賜稱梁柱謹治脊牒職狀拜表
以

誥命　後十三

聞臣尙祿稽首頓首謹言
敕付尙書著作郎臣袁彦叔品
海內大姓名家譜狀袁彦
叔奏曰臣讀畢氏之源本
姓姬系出軒轅之後承文

王昌子畢公高之苗裔畢
萬畢啟名宦周秦畢錫畢
潛德昭漢世顯著風烈品
重名流畢氏可證綱宗冑
族者矣

唐吏部尚書太子詹事臣畢
構上譜表
臣畢構誠惶誠恐稽首頓
首謹言臣奉
敕詔按臣家傳信譜齊貴賤之

繇來品源流之優劣德懋
懋官功懋懋賞臣伏聞家
傳分封始於姬周畢姓始
於文王枝葉相承代膺簪
紱或傳芳於周室或著義

於漢朝冠冕蟬聯悉稱民
最具表一通謹書婚姻職
狀進奏以
聞
聖旨頒行天下名家外有二千

三百雜姓史籍所不載皆
此二十七姓與諸姓不同
永爲國之梁柱
計開
武陽李榮陽鄭隴西牛

并州郭上黨陳河間畢
潁川汪安定胡中山鮑
河南方鴈門邵
右件十一姓爲國之柱
弘農楊武陽賈清河張

扶風馬京南葉太原王
梁山姬南陽徐燉煌洪
高陽許頓丘葛樂安孫
潁川童廣平陳延陵吳
東魯孫

右件十六姓爲國之梁
聖旨編行天下諸郡婚姻不合
者價納不依訊處分者依
令徒二年諸大姓可結爲
婚者一百五十名家與國

同婚者惟此二十七姓二
千三百雜姓毋許雜配犯
者徒三年時
至正十六年五月十五日勅下
重梓

准照舊例施行
聖旨依奏天下同定者
大清光緒二十有九年七月十
六日主脩徐氏宗譜候選
訓導臣徐葆樹恭錄

之榮嘗沾於諫省爰因考
績復示推恩茲特加贈爾爲
通議大夫都察院右副都
御史冥漠有聞服茲寵命
制曰家有嚴稱母德實均於

父慶由善積天道常達於
人爾徐納妻周氏乃都察
院右副都御史徐恪之嫡
母從夫順正教子勤勞顧
茲最積之書實爾育成之

力養雖弗逮恩則宜推茲
特加贈爲淑人倘靈爽之
猶存服此休光於不替
制曰子之於母德必報於所
生君之於臣恩必酬其所
事揆人情而當體在國典
以宜施爾徐誦側室張氏
乃都察院右副都御史徐
恪之生母閫儀克愼家教
聿成有子斯才厥官惟稱

載中褒錫以報劬勞茲特
贈爲淑人倘有幽靈服之
無斁
制誥
弘治七年二月二十六日
之寶

奉
天承運
皇帝制曰都察院居糾劾之
地率羣屬以肅百僚都御
史爲巡撫之官督諸司以

誥

修庶政内雖有長貳之别
外則無輕重之差苟非其
人曷稱兹任爾都察院右
副都御史徐恪甲科掄秀
諫院馳聲出佐大藩累遷

方伯暨内臺之載陟仍中
土之是廵顧其篤厚持心
公勤從政布旬宣之惠而
不茹於柔揚搏擊之風而
不過於刻績書既最恩典

誥

宜頒兹特進爾階通議大
夫錫之誥命於戲君臣一
體正資耳目之司出入均
勞方切道途之念尚殚求
勤益振前功欽哉

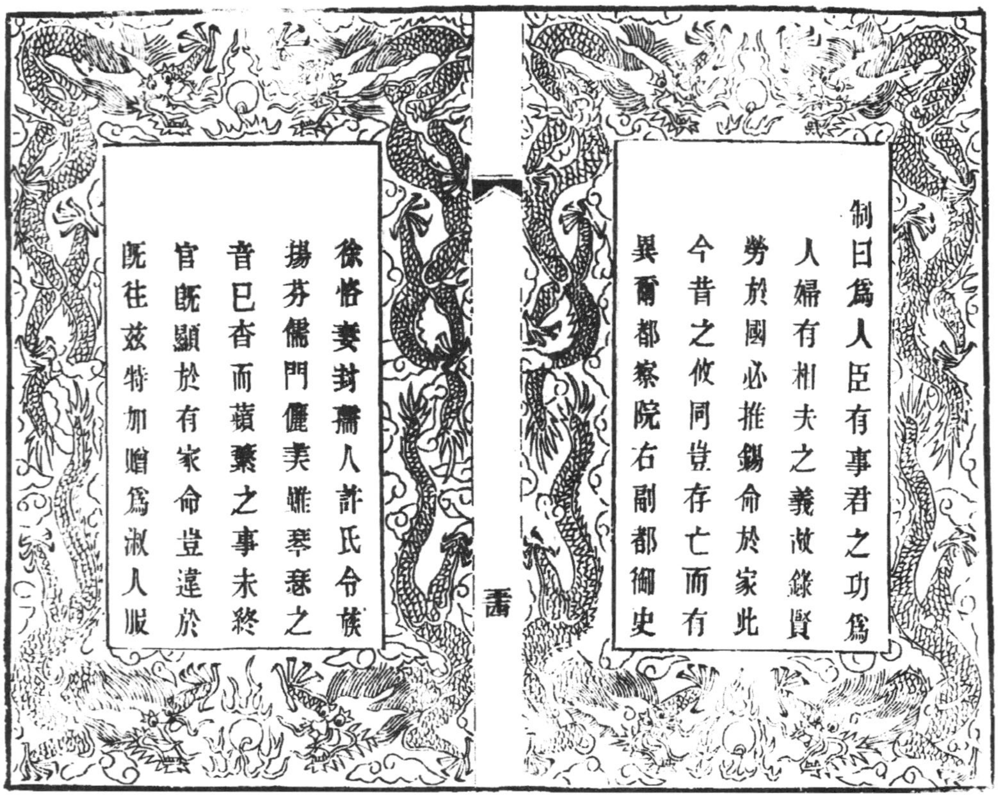
制曰爲人臣有事君之功爲
人婦有相夫之義故錄賢
勞於國必推錫命於家此
今昔之攸同豈存亡而有
異爾都察院右副都御史
徐恪妻封孺人許氏令族
揚芬儒門儷美雖琴瑟之
音已杳而蘋蘩之事未終
官既顯於有家命豈違於
既往茲特加贈爲淑人服

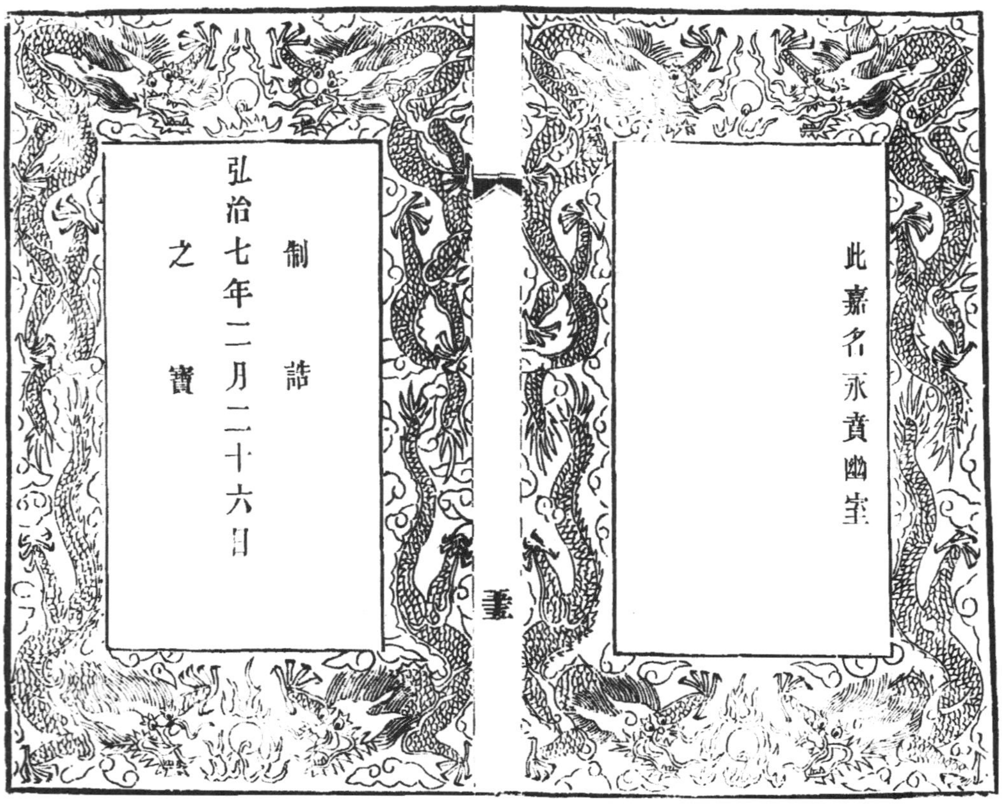
此嘉名永賁幽室
制誥
弘治七年二月二十六日
之寶

奉
天承運
皇帝制曰朕惟天下之弘人
民之極衆故置守而爲民
師率承而宣化必選才技
之能純良之士而善於撫
綏萬民者遂稱其職焉爾
徐世集資惟敏明志勵忠
純賢良方正清廉節儉今
授以中憲大夫知武昌府

事爾其公於勵己勤於治
民奉法施行務諸政事其
尙慎哉
勅命
弘治十六年三月　日
之寶

奉
天承運
皇帝制曰士有積行修身去
利如浼者人以爲拙天以
爲工不然何其報之速也
爾徐一坤乃翰林院庶吉
士刑部山西清吏司郎中
徐卿龍之父衣冠後裔清
白餘風黙易硏朱本庸心
於寡過存孤還產矢勵志
於不淄環堵蕭然一經故
在遂開賢亂復畏人知茲
用贈爾爲奉政大夫刑部
山西清吏司郎中闡幽光
於綸綍流景輝於松邱

制曰育子恩並養父愛同劬
彼聖善之人夙有義方之
助徽音雖遠遺範如存爾
朱氏乃翰林院庶吉士刑
部山西清吏司郎中徐卿

龍之母出自儒門爲時女
範圖書博覽同韋母之受
經家訓清嚴期尹耶之養
善規成大器蔚爲國華玆
用贈爾爲安人永揚彤管

本

之輝式賁元扃之色
制誥
嘉靖四十四年九月十二日
之寶

奉
天承運
皇帝制曰求治在親民之吏
端重循良教忠勵資敬之
忱聿隆褒獎爾原任光祿

杢

寺署正徐琎乃山東曹州
府鄆城縣知縣徐梁棟之
父祗躬溫厚訓垂端嚴業
可開先式穀乃宣猷之本
澤堪啟後貽謀裕作牧之

方茲以覃恩晉封爾爲儒
林郎錫之勅命於戲克承
清白之風嘉茲報政用慰
顯揚之志畀以殊榮

勅命
乾隆二年三月初六日
之寶

奎

奉
天承運
皇帝制曰考績報循良之最
用奬臣勞推恩溯積累之
遺載揚祖澤爾徐文端乃

湖南辰州府永綏同知徐
廷棟之祖父錫光有慶樹
德務滋嗣清白之芳聲澤
留再世衍弓裘之令緒祚
篤一堂茲以覃恩貤贈爾

奎

爲奉政大夫湖南辰州府
永綏同知錫之誥命於戲
聿修念祖膺茂典而益勵
新猷有穀貽孫發幽光而
丕彰潛德

制曰册府酬庸聿著人臣之
懋積德門衍慶式昭大母
之芳徽爾孫氏乃湖南辰
州府永綏同知徐廷棟之
祖母箴誠揚芬珩璜表德

奮

職勤內助宜家久著其賢
聲澤裕後昆錫類式承乎
寵命茲以覃恩貽贈爾爲
宜人於戲播徽音於彤管
壼範彌光膺異數於紫泥

天庥永劭
勅命
乾隆二十六年十二月二十日
之寶

奎

奉
天承運
皇帝制曰求治在親民之吏
端重循良教忠勵資敬之
忱率隆褒獎爾徐班乃湖

南辰州府永綏同知徐廷
棟之父嚴躬淳厚垂訓端
嚴業可開先式穀乃宣猷
之本澤堪啟後貽謀裕作
牧之方茲以覃恩贈爾爲

奉政大夫湖南辰州府永
綏同知錫之誥命於戲克
承清白之風嘉茲報政用
慰顯揚之志昭乃遺謨
制曰朝廷重民社之司功推

循吏臣子凛冰淵之操教
本慈幃爾馬氏乃湖南辰
州府永綏同知徐廷棟之
母淑慎其儀柔嘉維則宣
訓詞於朝夕不忘育子之

勤集慶澤於門閭式被自
天之寵茲以覃恩贈爾爲
宜人於戲仰酬顧復之恩
勉思撫字載煥絲綸之色
永賁幽潛

制日閫儀濟美旣並播其芳
聲策命揚休宜均霑乎渥
澤爾陸氏乃湖南辰州府
永綏同知徐廷棟之繼母
毓英名閥儷德高門孝慈

調在御之和令模夙著機
杼婉中闈之美慈訓攸昭
茲以覃恩贈爾爲宜人於
戲情深鞠育恩不間於所
生典重顯揚榮豈殊於自

出
勅命
乾隆二十六年十二月二十日
之寶

誥命 十一

奉
天承運
皇帝制曰任使需才稱職志
在官之美馳驅奏效報功
膺錫類之仁爾徐耀迺江

蘇候補訓導徐對揚之父
雅尚素風長迎善氣弓冶
克勤於庭訓箕裘丕裕夫
家聲兹以爾子遵例急公
馳贈爾爲修職佐郎錫之

誥命 十二

敕命於戲譽顯揚之盛事
國典非私酬燕翼之深情
臣心彌勵
制曰奉職無愆懋著勤勞之
績致身有自宜酬鞠育之

恩爾張氏迺江蘇候補訓
導徐對揚之母淑範宜家
令儀昌後早相夫而教子
俾移孝以作忠兹以爾子
遵例急公貤贈爾爲八品

孺人於戲賁象服之端嚴
誕膺鉅典錫龍章之渙汗
允播徽音

制曰佐庶司之經理爰獎通
才勸百爾之孝思用彰慈

教爾袁氏迺江蘇候補訓
導徐對揚之繼母德可型
家恩能育子顧復無殊於
己出榮光適逮於乃身茲
以爾子遵例急公馳封爾

誥命 圭

爲八品孺人於戲師[illegible][illegible]
之風勵茲清白沛熙朝之
命慰此劬勞

敕命
道光十二年十二月十四日
之寶

奉
天承運
皇帝制曰資父事君臣子篤
匪躬之誼作忠以孝國家
宏錫類之恩爾徐殿揚廼

誥命　書

浙江候補布政司理問加
二級徐徵之父善積於身
祥開厥後教子著義方之
訓傳家裕堂構之遺茲以
爾子克襄王事贈爾爲奉

直大夫錫之誥命於戲狀
榮必逮於所親寵命用光
夫有子欽茲優渥長茈忠
勤
制曰奉職在公嘉教勞之有

誥命　書

自推恩將母宜錫典之攸
隆爾李氏廼浙江候補布
政司理問加二級徐徵之
母壺範宜家夙協承筐之
嫺母儀貽穀載昭晝荻之

芳茲以爾子克襄王事
爾爲宜人於戲彰淑德於
不瑕式榮象服膺寵命之
有赫允賁泉壚

敕命

道光二十三年十二月十一日

之寶

奉
天承運
皇帝制曰資父事君臣子篤
匪躬之誼作忠以孝國家
宏錫類之恩爾徐對揚迺

浙江候補布政司理問加
二級徐徵之本生父蔣積
於身祥開厥後教子著義
方之訓傳家裕堂構之遺
茲以茲子克襄王事貤封

誥命

爾爲奉直大夫錫之誥命
於戲殊榮必逮於所親寵
命用光夫有子尙宏佑啟
益勵忱恂
制曰奉職在公嘉敎勞之有

卅六

自推恩將母宜錫典之攸
隆爾張氏廼浙江候補布
政司理問加二級徐徵之
本生母壼範宜家風協承
筐之孅母儀貽穀載昭晝

誥命

荻之芳茲以爾子克襄王
事馳封爾爲宜人於戲彰
淑德於不瑕式榮家服膺
寵命之有赫益貢徽音
制曰奏績在公已慰勤劬之

卅七

念推恩及下甯遺鞠育之
勞爾鄒氏廼浙江候補布
政司理問加二級徐徵之
本生生母持躬以慎助邅
能賢無忝所生常念爾毛

而離裏則爲其慶俾能盡
分以達情茲以爾子克襄
王事貤贈爾爲宜人於戲
特申母因子貴之文用昭
善則歸親之義頒茲休命

事表遺徽
敕命
道光二十三年十二月十一日
之寶

誥命 卆

奉
天承運
皇帝制曰嘉謨垂奕葉允昭
世德之求殊寵錫公朝益
展曾孫之孝祇承新渥用

報曩徽爾徐曰和廼運同
銜加二級徐保梓之曾祖
父敦修無斁垂教有方種
德開先堂構益恢於來緒
詒謀裕後箕裘克紹於前

誥命 全

休懿矩攸彰恩施遂逮茲
以覃恩貤贈爾爲中議大
夫錫之誥命於戲四世其
昌久聚德星之慶九原可
作永承褒命之榮國典洊

誥命
至

膺家風益振
制曰綏棻佐治寵既被於外
僚貞順垂休恩聿推於內
德特敷惠澤用播徽音爾
周 顧
氏廼運同銜加二級徐

保梓之曾祖母肅雍可範
令善堪模樹慈訓於後昆
爰著鍾祥之德傳素風於
奕葉式彰詒穀之謀允作
母儀肅昭國典茲以覃恩

誥命
又至

貤贈爾爲淑人於戲九重
錫慶殊邀丹誥之褒四世
承恩益煥朱愼之色勤宜
令閫用闡幽光

誥命

敕命

光緒二十年五月初八日

之寶

誥命

奉

天承運

皇帝制曰純臣報績爰歸美

於詒謀司士詔功必溯原

於繩武殊榮洊被積代增

華爾徐學禮廼運同銜加

二級徐保梓之祖父術精

開先垂庥裕後孫枝挺秀

聿昭樹德之符世業丕昌

大啟承家之學茲以覃恩

封爾爲中議大夫錫之誥
命於戲錫五章而敷澤珂
里流光推三葉以承恩德
門襲慶祇膺茂典益劭嘉
名

誥命

制曰鴻恩錫類聿彰貽穀之
休令範宜家益著含飴之
懿式逢慶典爰沛施爾王
氏廼運同銜加二級徐保
梓之祖母度叶珩璜訓嫻

圖史心莊禮順著壼範於
中闈善積慶餘表母儀於
奕世茲以覃恩封爾爲淑
人於戲播蘭陔之芳[illegible][illegible]
被重闈揚芝檢之徽音光

誥命

流華胄榮章洊逮令聞彌
昭

誥命　柒

敕命

光緒二拾年伍月初捌日

之寶

誥命　壹

奉

天承運

皇帝制曰求治在親民之
端重循良教忠勵資敬之
忱聿隆褒奬爾徐其曜廼
同知職銜加一級徐保梓
之父禔躬湻厚垂訓端嚴
業可開先式穀乃宣猷之
本澤堪啟後貽謀裕作牧
之方茲以覃恩封爾爲朝

儀大夫錫之誥命於戲克
承清白之風嘉茲報政用
慰顯揚之志畀以殊榮

誥命 卆

制曰朝廷重民社之司功推
循吏臣子凜冰淵之操教
本慈闈爾諸氏廼同知職
銜加一級徐保梓之母淑
慎其儀柔嘉維則宣訓詞
於朝夕不忘育子之勤集
慶澤於門閭式被自天之
寵茲以覃恩封爾爲恭人
於戲仰酬顧復之恩勉思
撫字載煥絲綸之色用慰
劬勞

誥命 坴

敕命
光緒二拾年伍月初捌日
之寶

奉
天承運
皇帝制曰夙夜宣勞事君資
於事父雲霄布澤教孝實
以教忠特憤絲綸用光閥

閱爾徐其曜廼運同銜加
二級徐保梓之父操修湝
篤矩範嚴明術在詩書克
啟趨庭之訓業恢堂搆貽
開作室之模茲以覃恩封

爾爲中議大夫錫之誥命
於戲錫天府之徽章殊榮
下逮際人倫之盛美茂典
欽承祇服諳詞益勤勵翼
制曰家風昌大夙彰式穀之

休壼教賢明不替樹蘐之
摹適逢上慶用錫殊榮爾
諸氏廼運同銜加二級徐
保梓之母敦習禮規恪循
箴訓寢門治業著恒德於

誥命 書

貞心閑韡授經寓慈風於
雅範茲以覃恩封爾爲淑
人於戲恩能育子挺杞梓
之良材善必稱親被笄珈
之茂寵祗承嘉獎益表芳

儀
敕命
光緒二拾年伍月初捌日
之寶

誥命 壹

奉
天承運
皇帝制曰委質策名榮膺
夫善紱克家纘緒光必逮
乎門閭爾徐保楨廼同知

職銜加一級徐保梓之胞
兄道足持躬情殷訓弟經
傳詩禮青緗揚鴈序之輝
慶篤芝蘭丹綍煥龍章之
麗芳徽允懋新典宜頒兹

以覃恩馳封爾爲朝議大
夫錫之誥命於戲被章服
以增榮事顯文恭之義承
綸綍而無忝彌彰善慶之
風

制曰教佐義方內則允彰夫
懿範榮敷閫閾朝恩宜體
乎私情爾周氏廼同知職
銜加一級徐保梓之嫂貞
淑性成徽柔道協身嫻姆

訓聿備卓犖之材志稟慈
徽用衍熾昌之緒丕昭淑
慎特賁綸綍茲以覃恩封
爾爲恭人於戲龍章式煥
令儀著美於當時象服欽
承名德並彰於奕葉

敕命

光緒二拾年正月二拾肆日

之寶

錫山徐氏宗譜

家規集

唐南州二十八世孫堅元圍氏同姪嶠巨山氏合纂

唐南州三十一世孫放達夫氏同弟繼書氏同修

宋南州三十三世孫銓鼎臣氏鍇楚金氏男元級靜庵氏重輯

宋南州第四十世孫錫嘉山甕實客氏同男日向允明氏原纂

元南州四十四世孫窓元傑窓元光憲元衆寮元襄寐元度寤元徹原輯

明南州五十二世孫崑山汝龍鳳池錫山輔龍南庵氏彙輯

明南州五十二世孫朋山卿錫慕洲膠山嶋櫸承湖氏編訂

清南州六十四世孫錫山社岡里建寅仲虎氏重輯

徐氏家規集序

規所以圓夫器猶義所以維夫家也大道之世風氣渾樸比屋可封人有士行無所事乎防閑逮乎末季漸不古若敦龐忠厚弗克勝夫乖戾悖逆士大夫家即不敢以我之所是狗人所非而同趨靡靡是以必欲自成其教子也徐氏履誠有志大學修身齊家之事謂聚族宜有規庶幾可理爰摭先聖賢格言增之周氏舉要參之義門楷範合九十五條爲一編目曰江浙徐氏家規命其子珙來京求序惟夫古禮尚存

易簡明白坦然可由今乃加多者何恐後人未達古之意也夫舍規固不可以爲員用規而器或不盡員者容有也與理家之法曷異乎責今人以古禮咸罔不怪殊不知千萬世一道也千萬人一心也試以余目擊耳聞者言之浦陽鄭氏繇南宋迄今同居共食合指數千人無間于其父母昆弟之言名公爲書湘東第一家鑱諸石斧能致此惟義而已矣義者天理所宜父子兄弟夫婦長幼之間能一本諸則義人倫修上下章內外肅家用平康即三代之民之俗矣何

患不齊履誠讀書博古尊賢好士是規乃博識君子
固其實而相與訂定之雖百世可行也

貝會瞻拜題并書

家規

一忠臣名宦孝子順孫貞女節婦凡邀 旌奬者宜
垂家乘其有嘉言懿行潛德幽光者亦當采而輯
之以昭後世

一書法倣廬陵歐陽氏五世一行蝉聯而下名書于
綱字書于目次詳所出與行輩及官爵 封贈生
卒年月葬地並妻室所出女適某氏亦得附書

一譜中凡有以姪嗣立伯叔爲後者于本生父名下
仍書名嗣父名下仍書嗣子某有兩子者以一子

歸本生父使宗支不至斷續沒者庶無不嗣忽諸
之痛世表中凡某人子例書字無字者則書名嗣
孫者空一格註明嗣孫某俾得世次不紊也

一修譜最重宗支凡從居他邑及遠方者必載明始
遷之祖以免遺忘以釋疑似

一世表中有出繼外姓者表中仍書其名倘歸宗時
有所考據或父繼外姓子仍歸宗嗣與伯叔爲後
者父祇書名不載生卒妻室略異姓也子則備書
詳本支也此亦別嫌明微之一端也

一譜爲通族公書體例不可不一三殤不上譜僧道不上譜螟蛉不上譜隨母義子不上譜贅壻不上譜倘若開一線之門必須預先通同公議書明註出本姓庶幾皆有考據也

一局中諸人耳目難周惟在纂稿者細心采訪者實力確有根據方可修入若異姓改名冒爲同族埋宜釐剔是在本支親自校對果無差訛方可付諸剞劂

一吾族人羣聚州處不難采訪如有遠處異鄉并近

宗子孫倘有遺漏一時不能修入者後開補遺一門亦可增入庶不愧敬宗收族之義也

一祠堂乃子孫報本敬先之所爲屋數間纔以周垣務在堅樸小奉先世神主出入必告正至朔望必參謁節必薦時食四時祭祀其儀式並遵文公家禮

一子孫入祠堂者正其衣冠如祖考在前不得嬉笑不得對語不得疾步晨昏詣堂致恭而退

一當懸宗圖於祠堂之左一歲一續庶使大小宗法不致混淆

一凡祭祀合用一切牲醴粢盛等物家長責命執禮者先旬日致備宗子嚴加點視務在精潔合儀毋致輕褻不敬

一宗子當嚴祠堂局鑰灑掃之事子弟輪任之所有祭器祭服不許他用

一諸處墳塋年遠其有平塌淺露者宗子當擇潔土者益之近塋松栢不許剪拜歲節及寒食十月朔子孫須親展省婦女不得與此

一偃王皆十三派之祖雖世遠合族子孫必當春秋祭之

凡例

一吾家本嬴姓後伯益公子若木公受封於徐因以
爲氏茲并此而圖之雖似嫌太遠遠然實重本故
也
一是譜以得姓伯益公爲始祖至陳尙書孝穆公止
爲十圖又於孝穆公始至遷祖鼎臣公輩分爲十
三派清其源也
一立譜之法近世必宗歐歐蘇蘇系定於蘇世有可考
表定于歐事有可稽然而士農各業或有倦于翻

閱者敬案歷傳家乘系表並圖俾後世之續修一
覽瞭然易于爲力也
一表之履歷字號必書重見聞也官爵必書重名器
也娶妻必書重所出也而女之適於他姓或貞節
可旌或封贈可表閭或書之其餘不能遍及者限
於地也
一是譜彙修涌同蘇常合族尊長遍告各支宗彥謹
按孝穆公第十六傳鼎臣公輩十三派近宗會輯
成帙以成大觀

一領譜字號按千字文印紀次序編刊某支某世某
名某字收領珍藏他人不得擅移以杜冒認宗支
之獘關係非輕不得不愼也
一家譜必十年一修宗支既備後來易舉然必擇子
孫之賢明有才幹且公爾忘私者使督成其事又
必須宗族齊力一心勿得從旁掣肘及所託匪人
致招物議也
一舊例子孫冠婚之後方入譜系然今則襁褓皆書
以望後來繁衍昌大也

一歷 朝誥命爲宗族光寵之事列之卷首重名器
也
一各支像贊文章難以枚舉今不過祇存近宗要考
等集略見祖宗一體之盛意

高士潔菴公遺訓四則

仁訓

仁者心之德生之本也人而不仁則心已死安得謂之人哉故曰仁者人也人而不仁與禽獸何異仁如桃李核中之仁一得生機勃然而生生枝生葉而開花而結果皆從此仁之始使此仁有損生機早已絶矣曾見其能生乎

天地以好生爲心故雖蠢動微生並存宇內人能體天地以爲心即至微之物命亦不忍輕易妄殺更能

曲全調護方見測隱之仁心也

凡欲放生費得銀錢去買不無鄙吝之心況又無餘財只索罷了若爲一己口體之奉必欲殺害之命以爲養生亦覺殘忍稍有慈心者每下箸時即爲物命留心自不至於妄殺亦存仁之一念也

義訓

義者事之宜也事所宜爲自當勇往直前豈容顧避若義所不當爲而欲强行之是謂妄作豈有不敗者耳

利之所在人共趨之使誠義所宜取取之何傷倘非分而强圖之利不爲我有而徒使人笑誹即使得之而禍生不測者比比矣可不見利而思義乎

忠

常言食其祿者忠其主此以臣事君者言也吾既不出事君則凡尊長之命師友之言思盡其心行之獨非忠乎至於人之患難我以一手援之人之紛爭我以一言解之人與我謀吾謀之竭盡其誠豈非忠乎凡於未遇時讀書懷古以斯民爲己任使終于不遇

而民胞物與之懷固常在也人將陷于不義者吾以微言勸諭之人之迫于逆境者吾以好言慰解之人之困于飢寒者吾以多方曲全之人之厄於疾病者吾以方藥救療之此亦汎愛衆而親仁之一機耳

人生斯世以勤爲主爲君者尚宵衣旰食爲臣者尚夙夜匪懈而况士民乎

信

我有信而後可以取信于人大則託孤寄命小則取與然諾近則鄉邑閭里遠則天下四海不介而孚全

仗此信行去人而無信雖跬步之間亦覺其多般阻
滯也
諺云財上分明大丈夫此雖俗語甚覺可味今之財
上分明能有幾人果能分明誠爲信人矣推廣一事
凡事必取信於人也至囑至囑
人之有信如馬之有足如車之有輪也所以藉其行
者此皆理耳否則吾未見其一往而無阻也信乎信
乎

太史明菴公遺訓四則

孝訓

古人云天下無不愛子之父母而世多有不孝其親
之子回想父母之于子愛之無所不至而爲子者其
忍忘之耶世人受人恩德莫不曰知恩報德則人之
有恩德于我者尚知當報況父母之恩德何如也欲
報之德昊天罔極報答之誠宜何如耶
親之于子無日不爲子憂在襁褓中憂其疴癢之莫
遂迨至二三歲憂其痧痘之不測驚積之多虞至六

七歲既入小學矣憂其體弱之不任勞苦更憂其師
教之不嚴而早夜不肯用心至成童而學文矣又憂
其學業不進時應婚娶矣憂其門第之不相當六禮
之難措辦時或遊于他方應試于府省則憂其舟車
之跋涉寒暑之或侵時而交友也則憂其比匪之或
從嬉遊之相逐時而有疾也則憂其二豎之交侵醫
藥之寡效種種關心憂無已時其爲子之心何切也
噫人子何不以父母之憂爲憂哉
人之兒女雖多總之一般愛惜若云父母有兩種心

腸待彼厚我薄是不孝也是不弟也豈得爲人乎

大凡人之愛獨子甚于愛衆子衆則其愛分稍可寬解獨則其愛專無時可慰親之于子外貌雖覺嚴厲而其心委曲調護有難以言語形容者而獨子之于父母孝養之職既無兄弟可分任爲子者可不以父母之心爲心而深爲曲體歟

人之精神大半耗于兒女教子延師婚男嫁女尤爲極費心力事迨諸事將畢而人已衰老不堪矣神既衰弱言語不無舛錯爲子者絕不矜憐反生厭憎步

履必欲需人爲子者不相扶持聽其顚躓氣衰胃弱食少而易飢爲子者不加體恤使時其飲食寒暑易于侵入爲子者不思保護問其寒暖噫竟不思父母當年何等致愛于我而我之于父母遂恝然忘之耶

有無子者竟不娶妾見各房子姪衆無子亦不介意即將親姪爲子古云猶子比兒似可慰已自此教訓撫育之與子無異逮至長成婚娶田宅家私皆姪承當縱使貧儒平日之苦掙些微亦皆姪有姪之視伯叔嬸姆與生身父母何異稱曰爹娘是亦名正言順孝敬承旨分所當然余每見人家以姪爲子不以承繼父母爲念絕無一毫孝敬之心至于疾病痛苦視同陌路如此爲人與禽獸何異天豈能降福于彼乎

有人無子在生看破世情不立嗣子迨身後有一定禮例得應彼承祧者田產事業其人一朝領受是則喪葬之禮自應從厚所嗣父母分宜孝敬竟有得其田產全不以嗣父母爲念至於四時祭埽置之度外獨不思鬼亦有靈死不瞑目黙遭陰譴而鬼神禍之往往然矣

清晨市店饅頭擔上餻餅將二三文買者皆以啖兒女口中者也買以供父母者誰乎

乳食溫飽之餘兒女子立於門外見有桃李果點過者輒指索之父母不惜幾錢買來以啖黃口父母偶有所欲即推諉無錢托言他日買喫一如抽筋之難即買亦非出于自己本心也噫

人子稍有疾病父母朝夕靡甯延醫禱神無所不至至于父母有疾坐視遷延至于衰老多病者竟以爲當盡之天年即死亦不爲不壽噫世道之薄可慨也

夫

教之一字從孝從文可見古之教子弟者孝其本也文則其輔也不孝不可以爲人不可立於天地之間若但知飲食牝牡雌雄與禽獸何異

人生天地間全賴父母教養深恩即如爲士者窮則隱居教授達則得位行道孰非父母多方教育以至此乎至于農工商賈亦然雖自食其力經營拮据有非父母教之使然乎是則人子一衣一食皆父母使之不飢不寒者噫人子無貴無賤無賢無愚皆受恩於父母人亦烏可忘其恩而不思所以報之歟

悌訓

兄弟總是父母一氣所生諺所謂十指連心父母無一不愛人自孩提以至同學兄先弟後無日不相聚亦無時不相顧何至成人長大竟有兄虐其弟弟慢其兄者甚至些微小事以致相爭歐鬬有互相訐訟者以吾父母愛之如此其至而我待之如此其薄不但不悌不孝莫大焉四海之內皆兄弟此推廣言之耳然究之秦人自秦越人自越豈有同氣連枝者而如路人之泛泛者乎竟等之秦人之視越人乎噫可慨矣兄弟同一本也伯叔以至同堂兄弟諸子皆一本所自出也至於同宗之伯叔兄弟子姪以祖宗視之無非一本所自出也倘於家門之內宗族之間有傷和氣或互相欺凌祖宗有知能無痛乎

夫婦訓

夫婦人倫之始人家娶婦欲擇門第必先擇家世之良善者尤當訪母德之溫柔女由母生未有不肖其母倘母性潑悍女必不孝其翁姑不順其夫不和於

妯娌動多乖戾更有母行不修女無好樣看未免爲惡習所染以至遺玷家門吾未見家之不敗也

夫婦有別相敬如賓樂而不淫關雎所以爲詩之首章也舉案齊眉梁孟之所以爲千古高風也人能推此意以爲治家之本則閨門肅而家道昌矣

男治乎外女治乎內一以勤儉爲主如男子不知各執一業女子不知女工之要而惟耽于逸樂所食者肥甘所衣者羅綺無所事事而自以爲愉快也一旦家業潛消而且田園易主吾不知其將來苦楚當復

何如耶
婦女以不出閨門爲正邇來世風大壞每逢燈節戲場聯袂成羣雜沓無忌不顧衆人挨擠惡少趕前逐後恣意飽看至於芳春三月遊山入廟托名燒香或迎神賽會男婦混雜恬不爲恥彼以爲作福也而不知惹人造謗宜戒之哉
女之有夫終身之所倚賴也必擇其性行端雅持躬謙抑者字之則不致溺於流俗賭博遊蕩習於狂妄好勇鬬狠之流如此則女得其所天庶不至有失身

之憾爾
近日富貴之家多有尼姑媒婆往來此輩一入門最善引誘逢迎閨中婦女爲其所牽引或言某日山中舉勝會某處燒香或言某庵講經說法或言某處齋僧浴佛出則豔妝冶服此輩左扶右持惹人談論非所以齊家之道也戒之戒之

師友訓

吾族以道義共相砥礪者惟友耳友之直者吾受其規諫之益友之諒者吾受其誠實之益友之多聞者吾受其講論之益一言一行無不可觀感而化友可不愼擇乎
諺云近朱者赤近墨者黑人之朝夕相親者友也一爲習氣所移遂至不可變化其可不擇交友哉羣居終日言不及義非但說那一班演戲賭博爭逐及人家閨闥暗昧之事謔浪笑傲無所不至然後謂言不及義也即與朋友相處泛論古今人物無益於身心便是言不及義便是荒廢有爲之時日正枉活人世間也

人性無不從風而靡倘二三知己無不向上一路行的則皆有上進之志矣倘所交非人皆輕狂遊蕩之子則日流於汙下矣可不愼哉
凡於交友之道不可有勝人之心即如作文不可謂彼不如我不屑請教我有謙虛請益之誠即彼無過人之才而偶發其切中筋脈之論於我受益多矣
凡教子弟如行路一般必日趲逼上前方日勝一日否則日落人後矣
凡教子弟誰不欲其超羣出衆也學問欲其日進於

高明存心欲其日處于謙退倘中無實學而徒有其囂囂倨傲之態終爲棄人而已矣

後生小子須令專務實學晦養沉厚倘鋒銳太露則易脆折英華太洩則易凋零如桃杏灼灼其花不經風吹日炙也安能歷久不衰與松筠亭亭於霜雪中耶

居必擇鄰古重之矣此孟母之所以三遷也故我欲往彼處居住必鄰之可與言而爲良善之聚者方可擇地而居猶良禽之擇木而棲也然則世居仁里設有非我同類或强暴豪悍之徒陡然來此將奈之何則惟有和而不同徃善以待之可耳

古語云一日爲師終身爲父可見其至尊無上者師也凡侮慢其師其罪與不孝等

吾族甲第聯綿皆由愼重擇師待之極其誠敬亦有家世單寒讀書而驟發者無不從於尊師重傳而來倘如市井之流但知財利之足重全不識師道之尊能識得一兩個字已萬幸矣豈可不醒悟哉

五宗說

禮大傳曰別子爲祖註曰別子有三一謂諸侯適子之弟別於正適一謂異姓公子始來在此國者一謂庶姓起於是邦爲卿大夫而別於不仕者於後世爲始祖也又曰繼別爲宗註云別子之世適也族人尊之爲大宗又曰繼禰者爲小宗註云父之適也兄弟尊之爲小宗又曰有百世不遷之宗有五世則遷之宗百世不遷者別子之後也宗其繼別子者百世不遷者也宗其繼高祖者五世則遷者也蓋別子之適子適孫世繼別子爲大宗統族人以祭始祖死則族人皆爲之服齊衰三月爲母妻亦然其別子之庶子不得禰別子則自使其適子繼已而爲小宗所謂繼禰者是已繼禰者與親兄弟爲宗則率親兄弟以祭禰廟繼祖者與從兄弟爲宗則統從兄弟以祭祖廟繼曾祖者與再從兄弟爲宗則統再從兄弟以祭曾祖廟繼高祖者與三從兄弟爲宗則統三從兄弟以祭高祖廟其庶子皆不得繼禰各自使其適子禰已而爲小宗是自高之祖後至玄孫凡四世則其人有四小宗矣四宗共宗於大宗是爲五宗也其爲小宗各以其服服之親兄弟齊衰期年也

從兄弟大功再從兄弟小功也三從兄弟緦麻也第四世兄弟繼高祖之父者無服不復爲之宗所謂五世則遷者也大宗所以重本始小宗所以聯宗派宗子法廢譜牒尙有遺風譜修則宗法亦庶乎僅存矣有家者其可不以譜牒爲先務哉

始祖適長子姓世爲大宗統一族之人以行時祭　高祖

曾祖適長曾孫爲曾祖小宗統再從兄弟以祭　曾祖

祖　適長孫爲繼祖小宗統從兄弟以祭祖廟

禰　適長子爲繼禰小宗統親兄弟以祭禰廟

宗法辨

夫民相與親睦者王道之始也昔三代之制畫爲井田使其比閭族黨各相親愛有急相賙有喜相慶死喪相恤疾病相養故其民安其無事則往來懽欣而獄訟不生有寇而戰則同心并力而緩急不離自秦漢以來法令峻急使民乖其親愛歡欣之心而爲鄰里告訐之俗富人子壯則出居貧人子壯則出贅一國之俗而家各有法一家之法而人各有心紛紛乎散亂而不相屬是以禮讓之風息而爭鬭之獄繁天下無事則務爲欺詐相傾以自成天下有變則流徙渙散相棄以自存嗟夫秦漢以下天下何其多故而難治也此無他民不愛其身故輕犯法輕犯法則王政不行欲民之愛其身則莫若使其父子親兄弟和妻子相好夫民仰以事父母旁以睦兄弟而俯以邺妻子則其所賴於生者重而不忍以其身輕犯法三代之政莫尙於此矣今欲教民和親則其道必始於宗族而復古之小宗以收天下不宗親屬之心古者有大宗小宗故禮曰別子爲祖繼別爲宗繼禰者爲小宗有百世不遷之宗有五世則遷之宗百世不遷者別子之後也宗其繼別子之所自

出者百世不遷者也宗其繼高祖者五世則遷者也古者諸侯之子弟異姓之卿大夫始其家者不敢禰其父而自使其嫡子後之則爲大宗族人宗之雖百世而宗子死則爲之服齊衰九月故曰宗其繼別子之所自出者百世不遷者也別子之庶子又不得禰別子而自使其嫡子爲後則爲小宗小宗五世之外則無服其繼禰者親兄弟爲之服其繼祖者從兄弟爲之服其繼曾祖者再從兄弟爲之服其繼高祖者三從兄弟爲之服其服大功九月而高祖以外親盡則易宗故曰宗其繼高祖者五世則遷者也小

宗四有繼高祖者有繼曾祖者有繼祖者有繼禰者與大宗爲五此所謂五宗也古者立宗之道嫡子既爲宗則其庶子又各爲其庶子之子其法止於四而其實無窮自秦漢以來天下無世卿大宗之法不可以復立而立可以收合天下之親者有小宗之法存而莫之行此甚可惜也今夫天下所以不重族者有族而無宗也有族而無宗則族不可合族不可合則雖欲親之而無由也族人而不相親則忘其祖矣今世之公卿大臣賢人君子之後所以不能世其家如古之久遠者其族散而忘其祖也故莫若復小宗

使族人相率而尊其宗子宗子死則爲之加服犯之則以其服坐貧賤不敢輕而富貴不敢以加之冠婚必告喪葬必赴此非有所難行也今夫良民之家士大夫之族亦未必無孝弟相親之心而族無宗子莫爲之糾率其勢不得相親是以世之人有親未盡而不相往來冠婚不相告死不相赴而無知之民遂至於父子異居而兄弟相訟然則王道何從而興乎嗚呼世人之患在於不務遠見古之聖人合族之法近於迂闊而行之期月則望其有益故夫小宗之法非行之難而在乎久而不怠天下之民欲其忠孝和柔而易治其必自小宗之法始矣

賜進士第禮部尚書兼端明殿學士眉山蘇軾譔

錫山徐氏宗譜

家訓集

唐南州二十八世孫堅元固氏同姪嶠巨山氏合纂

唐南州三十一世孫放達夫氏同弟緝書氏同修

宋南州三十三世孫鉉錯鼎臣氏楚金氏男元緻靜庵氏重輯

宋南州第四十世孫錫嘉言山堯咨氏同男日向允明氏原纂

元南州四十四世孫懋元傑懋元充憲元表懋元謨懋元度懋元徽原輯

明南州五十二世孫崑山汝龍鳳池錫山賜龍可庵氏彙輯

明南州五十二世孫膠山鄭錫纂洲膠山鶴權承湖氏編訂

清南州六十四世孫錫山社岡里建寅仲虎氏重輯

徐氏南宋世忠紀

徐徽言字彥猷少爲諸生汎涉書傳負氣豪舉有奇志喜談兵事大觀二年詔求人材韓忠彥范純粹劉仲武以徽言應詔召見於崇德殿賜第授保德監兵遷武經大夫撫按使靖康元年虜犯順制置使范致虛率諸路兵入援檄使守河西徽言屯田革塞大積芻粟以戈杠本秉羊皮渾脫亂流以掩敵金人益備克砦吳堡津遣守領爲九州都統與晉寧對敵徽言出奇兵襲之擒其大酋虜衆大懼

是時河東郡縣淪陷日夜望王師至徽言招集土豪皆以便宜指授得衆十餘萬因奏聘自統之兵直趨太原府而取雁門關進兵城之命土豪有能得郡縣者使各自爲之守既定全晉之形勢爲我有中原不日可平議寢不行而虜深忌之欲速拔晉寧以除患建炎二年虜自蒲津涉河城折可求以城降可求徽言妻黨也被虜挾之於城下說使降徽言登陴責以大義徽言以闖道所得建炎檄書讀云之可求復曰君與我何太無情也徽言曰

爾于國家無情我與爾安得有情乎可求遂遁走
制長弩出遠馭且以其製與縱得至是虜以城上
日此以爲我有始知縱得失守攻五月不下城中
力盡外援不至乃嘆曰我不免矣無以守具遺賊
乃悉焚之以蠟書間道東南走告兄昌言曰徽言
孤負國恩兄當善事聖主旦日虜衆蟻集嬰城之
人死傷如積徽言獨奮大斧盡殺其先登者于是
士氣復振虜稍胆怯會將石贇受虜之飛箭書虜
從地道而入徽言先置家屬于空室積薪焚之更

率兵巷戰左右死傷殆盡血戰力竭旋坐堂上語
將士曰我乃天子之守臣義不可屈話言未了即
拔佩刀自刎衆將號呼抱持奪其刃虜衆已入堂
挾之以去猶憚其一向之威名而不敢加害有婁
宿使所親說降𢽾見叱曰汝僞官若不亟去我當
殺汝婁宿又從容語曰二帝北去爾爲誰守徽言
曰我爲建炎天子守也今惟以死報君庸知其他
又以飲酒持盃擲虜面痛罵不已虜又曰汝能小
屈當世守延安闕臨乎徽言益怒罵曰吾荷國恩

死正吾所此膝豈爲汝屈虜以戟刺之顏色自若
射之未死罵不絕口死猶僵立不仆時年三十九
歲上聞震悼謂宰輔曰徽言死於封疆臨難不屈
忠貫日月過顏眞卿段秀實多矣贈晉州觀察使
特進彰化節度使謚忠壯所失郡邑爭爲繪像祀
之子恭遜助父血戰同死于難命錄兄子瑋嗣授
承信郎至淳熙甲午有從孫漢陽太守名鄰者獻
進本傳乞建祠上批付史館下禮部太常議尋官
其姪蝣

謹按家史考之南金十三派內第五支淮陰秋官
有功派內炎房大年公之子狀元圖載徽言先生
爲唐武后朝大理司刑有功先生之第六世孫北
宋祥符五年壬子科狀元任兩浙發運使奭公之
孫也父諱餘兄曰昌言子曰恭孫即恭遜同父死
於難以兄子瑋嗣授承信郎以瑋之子霜嗣與恭
孫爲後再傳嘉公甫冠登第任御史擢戶工二部
兼吏書使館伴奉命南征從帥守越比戶咸爲生
祠以尸祝之見九十一世祖吏部孝穆公第十六

代世系圖備詳

讀斯篇者能不令人感動忠君之心以全臣節誠謂百世下流連感慨顙冥漠不知之天而報以俎豆易大謬不然之理而薦以馨香公之樹節流芳宜乎後世之厥昌長發其祥也

元南州四十四世孫錫山憲元度氏謹識

徐氏南宋世孝紀

徐積哲宗元祐八年六月賜楚州孝子徐積粟帛積事親至孝旦夕必冠帶定省從胡瑗學所居一室寒一裘啜粟飲水雖璦遺以食亦不受以父名石終身不用石器行遇石則避之而不敢踐中年屏居窮里而四方諸事無不知者嘗借人書經夕還之借者給言書中有金葉積賣衣償之不與辯後以近臣薦授楚州教授每升堂訓諸生曰諸生欲爲君子而使勞己之力費己之財如此而不爲君子猶可也不勞已之力不費己之財諸君爲君子鄉人賤之父母惡之如此而不爲君子猶可也鄉人榮之父母欲之諸君何不爲君子聞者敬服及卒賜謚節孝治天下者褒忠臣所以勸民忠也褒孝子所以勸民孝也褒義士所以勸民義也褒節婦所以勸民節也此皆爲國之善政風化之大關不可不講求之也徐積事親誠孝人無間言今能賜以粟帛則其褒孝之心極其切矣天下之人豈弗觀感而興起於孝乎大書特書深予之也徐積

仕者也何不銜之而稱其孝子乎曰銜之不足貴
也稱孝子者乃所以貴之也學者味之其義得矣

徐氏世節紀

東漢

徐穉字孺子漢孝桓皇帝延熹二年徵五處士豫章
徐穉彭城姜肱汝南袁閎京兆韋著潁川李曇皆
不至乃尚書令陳蕃薦五處士以安車玄纁徵之
又固辭不至穉豫章人字孺子家貧嘗自耕稼非
其力不食恭儉讓義所居服其德屢辟不起蕃爲
太守以禮請署功曹穉既謁而退蕃性方峻不接
賓客惟穉來特設一榻去則縣之後舉有道家拜

太原太守皆不就穉雖不應諸公之辟然聞其死
喪輒負笈赴弔嘗豫炙一雞以酒漬綿一兩暴乾
裹之到冢隧外以水漬綿白茅藉飯以雞置前醊
畢留謁不見喪主而行延熹七年春二月邟鄉侯
黃瓊薨謚曰忠四方名士會其葬者六七千人初
瓊教授于家徐穉從之咨訪大義及瓊貴穉絕不
復交至是往弔進醊哀哭而去人莫知者諸名士
曰此必徐孺子也於是選能言者陳留茅容輕騎
追及爲沽酒市肉穉爲飲食容問國家事穉不答

更問稺穉稱乃答之容還以語諸人或曰可與言
而不與之言孺子其失人乎太原郭泰曰不然孺
子之爲人清潔高廉饑不可得食寒不可得衣而
爲季偉飲食此爲已知季偉之賢故也所謂不答
國事者其智可及其愚不可及也或問范滂曰郭
林宗何如人滂曰隱不違親貞不絕俗天子不得
臣諸侯不得友吾不知其他泰舉有道不就或勸
之仕泰曰吾夜觀乾象晝察人事天之所廢不可
支也吾將優游卒歲而已然猶周旋京師誨誘不

息徐穉以書戒之曰大木將顛非一繩所維何
爲棲棲不遑寧處泰感悟曰謹拜斯言以爲師表

後漢

徐邈字曠進後帝建興六年夏四月魏以徐邈爲涼
州刺史邈務農積穀立學明訓進善黜惡與羌胡
從事不問小過若犯大罪先告部帥乃斬以徇由
是服其威信州界肅清延熙十一年魏正始九年
吳赤烏十一年夏四月魏以光祿大夫徐邈爲司
空邈嘆曰三公論道之官無其人則闕豈可以老

病忝之哉遂固辭不受延熙十二年冬十二月魏
光祿大夫徐邈卒盧欽曰徐公志行高潔才博氣
猛其施之也高而不狷潔而不介博而守約猛而
能寬或問欽徐公當武帝時人以爲通自爲涼州
刺史還人以爲介何也欽曰往者毛孝先崔季珪
用事貴清素之士時皆變易車服以求名而徐公
不改其常故人以爲通比來天下奢靡相效而徐
公獨雅尙自若故前日之通乃今日之介也是世
人無常而徐公有常耳

徐氏世義紀

明

徐麒字心遠生于元末父君平公與倪雲林先生交相友善公當十歲時清俊不凡倪先生字以本中爲之說作書屋圖楊維楨高啟等題之洪武中薦舉人材入都宋濂送以詩時巴蜀尚阻歸化詔公往諭劉基俞貞木楊廣等俱分題爲詩送行再期復命詔予以侍從之職公固辭歸里解縉楊榮胡儼陳繼等各有詩文叙其事時同舉者罕得令終

公與兄子本一榮歸鄉里人稱爲東人村西人村云既歸手自開闢田畝廣達阡陌有司推爲鄉賦長人服其行義榮輸悉役正統時歲大侵朝廷下勸分之令乃命二子各出粟四千斛助賑詔旌爲義門晚年別築室于居旁花木圖史日寄傲其間絕跡城市人以心遠徵士稱之

徐惪字景南心遠公子少俊偉眉目朗秀六歲喪母與事父心遠公及繼母薛甚孝撫異母弟景州景高友愛篤摯嘗自遠歸代景州以事就繫部使者義而兩釋焉正統間輸粟賑濟景泰間上粟公庾又進鞍馬再被旌錫冠帶賜羊酒復其家因建勅書樓泰和學士王直爲記生平尚義之舉內修宗譜家廟外立義阡義井建橋梁廡宇增闢衰刻名賢撰述費皆不貲晚號梅雪築梅雪軒太史黃賜張洪爲記楊士奇高廷禮金幼孜曾棨羅汝敬錢習禮等爲詩歌題其所居得十景曰梧塍松隴曰春里山居曰梅軒詩思曰竹屋書聲曰璜溪春漲曰昆橋晴嵐曰西疇稼穡曰北墅桑麻曰南浦漁

歌曰東原牧笛名公題咏成帙爲世所珍焉

徐悆字景州心遠公仲子正統景泰間連出粟賑饑累奉詔旌其義鄉人江承平四喪未舉故人子謝晟貧不能葬俱助舉之邑丞張廷綱廉直忤當道妻宫懷金爐之江口丞不肯受請投之江陰表其清時屬歲沙會屬江陰人非土著俗悍多負租周文襄公撫江南知其能委之至不踰月而宿逋盡償更爲之釐理均役俱樂爲用命盧陵梁棗叙公富而好禮儉而有文其中之所存與見諸行事皆

有仁厚矜恤至意可愧世之慘刻驕吝者
徐讓字朴廬裕十公曾孫祖叔潤父廣峯皆以種德爲事公生五歲能讀父書少時攻苦倍於常人過目成誦視功名如拾芥天順二年戊寅秋以人才薦辟授之以官拜辭不受乃就宜興醫學正遂其壽民之志祖父世居錫邑東北隅東膠山南北宋舊宅之古十笏堂因室塽山古之七雲山也錢氏之後兩子昇與暄又創別業於塽山相去不遠而耕讀之者耕則積粟以助乏讀則研精以明醫祖

孫父子繼紹靈樞長子昇字吟亭壽民壽世於毘陵次子暄字月亭惠愛流芳於常郡當年士大夫咸謂之曰徐月亭先生官不顯兮而勤慎位雖微兮而廉潔循吏傳中並列樹聲集內留名世掌家乘衆修宗譜蘇常毘錫合並與之
徐昇字吟亭朴廬公長子少習舉子業隨父朴廬公於宜興之任既長婿於錫邑秦氏事親至孝常懷濟世之心不樂仕進成化二年丙午春奉父命應禮部試考授常州府武進縣醫學訓科至弘治五年致仕壬子秋公舉爲鄉飲介賓有厚德而享高壽生平所好者捐貲設局施藥壽民門庭若市四遠馳聲受其惠者衆也有三子長曰乙字南巖邑增廣生次曰丙字南圃弘治中偕其兄弟出粟四千斛以賑饑有司聞於　朝詔旌之額曰世義有風三曰巳字南軒爲郡庠生博學好古有祖父風槩有孫三人長曰艮鉦字少南邑庠生次曰艮鋭字奉南力耕恒產書田志在積穀以防歲歉三曰一遠字儆南克承先志課耕課讀教子有方壽登

渭水之年授爲吏部冠帶曾孫亦有三長曰卿楊安慕洲入蘇州府吳縣庠博學君子也次曰卿楫字承潮入吳江學有聲庠序志不在官而好博問爲一時名士三曰卿樺字敬涯例入太學曾佐父兄商同族人內修宗譜外共樂施以扶困苦睤者讀者婚者葬者咸賴其成助之者誠勿少也樹聲傳芳足爲後世楷模以觀其行
徐暄字月亭朴廬公次子生於種德之門志在聖賢之學不穿羅綺愛変清廉之士弘治二年己酉孟

夏府縣聞其賢哲以人材薦辟任常郡照磨日佐
堂上之事執掌案牘稽覈其才智查有科民擾害
之弊詳請豁杜其端督司閘濟運河不避霜雪其
急公敬上蓋如此且日毋蒸溺於亟更以飽暖在
工夫役疏瘵衆也其仁心又如此在官之時不樂
於升階屢上乞休之詞因其有守有爲大吏不許
年逾林國以年老辭賚不棄職位告之旋遂林泉
之願賢者之勢又如此惟子三長曰于宇南田督
佐父政以分內外之勞次曰瑸宇南野入府庠因

父官常州遂卜宅於唐南小婁三曰庚字南林嗣
兄新居長孫貞鑑字鑒南繼祖父任亦能于公事
分勞在工晝夜靡寧競競其責稱之均次孫一鳳
字志南爲郡庠生孜孜好學以求聞明理三孫曰
一遴字懷南日與名士討論經史歲荒出粟助賑
累舉不仕有高行之稱貲蓄曰卿樺字卿田次曰
卿楷字景田皆入太學三曰卿檢字敬野邑庠生
舉鄉飲介賓啻長年四曰卿桂字秀野郡庠生有
英偉之氣有喉直吐振筆直書不假思索時謂直

腸秀野時常往王舉就教於族姪太僕墳銘之門
所以鵝山門人最盛晚年自號遁禪居士與道侶
優游卒歲是年八十有六常郡人民謂之小婁老
禪公即喜之

徐申字南川裕一公六世孫號復齋又號稷齋中弘
治甲子科舉人歷任少司寇因諫言廷杖謫爲浙
江潮州府推官崇祀鄉賢其六世祖伯樞先生仕
于元之至正壬午春薦擢南京兵部主政仕至武
略將軍高祖岫雲公舉賢良因辭世居東膠山

南遷祖付書北宋學士鼎臣公故里因元末避難
隱於常熟之唐市曾祖虞野公行名華一始遷崑
山縣之季巷村祖横菴公以齒德並隆爲冠帶壽
官又遷墩上村子一元字在川任直隸交河縣主
簿有耿耿之風長孫汝龍字鳳池邑庠生勅封翰
林院檢討次孫汝夔字鳳泉三孫汝皋字鳳山濟
濟皆亢宗之器次子一中字小川本沈氏姻家子
也因其幼孤撫教而成府庠好讀孝經事在川公
夫婦竭盡子職每逢祭祀本宗僾然顆然娶周氏

不育抱一子之益訓成邑庠生之益生五子應祚
應禎應祥應祿應祺以長子應祚歸本宗其餘四
子仍以徐名咸底有成詳載家史兩不忘本義也
孝也

徐酉字南泉一號有容裕一公六世孫錫邑廩生正
德癸卯授承信郎仕至太醫院判其修方製藥悉
參天時地理兼精痘科全活甚衆曾祖虞耕公自
崑山復遷無錫揚名鄉爲郡廩生以才卓薦隸學
朋醫理授太醫院使祖樸庵公爲崑山庠士亦任

太醫院御醫父梧亭公蘇州府長洲縣庠生成化
戊子任內府良醫弟曰良字守擒庠名曰海皆明
於醫任太醫院使子曰一坤庠廩拔貢以子卿龍
等貴於科第贈奉政大夫今之子孫有遷太倉之
沙溪鎮者皆以科第顯有仍居錫山之城與鄉者
皆以世醫傳綿綿相繼至今江陰巷及夏甸橋等
處各支後裔倘承太醫之風正未艾也

徐氏貞節紀

續漢 吳國

徐氏孫翊妻也有奇色賊僞覽殺翊悉取其妻僞復
逼徐氏徐氏使人謂覽曰乞晦日設祭除服乃可
覽許之徐氏密與翊舊將孫高傅嬰謀成而誓至
晦日令高嬰輩潛伏戶外使人報覽曰服除矣覽
遂入伏兵殺覽徐氏持覽首祭翊壘衆駭以爲神

元

徐氏名彩鸞浦城徐嗣源女遍經史每誦文天祥六

歌輒欷歔墮淚至正中賊寇浦城徐氏從父逃賊
及之欲殺嗣源徐氏前曰此吾父也甯殺我賊捨
父而逼徐氏氏語父曰見義不受辱父可急去賊
乃拘徐氏至桂林橋徐拾炭題詩壁間末云惟有
桂林橋下水千年照見妾心清題畢厲聲罵賊投
水而死

明

徐連姑少字方氏子鍾鍾流落於外無何人見其死
爲告其父運姑得知即爲縞衣舉哀父方欲奪其

節誓不從因請歸方遣告姑幸爲槊一室爲終身計姑難之時有杜謙求爲配蓮姑大慟先斷其髮走戶中欲自刄人救而免謙他日給公家帖來脅蓮姑大罵裂其文且度不免佯許入具膏沐入不爲備乃閉戶更衣自經久不出斧其門視之則死久矣時年二十八嘉靖中上其事聞於　朝旌表爲貞烈立祠祀之

徐儀姑年十八嫁余久齡越歲生子煢甫七日而久齡亡懼族人奪志彊負姑歸母家屏膏沐躬儉約

欲其子成立姑還年六十卒厥后孫賜及璧璽并躋上壽咸謂毋德之徵云

徐氏余克量妻克量死有娠三月家人憐其少投棄爲墮胎徐大慟走歸母家深慮不免爲所奪因佯狂蓬首垢足閉戶一室罕見其面人偶見之輒大罵由是人謂其癡不敢見比春秋高復返余乃知其爲完人八十三卒

徐氏余璀妻三十夫亡卽毀膏沐脫簪珥終身縞素延師教子咸底有成仲子湘官臨武令有志聖賢

學

徐氏張魁洪妻魁洪亡育遺孤子始終無玷八十餘卒

徐玉姑貢士王紳妻孀居時子五歲以紡績自贍誓死不嫁人有勸者輒厲及相向爲守節終身

徐氏字妙錦中山武甯王第三女長姊卽　仁孝文皇后次姊代王妃妹爲安王妃建文時代王被逮妙錦輒感悟矢不適人親王求婚皆拒之　仁孝崩文皇聞妙錦美且賢欲聘爲后命內使女官往

諭旨妙錦稱病不出女官直抵臥榻妙錦擁被呻吟女官叩首請之不得已乃徐起自指曰吾無婦容不足備六宮選女官羅跪審視姿容瑩麗眞天人也歸復命錦妙卽削髮爲尼洪熙改元乃返初服宣德初仁廟張太后心敬慕之徵入京旣至敘戚里恩入宮中朝自稱徐達第三女肅拜進止端凝不失跬步太后以下皆尊敬之宮娥見者皆悚然私相語曰此係當年固辭皇后不爲者也隨遣內使護送歸正統中卒祔葬金陵鐘山先塋之次

朱太安人遺詩

痛余違慈親二十締家室舉案傚齊眉相莊友琴瑟
屈指將十春昊天降酷烈摧我連理枝折我雙飛翼
號天天無光哭日日無色聲咽不成啼淚盡繼以血
𥻨粥不沾唇寸腸欲碎裂誓死三寸䋲微軀奚足恤
睠顧膝下孩難割此涕孽更思腹中兒抱血不忍擲
因以偷餘生課兒任厥責寸壞望喬松何年可成立
呼兒夜讀書篝燈事剪尺中夜每悲啼蟲聲答唧唧
兒或荒於嬉童心玩歲月雖愛能勿勞提誨敢姑息

操杖薄責之未下手先怯懼負九原人又憐兒啼泣
踟躇涕漣洏擲杖淚流臆翁也憐孤兒以祖代父職
諄諄告蒙師每日坐師席翁又殞大星悲傷倍百結
雀牙外侮來榛棘世途仄黽勉督吾兒焚膏繼祖業
乙卯倖邀天兒名厠賢籍豈不破愁顏歡中帶慘戚
父也苦埋頭聊展雲中翮三子繼其餘父又弗能覩
撫此泥金書霑淚帨巾濕呼兒立庭中訓以父遺德
父行勵皎霜父襟霽白日雖云給舍兒寒素乃厥質
初余歸爾家規予謝綺飾父惟知讀書余惟事秖織

閉戶寡見聞衰不辨菽麥口不言錢刀言之頰發赤
躄躄行道中塗人罔有識檢身如處娃恂恂慎口舌
古樸羞徑趨偃庭無履跡入室儼大賓燕居屏狎客
天性惡繁華布袍數浣濯不獵豪俠名不蹈貴兒轍
不隨世態遷不因家勢熱笑彼齷齪者胡為戰蝸國
立志奮鵾鵬餘人盡鶩鴨趣步慕聖賢矢心恥苟得
或以阿堵歆髮指怒冲幘或以尺牘干手裂帋飛陌
豈謂我性柔乃以腐鼠嚇我願童子渴不愧父清白
即之則溫良犯之仍巇嵲括囊慎有餘干霄氣莫遏

義交恆澹如不為囁嚅跡伯翁有南川久居玉峯側
來錫到吾家訓我同兒媳時示忠烈書閱之眞卓絶
雪涕思古今嘗夜以繼日翁性眡于春其腸勁於鐵
余志邁千秋傷哉中道折諸兒奚有能父庚所流溢
勉矣毋忽忘鏤銖父遺則兒乃倖速飛薄種小有獲
公車驗十年偷蔭耽遊逸青雲阻半途九原心愈惻
兒雖已鬚眉命顯為兒述兒時戲以嬉父唯勤以飭
兒時近狹邪父絶平康跡兒時被綺羅父衣唯毛褐
兒時饜醲甘父唯啣虀汁兒時繰管絃父不曉笙笛

兒讀荒歲時父讀忘冰雪兒館塵封几父館書下鑰
父耕子乃畲天眼從古碧兒顴自滿盈竟爾忘先澤
匪余覲冠帔責兒如此急慮兒壯志灰懼兒中道跌
黃泉望欲穿待兒賁幽蹟能無涕滂沱爲兒絮言說
己未倖春闈仰藉先人烈寄東馳長安茲售頁可悅
余愧未西歸先畢縈　旌節父行多隱潛仰乞如椽
筆吾爲一開顏得爲素願畢俯仰將廿年悲歡判今
昔然乎懼盛盈邀天太燿赫三子先殺紳二婿已袍
笏兩房長次孫更叨遊泮璧（時孫經翼等俱未冠遊庠）月滿防其

虧日中憂其昃兒曹來吾前婦媳喚俱集既已勒兒
箴亦思勒婦式勿以泥沙侈勿以晏安溺勿以珠玉
誇勿以簧舌惑當思富卽貧貴傾卽賤易夜月理機
絲朝曦就盥櫛知乎晚向榮不知早茹蘖如何口將
荼遺茲田與宅如何歷巇嶮居茲脫岑寂哭夫哭季
兒順少恒多拂哭翁哭母姑喜喜愁恒百榮枯倏忽
移衰盛古今驛男行祈全瑜婦職無圭缺長此交相
成內外各努力毋學世途儇吾自安吾揣蒼天不負
人施償理自值乎語不厭多聊以代砭石止此不更

言祈早歸同穴聚首可千年少補存亡隔曷願海添
籌曷長夜臺黑合掌叩蓮臺眞性勞收拾撒手卽歸
家笑與兒孫別此詩藏祠篋留俟他年刻

捧讀　太安人諱貞行遺詩黯然神傷追念曩時
著此慈訓五言古長篇倍蓰一生節孝苦端萬狀
悲喜無限字字從　太安人五衷化出句句動人
心脾肝膽慈之至義至深也不獨爲宗族楷模閨
範卽鄰里鄉黨儘堪爲式凡吾同宗諸父昆弟賢
哉妯娌合當仰止前型尙祈通族宗彥祗以訓其

孫父以教其子兄以勉其弟嫂以示於小姑姊以
誨於幼妹自然家庭雍肅內外慈嚴繼繼相承不
替蒸蒸然而起於是　天必錫之以福祉必佑其
昌隆代生好人于後受享無窮何樂而不爲者也
齡雖至愚緣讀遺詩有所感發是以忘其固陋謹
跋數語於太安人詩末爲遍族勸勉諒勿以爲迂
也

南州五十九世孫膠里文齡廷謗氏謹跋於十笏
山房五經書屋旹年八十三歲

謹按朱太安人係誥贈奉政大夫刑部山西清吏司郎中前翰林院庶吉士郡邑鄉飲大賓歲進士思南公諱一坤配也子五長汝麒次汝麟翰林院孔目三卿龍嘉慶已未進士翰林院庶吉士刑部山西清吏司郎中四瑞龍邑廩彥五相龍即遺腹子世所稱高士者也達先恐年湮代遠稽考無由謹誌之以念不忘焉

光緒二十七年歲次辛丑小春月達先謹誌於惠泉山宗祠

祭祀說

祖宗雖遠一年六節祭祀不可不誠從 高祖起以及近房伯叔皆宜設祭其餘無後者亦宜酌量祭之所有本支三代祖先生殁日期理應逐細開明實貼內室以便不忘凡祭掃遠近祖塋不論貧富不可缺典祭筵不論厚薄錠帛不論多少隨量而祭不可無力不祭以致日久廢弛則人之根本不忘將來可以興發倘無力獨辦臨期儘可帮辦別房同往倘有輪房當祭至期務各齊集同往不可推諉不去亦不可因族人不和不去人至十六歲以上不陪不掃各宜虔誠凜之慎之

同治庚午九年　月　日

德浦公第大世裔孫鴻謹識

典于府君訓子芻言

戒兒輩宴安說

一日之精神全在黎明時黎明起即坐定用功得清明之氣心地光明精神振作至午不怠一日中之好光陰止此數刻日日睡過豈不可惜若論治家一家之主爲一家之表率日高擁被卧床不起家人效尤三餐失時百事俱廢志氣昏惰門庭蕭索終至敗亡自然之理也不但讀書治家之人即謀生力田之輩必至日高方起數刻逸豫百事無成昔我曾祖享壽八十有四祖六十有四皆黎明即起

寒暑無間祖晚年得偏廢症猶不改常度我考承兩代勤儉治家不敢自逸飯後必睡日以爲常壽四十八明勤晦休壽者相歷歷見之精神愈用愈出愈懶愈怕人生世上甘爲睡夢中人余深惡之申父母之戒作警醒之語兒勿夢夢視之至囑甲申五月既望石麟老人書於師儉堂之南窗

訓本兒應聘師說

據稟馮氏有聘師之說秀才家上計望中中計望廩下計謀館謀館不獨爲糊口計也此身坐定借此用功今日課業將來得能改筆弟子知尊師之道我亦不致下同傭工此皆秀才分內之事況我輩寒士乎寄人籬下總不如在家納福遊蕩子弟求其終年在家日圖三餐不出雷池一步父母之心慰矣苟有志成就者不獨爲用功之計深閱歷長識見斷不能置其身於安閒之地我家自先曾祖起家以來陵夷以至於此日非一日愈趨愈下不知伊於胡底每念及此不勝戰慄今館事成與不成尚在未定而就與不就老人不能代決不爲劉斑之勸進不爲謝遂疾勸退吾兒自決之時

光緒辛卯一陽月二十四日　師儉老人筆

慎疾說

醫道小術也而生死所寄賦質偏全寒暖不時皆足以感病徒事延醫平素氣體強弱勞逸嗜好嘗時致病之由病中吉凶見端與醫者晤談片刻安能洞悉無遺一家中事無大小莫不出自主裁而於治病之道平時不涉獵醫書究其精微至臨時張皇無措病之輕重不能知醫之優劣亦莫辨抑亦危矣每見世人一時謀生計拙託此術以糊口者比比然也吾思素靈合編湯頭歌訣諸書熟讀數卷

平正症候可以應酬開方至於危險之症雖請判專科名家必須主人畧知一二察其表裏辨其虛實質疑問難或可十中其一若主人毫無見決徒知聽命於他人溫之涼之攻之補之一味之藥動關性命旁觀者誰肯當此重任乎爾母便血久年同治甲戌勞倦之後似瘧日作延醫調理皆作瘧論日見萎衰　大士仙方黃芪屢求屢見想久病氣虛重用黃芪或可奏效諸醫皆不以爲然及潤甫雲心姻兄診之大補之劑黃芪用五錢日服兩劑元氣稍復膏方中黃芪十兩服六七年舊症霍然光緒壬辰勳兒左

肩患癧瘰半年理治咸謂症出陰虧滋陰之味所見畧同體益瘦胃益衰勢將成怯吳有咸先生診視言此症陰寒凝結須用陽和湯可以收功時正六月惟肉桂一味不敢用求呂祖仙方得肉桂之劑兩服之後精神漸振胃氣亦蘇始悟起病之前夜卧時恒覺左肩有陰寒之氣肉桂乃此症要藥與仙方觀之方中陽和湯始全是吳醫見得到而膽量不足癸巳夏二媳患傷寒起復如常薄日有變端服師範娙方藥三劑胸腹飽滿顛形煩躁細閱前方惟師範方中無一味顧本元之藥急請博如從弟商進扶進扶

正之法拨以生地得以漸入佳境一味之藥能使困者甦危者安審病擇醫闕一不可余雖門外幸有博如從弟時與斟酌將來則醫無人余亦年老就衰設有商酌醫藥之處不習而明之其將何從折衷乎非欲濟世實自爲計爲行餘之學補六藝之一博學審問慎思明辨庶乎其得之矣是爲囑願勉旃甲午秋七月訓俟老人書此與兒商之

戒子孫喪葬稱家有無說

幹蠱之責望之於子僧道懺悔本非人子當爲之事況集親戚之錢延請僧道拔父罪孽罪孽未必可拔而揚父之

惡莫此爲甚子心忍乎哉吾願兒孫家庭和睦讀書安分存心爲善無忝厥志不獨盡父之慈并積兒孫之福此余所深望於兒孫者也送殮執紼弔死之義自古有之至于擇日開弔張燈設宴酒行樂作身家殷實者不嫌繁文我承上祖不腆之田衣食之外雖望盈餘一切衣衾棺槨從厚從薄稱家有無禮云喪不慮居毀不危身是也若聽背本之言滅理之論以浪費爲盡禮以省財爲不孝一惑其言必至鬻產而後已區區餬口之田棄如敝屣余心安乎哉我祖我父之心安乎哉昔曾君刻柟丹楹何且納諸大

惡吾願兒孫守大聖人興其易也惻感之訓閑門思過讀禮盡哀而已及今不預申此戒宜於口而筆於書恐一旦病起倉猝因即棄別則余雖有此心猶隱而未見故於平居無事時將痛切之言親筆書之以付兒聯以當將來之遺訓云時

光緒乙未師儉老人親筆時年六十有三

戒兒輩及時加勉義

諭勲祿兩兒勲兒現患目疾服藥煎劑日無間斷葷蒜蝦蠏必須忌淨早晚靜養以舒目力祿兒血氣大虧致此虛

症急宜補益膏滋藥每日兩次不可間斷文章多讀多做詩亦要緊以半日爲度用功養生並行不悖自兒總角以至今日望兒讀書無日不切切於心祿兒久荒之筆抱病之體得以倖列十名者老人至誠所感爲子者豈容泛泛視之而不思得親順親乎勲兒代理館課兼督弟課父命所在分不容辭科試伊邇勲兒課徒之餘亦宜自課老人年逾花甲家務叢雜親自勞悴不令兒等分任者非老人姑息之愛實留兒等用功之地也然而夕陽雖好紅不多時不及時梢除雜念努力用功古語云一旦山陵崩功名

與世務兩無所就長安君何以自託於趙乎臨別諄諄恐別後忘言書此數語付兒座右朝夕展開如見父面如聞父言兩地一室也凜之慎之丙申中秋後五日師儉老人親筆

附錄辛卯天誕日典于公慶慈七十九辰命本兒作此禮斗疏詞（時典于公五十九本兒與熱先各二十九是日公虔誠供果念經叢集子姪禮十一天）

言念時逢清晏三代同慶壽辰家享休祥一庭更欣聚順北堂擅詠絮之名誕逢秋九東海極稱觴之樂嗶報春三

獻桃尊於慈埒駕常駐大青鸞符葭管於吾生瑞更徵犬赤雁（宋書符瑞志太初三年二月五日漢武帝行幸東海獲赤雁賜切本兒生日也）既綿瓜瓞並慶竹林不振家聲於千載福借　經功大開壽域於一門恩叨　斗力伏願福錫九皇樂奏九成以祝誕岡陵九若功歌九叙以明恩益算則九齡衍慶蓮瑞九苞介壽貞九拜舒誠於齡九頌仰　九重而恩隆九鼎叨　九霄而澤沛九州大生一而成九運如九轉練丹帝夢九而與三瑞擬九疇錫福九族霑萬壽之恩天誕適逢元九九男進三多之祝人生同效慶九

附祿戊戌夏六月與于公因毋謝太恭人壽終命脉

兒作此輓聯懸之堂中

于歸當十七七十載闔範遺昭蔭及孫曾咸欽甯州賢慈

毋

大壽望九旬旬九日病魔不卻術窮醫禱竟作東山歸隱

人

徐樂傳　前漢書

徐樂燕郡無終人也上書曰臣聞天下之患在於土崩不在瓦解古今一也何謂土崩秦之末世是也陳涉無千乘之尊尺土之地身非王公大人名族之後鄉曲之譽非有孔曾墨子之賢陶朱猗頓之富也然起窮巷奮棘矜偏袒大呼天下從風此其故何也由民困而主不恤下怨而上不知俗已亂而政不修此三者陳涉之所以為資也此之謂土崩故曰天下之患在乎土崩何謂瓦解吳楚齊趙之兵是也七國謀

為大逆號皆稱萬乘之君帶甲數十萬威足以嚴其境內財足以勸其士民然不能西攘尺寸之地而身為禽於中原者此其故何也非權輕於匹夫而兵弱於陳涉也當是之時先帝之德未衰而安土樂俗之民眾故諸侯無竟外之助此之謂瓦解故曰天下之患不在瓦解由此觀之天下誠有土崩之勢雖布衣窮處之士或首難而危海內陳涉是也況三晉之君或存乎天下雖未治也誠能無土崩之勢雖有彊國勁兵不得還踵而身為禽吳楚是也況羣臣百姓能

爲亂乎此二體者安危之明要賢主之所留意而深察也間者關東五穀數不登年歲未復民多窮困重之以邊境之事推數循理而觀之民宜有不安其處者矣不安故易動易動者土崩之勢也故賢主獨觀萬化之原明於安危之機脩之廟堂之上而銷未形之患也其要期使天下無土崩之勢而已矣故雖有彊國勁兵陛下逐走獸射飛鳥弘游燕之囿淫從恣之觀極馳騁之樂自若金石絲竹之聲不絕於耳帷幄之私俳優朱儒之笑不乏於前而天下無宿憂名

何必夏子俗何必成康雖然臣竊以爲陛下天然之質寬仁之資而誠以天下爲務則禹湯之名不難侔而成康之俗未必不復興也此二體者立然後處尊安之實揚廣譽於當世親天下而服四夷餘恩遺德爲數世隆南面背依攝袂而揖王公此陛下之所服也臣聞圖王不成其敝足以安安則陛下何求而不得何威而不成奚征而不服哉

孺子公傳

漢　書

徐穉字孺子豫章南昌人也家貧常自耕稼非其力不食恭儉義讓所居服其德屢辟公府不起時陳蕃爲太守以禮請署功曹穉不免之既謁而退蕃在郡不接賓客唯穉來特設一榻去則縣之後舉有道家拜太原太守皆不就延熹二年尚書令陳蕃僕射胡廣等上疏薦穉等曰臣聞善人天地之紀政之所由也詩云思皇多士生此王國天挺俊乂爲陛下出當輔弼明時左右大業者也伏見處士豫章徐穉彭城

姜肱汝南袁閎京兆韋著潁川李曇德行純備著于人聽若使擢登三事協亮天工必能翼宣盛美增光日月矣桓帝乃以安車玄纁備禮徵之並不至帝因問蕃曰徐穉袁閎韋著誰爲先後蕃對曰閎生出公族聞道漸訓著長於三輔禮義之俗所謂不扶自直不鏤自雕至於穉者爰自江南卑薄之域而角立傑出宜當爲先穉嘗爲太尉黃瓊所辟不就及瓊卒歸葬穉乃負糧徒步到江夏赴之設雞酒薄祭哭畢而去不告姓名時會者四方名士郭林宗等數十人聞

之疑其稺也乃還能言語生茅容輕騎追之及於塗
容爲設飲共言稼穡之事臨訣去謂容曰爲我謝郭
林宗大樹將顛非一繩所維何爲栖栖不遑甯處及
林宗有母憂稺往弔之置生芻一束於廬前而去衆
怪不知其故林宗曰此必南州高士徐孺子也詩不
云乎生芻一束其人如玉吾無德以堪之靈帝初欲
蒲輪聘稺會卒時年七十二子胤字季登篤行孝悌
亦隱居不仕太守華歆禮請相見辭病不詣漢末寇
賊縱横皆敬胤禮行轉相約敕不犯其閭建安中卒

謂卿公傳　後漢書

徐防字謂卿沛國銍人也祖父宣爲講學大夫以易
敎授王莽父憲亦傳宣業防少習父祖學永平中舉
孝廉除爲郎防體貌矜嚴占對可觀顯宗異之特補
尚書郎職典樞機周密畏慎奉事二帝未常有過和
帝時稍遷司隸校尉出爲魏郡太守永元十年遷少
府大司農防勤曉政事所在有迹十四年拜司空防
以五經久遠聖意難明宜爲章句以悟後學上疏曰
臣聞詩書禮樂定自孔子發明章句始於子夏其後

諸家分析各有異說漢承亂秦經典廢絶本文略存
或無章句收拾缺遺建立明經博徵儒術開置太學
孔聖既遠微旨將絶故立博士十有四家設甲乙科
之科以勉勸學者所以示人好惡改敝就善者也伏
見太學試博士弟子皆以意說不脩家法私相容隱
開生姦路每有策試輒興諍訟論議紛錯互相是非
孔子稱述而不作又曰吾猶及史之闕文疾史有所
不知而不肯闕也今不依章句妄生穿鑿以遵師爲
非義意說爲得理輕侮道術寖以成俗誠非詔書實

選本意改薄從忠三世常道事精務本儒學所先臣以爲博士及甲乙策試宜從其家章句開五十難以試之解釋多者爲上第引文明者爲高說若不依先師義有相伐皆正以爲非五經各取上第六人論語不宜射策雖所失或久差可矯革詔書下公卿皆從防言十六年拜爲司徒延平元年遷太尉與太傅張禹參錄尚書事數受賞賜甚見優寵安帝即位以定策封龍鄉侯食邑千一百戸其年以災異寇賊策免就國凡三公以災異策免始自防也防卒子衡當嗣讓封於其弟崇數歲不得已乃出就爵云

孟本公傳

後漢書

徐璆字孟本廣陵海西人也父淑度遼將軍有名於邊璆少博學辟公府舉高第稍遷荆州刺史時董太后姊子張忠爲南陽大守因埶放濫臧罪數億璆臨當之部太后遣中常侍以忠屬璆々對曰臣身爲國不敢聞命太后怒遽徵忠爲司隸校尉以相威臨璆到州舉奏忠臧餘一億使冠軍縣上簿詣大司農以彰暴其事又奏五郡太守及屬縣有臧汙者悉徵案罪威風大行中平元年與中郎將朱儁擊黃巾賊於宛破之張忠怨璆與諸閹官構造無端璆遂以罪徵有破賊功得免官歸家後再徵遷汝南太守轉東海相所在化行獻帝遷許以廷尉徵當詣京師道爲袁術所劫授璆以上公之位璆乃歎曰龔勝鮑宣獨何人哉守之必死術不敢逼術死軍破璆得其盜國璽及還許上之并送前所假汝南東海二郡印綬司徒趙溫謂曰君遭大難猶存此耶璆曰昔蘇武困於匈奴不墜七尺之節況此方寸印乎後拜太常使持節拜曹操爲丞相操以相讓璆々不敢當卒於官

徐登傳　後漢書

徐登者閩中人也本女子化爲丈夫善爲巫術又趙炳字公阿東陽人能爲越方時遭兵亂疾疫大起二人遇於烏傷溪水之上遂結言約共以其術療病各相謂曰今既同志且可各試所能登乃禁溪水水爲不流炳復次禁枯樹樹即生萸二人相視而笑共行其道焉登年長炳師事之貴尚清儉禮神唯以東流水爲酌削桑皮爲脯但行禁架所療皆除後登物故炳東入章安百姓未之知也炳乃故升茅屋梧鼎而爨主人見之驚懅炳笑不應既而爨熟屋無損異又嘗臨水求度船人不和之炳乃張蓋坐其中長嘯呼風亂流而濟於是百姓神服從者如歸章安令惡其惑衆收殺之人爲立祠堂於永康至今蚊蚋不能入也

景山公傳　魏志

徐邈字景山燕國薊人也太祖平河朔召爲丞相軍謀掾試守奉高令入爲東曹議令史魏國初建爲尚書郎時科禁酒而邈私飲至於沈醉校事趙達問以曹事邈曰中聖人達白之太祖太祖甚怒渡遼將軍鮮于輔進曰平日醉客謂酒清者爲聖人濁者爲賢人邈性修慎偶醉言耳竟坐得免刑後領隴西太守轉爲南安文帝踐阼歷譙相平陽安平太守潁川典農中郎將所在著稱賜爵關內侯車駕幸許昌問邈曰頗復中聖人否邈對曰昔子反斃於穀陽御叔罰於飲酒臣嗜同二子不能自懲時復中之然宿瘤以醜見傳而臣以醉見識帝大笑顧左右曰名不虛立遷撫軍大將軍軍師明帝以涼州絕遠南接蜀寇以邈爲涼州刺史使持節領護羌校尉至值諸葛亮出祁山隴右三郡反邈輒遣參軍及金城太守等擊南安賊破之河右少雨常苦乏穀邈上修武威酒泉鹽池以收虜穀又廣開水田募貧民佃之家家豐足倉庫盈溢乃支度州界軍用之餘以市金帛犬馬通供

中國之費以漸收斂民間私仗藏之府庫然後率以仁義立學明訓禁厚葬斷淫祀進善黜惡風化大行百姓歸心焉西域流通荒戎入貢皆邈勳也討叛羌柯吾有功封都亭侯邑三百戶加建威將軍邈與羌胡從事不問小過若犯大罪先告部帥使知應死者乃斬以狗是以信服畏威賞賜皆散與將士無入家者妻子衣食不充天子聞而嘉之隨時供給其家彈邪繩枉州界肅清正始元年還爲大司農遷爲司隸校尉百寮敬憚之公事去官後爲光祿大夫數歲即

拜司空邈歎曰三公論道之官無其人則缺豈可以老病忝之哉遂固辭不受嘉平元年年七十八以大夫薨于家用公禮葬謚曰穆侯子武嗣六年朝廷追思清節之士詔曰夫顯賢表德聖王所重舉善而教仲尼所美故司空徐邈征東將軍胡質衛尉田豫皆服職前朝歷事四世出統戎馬入贊庶政忠清在公憂國忘私不營產業身沒之後家無餘財朕甚嘉之其賜邈等家穀二千斛錢三十萬布告天下邈同郡韓觀曼游有鑒識器幹與邈齊名而在孫禮盧毓先

爲豫州刺史甚有治功卒官盧欽著書稱邈曰徐公志高行潔才博氣猛其施之也高而不狷潔而不介博而守約猛而能寬聖人以清爲難而徐公之所易也或問欽徐公當武帝之時人以爲通自在涼州及還京師人以爲介何也欽答曰往者毛孝先崔季珪等用事貴清素之士于時皆變易車服以求名高而徐公不改其常故人以爲通比來天下奢靡轉相倣效而徐公雅尚自若不與俗同故前日之通乃今日之介也是世人之無常而徐公之有常也

寶堅公傳

魏 志

徐宣字寶堅廣陵海西人也避亂江東又辭孫策之命還本郡與陳矯並爲綱紀二人齊名而私好不協然俱見器於太守陳登與登並心於太祖海西淮浦二縣民作亂都尉衛彌令梁習夜奔宣家密送免之太祖遣督軍扈質來討賊以兵少不進宣潛見責之示以形勢質乃進破賊太祖辟爲司空掾屬除東緡發干令遷齊郡太守入爲門下督從到壽春會馬超作亂大軍西征太祖見官屬曰今當遠征而此方未定以爲後憂宜得清公大德以鎮統之乃以宣爲左護軍留統諸軍還爲丞相東曹掾出爲郡魏太守太祖崩洛陽羣臣入殿中發哀或言易諸城守用譙沛人宣厲聲曰今者遠近一統人懷効節何必譙沛而沮宿衛者心文帝問曰所謂社稷之臣也帝既踐阼爲御史中丞賜爵關內侯徙城門校尉旬月遷司隸校尉轉散騎常侍從至廣陵六軍乘舟風浪暴起帝船回倒宣病在後陵波而前羣寮莫先至者帝壯之遷尚書明帝卽位封津陽亭侯邑二百戶中領軍桓

範薦宣曰臣聞帝王用人度世授才爭奪之時以策畧爲先分定之後以忠義爲首故晉文行舅犯之計而賞雍季之言高祖用陳平之智而託後於周勃也竊見尚書徐宣體忠厚之行秉直亮之性清雅特立不拘世俗確然難動有社稷之節歷位州郡所在稱職今僕射缺宣行掌後事腹心任重莫宜宣者帝遂以宣爲左僕射後加侍中光祿大夫車駕幸許昌統總留事帝還主者奏呈文書詔曰吾省與僕射何異竟不視尚方令坐猥見考竟宣上疏陳威刑大過又諫作宮殿窮盡民力帝皆手詔嘉納宣曰七十有縣車之禮今已六十八可以去矣乃固辭疾遜位帝終不許靑龍四年薨遺令布衣疏巾歛以時服詔曰宣體履至實直內方外歷在三朝公亮正色有託孤寄命之節可謂柱石臣也常欲倚以台輔未及登之惜乎大命不永其追贈車騎將軍葬如公禮謚曰貞侯子欽嗣

公明公傳　　魏志

徐晃字公明河東楊人也爲郡吏從車騎將軍楊奉討賊有功拜騎都尉李傕郭汜之亂長安也晃說奉令與天子還洛陽奉從其計天子渡河至安邑封晃都亭侯及至洛陽韓暹董承日爭鬭晃說奉令歸太祖奉欲從之後悔太祖討奉於梁晃遂歸太祖太祖授晃兵使擊卷原武賊破之拜裨將軍從征呂布別降布將趙庶李鄒等與史渙斬眭固於河內從破劉備又從破顏良拔白馬進至延津破文醜拜偏將軍

與曹洪擊㵐彊賊祝臂破之又與史渙擊袁紹運車於故市功最多封都亭侯太祖既圍鄴破邯鄲易陽令韓範僞以城降而拒守太祖遣晃攻之晃至飛矢城中爲陳成敗範悔晃輒降之既而言於太祖曰二袁未破諸城未下者傾耳而聽今日滅易陽明日皆以死守恐河北無定時也願公降易陽以示諸城則莫不望風太祖善之別討毛城設伏兵掩擊破三屯從破袁譚於南皮討平原叛賊克之從征蹋頓拜橫野將軍從征荊州別屯樊討中廬臨沮宜城賊又與滿

寵討關羽於漢津與曹仁擊周瑜於江陵十五年討太原反者圍大陵拔之斬賊帥商曜韓遂馬超等反關右遣晃屯汾陰以撫河東賜牛酒令上先人墓太祖至潼關恐不得渡召問晃晃曰公盛兵於此而賊不復別守蒲阪知其無謀也今假臣精兵渡蒲阪津爲軍先置以截其裏賊可禽也太祖曰善使晃以步騎四千人渡津作塹柵未成賊梁興夜將步騎五千餘人攻晃晃擊走之太祖軍得渡遂破超等使晃與夏侯淵平隃麋汧諸氐與太祖會安定太祖還鄴使

晃與夏侯淵平鄜夏陽餘賊斬梁興降三千餘戶從征張魯別遣晃討攻櫝仇夷諸山氐皆降之遷平寇將軍解將軍張順圍擊賊陳福等三十餘屯皆破之太祖還鄴留晃與夏侯淵拒劉備於陽平備遣陳式等十餘營絕馬鳴閣道晃別征破之賊自投山谷多死太祖聞甚喜假晃節令曰此閣道漢中之險要咽喉也劉備欲斷絕外內以取漢中將軍一舉克奪賊計善之善者也太祖遂自至陽平引出漢中諸軍復遣晃助曹仁討關羽屯宛會漢水暴溢于禁等沒羽

圍仁於樊又圍將軍呂常於襄陽晃所將多新卒以羽難與爭鋒遂前至陽陵陂屯太祖復還遣將軍徐商呂建等詣晃令曰須兵馬集至乃俱前賊屯偃城晃到詭道作都塹示欲截其後賊燒屯走晃得偃城兩面連營稍前去賊圍三丈所未攻太祖前後遣殷署朱蓋等凡十二營詣晃賊圍頭有屯又別屯四冢晃揚聲當攻圍頭屯而密攻四冢羽見四冢欲壞自將步騎五千出戰晃擊之退走遂追陷與俱入圍破之或自投沔水死太祖令曰賊圍塹鹿角十重將軍

致戰全勝遂陷賊圍多斬首虜吾用兵三十餘年及所聞古之善用兵者未有長驅徑入敵圍者也且樊襄陽之在圍過於莒卽墨將軍之功踰孫武穰苴晃振旅還摩陂太祖迎晃七里置酒大會太祖舉卮酒勸晃且勞之曰全樊襄陽將軍之功也時諸軍皆集太祖案行諸營士卒咸離陣觀而晃軍營整齊將士駐陣不動太祖歎曰徐將軍可謂有周亞夫之風矣文帝卽王位以晃爲右將軍進封逯鄉侯及踐阼進封楊侯與夏侯尙討劉備於上庸破之以晃鎮陽平

徙封陽平侯明帝卽位拒吳將諸葛瑾於襄陽增邑二百并前三千一百戶病篤遺令斂以時服性儉約畏愼將軍常遠斥候先爲不可勝然後戰追奔爭利士不暇食常歎曰古人患不遭明君今幸遇之當以功自效何用私譽爲終不廣交援太和元年薨謚曰壯侯子蓋嗣蓋薨子霸嗣明帝分晃戶封晃子孫二人列侯初淸河朱靈爲袁紹將太祖之征陶謙紹使靈督三營助太祖戰有功紹所遣諸將各罷歸靈曰靈觀人多矣無若曹公者此乃眞明王也今已遇復

何之遂留不去所將士卒慕之皆隨靈留靈後遂爲好將名亞晃等至後將軍封高唐亭侯

季才公傳　　魏志

徐奕字季才東莞人也避難江東孫策禮命之奕改姓名微服還本郡太祖爲司空辟爲掾屬從西征馬超超破軍還時關中新服未甚安留奕爲丞相長史鎭撫西京西京稱其威信轉爲雍州刺史復還爲東曹屬丁儀等見寵於時並害之而奕終不爲動出爲魏郡太守太祖征孫權徙爲留府長史謂奕曰君之忠亮古人不過也然微太嚴昔西門豹佩韋以自緩夫能以柔弱制剛彊者望之於君也今使君統留事

孤無復還顧之憂也魏國既建爲尚書復典選舉遷尚書令太祖征漢中魏諷等謀反中尉楊俊左遷太祖歎曰諷所以敢生亂心以吾爪牙之臣無遏姦防謀者故也安得如諸葛豐者使代俊乎桓階曰徐奕其人也太祖乃以奕爲中尉手令曰昔楚有子玉文公爲之側席而坐汲黯在朝淮南爲之折謀詩稱邦之司直君之謂與在職數月疾篤乞退拜諫議大夫卒

文嚮公傳　　吳志

徐盛字文嚮琅邪莒人也遭亂客居吳以勇氣聞孫權統事以爲別部司馬授兵五百人守柴桑長拒黃祖祖子射嘗率數千人下攻盛盛時吏士不滿二百與相拒擊傷射吏士千餘人已乃開門出戰大破之射遂絕迹不復爲寇權以爲校尉蕪湖令復討臨成南阿山賊有功徙中郎將督校兵曹公出濡須從權禦之魏嘗大出橫江盛與諸將俱赴討時乘蒙衝遇迅風船落敵岸下諸將恐懼未有出者盛獨將兵上

突斫敵敵披退走有所傷殺風止便還權大壯之及權爲魏稱藩魏使邢貞拜權爲吳王權出都亭候貞貞有驕色張昭既怒而盛忿憤顧謂同列曰盛等不能奮身出命爲國家并許洛吞巴蜀而令吾君與貞盟不亦辱乎因涕泣橫流貞聞之謂其旅曰江東將相如此非久下人者也後遷建武將軍封都亭侯領廬江太守賜臨城縣爲奉邑劉備次西陵盛攻取諸屯所向有功曹休出洞口盛與呂範全琮渡江拒守遭大風船人多喪盛收餘兵與休夾江休使兵將就

船攻盛城以少禦多敵不能克谷引軍退遷安東將
軍封蕪湖侯後魏文帝大出有渡江之志盛建計從
建業築圍作薄落圍上設假樓江中浮船諸將以爲
無益盛不聽固立之文帝到廣陵望圍愕然彌漫數
百里而江水盛長便引軍退諸將乃服黃武中卒子
楷襲爵領兵

有功公傳　新唐書

宏敏字有功避孝景皇帝諱以字行國子博士文遠
孫也舉明經累補蒲州司法參軍襲封東莞縣子爲
政寬仁不忍杖罰民服其恩更相約曰犯徐參軍杖
者必斥之訖代不辱一人累遷司刑丞時武后僭位
畏唐大臣謀己於是周興來俊臣邱神勣王宏義等
揣識后指置總監牧院諸獄捕將相俾相鉤逮掩捌
獲送楚掠凝慘又訐引天下豪傑馳使者即按一切
以反論吏爭以周納窮詆相高后輒勸以官賞於是

以急變相告言者無慮日朝野震恐莫敢正言獨有
功數犯顏爭枉直后厲言折抑有功爭益牢時博州
刺史瑯琊王冲責息錢於貴鄉遣家奴督斂與尉顏
餘慶相聞知奴自市弓矢還會冲坐逆誅魏州人告
餘慶與冲同謀后令俊臣鞫治以反狀聞有司議餘
慶更永昌赦法當流侍御史魏元忠謂餘慶爲冲督
償逋書合謀甚明非曰支黨未發請誅死籍其家詔
可有功曰永昌赦令與虺貞同惡魁首已伏誅支黨
未發者原之書曰殲厥渠魁律以造意爲首尋首已

伏誅則魁首無遺餘慶赦後被言是爲支黨今以支爲首是以生入死赦而復罪不如勿赦生而復殺不如勿生竊謂朝廷不當耳后怒曰何謂魁首答曰魁者大帥首者元謀后曰餘慶安得不爲魁首答曰若魁首者虺貞是已既已伏誅餘慶今方論罪非支黨而何意解乃曰公更思之遂免死當此時左右及侍衞在廷陛者數百人皆縮項不敢息而有功氣定言詳裁然不橈有韓紀孝者受徐敬業官前已物故推使事項仲琰籍其家詔已報可有功追議曰律謀反

者斬身亡則無斬法無斬法則不得相緣所緣之人亡則所因之罪咸詔從之皆以更赦免如此獲宥者數十百事累轉秋官郎中鳳閣侍郎任知古冬官尙書裴行本等七人被誣當死后謂宰相曰古人以殺止殺我今以恩止殺就羣公丐知古等賜以再生可乎俊臣張知默固請如法后不許俊臣獨引行本更驗前罪有功奏曰俊臣違陛下再生之賜不可以示信於是悉免死道州刺史李仁褒兄弟爲人誣構有功爭不能得秋官侍郎周興劾之曰漢法附下罔上

者斬面欺者亦斬在古析言破律者殺有功故出反囚罪當誅請按之后不許猶坐免官俄起爲左肅政臺侍御史辭曰臣聞鹿走山林而命繫庖廚者勢固自然陛下以法官用臣臣守正行法必坐此死矣后固授之天下聞有功復進灑然相賀時有詔公坐流私坐徒以上會赦免踰百日不首者復論有功奏曰陛下寬殊死罪已發者原之是遏改過之心自新之路故律告赦前事以其罪坐之若無告言所犯終不自發如告言赦前事則與律關今赦前之罪不自言

者還以法論卽恩雖布天下而一罪不能貸臣竊爲陛下不取后更詔五品以上議可又上疏曰天下官員有定比選者日多選曹諉囑公行讙謗滿路唐季八多逆節鞫諷結斷刑慘獄嚴革命歲久其流弗改事表情生法外構理而刻薄吏驅扇成姦雖朝堂進表外匭內牒叫閽弗聽叩鼓弗聞使伸其寃正猾其枉誠令天官銓註有所不平法司推斷舞法深詆三司理匭受所上章擁塞不白者皆許臣按驗劾發奪祿貶勞不越月踰時可致刑措后納之實孝湛妻麗

氏爲其奴怖以妖祟教爲夜解因告以厭詛給事中
薛季昶鞫之麗當刑子希瑊訟冤有功明其枉季昶
劾有功黨逆當棄市有功方視事令史泣以告有功
曰豈我獨死而諸人長不死邪安步去后召詰曰公
比斷獄多失出邪對曰失出臣小過好生陛下大德
后默然龎得減死有功免爲民起拜左司郎中轉司
刑少卿與皇甫文備同按獄誣有功縱逆黨久之文
備坐事下獄有功出之或曰彼嘗陷君於死今生之
何也答曰爾所言者私忿我所守者公法不可以私

害公嘗謂所親曰天理人命所繫不可阿旨詭辭以
求苟免故有功爲獄常持平守正以執據寃罔凡三
坐大辟將死泰然不憂赦之亦不喜后以此重之所
全活甚衆酷吏爲少衰然疾之如讐矣改司僕少卿
卒年六十八贈司刑卿中宗即位加贈越州都督遣
使就第祭賜物百段授一子官開元初竇希瑊等請
以己官讓有功子惀以報舊德由是自大理司直遷
恭陵令會昌中追謚忠正初鹿城主簿潘好理慕有
功爲人諭之曰昔稱張釋之爲廷尉天下無寃人今

有功斷獄天下亦無寃人然釋之當漢文帝時中外
無事守法而已有功居革命之際周興來俊臣等掩
義隱賊祟飾惡言以誣盛德有功守死明道身瀆殆
者數矣此其賢於釋之明甚或稱有功仁恕過漢于
張起居舍人盧若虛曰徐公當雷霆之震而能全仁
恕雖千載未見其比五世孫商

贊曰

徐有功不以唐周貳其心惟一於法身蹈死以救人
之死故能虛猾后酷吏之間以恕自將內挫虛燄不

使天下殘於燎可謂仁人也哉識者謂過漢于張渠
不信夫

聽訟惟明　持法惟平　二者或爽　人何以生
猗歟徐公　辨勇之精　世皆紛濁　不改吾清

張文成贊曰

躡虎尾而莫驚觸龍鱗而不懼鳳跱鴟梟之內直以
全身豹變豺狼之閒忠能遠害

義聲公傳　新唐書

商字義聲一字秋卿客新鄭再世因爲新鄭人幼隱中條山擢進士第大中時擢尚書左丞宣宗詔爲巡邊使使有功拜河中節度使突厥殘種保岐峩山以干帳渡河自歸詔商綏定商表處山東寬鄉置備征軍凡千人襞紙爲鎧勁矢不能洞徙節山南東道襄多山棚爲票賊所據商取材卒爲捕盜將別爲屯寇所發輒迹捕捕必得遂爲精兵江西都將反韋宙乘傳抵山南發兵商命部將韓季友以捕盜營士往賊

平宙表留季友所部爲綱紀咸通初以刑部尚書爲諸道鹽鐵轉運使封東莞縣子四年進同中書門下平章事出爲荆南節度使累進太子太保卒子彥若仕僖宗爲中書舍人昭宗立再用爲御史中丞張濬師敗太原以彥若爲戶部侍郎同中書門下平章事俄代李茂貞爲鳳翔節度使不得入還爲御史大夫乾寧初復當國進位太保齊國公崔亂專政以彥若位在已右不悅以平章事爲清海軍節度使卒于鎮而行軍司馬劉隱因主留務方時多難彥若最見信於帝有以事自陳者帝曰汝當問彥若其所倚任如此

俞之公傳　新唐書

彥若字俞之天后朝大理卿有功之裔孫也曾祖濤祖宰父商三世繼登進士科商字義聲大中十三年及第釋褐秘書省校書郎累遷侍御史改禮部員外郎尋知制誥轉郎中充翰林學士拜中書舍人戶部侍郎判本司事檢校戶部尙書襄州刺史山南東道節度等使入爲御史大夫咸通初刑部尙書充諸道鹽鐵轉運使遷兵部尙書東莞子食邑五百戶四年以本官同平章事六年罷相檢校右僕射江陵尹荊

南節度觀察使入爲吏部尙書累遷太子太保卒彥若咸通十三年進士擢第乾符末以尙書郎知制誥拜中書舍人昭宗卽位遷御史中丞轉吏部侍郎檢校戶部尙書代李茂貞爲鳳翔隴西節度使茂貞不受代復拜中丞改兵部侍郎同平章事進加中書侍郎累兼左僕射監修國史扈昭宗石門還宮加開府儀同三司守司空進封齊國公太淸宮修奉太廟等使加宏文館大學士賜扶危匡國致理功臣名昭宗自華還宮進位太保門下侍郎時崔亂專權以彥若

位在已上欲專權萃於其門二年九月以彥若檢校太尉同平章事廣州刺史淸海軍節度嶺南東道節度等使卒於鎭弟彥樞位至太常少卿子綰天祐初歷司勳兵部二員外戶兵二部郎中

唐昭宗御賜平章事兼淸海軍節度使加贈兵部尙書謚文惠故臣徐彥若

像讚曰

賦性忠鯁　歷正紀綱　職兼使相　濟世經邦

萬機軸斷　兩拜平章　靖其爾位　何期遽傷

臨終撰拜　愈見忠良　讀像錫爾　慰返雲鄉

唐天復二年正月九日

忠亮剛直　性秉由天　股肱朕體　遇事敢言

議論侃侃　正道無偏　立心耿耿　學有淵源

偉哉柱石　完節老賢　錫嘉贈讚　慰卿九原

天祐元年二月十日

徐湛之傳　　宋書

湛之高帝姊會稽公主子帝微時甚貧嘗於新洲伐荻服衲布衫襖皆敬皇后手製帝既貴以此衣付公主曰後世若有驕奢不節者可出此示之及湛之得罪文帝將致辟公主急持錦囊入宮見帝不及行禮竟從囊中取衲衣擲地示上曰汝家本貧賤此是吾母爲汝父手製衣今日有一頓飽飯便欲殺害我兒子上乃釋湛之

孝源公傳　　南史

湛之字孝源東海郯人也幼孤爲宋高祖所愛永初三年封枝江縣侯頗涉大義善自持事祖母及母並以孝謹聞元嘉二年除著作佐郎員外散騎侍郎並不就六年東宮始建起家補太子洗馬轉國子博士遷奮威將軍南彭城沛二郡太守徙黄門侍郎祖母年老辭以朝直不拜復授二郡加輔國將軍遷祕書監領右軍將軍轉侍中加驍騎將軍復爲祕書監遷中護軍未拜又遷太子詹事尋加侍中遷冠軍將軍丹陽尹加散騎常侍以公主憂不拜過葬復授前職湛之固辭常侍許之二十二年范曄等謀逆湛之始與之同後發其事爲曄等款辭所連乃詣廷尉歸罪上慰遣令還郡二十四年服闋轉中書令領太子詹事出爲前軍將軍南兗州刺史二十六年復爲丹陽尹領太子詹事二十八年轉尚書僕射領護軍將軍上每有疾湛之輒入侍醫藥二凶巫蠱事發上欲廢劭賜濬死議久不決劭入弒湛之見害世祖即位追贈司空謚忠烈三子聿之謙之爲元凶所殺恆之嗣

侯無子聿之子孝嗣紹封齊受禪國除

始昌公傳

南史

徐孝嗣字始昌東海郯人也祖湛之父聿之並爲太子邵所殺孝嗣在孕得免幼而挺立風儀端簡八歲襲爵枝江縣公見宋孝武升階流涕迄於就席帝甚愛之尙康樂公主拜駙馬都尉除著作郎母喪去官爲司空太尉二府參軍安成王文學昇明中遷太祖驃騎從事中郎帶南彭城太守隨府轉爲太尉諮議參軍齊臺建爲世子庶子建元初國除出爲晉陵太守還爲太子中庶子領長水校尉未拜爲寧朔將軍

聞喜公子良征虜長史遷尙書吏部郎太子右衛率轉長史轉御史中丞出爲吳興太守徵爲五兵尙書遷太子詹事轉吏部尙書尋加右軍將軍轉領太子左衛率臺閣事多以委之轉右僕射隆昌元年遷散騎常侍前將軍丹陽尹鬱林既死孝嗣以廢立功封枝江縣侯左僕射明帝卽位加侍中中軍大將軍定策勲進爵爲公轉尙書令領本州中正加中書監永元初輔政進位司空虎賁中郎將許准勸行廢立孝嗣遲疑不決羣小亦憎孝嗣勸帝誅之召入華林省

賜藥卒

士秀公傳

南史

徐摛字士秀東海郯人也起家太學博士遷左衛司馬會晉安王戍石頭高祖以摛爲侍讀後王出鎮江州仍補雲麾府記室參軍又轉平西府中記室王移鎮京口後隨府轉爲安北中錄事叅軍帶郯令以母憂去職王爲丹陽尹起摛爲秣陵令普通四年遷晉安王諮議叅軍太通初王總戎北伐以摛兼寧蠻府長史叅贊戎政王入爲皇太子轉家令兼掌管記尋帶領直摛文體既别春坊盡學之宮體之號自斯而

起高祖聞之怒召摛加讓及見應對明敏辭義可觀高祖甚加嘆異寵遇日隆三年出爲新安太守秩滿遷爲中庶子加戎昭將軍除太子左衛率太宗嗣位進授左衛將軍固辭不拜太宗後被幽閉摛不獲朝謁因感氣疾而卒

季海公傳　唐書

徐浩字季海越州人擢明經有文辭張說稱其才繇魯山主簿薦爲集賢校理見喜雨五色鵠賦咨嗟曰後來之英也進監察御史裏行辟幽州張守珪幕府歷河陽令治有績東都留守王倕表署其府民有妄作符命者衆不爲疑浩獨按纂詰狀果詐爲之遷累都官郎中爲嶺南選補使又領東都選肅宗立繇襄州刺史召授中書舍人四方詔令多出其手遣辭贍速而書法至精帝喜之又參太上皇誥册寵絕一時

授兼尚書右丞進國子祭酒爲李輔國譖貶廬州長史代宗復以中書舍人召遷工部侍郎會稽縣公出爲嶺南節度使召拜吏部侍郎與薛邕分典選浩有妾弟冒優託之邕擬長安尉御史大夫李栖筠劾之帝怒黜邕歙州刺史浩明州別駕德宗初召授彭王傳進郡公卒年八十贈太子少師謚曰定始浩父嶠之善書以法授浩益工嘗書四十二幅屏八體皆備草隸尤工世狀其法曰怒猊抉石渴驥奔泉云

鼎臣公傳　楚金公附　宋史

徐鉉字鼎臣揚州廣陵人十歲能屬文不妄游處與韓熙載齊名江東謂之韓徐仕吳爲校書郎又仕南唐李昇父子試知制誥與宰相宋齊丘不協時有得軍中書檄者鉉及弟鍇評其援引不當檄乃湯悅所作悅與齊丘誣鉉鍇洩機事鉉坐貶泰州司戶掾鍇貶爲烏江尉俄復舊官時璟命內臣車延規傳宏營屯田於楚州處事苛細人不堪命致盜賊羣起命鉉乘傳巡撫鉉至楚州奏罷屯田延規等懼逃鼻鉉捕

之急權近側目及捕得賊首即斬之不俟報坐專殺流舒州周世宗南征璟徙鉉饒州俄召爲太子右諭德復知制誥遷中書舍人璟死事其子煜爲禮部侍郎通署中書省事歷尚書右丞兵部侍郎翰林學士御史大夫吏部尚書宋師圍金陵煜遣鉉求緩兵時煜將朱令贇將兵十餘萬自上江來援煜以鉉既行欲止令贇勿令東下鉉曰此行未保必能濟難江南所恃者援爾柰何止之煜曰方求和解而復決戰豈利於汝乎鉉曰要以社稷爲計豈顧一介之使置之

度外可也煜泣而遣之及至雖不能緩兵而入見辭
歸禮遇皆與常時同及隨煜入覲太祖責之聲甚厲
鉉對曰臣爲江南大臣國亡辠當死不當問其它太
祖嘆曰忠臣也事我當如李氏命爲太子率更令太
平興國初李昉獨直翰林鉉直學士院從征太原軍
中書詔塡委鉉援筆無滯辭理精當時論之能師還
加給事中八年出爲右散騎常侍遷左常侍淳化二
年廬州女僧道安誣鉉姦私下吏道安坐不實抵辠
鉉亦貶靜難行軍司馬初鉉至京師見被毛褐者輒

哂之邠州苦寒終不御毛褐致冷疾一日晨起方冠
帶遽索筆手疏約束後事又別署曰道者天地之母
書訖而卒年七十六鉉無子門人鄭文寶護其喪至
汴胡仲容歸其葬於南昌之西山鉉性簡淡寡欲質
直無矯飾不喜釋氏而好神怪有以此獻者所求必
如其請鉉精小學好李斯小篆臻其妙隸書亦工嘗
受詔與句中正葛湍王惟恭等同校說文序曰許愼
說文十四篇并序目一篇凡萬六百餘字聖人之旨
蓋云備矣夫八卦既畫萬象既分則文字爲之大輅

載籍爲之六藝先王教化所以行於百代及物之功
與造化均不可忽也雖五帝之後改易殊體六國之
勢文字異形然猶存篆籒之迹不失形類之本及暴
秦苛政散隸聿興便於末俗人競師法古文既變巧
僞日滋至漢宣帝時始命諸儒修倉頡之法亦不能
復至光武時馬援上疏論文字之譌謬其言詳矣及
和帝時申命賈逵修理舊文於是許愼采史籒李斯
揚雄之書博訪通人考之於逵作說文解字至安帝
十五年始奏上之而隸書之行已久加以行草八分

紛然間出反以篆籒爲奇怪之迹不復經心至於六
籍舊文相承傳寫多求便俗漸失本原爾雅所載草
木魚鳥之名肆志增益不可觀矣諸儒傳釋亦非精
究小學之莫能矯正唐大歷中李陽冰篆籒殊絕獨
冠古今於是刊定說文修正筆法學者師慕篆籒中
興然頗排斥許氏自爲臆說夫以師心之獨見破先
儒之祖述豈聖人之意乎今之爲字學者亦多陽冰
之新義所謂貴耳而賤目也自唐末喪亂經籍道息
有宋膺運人文國典粲然復興以爲文字者六藝之

本當由古法乃詔取許慎說文解字精加詳校垂憲百代臣等敢竭愚陋備加詳考有許慎注義序例中所載而諸部不見者審知漏落悉從補録復有經典相承傳寫及時俗要用而說文不載者皆附益之以廣篆籀之路亦皆形聲相從不違六書之義者其間說文具有正體而時俗譌變者則具於注中其有義理乖舛違戾六書者並列序於後俾夫學者無或致疑大抵此書務援古以正今不徇今而違古若乃高文大册則宜以篆籀著之金石至於常行簡牘則草

隸足矣又許慎注解詞簡義奥不可周知陽冰之後諸儒箋述有可取者亦從附益猶有未盡則臣等粗為訓釋以成一家之書說文之時未有反切後人附益互有異同孫愐唐韻行之已久今並以孫愐音切為定庶幾學者有所適從焉鍇亦善小學嘗以許慎說文依四聲譜次為十卷目曰說文解字韻譜鉉序之曰昔伏羲畫八卦而文字之端見矣蒼頡模鳥迹而文字之形立矣史籀作大篆以潤色之李斯變小篆以簡易之其美至矣及程邈作隸而人競趨省古

法一變字義浸譌先儒許慎患其若此故集倉雅之學研六書之旨博訪通識考於賈逵作說文解字十五篇凡萬六百字字書精博莫過於是篆籀之體極於斯焉其後賈魴以三蒼之書皆為隸字隸字始廣而篆籀轉微後漢及今千有餘歲凡善書者皆草隸焉又隸書之法有刪繁補闕之論則其譌僞斷可知矣故今字書之數絫倍於前夫聖人創制皆有依據不知而作君子慎之及史闕文格言斯在若草木魚鳥形聲相從觸類長之良無窮極茍不折之以古義

何足以觀故叔重之後玉篇切韻所載習俗雖久要不可施之於篆文往者李陽冰天縱其能中興斯學贊明許氏奐焉英發然古法背俗易為堙微方今許李之書僅存於世學者殊寡舊章罕存秉筆操觚要資校閱而偏傍奥竅不可意知尋求一字往往終卷力省功倍思得其宜舍弟鍇特善小學因命取叔重所記以切韻次之聲韻區分開卷可覩鍇又集通釋四十篇考先賢之微言暢許氏之玄旨正陽冰之新義折流俗之異端文字之學善矣盡矣今此書止欲

便於檢討無恤其它故聊存古訓以爲別識其餘數演有通釋五音凡千卷貽諸同志云鉉親爲之篆鏤板以行於世鍇字楚金四歲而孤母方教鉉未暇及鍇能自知書李璟見其文以爲秘書省正字累官內史舍人因鉉奉使入宋憂懼而卒年五十五李穆使江南見其兄弟文章歎曰二陸不能及也鉉有文集三十卷質疑論若干卷所著稽神錄多出於其客蒯亮鍇所著則有文集家傳方輿記古今國典賦苑歲時廣記云

鼎臣公像贊　魏了翁

儒林儀表國家棟梁風雲翰墨錦繡文章翾長虹於寥廓登鳴鳳於高岡

中山武寧王傳　明史

徐達字天德濠人少有大志剛毅武勇太祖爲郭子興部將達往從之一見語合從太祖南畧定遠破元兵於滁州從取和州渡江拔采石取太平禽元將陳埜先從下集慶太祖身居守而命達爲大將帥諸軍攻鎮江拔之號令明肅城中晏然授統軍元帥時張士誠據常州以舟師攻鎮江達敗之於龍潭遂圍常州達以敵狡而銳未易力取乃離城設二伏以待大敗之明年克之進僉樞密院事明年從伐漢取江州

進中書右丞又明年與友諒會於鄱陽湖軍甚盛達身先諸將力戰敗其先鋒友諒死太祖稱吳王以達爲左相國復引兵圍廬州克其城下江陵辰州衡州寶慶諸路湖湘悉平召還復引兵渡江克高郵破淮安進破安豐獲元將忻都又破元兵於徐州淮南北悉平師還太祖議征吳右相李善長請緩之達曰張氏汰而苛大將李伯昇輩徒擁子女玉帛易與耳用事黃蔡葉三參軍書生不知大計臣奉主上威德以大軍躡之三吳可計日定太祖大悅拜達大將軍平

章以常遇春爲副帥舟師二十萬薄湖州敵三道出戰達分三軍應之別遣兵扼其歸路敵戰敗不得入城還戰大破之士誠築五寨自固達使遇春等爲十壘以困之士誠走湖州降遂進圍平江與諸將分軍各門築長圍困之城中大震達遣使請事太祖勅勞之曰將軍謀勇絶倫故能遏亂略削羣雄今事必稟此將軍之忠吾甚嘉之然將在外君不御軍中緩急將軍便宜行之吾不中制既而平江破執士誠傳送應天城之將破也達令將士曰掠民財者死毁民居

者死離營二十里者死吳人安堵如故師還封信國公尋拜征虜大將軍北取中原師行克沂州嶧州莒密海諸州悉平遂定山東洪武元年以達爲右丞相與遇春引舟師泝河趨汴梁守將或走或降遂擣潼關西至華州捷聞太祖幸汴梁召達置酒勞之且謀北伐達曰大軍平齊魯掃河洛潼關既克元聲援已絶今乘勢進擣元都可不戰有也帝曰善達復進曰元都克而其主北走將窮追之乎帝曰元運衰矣行自澌滅不煩窮兵出塞之後固守封疆防其侵軼可

也達頓首受命遂與遇春等水陸並進大敗元兵於河西務進克通州順帝帥后妃太子北去達陳兵齊化門塡濠登城監國及丞相不降者斬之其餘不戮一人封府庫籍圖書寶物令指揮張勝以兵千人守宮殿門使宦者護視諸宮人妃主禁士卒毋所侵暴吏民安居市不易肆捷聞詔以元都爲北平府置六衛留兵守之而命達等進取山西時擴廓帖木兒方引兵出雁門將由居庸以攻北平達聞之與諸將謀曰擴廓遠出太原必虛北平有孫都督在足以禦之

今乘敵不備直擣太原使進不得戰退無所守所謂批亢擣虛者也彼若西還自救此成禽耳諸將皆曰善乃引兵趨太原擴廓果還救達選精兵夜襲其營擴廓以十八騎遁去盡降其衆遂克太原乘勢收大同分兵徇未下州縣山西悉平二年引兵西渡河會諸將議所向皆曰慶陽易於臨洮達曰不然慶陽城險而兵精猝未易拔也臨洮北界河湟西控羌戎得之其人足備戰鬬物產足供軍儲蹙以大兵必克臨洮既克於旁郡何有遂渡隴克秦州下伏羌寧遠入

鞏昌降臨洮克蘭州遂拔慶陽盡定陝西地詔班師
三年復以達爲大將軍平章李文忠爲副達自潼關
出西道擣定西取擴廓文忠自居庸出東道絕大漢
追元嗣主達至安定大破擴廓兵擒剡王濟王及國
公平章以下文武僚屬千八百餘人將士八萬四千
五百餘人馬駝雜畜以巨萬計擴廓僅挾數人奔和
林達既破擴廓即帥師自徽州南一百八渡至畧陽
克沔州入連雲棧攻興元取之而文忠亦克應昌獲
元嫡孫妃主將相露布聞詔振旅還京師進太傅中

書右丞相參軍國事改封魏國公明年帥盛熙等赴
北平練軍馬修城池徙山後軍民實諸衛府置二百
五十四屯墾田一千三百餘頃其冬召還六年復帥
諸將行邊破敵於答刺海還軍北平留三年而歸十
四年復帥湯和等討乃兒不花已復還鎮每歲春出
冬暮召還以爲常還輒上將印賜休沐宴見歡飲有
布衣兄弟稱而達愈恭慎帝常從容言徐兄功大未
有甯居可賜以舊邸達固辭一日帝與達之邸強飲
之醉而蒙之被舁臥正寢達醒驚趨下階俯伏呼死

罪帝覘之大悅乃命有司即舊邸前治甲第表其坊
曰大功丞相胡惟庸欲結好於達達薄其人不答則
賂達閽者福壽使圖達福壽發之達亦不問惟時時
爲帝言惟庸不任相後果敗帝益重達十八年卒於
北平追封中山王謚武甯配享太廟肖像功臣廟位
皆第一達言簡慮精在軍令出不二諸將奉持凜凜
而帝前恭謹如不能言善拊循與下同甘苦士無不
感恩效死以故所向克捷尤嚴戢部伍所平大都二
省會三郡邑百數閭井晏然民不苦兵歸朝之日單

車就舍延禮儒生談議終日雍雍如也帝書稱之曰
受命而出成功而旋不矜不伐婦女無所愛財寶無
所取中正無疵昭明乎日月大將軍一人而已

俟齋公事畧

先正事畧

先生名枋字昭法江蘇長洲人俟齋其別字也父忠節公汧崇禎戊辰進士官諭德南都立遷少詹事屢疏詆馬阮爲所齕乞病歸乙酉六月蘇州破正衣冠投虎邱新塘橋下死之事具明史先生弱冠舉崇禎壬午鄉試忠節公將徇國先生號泣欲從死忠節曰吾不可以不死若長爲農夫以沒世可也自是隱居終其身足不入城市初避地汾湖已遷蘆區遷金墅往來靈巖支硎閒終於澗上草堂地當天平山麓後

人就草堂立祠祀焉先生與宣城沈壽民嘉興巢鳴盛稱海內三遺民性峻潔鍵戶不與人接書法孫過庭畫宗巨然閒法倪黃自署秦餘山人海內得其遺墨爭寶之蔡制軍毓榮慕其名具書幣屬其友人通意卻之湯文正撫吳屏騶從徒步造門者再卒不見歎息而返所往來惟壽民及萊陽姜實節崑山朱用純同里楊无咎山陰戴易甯都魏禧門弟子吳江潘耒暨南嶽僧洪儲數人而已黃岡杜濬於並世人獨重先生及壽民自愧不如先生耐寒飢不納人一絲

一粟惟洪儲時急而周之曰此世外清淨食也嘗絕糧數日黃九煙造之出畫箑俾鬻於市無售者則曰此黃九烟詩畫也乃得銀數錢歸而先生及九烟皆怒以爲洩九烟名趣返其值先生豢一驢甚馴通人意日用間有所需則以所作書畫卷置籠於驢背驅之驢獨行及城闉而止不闌入一步見者爭趣之曰高士驢至矣亟取卷以日用所需物如其指備而納諸籠以爲常康熙三十三年卒年七十有三遺命不受弔商邱宋犖時撫吳以不得一致賻襚於先生爲

憾所著居易堂集二十卷文辭健拔意在扶植世教無一諛墓酬應之作又有二十一史文彙通鑑記事類聚讀史稗語讀史雜鈔建元同文錄管見等書子文止文行有父風早卒戴易字南枝山陰人少從劉念臺先生學游吳門卒七十餘矣與先生一見相得稱老友先生歿僅一孫饘粥不繼謀葬諸祖塋不獲南枝曰吾爲俟齋任此事相度經年得尉䢵之西眞如塢謂潘耒曰地在梅花深處與高士宜第索直三十金來乞以十金成券會有黃山之游南枝募於人

無應者迺矢願賣字以給之甯枝故善八分書非其人不可得至是榜於門每幅銀一錢貲遂集又相旁地并買之甯枝貧無隔宿炊冬月常衣袷其貿字也銖積寸絫不妄費一錢一蒼頭飢不能忍輒逃去已則寄食僧舍中語及徐先生必流涕云巢鳴盛字端明號崆峒幼孤事母至孝崇禎丙子舉於鄉甲申明亡母亦殁即築室於墓顔其草堂曰永思閣曰止閣而自號曰止園三十七年跬步不離墓次康熙十九年卒年七十俟齋爲定私謚曰貞孝先生洪儲字退

三

翁興化李氏子出家住靈巖最久甯都覆吳越與義旅退公實左右之辛卯被逮諸義士爭救之久而免好事如故或戒之曰憂患得其宜湯火亦樂國也俟齋先生日每歲三月十九日退翁必素服焚香北嚮揮涕拜盡二十八年如一日耳退公嗣法弟子滿天下其最曰正志故大學士熹魚熊公開元也初入山執爨事退公一見輒知其非常人其次曰宜城沈麐生故監司壽嶽子壽嶽死國事麐生抱王裒之痛遂祝髮事退公後居姚江名大瓠

健庵公事畧　先正事畧

崑山徐健庵尚書乾學八歲能文十三通五經爲顧公錫疇所賞康熙九年一甲三名進士以編修主壬子順天鄉試拔韓公菼于遺卷中遂大魁天下文體爲一變坐取副榜不及漢軍鐫級歸十四年復原官擢贊善丁內艱葬祭悉遵古禮著讀禮通考百二十卷服除以贊善充明史總裁官異數也累遷侍講學士晉詹事二十四年　御試翰詹諸臣公冠其偶諭獎公暨侍讀韓菼編修孫岳頒侍講歸允肅編修

一

喬萊學問優長文章古雅陞賞有差公尋直南書房擢內閣學士充會典一統志副總裁教習庶吉士會郎中色楞額請禁用明代舊錢尚書科爾坤余國柱等議如所請公言不可因考自漢至明故事爲議以獻　上是公言事遂寢二十五年　諭吏部學士徐乾學張英宜留辦文章之事勿開列巡撫尋授禮部侍郎充經筵講官公弟元文字立齋官總憲時疏言滿州漢軍官宜一體守制二十有七月其外官丁憂不許候代治事又申律文居喪作樂筵宴嫁娶之禁

及公貳禮部謂禮以教孝爲本百日釋服及舉殯演
劇爲非禮之尤滿洲京朝官頗沿舊習請嚴禁蓋與
立齋大指互相發也又請停歲貢　廷試免遠涉時
公被　命纂修鑑古輯覽及古文淵鑑二十六年擢
左都御史公語人曰我何敢遠希古人近不愧吾弟
足矣乃疏劾江西巡撫安世鼎罷之勸諸御史風聞
言事遇會議會推與尚書科爾坤佛倫等多不合其
會議河工屯田也公與尚書張玉書並言屯田所占
民間地誠宜還舊業科爾坤佛倫不從御史陸祖修
因劾科爾坤佛倫等偏袒河臣靳輔不顧公議御史
郭琇亦劾靳輔與屯累民　詔罷靳輔任于是在廷
多仄目公矣二十七年總裁會試即闈中投刑部尚
書時立齋已鐫級去官至是仍起左都御史兄弟遞
相代當世榮之公出甫就職而張汧之事起先是
上命侍郎色楞額往鞫上荆南道祖澤深劾欵并察
湖廣巡撫張汧有無穢蹟色楞額悉爲開釋又不察
劾張汧御史陳紫芝旋劾汧貪黷　命副憲開音布
往會直隸巡撫于成龍山西巡撫馬齊復訊既鞫實

張汧祖澤深婁索事復得澤深交結大學士余國柱
爲屬色楞額徇庇及汧未被劾時遣人赴京行賄狀
下法司核擬當是時國柱經御史郭琇劾其與大學
士明珠尚書佛倫等營私附和罪已罷歸法司請檄
追質問并詰汧行賄何人汧以不能悉數對既而誣
指公旋復吐實　上命免國柱質問且　諭就己鞫
實者定擬勿株連于是汧澤深及色楞額並論罪如
律公得白尋上疏乞放歸　上不聽公去以疏辭懇
切許解部務仍領各館總裁三日一直內廷初甲子
秋公季子樹屏與立齋長子樹聲同舉順天鄉試上
以是科所取南皿卷皆江浙人而湖廣江西福建無
與者下九卿磨勘忌者遂坐樹屏等文體不正議當
斥且送法司質訊上不聽僅落二子舉人而公兄弟
任卿故至是考選科道公子樹谷姻俱在選中立齋
在閣循故事乞迴避　上不允特用樹谷爲御史而
副都御史許三禮遂緣是劾公且謂公潛住京師部
議坐三禮誣鐫級三禮益恚復訐公贓罪　上仍嚴
飭之公再疏骸骨　上允所請　命以書局自隨

論曰一統志記載須詳核宋元通鑑原書祗將舛
錯卿學博才優其殫心參訂纂輯進覽所奏俱依議
行時已仲冬　上命且過冬行無偏寒爲也二十九
年春抵家命樹谷齎疏謝　上命張尚書英傳　旨
問樹谷而父安否且傳齎奏家僮至午門問途中起
居狀　上蓋念公不置也公僦居洞庭東山而江督
傅臘塔劾公兄弟罪入予廷名幾盡　上寢其疏不
問又一年而有山東濰縣令之事濰令朱敦厚者故
明死事巡撫之馮子也以加火耗爲巡撫佛倫所劾

論死并劾公曾致書前任巡撫錢珏徇庇敦厚又以
行賄狀掠訊敦厚冀傾公不承乃已然公與珏均坐
是落職自是而媒蘖公者不已嘉定知縣聞在上坐
私派得罪閱時二年矣令忽承會遺公子樹敏金而
卻之遂復坐公子罪論絞欲重危公會　聖祖詔諭
天下以內外臣工私怨相尋牽連報復逮于子弟殊
非朝廷保全體恤之意諸齕公者乃稍稍解而樹敏
得贖罪時書局撤復奉　命贖進所定草公遊居嘉
善已又棲息郡西華山之鳳村　上久益思公有

旨召用而公不及聞　新命矣以康熙三十三年四
月薨遺疏入復原官年六十有四公自爲翰林以文
學受知在南書房凡有叩問應如響既轉禮部　上
特命凡內閣制誥文章仍令管理掌都察院時行幄
適有表啟不稱　旨乃屬爲之公途次伏地草奏
上善之問誰爲是者衆以公對時已有楚獄矣　上
曰文字乃仍須徐某撰耶　上嘗出　御製文集四
十卷　命公編校儒臣尤以爲榮嘗得嘔噦疾　上
曰此疾惟虎胃可療如不瘥朕何惜一虎在經筵

御賜博學明辨四大字及歸　御書光燄萬丈大字以
寵其行公他所建白甚衆議論蘇蘇不阿不喜爲調
停之說在禮部時山西巡撫某以溺職逮廷臣會議
有言其居官安靜者　上詰責則諉之陳公廷敬公
獨抗言無是語衆皆愕愕公出曰我上不敢欺　朝
廷下不敢負朋友也公負海內重望一時耆宿山林
遺老皆輕千里從公邸舍客滿儀別院居之如檢討
陳君維崧倪君燦吳君任臣及黃徵士虞稷吳孝廉
兆騫死皆公所殯葬公愛才若渴絕不爲私然交遊

太廣其家人門下客不無緣之爲奸利而士之失職不平者復鼓脣舌其間蜚語傳播致屢入彈章賴天子明聖得保全公歸時送公者雖三館之吏皆哭失聲曰公去誰活我者讀書過目不忘能五官並用嘗與姜編修宸英觀古碑碑甚高公令人掖以上橫閱之已又橫閱其中下段遂能盡舉其詞編修大驚以爲絕才無對也所藏書極富　聖祖詔求遺書公疏進十有二部　溫旨留覽今傳是樓書目猶行世公嘗言甯人負我毋我負人又曰做官時少做人時多做人時少做鬼時多故不特文學爲時山斗而風節光至老不衰云

立齋公相國事略　先正事略

公諱元文字公肅號立齋江蘇崑山人父開法恩貢生明季兵亂嘗救難婦數十人有隱德生四子公其叔也母顧太夫人夢神授玉尺而生公年十四補諸生順治十六年　賜進士第一　世祖召見乾清門還啟　皇太后曰今歲得一佳狀元　賜冠帶服物覩舊典有加除翰林院修撰嘗從幸南苑　賜乘御馬　命學士折納庫爲執鞚館師也公遜謝乃改使侍衛又嘗晚對便殿夜分　賜饌　世祖問從者得無飢乎卽　命賜以食一日同諸詞臣入見　命撰孚齋說孚齋　上讀書處也文成　世祖稱善命刻行之偶問以釋氏書公謝不習　上亦不之強十八年　世廟晏駕公號慟若私喪歲以國諱日齋居蔬食慘戚終其身康熙初元江南奏銷案起坐里誤謫鑾儀衛經歷閱四年事白復原官丁外艱與兩兄日居喪次酌古禮行之從父官汀州推官卒公往迎其喪靖南王耿繼茂慕公名餽金二千願一見公曰是貨取也郤其金卒不往見八年補國中院修撰遷秘

書院侍讀典試陝西明年遷祭酒充經筵講官自是
每　御經筵必命公講至登政府猶然公之在成均
也毅然以師道自任疏請準順治間例令直省學臣
選拔文行兼優之士復鄉試副榜額並送監肄業得
旨下部著爲令復請廣監生中式之額並請永停
納粟一途言其不可者有四章下所司納例自河工
外得一切停止滋學四年端士習正文體條教大飭
後公在西臺　上語閣臣曰徐某爲祭酒規條嚴肅
滿洲子弟不率教者輒加撻責至今猶畏之後來那

得如此人其爲　上見思如此十三年進內閣學士
兼禮部侍郎充　實錄副總裁明年改掌院學士兼
官如故尋充日講起居注官教習庶吉士時公弟秉
義方與館選公疏辭不許惟　特免秉義教習而已
先是熊文端在講筵累稱說孔孟程朱之道及是
聖祖益欲博覽前世興亡得失之所由　詔公用歷
代通鑒與四書參講公與桐城張文端取通鑑綱目
擇其事之關主德裨治理者逐一進講博採先儒之
論以己意附之旁推交通一以仁義爲本及歲終彙

進講議公具疏尤以心法爲諸諸其責難陳善多此
類也尋充孝經衍義總裁典試鄉試是科武闈考官
改用二人直車駕方出封音　旨留閣中日朕自與
一好主考及發視乃公也十五年毋憂歸十八年
特召監修明史學士充監修非故事也秋赴闕辭
新命不許因請講遺書徵遺獻薦故給事中李清主
事黃宗羲及原任副使曹溶主事江懋麟布衣黃虞
稷諸生姜宸英萬言部議不允　特旨從之有　詔
召清等宗羲溶並以老不至兩各上所著書　詔並

付史館尋補內閣學士吏部題補給事中　上擬分
省均用科道官公言地均矣如才不均何乃止九卿
會推江西按察使有舉袁仲舉者御史唐朝彝力言
仲舉在閩無善狀科道公疏劾朝彝副都御史李仙
根給事中李宗孔不願署名遂並劾之部議當二李
降級朝彝奪官　聖祖曰此處分太過公奏會推本
欲公之廷論何嫌異同今科道公疏必不許一人不
列名恐啟脅持之漸流弊無窮　上曰當免處分公
曰凡言免者謂有罪而寬之也臣愚謂諸臣實無罪

但降　旨云不必處分則所全多矣從之御史有言宜遣大臣巡方者公曰巡方向遣御史以有憲長彈壓也若遣大臣或妄作威福誰能禁之　上是其言罷不遣公感激知遇益思自披瀝每隨閣臣於　上前陳奏取進止　上每問必具言本末務達已意乃止尤留意刑獄當秋決抱牘具陳所宜決宜留者及他所條對甚悉　上多從焉十九年超拜左都御史入謝　賜御書又傳　諭曰朕久不作書頃試筆得鳶飛魚躍四大字並以賜御時滇南將定諸逆黨多

率眾歸附耗餉不訾公請量行散遣安插以寬民力又請除三逆虐政在粵東者五曰鹽埠曰渡稅曰總店曰市舶曰魚課在閩中四曰鹽稅曰報般曰冒擾驛夫曰牙行渡稅在滇南者四曰勳莊曰圈田曰礦廠曰冗兵疏上俱下所司議行初御史劉安國請察隱占田畝州縣吏利其升敘多捏報累民公力陳其弊謂名為加糧實耗糧戶名為清弊實長弊源請飭督撫各自檢舉若始終掩覆者科罪有加部議從之又言督撫之優劣當以民生愉戚戶口增耗為斷其小事詿誤宜寬免至於教養有方治效顯著方予加銜增秩若督催捐助察逃墾荒諸政績但予紀錄如此則賞不僭罰不濫矣又言藩臬貪汚督撫不問者宜以徇庇罪之旹部例捐納官到任三年後稱職者具題升轉不稱職者罷之已復令捐銀者免其具題公言國家大體所關惟賢不肖之辨而已今吏途甚雜所以令三年具題者欲使賢者勸不肖者懼若輸銀可免具題是金多者與稱職同科也臣謂稱職非可捐納而得此曹以見任之官營輸入之計何所不

至所宜急停止者也歲貢本屬正途自開捐納生員之例遂得並捐歲貢冒濫正途臣謂正途非可捐納而得其由捐納歲貢得官者仍須保舉方可一體升轉所宜急更正者也總之捐納係一時權宜願於收復滇南之日即　賜明詔概止不行則　聖政一新而人心可大快矣公自為祭酒時屢言捐納非便至是益切云雲南平告　廟肆赦羣臣稱頌功德公獨言聖人作易於泰豐既濟諸卦垂戒尤切願　皇上於景運方新之會倍切堯咨舜儆之心兼諭大小臣

工乘此治定功咸相與洗心滌慮毗贊大業如政體宜講也不妨詳考舊章國用急節也不宜過加綜核行一事必謀久遠勿狃目前之見圖爲百姓必留有餘務培國家之元氣至於振紀綱以崇大體核名實以課吏才崇清議以定國是厲廉恥以正人心端教化以固治本抑營競以儆官邪敦節儉以厚風俗正名分以絶奸萌並當今急務望存震動恪恭之意力去因循苟且之習天下幸甚疏將上有以太直爲言者不顧也二十一年　天子有事春蒐鹵簿已集闕

下公率御史三十人進諫　上溫言諭公方春省耕不出旬日回非遊畋也明年大計公請令藩臬得面陳章奏　上親加咨訪以觀其才　上韙公言至日御乾清門科道官侍班通政司引藩臬官以次面奏著爲令明年　詔藩臬勿舉卓異自公掌計典門不通謁語人曰當考察時直省大吏皆長跪堂下自陳履歷其嚴重如此使少有所私不內愧耶舊例八旗漢軍文職官任漢缺者丁憂任旗缺者不得丁憂又滿洲任督撫藩臬者守制而京朝官三月後即出

供職公爲官一體丁憂以崇孝治且言外官聞赴者宜即日奔喪毋得治事候代並申士庶居喪釋服從吉之禁皆報可先後疏劾閩督姚啓聖巡鹽御史堪泰杭州副都統高國相御史蕭鳴鳳姚士疏引罪高交部察審兩御史俱罷斥是年冬湖北按察使缺廷推副使王垓胡悉甯皆山東人　上疑之問舉者爲誰或以公對公不與辨遂降三秩用明年春　詔留公事領史局故事監修官不與編纂公以書久未成手自排纂既而纂修一統志　上日此事須徐家兄

弟爲之於是公又爲副總裁其年秋公子樹聲及兄子樹屏同舉順天鄉試九卿磨勘當黜並請下法司質訊　詔除二人名餘弗問二十五年考選科道掌中書科者以舍人王緝植咨送吏部緝植公外兄女婿也言者誤以爲公婿劾公實陰主之部議奪職　詔鐫四秩留史局如故二十七年二月公兄乾學自總憲遷大司寇　上難其代久之不補七月復還公故官兄弟相代爲亞相海內榮之入臺一月四上疏請禁科道官勿交關督撫並結納諸外吏仍設建言

牌俾輪班奏事又請停臺灣官販嚴海防又言知府
缺多吏部延不補又劾巡鹽御史陶式玉貪黷狀事
多施行而式玉竟抵罪前御史李時謙袭尤美以伉
直罷官公論薦之時謙得復用十二月遷刑部尚書
甫旬日調戶部故事銷算錢穀悉假手書吏事關外
省索賄動千萬公銳意釐剔勾稽出納吏斂手奉法
時江南福建藩司庫缺銀四五十萬公請　敕督撫
歲一盤查禁有司毋得私派部費旋奉　詔清理刑
獄言減死諸囚發黑龍江者多不得存活宜復舊例

發內地從之二十八年拜文華殿大學士辭不允
命掌翰林院事充政治訓典方畧一統志總裁明年
春李時謙條奏失　旨公自引咎降二級留任時謙
得不坐尋充國史總裁官公與兄健庵俱好士延攬
奬借如不及累散千金赴人之急然健庵性豪放食
客滿門下頗招權利致彈劾而公介然謹禮法門庭
闃如有沈生者中表兄弟也一日從容言某總兵得
罪出重賓求減死公能一援手乎公變色曰是何言
速去毋汚我遂擯沈生公既以廷議數與滿大臣忤

而郭僉都琇之劾明珠也健庵實風之明珠既罷相
其黨徧布中外欲殺公兄弟以洩憤於是江督傅臘
塔劾公子姪交結巡撫洪之傑招搖競利公具疏力
辨求去　上許原官致仕即日辭朝舟過臨清關吏
大索雖醬瓿之屬皆發視僅得圖書數千卷光祿饌
金三百而已皆嘖嘖歎清官不置公自領史局積勞
氣逆上及歸家復發三十年七月薨於里第年五十
有八少受知　世祖即以天下自任及遭　聖祖委
任之重譬竭忠不爲利害禍福毫髮計兩總內臺凡

事涉八旗同僚多咋舌公持之甚力時方重竊逃之
律將軍馬哈達請令奴亡者得自勾攝勿關有司公
不可曰是量擾民也滿大臣曰當令將軍會同督撫
行之公曰如此則仍將軍爲政當令督撫會同將軍
　上以公言爲是京師奸人多掠平民賣旗下故逃
者日衆公請由地方正印官驗問給印契爲憑否者
坐之八旗家人以投水自經報部者歲至千人公請
凡驗有傷痕及一家中前後死三人者酌予處分後
之府部寺院筆帖式近三千人求開例捐納典州縣

公不可滿大臣好言勸公公曰諸公既不謂然某當別爲一議不以相累也卒從公議而罷其以京察大計罷者謀入貲復官公亦持不可既罷議侍郎項景襄留揖公曰微公正途無入仕望矣晚年官逾貴常戚戚如憂者嘗言吾在樞密未得稍展布反不能發舒如戶部時每聞進一正人或行一善政則喜形於色內行修潔苞苴之使不及門御家人嚴整退食之暇匡坐讀書而已待兄弟極友愛然恒以道義相規切著含經堂集若干卷明史稿未成嘗疏請準宋史

益衛二王例以福唐桂三王事蹟載附傳其明末諸臣盡忠所事者直書無隱 詔曰可乾隆初明史告成頗用其例云

文定公事略

先正事畧

徐元夢公字善長一字蝶園年十九成康熙十二年進士選庶吉士時明珠索額圖枋政以權利相傾各樹羽異中朝士大夫非陰自託各有主張宦不得遂當是時顯與爲敵者惟湯文正魏敏果獨立中央而無所依附者韓文懿李文貞外可指數也索額圖生而處貴性倨肆有不附已者常面折顯斥之明珠則與其黨傑相結異已者陰謀陷之而務謙和輕財好施以招來新進及海內知名士公爲庶常李文貞掌

翰林院事嘗薦公及德格勒公賢 聖祖時召見講論經義德公嘗扈從巡行明氏使人奉萬金爲裝固辭已裝治無所用之公散館列二等例以科道用索額圖惡公不附已奏改戶部主事用此明氏尤欲致公公爲童子試京兆與明氏子成德名相次成進士同榜屢相招皆不就爲部屬時以公事見珠必偏贊于廣衆中二十二年由主事遷中允尋遷侍講上一日詢公之爲人珠以誠實對選講官列薦名先于學士公終不一至其門會天久不雨 上命德公

筮卦遇夬問其占進曰澤上于天將降矣而卦義五
陽決一陰小人居鼎鉉故天庖其膏決去之即雨
上愕然曰安有是德遂以明珠對時索自已挫于珠
矣始　聖祖親政方冲齡索首建謀黜輔臣專橫者
百僚懾伏而珠善結左右親近為腹心其黨徧布中
外雖有賢者愼自守不求親媚而已終莫敢齟齬也
惟康熙十有七年京師地連震　上晝夜坐武帳中
魏果敏公直入奏天變若此乃二相植黨市權引用
僉壬以剝烝黎之應繼之者則德公用此名震天下

而珠亦駭遽不自安自是以後蜚辭時上聞謂公父
為兩江總督麻勒吉僚屬贖貨不貲公與德公比議
朝政適靈台郎董漢臣上書言時事多所指斥下內
閣九卿議大學士勒德洪公尚書達哈塔公及湯公
謂書中豫教太子崇節儉宜施行而衆陰撓之駁議
至再三以湯公尤珠所深嫉也由是衆口喧稱湯公
不欲　上親教太子覬為師傅公與德公亦然先是
上嘗詢公所學視德格勒孰優公自陳遠不逮也至
是復舉廷臣某與公相衡而德公奏公違過之請

上面試忌者遂言公及德公互相標榜湯公實陰主
焉越日　召試尚書陳公廷敬以下文臣十二人于
乾清宮公與德公方屬草有　旨責讓德公遂于
試文後申辨公詩亦未成　上命同試諸臣校勘衆
相視無言而湯公獨以公文為是又　命廷臣公閱
湯公執前言且謂德公品學素優不宜以文字黜是
日翰林院奏劾德公鐫五級留任時湯公為東宮講
官　上遂命為師而公亦為　皇子師珠復使所親
謂公此非福也惟歸誠于執政或少安公不答是秋

上御瀛台教諸　皇子射公不能挽强　上怒以
蜚語詰責公奏辯　上震怒命撲責被重傷　命籍
其家父母皆發黑龍江安置然上意終憐公其夜
命醫二人治其瘡翼日復　召詣　皇子書堂時大
雨裹瘡至宮門跪泥中見　御前侍衛即號泣求轉
奏臣奉職無狀罪應死臣父廉謹當官數十年籍產
不及五伯金望　聖主察之且臣父母皆老病臣年
正壯乞代父謫戍尚能勝甲兵效命衆皆掩耳去之
有闗保者最後至斥公而入盡以公言奏　上立赦

公父母則已檻車就道矣及諸途觀者夾路皆感泣遂復公官仍侍　皇子時三十六年四月也冬杪翰林院掌院學士庫呼納劾奏德公私抹起居注存旨問公知否會　孝昭文皇后升遐各以尉二人甲士二十人監守于私室次年二月下獄始至郎以三木訊公旁逮也榜掠數十歷大如股禁親屬家僕毋通席地卧求水漿不得獄卒刻時以至提木索而搖之毒痛自知必死適侍衛某入覗族姻公辨其聲大呼曰　上命問我非欲殺我也其人就覗出謂典獄

者曰此人死我必入告由是家人得入進食飲而湯公亦以議董漢臣事得咎矣起居注故事數易稿然後登籍德公所刪易乃未登籍之稿公晨夕侍　皇子守官分局無由與知而獄辭上當德公斬立決公監候秋後絞　特旨改德公監候公免死鞭一百枷校三月妻子入辛者庫逾年公主出降科爾沁公一子一女主旗務者遂以公女媵時德公過赦出獄歸本旗遂使盡室以從公素不善騎公主疾或請于上遣公往覗相去千餘里刻日返命從者二人一道

斃公入反命出昏踣兼旬不能起盡自郭公琇劾奏後珠雖落職家居而所引用已盡列要津每承進觀色以求饜其慾好又善事貴勢與相應如影響也珠既老其黨漸散安溪李公日見親信　上亦久而察公之忠誠三十二年　命入上書房課　皇子讀書尋授內務府員外郎四十一年充順天鄉試副考官越四年再奪職五十一年起內閣侍讀學士充會試副考官五十二年遷內閣學士兼禮部侍郎　特旨出辛者庫歸原旗五十三年授浙江巡撫　賜御製

詩文集及鞍馬以行明年疏陳杭紹台金衢嚴處七郡災截請漕米二十萬石平糶并緩征以紓民力允之五十六年入爲左都御史兼掌翰林院事先是都御史員缺　上諭廷推學問好不畏人如徐元夢者隨有是　命會　上以科場中積弊未除凡主考及同考官聲名之劣者　諭令糾劾示警乃劾罷編修儲在文徐用錫張起麟沈宗敬及任滿學政王雲錦林之瑢萬經車鼎晉鄭晃等五十七年晉工部尚書仍兼翰林院掌學院士教習庶吉士自乙酉冬李公

入相　上萬幾之暇時　召入獨對同列無與班者
李公南還公繼之恩遇幾與比並六十年冬　駕幸
南苑公未及從　上曰徐元夢乃同學舊翰林康熙
十六年以前進士止此一人矣　御製詩一章并序
稱爲同學老友副以食品遣使于夜分呼正陽門入
邸家賜之時太夫人尚康疆屢朝　皇太后於慈寧
宮　恩禮備至而德公已老死徼外矣公每言及未
嘗不慘悽而顏變也　世宗即位以舊學故特重公
命入上書房課　皇子讀書雍正元年五月署理

內閣大學士兼署左都御史充修明史館總裁十月
調戶部尚書仍辦大學士事　賜御製詩四年坐繙
譯訛誤落職在內閣學士裏行行走八年坐撫浙時
失察呂留良私書應革撤任　命同繙譯中書行走
十三年充繙譯鄉書副考官是年八月　高宗御極
命南書房行走尋授內閣學士遷禮部侍郎充
實錄館總裁仍命入上書房授書　皇子明年八月
以老病乞休　優詔許解侍郎任加尚書銜照現任
食俸仍在史館　內廷行走乾隆四年加太子少保

六年秋遘疾　遣太醫診視賜葠藥十一月病革
上命皇長子往視及薨　上痛悼　命和親王及
皇長子往奠　賜銀二千兩治喪　特諭稱公人品
端方學問優裕踐履篤實言行相符歷事　三朝小
心謹慎數十年如一日可謂完人　贈太傅入祀京
師賢良祠　賜祭葬如典禮諡文定壽八十有七公
撫浙時清約若寒素劉俸葺敷文書院書院故號萬
松以公請　上賜榜易今名賀川聚書以惠學者高
安朱公軾行之兩浙人文之盛自此始公知名早仕

宦垂六十餘年性剛介負氣不爲威怵中年後精研
理學言貌温温若惟恐傷人者而中持黑白卒無所
依違與人敬以和貴賤老少如一長翰林數年物望
所歸鮮不薦達老而篤學與方望溪侍郎共事蒙養
齋暇即就望溪考問經義時江浦劉无垢泰州陳女
園常在側交口責望溪曰有是哉子之野也徐公中
朝耆德且爲諸王師子抗顏如師誨之如弟子可乎
望溪曰吾以忠心荅公之實心耳子視公遂出孔道
輔下乎諸王侍衞中有年逾三十始讀大學而請業

望溪者講至秦誓作而曰所謂一个臣吾視徐公艮然嗚呼公之誠于中而動于物者可想見矣孫赫德官至大學士自有傳

青牧公事畧

先正事畧

先生諱世沐字爾瀚號青牧江蘇江陰人少孤奉母孝力學自立補學官弟子見太極西銘諸書發憤志道自歎囿於舉子業如井蛙焉某學篤信朱子切己反求務有益於身心其辨別異同務歸於實踐俾人無惑歧途而後已其虛心抑志不敢自是至耄年如一日也先生少時猶及交太倉陸桴亭無錫高彙旃武進馬一庵諸先生往來論學無虛日關中李二曲南遊先生與深談久之二曲曰子學篤而行未廣答

曰先生行高而學未醇其不苟同多類此晚以子恪選拔入都攜之行遂館焉閉戶讀書日有記注仇君滄柱見而驚歎颺言於衆由是安溪李公當湖陸公亟與訂交先生所著四子書易詩書儀禮周禮春秋孝經小學及明紀編諸統名之曰惜陰錄其大指以爲聖賢之學隨知隨行若知而不行雖讀盡十三經二十一史徒敝精神其光陰可惜也故嘗深痛舉業之驅人入鄙欲學者實從事於聖賢之道而勿務空知當湖手鈔其四書中精要語而爲之跋謂與曾子

之尊聞行知董生之正誼明道相表裏而自矢以餘年竭其駑鈍作秉燭夜遊計其爲當世大儒所傾服如此當湖以御史罷官先生亦旋里越二十五年乃卒年八十有三疾革召老友陳克艱與訣遺命勿作佛事息心端坐而逝克艱與先生同里其學繼之者則楊文定公名時也

徐廣傳　　名臣錄

字野民東莞人晉恭帝元熙二年宋主受禪廣流涕悲慟裕卽位南郊廣悲感流涕侍中謝晦謂之曰徐公得無小過廣曰君爲宋朝佐命身是晉室遺老悲歡之事固不可同因乞歸桑梓性好讀書至老不倦

山陰允讓公妻潘氏傳　名臣錄

元至正十九年與其夫從舅避賊山谷間舅被執夫泣以救舅脱夫被殺欲强辱潘氏潘氏紿之曰我夫既死我從汝必矣若能焚吾夫可無憾也兵信之聚薪以焚其夫火既熾潘氏且泣且詬遂投火以死

徐應鑣　名臣錄

字巨翁衢州江山人宋咸淳末補試太學生德祐帝入燕三學生百餘人從行應鑣不欲從乃與其子琦崧女元娘誓共焚子女皆喜從之太學故岳飛第有飛祠應鑣具酒肉祀飛曰天不祐宋社稷爲墟應鑣死以報國誓不與諸生俱北死已將魂魄累王作配神主與王英靈永永無斁琦亦賦詩以自誓乃與其子女入梯雲樓積諸房書籍箱筒四周縱火自焚一小僕未睡聞火聲起至樓下穴隔視之應鑣父子儼然坐立如廟塑像走報諸僕壞戶入撲滅火應鑣不能死與其子女怏怏出戶去翼日得其尸祠前井中皆僵立瞠目面如生諸僕爲具棺斂殯之景炎立贈秘閣修撰同舍生私謚曰正節先生

宦望傳　錫金縣志

徐憲字元度博學能詩延祐間由校官辟三公府掾時漕運道梗擢大司農經歷奉詔度東薊州曠地爲田募江南民數千人耕之經畫樹藝有法拜內臺監察御史歷兵部侍郎卒於官

徐調元字爾贊崇禎十年進士授黃岡知縣時流賊勢方熾城中無兵調元募壯勇固守賊攻圍一月遁去父喪歸起補金華東陽諸生許都作亂破東陽兼烏浦江署僞令所在應之都以宜大故師房大成爲

謀主調元探其潛至城下邀與計事設供帳迎之別館大成不疑明日議事府治立縛大成斬以徇賊衆掩至城守固遂四散剽掠乃率諸將夾擊之一鼓破賊禽斬渠帥蕩其巢穴赦其妻子論功撫按交薦之有旨召用南都時被劾下刑部尋脫歸

孝友傳　錫金縣志

徐智字鑑若父某有五子產不贍中人智斥妻匳物得金轉販江淮間贏餘推與兄弟共之兄潮爲諸不嫺生計智白首恭事潮病羸則匿製參飲和酥酪中進餌之大起遂已

藝文傳　錫金縣志

送徐元度　虞集

起家辟掾三公府拄笏西山度歲年故舊總懷天下士風流更重幕中賢香煙滿袖遊絲夢春水如天上計船三月看花鴛鴦裏題詩還向遠人傳

藝術傳　　錫金縣志

徐孟濳初名孟濳善畫花鳥有遺幅爲璫人所得萬歷中大內便殿成欲畫殿壁上見畫幅賞之有詔馳驛赴闕授中書舍人賜名孟濳

徐孟容醫士其妻陸氏亦善醫名聞於朝永樂間中宮遣內侍召入宮既老遣歸賜賚甚厚

徐某號愛杏山人善醫尤精金創雖垂絕者治之無不應手愈蓋其父傳之異人云武進唐順之嘗贈以詩又書其醫施氏婦事

文苑傳　　錫金縣志

徐珽字紫長康熙四十二年珽以布衣獻詩賦選爲蕉園教習校勘秘書久之以勞授光祿寺署正雍正間改授德淸知縣尋罷珽才名最盛顧爲外吏壎不得志子梁棟字宗海以進士歷官辰州同知亦善詩工書法

徐煥字舫亭嘉慶六年進士歷官禮部主事少治儀禮嘗作朱子釋宮圖證闕堂前夾丈地導諸生進退揖讓其間王公子弟多執經門下座師朱文正珪慮其檻曰先生畫堵同榜叢弟子傳經半繡衣都人傳誦之煥爲人坦直樂易爲古文實樸無華飾著有舫亭集

列女傳　　錫金縣志

徐德隆妻蔣少寡家貧茹檗教子年逾八十而卒

徐汝楫聘娶郁汝楫死截髮自誓迺歸徐事舅姑乃盡誠孝汝楫弟妻某亦早寡同居守節

徐起鵬妻華年二十二起鵬死欲絕粒舅姑慰之曰子死婦存如未死也舅姑有疾潔誠露禱奉湯藥惟謹愈則祭告於夫之靈以姑喪哀毀致疾卒

吳子龍妻徐年二十二而寡無子家貧姑老徐矢守紡織事姑能盡誠孝

工部主事徐弼二妻逸其姓事詳弼傳

贈中書徐雲錦繼妻陳年二十歸雲錦越四年而寡遺孤時俊甫三歲家貧織紉爲活舅姑殁葬祭以禮守節三十年孫煥進士官中書

徐學謙妻顧年二十九學謙卒顧侍奉孝敬翁姑忘失子之戚撫孤教養備至家庭內外整肅守節二十餘年

徐某妻虞觀莊農家女也歸徐數年而寡一日庭中紅鳳仙花盛開其子摘插母髻遽撤之詰旦花盡白人以爲苦節之感

烈女陳許字徐文美文美爲梓人墮河死陳素練自縊以殉鄒廸光爲文建祠祀之

呂完音妻徐明季避兵匿叢草中兵索得之挾之去不從赴水死尸流數里女猶在抱不離年二十七

郭鋐忠妻徐鋐忠早卒遺三孤家極貧或勸之嫁曰不欲我爲郭氏人耶泣誚三孤汝輩能力田吾無憂也

諸生鄒倜妻徐年十九倜卒遺腹子振芳既就塾徐

語姑曰孤稍長可從夫地下矣遂投濟死里人名其處曰烈婦河

秦坤敬妻徐年十八而寡事姑孝姑病目徐朝夕以舌舐之廼復明撫八月孤讀書有成

鄒汝珩妻徐年二十六而寡子印穀未週歲事姑撫孤達大體印穀舉人汝珩妹適國子生楊衡于歸時已不逮事舅姑年二十八而衡歿時歸事母嘗與徐同侍疾夜分聞母喚亟起失足折左臂子腕諸生

糜仲明妻徐家貧以織席爲業年二十四夫歿無子

盡斥嫁時衣營葬畢衰麻自經

高宗孝妻徐年十七歸宗孝未越月而寡誓以死殉繼柩旁姑解之越日仍自經死萬歷中巡按御史表其墓

華葆光妻寡時年二十四家貧守志足不踰閾三十年

陳邦選妻徐遭亂潰兵掠無錫執邦選并逼徐徐抱幼女赴水死

流寓傳

錫金縣志

徐德宗字于朝貢生崑山尚書乾學孫壻於秦遂居無錫倜儻負奇以詩雄於時不得志轗壈以歿女夫秦鴻鈞葬之惠山望公塢下從孫鑠慶原名尚涉獵經史亦以詩文名以金匱籍中乾隆五十一年舉人謁總督畢沅於湖北會有兵事主奏記歷官蘄州知州鑠慶子寶善出繼同族後占籍以進士官御史性好施賴以舉火者甚衆京師粥廠久廢力復之著有壼園詩鈔漢魏樂府

徐與老字仲祥錢塘人太學生嘗遊上都屬南北阻絕航海歸時兄釋鐵主席惠山亦能詩因寓居倡和有雙清集既卒門人王達爲治喪葬之錫山而志其墓

位山先生事略

先生名文靖字位山安徽當塗人雍正元年舉江南鄉試典試者爲黄侍郎叔琳試歸語人曰他人但以榜中有狀頭爲榮耳吾得三人曰任啟運陳祖范徐文靖其學者博而醇今世大手筆也乾隆丙辰先生舉博學鴻詞科試未入格十七年復薦經學特授檢討生平考據經史講求實學著周易拾遺十四卷禹貢會箋十二卷山河兩戒考竹書統箋十二卷管城碩記三十卷其言易主程氏而於漢魏之說亦有發明

其說禹貢因胡朏明所已言而更推所未至故較之指益精密惟信山海經竹書紀年太過則好古之僻也管城碩記推原詩禮諸經旁及子史說部語必求當全謝山嘗服其考據精博乾隆初張詹事鵬翀嘗以管城碩記山河兩戒考進呈　御覽先生耄年猶健低頭據案著書不輟年九十餘乃卒

先成集

唐南州二十八世孫堅元固氏同姪嶠巨山氏合纂

書南州三十一世孫放達夫氏同弟繼書氏同修

宋南州三十三世孫鉉鍇鼎臣氏楚金氏男元叡靜菴氏重修

宋南州第四十世孫錫嘉言山堯咨氏同男日同允门氏原纂

元南州四十四世孫愈元傑惠元求寶元度寧元亮密元讓容元啟原輯

明南州五十二世孫岸山汝龍鳳池錫山佩能明庵氏蒐輯

明南州五十二世孫鄂山卿錫藻州滕山鵬楷禾湖氏編訂

清南州六十四世孫錫山社岡里建寅仲虎氏重輯

徐氏宗譜序

粤稽徐氏之先始出自顓頊之後嬴姓伯益之子受封於徐子孫因以爲氏則自三代以來其爲名世也遠矣皎然翹然天下知有徐氏耳秦漢之時裂而後合合而復渙其間四佈而不可稽矣有唐太宗重天下譜牒退新門進舊望左青粱右寒微合一百九十三姓千六百五十一家而徐氏亦與首稱焉今乃偃王裔陳吏部尙書孝穆公諱陵爲弈世之祖自我

朝南渡以來後嗣子孫散處四方有遷於福州建寧

者有徙於廣信撫州者有居六州三衢者有遷於姑蘇雲間者有遷建康毘陵者有居廣德歙州者有居維揚淮陰者皆出龍邱古蔑之派也歷傳至我　皇宋刑部尙書堯咨先生諱嘉言其子刑部郎中允明先生諱向父子德業煥赫爲時名臣遂爲天下右族氏也而又有譜牒以貽後人世臣喬木之家而莫咸與之京壁夫士之名世也有二人品與家世而已人品不足而家世猶足以振之人品家世兩無忝於所生徐氏子孫並皆有之此其所以爲名世也此徐氏之譜所由作也謹序

紹興三十二年菊月朔日

同中書門下資政殿大學士兼樞密院事陳康伯頓

首拜撰

徐氏宗譜引

國之有史以紀帝王之統家之有譜以續祖宗之亂兩者均不可缺皆不可棄也今徐氏自黃帝立孫之後若木公受封於徐子孫因以爲氏代有聞人傳至我

朝紹興甲戌進士官刑部尚書堯咨先生諱嘉言父子勲業炳耀卓著遐邇槪之徐氏之流津抑何盛耶先生且爲族黨計會同長沙八龍派後國子祭酒入翰林院侍講淑心先生歷十數年纂輯家乘而統南北大宗水源木本如星辰之麗天江河之行地

歷歷可稽偉哉鉅典也繼紹而興起者闡厥儀則輪奐仰之眞誠溯源流則振繼述之善志仁以奉親義以奉祖庶啟斯譜之後賢而得也夫

時

隆興二年冬十月上澣四川宣撫使吳璘頓首拜撰

徐氏宗譜序

予嘗仰觀天象北辰爲中天之樞而三垣九曜旋繞歸向猶君之尊而無敢不拱焉俯察地理坤維爲華夏之鎭而五岳八表逼峯接巘猶祖之親而無敢不本焉此君親一理而忠孝一道也忘之者爲之逆遺之者爲之棄慢之者爲之褻無將之戒莫大於不忠五刑之屬莫大於不孝爲人臣者所當鞠躬盡悴爲人後者所當愼終追遠而不可一毫或忽者也今閱徐氏譜牒知大忠大孝出於一門而祖功宗德於斯

益見是故系所生以尙嫡也明昭穆以尙祖也序長幼以尙齒也非大忠大孝者而能之乎噫去祖未遠問其自而愯然者有愧於徐氏多矣

賜進士及第

誥授光祿大夫上柱國太子太師端明殿大學士兼

知樞密院事汪徹拜題

宗譜原序

余見故家舊族語及譜問其先世則懵然不知嗚呼此譜牒不講之故也豺獺皆知報本人靈於物者不知祖系之所自出支派之所出分親疏之所以別昭穆之所以序豺獺之不如也今觀徐氏之先系出顓頊之後嬴姓受封於徐其後子孫遂以徐爲氏焉歷今千百年以嗣以續如祖諸掌其子孫之賢可知矣然而于孫之賢不在誇大祖先而在有祖德若仲車先生孝德升聞感動天地凡一言一行俱足爲世矜式浩實心折焉先生又念祖之所自出請

命於朝而立譜令族之人各宗其宗各祖其祖昭穆明親疏別誠世家之軌範將見子姓繁衍接踵皇途要歸于舊德先疇家感國邮則閥閱箕裘之盛孰非祖先之培植乃和芝草非無根醴泉非無源也然則徐氏文獻之傳不在茲乎浩不才行將塵竄（是時鄒公以諫宗廢孟后立賢妃劉氏爲后上疏諫不德竄沂洲）平川先生牧之意僭爲序以志感

旹

元符二年歲次己卯八月之吉

賜進士出身右正言毘陵眷弟鄒　浩志完氏頓首拜譔

譜序原序

徐氏出於柏翳之裔偃王爲江南者姓其在毘陵者爲尤著子孫多耕讀而能世其善修其譜不廢國朝有天下科甲蟬聯其裔孫禹謨乃以譜來徵序世之號徐姓者皆稱偃王爲諸侯未嘗受命仁義修於躬而鄰國之君皆甘心北面事之及見徵於周天子遁去不敢較其民相率而從之者甚衆則其德之盛蓋有延陵季子之風焉宜乎其後之昌而樂祖之也與偃王俱爲諸侯者以千數今不能皆有後其有亦無若偃王之盛者以此知富貴而湮没者何

限惟爲善乃足傳於後世偃王雖不王其遺厥後者大矣大抵祖先無善可稱子孫揜然諱之雖其譜亦諱而不書行高于世後人感慕而祖之可見德不足者雖貴盛不容於子孫道義之士布衣以死猶爲百世之慕不特偃王爲然也然則徐氏之祖偃王者其可不思勉哉君子澤垂後祀者有時而既偃王去今千餘年矣不可恃也有志者居田里則本仁義以化其鄉守爵祿則率仁義以行其官如此則善爲後矣苟不能然而曰祖偃王其如偃王何如哉

正統十年乙丑仲秋既望錫山年家眷弟邵寳頓首拜撰

徐氏続修家譜序

昔韓昌黎先生云浮屠文暢墨名而儒行余竊異之今觀自求和尚身入浮屠而拳拳乎宗譜能繼父兄之志所云墨名儒行者非歟自求俗姓徐余高祖姑丈太史明菴公之玄孫内兄嗣使式珩君之次子也式珩君慮族譜衍散失無紀願爲続修家乘久而未就及暮年衰憊命其長子方來次子自求曰吾一生精力于斯奈有志未逮修輯之責在汝輩矣於是二子唯承父

命不辭艱辛及方來又中道物故而自求一身負荷殫心力冒寒暑竟前所未竟爲後所當爲自求之爲功良非淺鮮矣如自求者人或以釋氏而少之吾知昌黎復生亦必引而進之者也故爲之序

時在

皇清康熙五十六年歲次丁酉仲冬之吉

經筵日講官起居注翰林院編修加一級

同里秦道然敬撰并書

重輯徐氏家乘序

余嘗讀前賢眉山蘇氏族譜亭記而悚然有感也曰譜之所係大矣哉祖宗之德業恒於斯子孫之法守恒於斯以致族姓雖繁而不賓世代雖遠而不疎亦恒於斯也譜之所係大矣哉每見豪門勢族非不赫奕一時有數傳而湮沒弗振者叩其先世日彷無聞知也詢以氏族日渙無足據也嗟乎數傳以内尚如此矧遠數什世再遠數百世其漫滅又當何如耶有一二賢者興於其間輒念其本支通譜豪右如郭崇

韜既貴而拜汾陽之墓往往有之欲如狄將軍拔跡戎行建髦秉鉞猶自謂一時遭遇不敢遠附梁公者萬不得一也紊宗瀆族莫甚於斯原其所繇惟譜系不傳之故余閲梁溪徐氏所修家乘嘉其與前賢之意有合焉按徐氏出自若木受封於徐子孫因以爲氏偃王以後代有哲人至陵公其母夢五色雲化爲鳳集左肩而生才名籍甚士林推服所云願以珊瑚爲徐君架筆者此也又十六傳而南唐忠臣翰林學士鉉公繼其後及宋南渡則尚書堯咨公實爲江左

徐氏稽首統計千百年來簪纓繼美者綿綿而不衰詩禮嗣徽者振振而未艾信乎世德發祥赩耀今古雖漢之荀陳晉之王謝未可同年而語也況彼金張許史之家怙寵于宮闈邀榮於椒寢縱然橫行當國布列要津究竟歌樓舞榭轉盼丘墟金屋瑤堂旋罹榛莽者其相去奚啻霄壤哉然吾聞昌黎有言曰莫爲之前雖美弗彰莫爲之後雖盛弗傳由是推之卽世家大族所以彰其美而傳其盛者端于譜乎有厚賴也自行斯譜而水源木本較若列眉支分派別燦如指掌凡爲徐氏者須各披一帙藏之笥中偶披閱流覽必慨然興曰吾先世某也忠其武可繩也吾先世某也孝其德可法也吾先世某也公侯某也卿相其勳名爵秩可儀型也將父以教其子兄以勉其弟祖以訓其孫鳳毛麟趾之彥蒸蒸然而起於是束身名教者幾何人樹幟詞壇者幾何人擔爵懷圭紆朱拖紫者又幾何人自今以迄千萬世譜不勝書也所爲前人之德業後人之法守繁而不瀆遠而不敢者胥於是乎在余也總於茲譜卜之矣。時

康熙十有六年歲次丁巳季春月中浣梁溪後學吳
夢龍珥乘父拜題於愛吾庭中
敕授儒林郎江蘇揚州府高郵州同知加三級王游
頓首序書

統修宗譜序

徐偃王之後散處江南舊傳無錫徐氏皆出於偃王
而按其譜系則溯自北宋學士鉉公以下支分派別
代有可考嘉慶十八年余謝政里居有許村門生徐
玉純方輯譜書叩門請序余乃喟然而歎曰尊祖莫
大乎敬宗敬宗莫大乎收族家之有譜尤國之有史
收族之義大矣哉徐氏宗譜余家先宮保尚書端敏
公於前明嘉靖間贈太史思南徐公修譜時即嘗爲
之序詳言之再悉卌俟余之獎借茲閱其遷徙支派

昆山爲近蓋余外氏也健菴先生兄弟以文章經術
名於當代世稱東海三君願三四傳而後科第稍衰
其後人欲重修譜牒而力有不逮嘗爲慨然者久之
無錫徐氏雖不如玉山之盛而今中翰君煥字舫亭
方以進士起家隆隆日上其族又能統修宗譜以明
尊祖敬宗收族之義是可尚也於是乎書
嘉慶十八年歲次癸酉孟秋之吉
誥授榮祿大夫刑部右侍郎加一級秦瀛頓首拜撰

徐氏重修宗譜序

蓋聞求木之長者必固其本欲流之遠者必濬其源
吾族宗譜自先大父刊刻以來迄今五十餘載每一
捧覽昭然見水源木本之思流於卷帙其間釐訂之
詳核序次之嚴明所謂敬宗而收族者意在斯乎溯
吾宗自大父以前或以甲第顯或以政績聞或名著
公卿望隆閭里而爲子孫者無能繼述日就凌夷并
其祖父之遺事亦漸湮沒而不彰是可慨也若不踵
舊增修恐支繁派衍遺脫僭紊之弊日益滋多琛久

懷此志奈力維艱在於心常有不釋然者茲于壬申
歲初秋有吼山古村伯瀆西村等支宗長俱以敬宗
收族爲念乃統修宗譜設局於古十笏堂來訪於余
糾余共事余固不才奚堪此任但踴躍樂從之意有
不能已耳于是商諸本支族衆勉捐資共勷厥事琛
不揣譾劣遂將舊譜重加酙酌抄錄成帙赴局刊刻
今幸局工告竣譜牒已成敬列敘原委以弁其首賢
後倘有同志嗣而輯之則後起發祥正多厚望云
嘉慶十八年癸酉中秋十五世孫琛沐手謹識

徐氏宗譜序

自來禦災捍患撥亂世而反之正莫不有赫然驚人之業而禍患之所以消彌則必有轉移補救於無形者其事轉在庸近無奇之地孔子曰生安祭享是以天下和平災害不生禍亂不作孟子曰人人親其親長其長而天下平此無他以本治也比年來寇攘充斥烽火連雲兵不已而旱而蝗而疫紛紛迭起豈天之降災故爲是已甚哉毋亦人倫之乖舛其囂陵浮薄之氣有以感召而致之歟然則所以消天災而彌

人禍者非務本不可吾郡徐氏望族也際此時勢其裔孫以莊蘭畦卓卿輩汲汲以續修宗譜爲事可謂知本矣譜成因吾師周承蓋先生來徵序披閱之知始居於錫者爲宋學士東海郡開國侯鉉其後支分派別散處大江南者可縷指數斯役也照康熙丁巳歲崑錫兩山彙修之譜續而輯之故其書精嚴愼密班班可考足稱嘉譜已雖然邦國之有版籍而郡邑之有志乘也非徒以是記民數而著形勢也所以恤民隱而善風俗者胥於是乎在家之有譜也亦然使徒以是侈華胄誇高閥博搜羅而備遺忘而於祖宗創垂之意無所體子孫仁孝之心無所動則所謂譜者亦簡牘已耳於根本之地何與必將於燦然明備之中肅然於名分之嚴凜然於宗祊之重而因藹然於孝弟之相周旋恩誼之相聯屬宗法在後世固有格而難行之處而族約者所以勤詔勉而勸爲善可以維宗法之窮也義田固不多覯而有無相通患難相恤實斯時之要務也蒸蒸和於有象自消災異於無形善氣所充斯大合乎

聖人以孝治天下之理賢子孫守南州之高義承孝穆之家聲固無俟教誡而能然而予自奉檄舉行鄉約以來不避迂闊不辭勞悴諄諄焉以是爲宜講之大要者敦本務實豈徒望之一鄉一族也哉觀於徐氏益不禁動予無窮之希冀也

咸豐六年歲次丙辰中秋同邑余治頓首拜題

徐氏統譜序

徐與秦同祖伯翳吾錫秦氏世爲吳中望族簪纓卬第累世不絶而徐氏始盛於大末繼盛於崑山華亭與秦氏相埒讀韓退之徐偃王廟碑曾子固徐孺子祠堂記而知徐氏世德厚也徐氏之族舊矣偃王之後峻節如孺子論著如偉長文采如孝穆訓詁如楚金勳名如中山相業如華亭他如徽言之忠積之孝熙之畫渭之詩皆名當時傳後世至我　朝健庵司寇兄弟鼎甲文章學問卓絶一時烏乎何徐氏之多

賢也而南唐散騎常侍鼎臣先生鉉入宋爲翰林學士藝祖嘗有忠臣之褒累封開國侯始居無錫東膠山之南横塘里今所稱古十笏堂是也吾錫之徐皆其苗裔傳云明德之後必有達人宜徐氏之繁衍弗替與譜學不明久矣唐以前世有專官官譜氏族篇載在史册故京兆韋氏譜見隋書經籍志東萊呂氏譜見唐書藝文志厥後官不爲修而譜牒之學遂微使子孫復任其湮没焉將何以潤世德之清芬而貽世範于無窮也徐氏統譜創於宋名臣龔齋先生繼

修於元明屢修於　國朝至嘉慶十八年續修迄今四十年久未修輯咸豐六年春其裔孫以莊惠昌耀慶南園諸君先後踵事恐統譜年遠失修無以糾宗合族爰集同宗於慧麓宗祠設局纂修可謂克繩先志者矣歸太僕龍游翁氏譜序引古傳記所謂古聖人之治天下反古復始不忘其所由生上治祖禰下治子孫旁治昆弟合族而食序以昭穆别之以禮義尊尊親親長長男女有别親親故尊祖尊祖故敬宗敬宗故收族收族故宗廟嚴其義大矣徐氏子孫其

善承此意世世勿諼所以光前裕後者其有既與譜成丐序於余余嘉其志爲述其大畧如此若夫宗法之善紹述之勤則西山蔡氏正學方氏及吾邑秦端敏南沙小峴諸先達已詳言之不復述云時咸豐七年十二月甲子

賜進士出身

誥授榮禄大夫　國史館副總裁　賜紫禁城騎馬

吏部左侍郎加三級八十老人侯桐謹序

例授文林郎揀選知縣己酉科舉人趙彭淵謹書

徐氏重修統譜序

宗譜者紀本原萃族屬率後人以尊親之道也族不譜則前無所徵後無所識子孫相視如途人而尊親之道廢矣是不可以不譜也吾徐氏系出顓頊柏翳之後受封於徐因以爲氏歷夏商周爲諸侯傳至偃王誕家武源山苗裔世居江南代有名人如漢之穉晉之寧陳之陵唐之堅北宋之鉉積南宋之喜杏淑心元之元度明之中山　國朝之健庵惟忠惟孝乃文乃武垂於家乘也昔昌黎先生有言曰莫爲之前雖美不彰莫爲之後雖盛勿傳是以吾譜自遷錫始祖翰林學士鼎臣公諱鉉始修以來則有次修於樞密院使方伯公三修於刑部尚書堯吝公翰林侍講淑心公四修於孝廉千十公監察御史元度公都監元亮公五修於太醫蔚泉公刑部南川公六修於太史穀庵公慕谿公七修於端明公蓼汀公八修於近芝公九修於翰林吉士念齋公及艮輔公十修於庠生藍田公有源公是前事也若夫今之修十有一矣棟慮前修以來年久且遠若不重葺渙而無稽是

以不揣謭陋與蘭畦司馬卓卿少尹及惠昶耀慶等續而輯之然後親親長長率一族而共申孝敬也可是爲序

時

咸豐八年戊午三月吉日

南州六十二世孫歐塘支棟以莊氏譔序

强家渡徐氏重修宗譜序

我徐氏宗譜始修於宋刑部尚書堯咨公翰林侍講淑心公再修於元明屢修於　國朝十餘旬矣由是城閤譜帙追本溯源上自唐虞下歷三代近延漢晉唐宋元明至　國朝已一百數十傳四千餘百年於此矣豐功碩德代有偉人如夏相伯益公商大夫蕭公周諸侯偃王誕公南州高士孺子公晉陽陵侯自得公吏部尚書孝穆公唐登瀛洲十八學士之中堅公北宋翰林學士鼎臣公南宋名臣堯咨公元明經及第千六公明勳名如中山魏國

公相業如華亭曾舉孝廉思文公至我朝兄弟鼎甲文章學問卓絕一時如健菴司寇世代簪纓彰彰可攷祖父勳業歷歷可稽合族源流瞭如指掌各宗支派派若列眉數百年子姓日繁遷徙日衆而尊卑長幼之序秩然不紊我子孫其父與父言慈子與子言孝兄與兄言友弟與弟言恭通一族而皆禮讓是敦雍睦可風者孰非前代諸祖纂輯是譜在以紹高曾之規矩而爲後人所法守哉有是譜也即吾族北新橋强家渡徐巷支係北宋學士鼎臣公第十一世孫千一公居膠山徙居華亭此膠山分遷之始傳至士鳳公祥公思文公復遷錫邑北門外北新橋東强家渡之徐巷思公文博古通今隱居不仕訓蒙於此是爲强家渡徐巷始祖此徐巷之支祖自常州常州之支祖自華亭華亭之支祖自膠山而膠山之分支有華亭華亭分支有常州常州分支又有强家渡徐巷也考其譜係鴈序蟬聯一脈流傳耳今且十數傳矣安居樂業惟讀惟耕子孫日益繁房族日益增不亦浸浸乎其甚哉適今彙修大統宗譜其裔孫壽茂德敬恩三安福裕增仁大諸宗彥志在承先啟後踴躍從事一月餘彙成譜稿送局來商於予予

不揣謭陋爲述其木本水源大畧云

時維

同治九年歲次庚午新秋既望日

錫山第三十世孫棟以莊氏謹序於福敬堂訶洲支

祠

續修家譜序

夫家之有譜所以敦本睦族尊祖敬宗也故代舉而續修之吾家譜牒自周偃王十九世孫伯章公創始之後弋以天官孝穆公始修之而其繼則又續修於北宋學士鼎臣公南宋大司寇堯咨公至元時侍郎元度公明則用庵潔庵兩公紹之萬歷初内翰鳳池公等復起而修之奈刻板肆燬適遭兵燹止存原本一部歷傳至今今子姓繁衍散居異地幾不可考若不急為脩輯勢必支派混淆世次莫辨[illegible]衆目附必多某等竊思上繼先人之志猶是不辭跋涉重輯支圖以昭垂久遠茲以勉力用付剞劂行見合萬派於一原集千支於一本昭穆秩焉系統有序後世子孫覽斯譜者庶幾其興尊祖敬宗敦本族之意歟

彥
南州裔孫吉遠弘緒等謹撰
曜

青祁徐氏家譜後序

嘗讀史知徐之得姓雖自若木始其原則本於軒轅此往籍之可據者然愚謂三代之後為天子為諸侯為大夫[illegible]非黃帝之亂歟其後源遠流分支派各別於是乎用[illegible]因地各氏其氏各族其族而别為一宗此理也亦勢也如是則徐氏之譜似不追遠洪荒之祖而系之緒[illegible]然今嘗覽世家巨族語及其譜問其先世所由來則懵然不知并高曾以上而遺之不幾於不仁乎今徐氏之譜旁搜遠紹雖異於古人諸侯不得祖天子大夫不得祖諸侯之義然而木本水源之思不可泯滅諒非士君子之所禁者但徐氏散居天下而錫山青祁蕩口一支則自碧亭公從狀溪之東遷居其地以長子孫以萃宗族又再數世今生齒日繁聚飲排食愉愉以聚於斯雖舊譜有徵而未登集者實繁有徒是以式翁先生首唱於升文侯慶侯晉侯配公吉又權纘之于後急起而修輯之復將世系圖一一繪之使後之覽者秩然昭然如覩之掌非孝子之慈孫用心乎余因嘉其意而序之於後

康熙歲次丁酉六月之朔

甥趙申什謹書

續修宗譜序 錫邑青祁

前修凡例曰家譜十年一修宗支既備後來易舉按自康
熙丁酉距今已九十有六年其間子又生孫孫又生子雖
聚居數十里之遥而婚嫁喪葬已有號召不至者避[illegible]
遇竟不識誰氏之子如此而修之易耶不易耶然則此而
不修其患有不可勝言雖不易又奚辭
先君子鳳儀公夙存此志以久遊荆襄不果晚而歸錫精
力衰耗命 小子焕文等 勉爲之乃遷延及今又閱數十寒
暑始得舉行顧斯事體大非焕文所能轉成也幸宗人皆

奮勉於兹遵舊範而續新焉行見逾年雖遠生齒雖繁而
木本水源之可追支分派别之可正庶乎繼繼繩繩得以
綿延於弗替至於遺漏之誚所不免矣
嘉慶十有八年歲次癸酉六月之朔
南州派五十九世孫錫名 焕文謹識

歐塘宗譜序

吾祖華六公於前明洪武初自雲間遷居歐塘子孫
繼承日以蕃衍遂爲歐塘徐氏至今凡十五世矣耕
讀是守不營他業其間以品誼文學卓然樹立與夫
輕財好施樂善行義者代不乏人雖潛德弗彰而忠
厚敦朴之風歷久不變蓋培根積基深固不搖所從
來者遠矣及先考諱珽爲第十世以召試稱 旨始
仕於 朝及 廷棟 乃預甲科在吾考之先非無名儒
碩彦可以奮庸王路者必至是而後漸顯其光亦猶

火之然泉之達於是乎始其蘊蓄於未然未達之先
與導養於將然將達之會者此其故可深長思也雖
然子若孫之所以承言孝思者詎惟科名仕宦爲本
於先世留貽之澤即今日之支繁派衆猶然聚族此
盧樂其業安其居內無惡外無偪歲時伏臘合饗會
食諸父昆弟既具且孺何莫非當年燕翼所以計久
遠者垂仁愛於無窮耶水源木本顧可少忽乎哉是
以尊祖則必敬宗敬宗必先收族吾姪孫廷璽深維
斯意懼族譜之殘缺失墜也遠稽近考增補釐正凡

四百年來同氣連枝共流合派羣昭羣穆井然秩然罔有遺脫僭差而前人美善所存亦能約舉一展閱而尊卑長幼以次咸序矣一俯仰而祖禰云礽如藹然一堂先型舊德若詔語其上矣一省念而親視長長老老幼幼之意油然自生矣此歐塘宗譜之作於水源木本有深相維繫者也然則爲吾歐塘徐氏者其尙以力田務本以讀書勵志以教孝教忠昌世緒而報　國家凡我宗人各守此勿替可乎

乾隆二十年乙亥仲冬月朔日

第十一世孫翰院庶吉士延棟沐手謹撰

徐氏宗譜序

家之有乘猶國之有史也史以記一代之事蹟而乘以載一姓之流傳豈非甚重而不可缺者哉顧史則有官而秉筆自無所缺至于家乘非有水源木本之思者起而修輯必至脫落而無所考又何以見支分派別世世相傳勿替乎茲譜自族伯父達孚公輯後已越五十餘載而又向未刊板所錄數本恐年遠散失　宸棟　久有志續輯而未逮適姪孫延璽留心宗譜得舊譜之殘缺者重加釐正更取向所未及載者遍

爲查考逐一登入自世祖華六公以迄於今凡十有五世其間宗支相接井然不亂抄錄成帙以俟刊刻至辛巳始得付梓刊刻至癸未仲冬幸厥功告竣因念其成之不易喜而識之俾後之賢者一展卷而識源流之不爽亦可謂篤於水源木本者矣自後子姓幸有同心嗣而輯之則家乘之傳庶無廢墜云

時維

乾隆二十八年歲次癸未仲冬之吉

第十一世孫邑庠生宸棟拜撰

歐塘徐氏續修宗譜序

家之有譜所以參同別異溯源本滙支流尊祖敬宗明倫收族俾孝弟之道忠厚之風油然興也吾鄉東南五里許有徐什子讓者例貢生以莊公之長子也爲在本祠設局奉族中諸尊長命續修家乘特偕吾門同學生周子曉峯仝造余室乞余董其事并欲畀述續脩頁委以伊其許余笑應之曰僕向業筆耕今適硯田無事爰將捧來譜牒披閱一周知其書精嚴愼密彰彰可考洵足爲家藏珍玩第自同治庚午以莊公主脩譜事以迄於今又歷二十餘年

矣先正有云惟族有譜祖宗之光譜牒不脩比之不孝故譜必十年一脩或二十年一脩而後子孫之增益祖父之卒葬有所稽考修輯之時須擇族之作事有始終任事者擔當者一二爲經首以一二正直優通者翊之則成功既速纂輯亦精今歐塘徐氏如茂秀大福子讓錫圭錦堂俱各有志脩脩出爲經理凡族中崑秀子讓錫堂諸同志罔不踴躍樂從共襄譜事第恐支分派別散處四方倫欲統而輯之採訪難周奏功非易茲特就其宗支之素所稍淡治而不招自來即招之而罔勿樂於從事者將其實世次第錄之悉以付梓刊刻成書亦既朗若列眉燦如指掌俾一展卷而識源流之不爽則水源木本之意厥子若孫繼繼繩繩不已共守勿替乎至於統修家乘尤賴有徐氏賢後嗣仁承先志不匱孝思余不禁爲之拭目以望云

光緒二十三年歲在丁酉八月旣望

候選直隸州州判恩貢生薛乃飛拜撰

方泉鎮陸巷支譜序

觀徐氏係出伯益傳至百十餘世寬二公于元至正十四年甲午始遷于西門外開原鄉鎮山頭爲始遷祖由寬二公傳十世孫聖義公於明萬歷年間再遷於開化鄉西後洪五經博學訓蒙爲業自聖義公傳至三世世隆公再遷於方泉鎮陸巷則又支又分支也遡世隆傳五世孫諱京侯素敦孝友子七人克勤克儉備嘗辛苦廣置田園惟讀惟耕年七十餘兒孫繞膝已邀　恩賚鄉里咸欽敬之承思輯譜未果誡其子維鈞曰水有源木有本爾無忘乃父之志維鈞謹遵父命會逢族有其人敬宗收族者道光九年孟冬于錫山五里街建立宗祠維鈞爲之董治梓事歷有年餘迨宗祠落成後因設譜局維鈞爰按陸巷同宗稽其遠近序其前後續入鎮山頭支原牒以還一本因囑余序余曰此固吾姊丈遺類也因嘉其敬宗收族而兼能承父志也故余全其志爲附數語于篇末

時維

道光十年歲次庚寅仲冬之月

眷愚弟楊大成拜序

錫山書院衙纂修支譜序

嘗讀太史公自敘世家乃知反本窮源當詳其所自始及觀班孟堅傳又知先世故實不可不具核而明著之也吾錫書院衙徐氏裔出舜臣伯益遠孫偃王諱誕後梁新安太守上秀公諱摛子吏部尚書孝穆公諱陵世居東海十一傳有功公仕唐刑部侍郎公玄孫商公商公子彥若公父子爲唐相載新唐書宰相表彥若公玄孫秉彝公諱昶仕周爲歙州刺史因喜州北山川環秀遂占籍皇呈干是爲新安始祖三十二傳至洪山公諱友鏜即余甥厚卿之曾王父也遊商寓錫愛梁溪山水之勝卜居書院衙迄今八十餘年祥衍五葉其秀良者固循循於禮法即經營者亦兢兢乎自好蓋皆無忝厥祖者逸昉混臺深念新安宗譜曠修百餘載因路途跋涉未與族人通音問廿載餘矣修譜之舉豈易言哉故謂余曰錫山已晰四支生齒日繁非譜無以定世系序昭穆別親疏而合遠爲近也余曰此歐陽永叔蘇明允兩君於是始有見已此義不明故杜正倫求齒城南諸杜者了所

徐氏支譜序

愼安徐公官於滬以言軍事羅官歸歸而理其尊人未竟之緒輯支譜公家故籍崑山族望甲江左其科第聯綿簪纓相繼一門鼎甲載崑山譜中茲不贅公爲余言支譜以以若愚公之居錫始上之有崑山譜可考雖非闕勿敢援也古者宗法最重自公卿至於士庶氏族之籍咸掌於有司厥後宗法廢矣而魏晉之間習尙譜學凡品中正之法至以門第取人其時士大夫之世胄人人皆指數之迨唐五代及宋南渡天下戶口多流離遷徙之故久之不能詳

其先世之所自譜學遂亡近代以來不學之家往往依託前代名賢勳伐引不知誰何之人以爲之祖甚至橫列世系僞譔古字以子孫而誣其祖宗可怪也而大家著姓於修譜時則又偏搜同姓於郡邑百里數百里間有力者咸投贄附苟貧且賤雖同宗擯之矣風俗汙下至於此極甚且中有僻姓進宗祠廣羅其姓之名人次第爲遠祖至考之史乘乃其所引者已明明非一家以此貽笑而不之歟昔郭崇韜自以爲汾陽之後而狄武襄不肯以梁公爲祖人之賢不肖相去固若是然則公此譜之作皆據可

鄙郭崇韜拜子儀墓識者譏之夫宗親一氣不可罔濫世遠年湮譜之重輒不可不急急也錫山宗彥適輯家乘爰有合修之議恐蹈杜郭之誚是以進退維谷其令弟學圃親臺詣局詳詢宗譜原委詎知祖出一祖上自伯益下迨愉公其間一百有二世亦由徐城遷至郯城東海而徙居是邦者與徽譜照合愉公之下註載失傳而徽族的係有功公長子愉公後裔由曩時僻居新安未及彙修故也即爲詮次有功下本宗世系詳敘錫山四支以誌水從源流之義先爲

纂入錫山宗譜其有功公以上已載譜中至於旁支別派新安族繁丁盛未便以臆見賅載俟異日徽郡修譜再與錫山四支並修以崇敦本睦族之意惟是譜也雖合而仍各爲支派庶無紊越之虞使讀是編者人人各親其親各長其長孝弟之心油然而生豈獨徐氏子孫閱之而感發哉其大有裨於世道人心者非淺鮮也余忝居戚末曷敢以不文辭敬譽序

時維

咸豐七年丁巳仲秋月姻愚弟趙稼寶頓首拜譔

先人收族之志抑亦可以風世哉公又爲余言先世五傳無昆季故門祚實凋然亦以此無敗類或士或賈安其業世其家焉辟之樹木或繁衍而成林或高柯挺蔭而旁枝比櫱絕少此亦秉氣之有厚薄與而幸無朽蠹可貴也徐氏有隱德道之人咸樂道之則自今而後或且繁衍而成林焉豈又在擁其宵而培其本者哉咸豐丁巳秋七月內閣候補中書通家愚姪錢易拜譔并書

徐氏支譜序

徐蔺畦通守自淛江嘉興任去官歸里閉門不與外事侍其重慈盡孝養之誠極家庭之樂又命其先人少山學博有志修葺家乘未竟其事遂遠紹旁搜成書若干卷請余序其顛末余雖不文嘉其志而不敢辭因細閱之其遷錫者自若愚公於前明萬歷間始流寓於錫迄今其傳十一代至若愚公以上俱未載其旁搜者官淛時得其族祖中山上九代十像均列於譜其前後亦未載及昔高忠憲公有云譜以譜其可知者而已今蔺畦所葺之譜亦宗此意

可知者載之不可知者缺之誠譜學之至善者也且吾聞之徐氏自黃孺人苦節啟後漢公兮雖年壽不永而事母極孝至承武公侍其祖母暨母浦孺人能得兩代歡心一生好善爲里黨所推重其子文奎公以勤儉起家事父母尤能先意承志待兩弟極友愛以手創之業與弟分析絕無私財其田[illegible]雖能者吾知徐氏始於苦節繼以孝友爲善不使人知其昌大門閭正未有艾也故因蔺畦之請序而並述其大畧如此凡敬宗收族之浮詞不贅焉時

咸豐七年歲次丁巳秋七月既望

例授徵仕郎　晉階儒林郎道光乙未科　恩貢進士候
選直隸州判州
欽加直隸州州同銜　七十二齡老友寶承煒拜序

錫山徐氏支譜序

錫山徐氏自若愚公由崑山流寓吾邑予仲先因家焉故以仲先公爲無錫第一世祖六傳至文奎公以勤儉起家生學博公少山以明經授教職歷署各邑所至有聲嘗欲修輯支譜未竟其事學博公仲子蘭畦欲成父志嘗析產時即以所受田產捐作義田余嘗爲之記後蘭畦服官於浙得明中山王以下九代十圖蓋浙江支裔亦與崑山同宗蘭畦此圖即得自浙江宗人者既自浙歸即搜葺仲先公以下本支作爲支譜而以中山王以下十圖列於卷首

譜成問序於予余惟譜牒之學昔人以爲最難蓋自黄帝之後始分二十二姓厥後曰姓曰氏曰族派別漸衆後之修譜者求諸太遠往往無可稽考以至失實今蘭畦所輯之譜則自仲先公以下爲時尚近所有本支宗人莫不眞知灼見至中山王至今雖已歷五百餘歲而有此十圖則一切勛名爵里承襲世次無不班班可考則庶乎得其實矣他日合浙江崑山錫山宗人相與各從支譜互相參考則宗譜之成誠易事也然則蘭畦所輯雖曰支譜卽以爲宗譜之綱領也可

賜進士出身
誥授奉政大夫福建淡水軍民同知軍功隨帶加三級同
邑杜紹祁撰

徐氏修譜小序

木有本水有源此家之所以有乘猶國之所以有史也爲
祖宗者無不欲子孫世守勿替而支派蕃衍勢難聚族而
居所望賢子孫時常采訪時常修明爲要予素有此志無
如南北往來謀生爲重無暇及此加以庚申之變蘇城被
陷原譜遺失親族寥寥幸而克復後南北生業畧定即將
向敘小譜一一稽考從遷吳始祖　德浦公之下以及予
輩除長兄一房被陷時失散在外共有四房在蘇向也
祖居閶門外西街於道光十九年遷居城內予居王樞密

巷二先兄作舟公居西百花里梓舫三兄居皮市街振安
堂弟居養育巷方將修明畧爲存查正欲繕寫時適值常
郡大宗創局修譜采訪來蘇董理局務之　以莊族長查
出我支　德浦公由錫遷吳予查核無異爰知居蘇之山
始其　以莊采訪之心與我脩明之志適然相契是誠天
假之緣也因將所敘小譜增入備考何樂如之予奉　先
嚴菊泉公遺訓無論爲名爲利總以勤儉忠厚四字爲至
寶永矢弗諼予思父母生我養我爲我習業即所謂傳以
恆產復加以勤儉忠厚之遺訓是眞用之不盡者也夫立

身以求已爲先勤儉爲是此求已圖之小影所以作也積德不利人爲重忠厚是也雉皋勤儉局之所由創也咸豐十年之亂予避難如皋上奉　老母下乃眷屬一家數口備嘗艱苦予亦一難民也然見如皋一帶鴻雁哀鳴嗷嗷待哺不下千萬更有目不忍見耳不忍聞者因力勸如皋紳宦創立勤儉局其法奉勸勤儉之家勤則積一錢儉則省一錢每人每日錙錢兩文輕而易舉按月收取積少成多以濟難民確有成效予力不從心惟不憚勞悴耳所賴諸紳宦樂善玉成予不勝欣逾幸而　老母年逾八旬往

來江海安然無恙克復後回蘇舊廬完全　老母安享有年後於同治五年六月二十六日無病而逝未始非　神靈所佑以及諸同人所庇也然先人見背杳不復見終天之恨何日可寬茲值修譜之時亦惟以勤儉忠厚示我後人互相黽勉以報　親恩而已質之　梓舫三兄亦以爲然是爲序

昔維

同治九年冬月之吉

德浦公第六世孫鴻敘修

永昌支纂修宗譜序

開嘗考之總領黎庶則有譜籍傳錄譜者普也譜叉言布布列其事見之者朗若列眉也吾族錫山大宗一譜遠溯前代近考當時其間勳名爵秩高風亮節博采旁搜靡有遺漏吾族系出南昌宋代累封東海郡開國侯鼎臣公諱鉉十三傳至裕一公諱懷祖元朝時授南京武畧將軍世居無錫東膠山之南其子岫雲公諱潤累舉賢良固辭不受元末隱居常熟之唐市孫虞里公諱城由唐市遷居蘇州齊門外橫街越三傳至南洲公諱鏇於成化二十一年

由齊門外橫街遷居東永昌是爲遷永始祖子孫繼長日以繁衍遂爲永昌徐氏至今十有七世矣溯自高祖立堂公諱步蟾修葺宗譜將欲付梓詎意咸豐初年曾高祖棄世後曾祖輩祖輩遂相繼作古加以庚申之變原稿不免散佚先胞伯達餘公諱朝經復采輯之屬稿未竟而遽先父與于公諱朝綸遠紹旁搜方欲蒇厥事詎料距今前父殁之八月即病革彌留之際諄諄然諭勲等以纂修宗譜續成遺稿爲將來刊刻之計言猶在耳謹識之不敢忘時值錫山大宗創局續修大統宗譜來蘇采訪永昌一支余

昆季不才何堪當此任但念遺言宛在踴躍樂從之意烏能自已奈胞兄君培名世本因事督修祠墓未遑遂商諸堂姑母孝女名淑英堂兄疇五名世昌玉成其事姑母素慷慨力任助資堂兄經理高祖立堂公祭田歷年修理祖先墳塋六宗祠墓廬籌畫餘欵撥成合族丁捐勳迺自春及冬作永城鄉散處諸族中備詢官銜名號生卒墳墓山向以及現丁年庚抄成底稿並列祖墓誌銘像贊行述小傳錄入錫山大譜已殫一歲之力矣雖然是役也乃先伯父福泉之善

先君子遺命之殷以及顯堂姑母之襄助疇五兄之擘畫相資以濟勳辦何敢居功哉修既竣覼縷前事弁諸簡端俾知共小子勳之德薄能鮮靦然得與斯任者蓋有自矣也謹序

光緒二十九年歲在癸卯仲冬之月

漢徵士孺子公六十六世元裕一公二十二世孫南淵公一十七世裔孫長庠生世勳子蓺氏百拜謹識

丁塔支譜序

夫人之有祖如水之有源木之有本也水不濬其源則流不遠木不固其本則枝不茂故人之孝其親敬其長行敦本睦族之事猶之水濬其源木固其本然後子孫繁衍也同邑徐氏自夏相伯益公次子若木公受封於徐子孫因以爲氏及傳至丁塔爲始祖者惟元博士裕六公是矣裕六公諱仍祖字仲機遷居西膠山西北里之丁塔隱居不仕不圖名譽積善之人後裔宜其繁昌矣公之子孫有散處四方者或城

或鄉有居三里橋者有居安鎮者有居寺頭村者有居伯瀆港者指不勝指至戊午春其裔孫惠祖名聖佑協修宗譜同兄聖佐徵序於余余雖不文曷敢無辭以獻故不揣鄙陋序其尊祖敬宗敦本睦族之意一展卷而尊卑秩然也予故樂而爲之序 時維

咸豐八年歲次戊午清和月同邑袁錫爵拜撰

徐氏重修譜序 周村支

古者天子胙土茁茅錫姓命氏公卿大夫或以字氏或以邑姓名號統系具載史官自周以前譜牒備矣遭秦滅學燔書而氏族失序漢興太史公作史記因世本以著世家天下始知姓氏之所自出終漢之世有鄧氏官譜應劭族編王符姓氏論魏晉以來有司選舉悉稽譜牒劉宋之世何承天作姓苑唐貞觀間有氏族誌及元和姓氏纂路景淳作姓畧洞中撰族姓系録當世士大夫咸以譜學爲進身之階故無不明于姓氏之學者迨五季喪亂專門之學

遂鮮而自宋迄今朝廷選舉惟才是視採靈菌於草茅拔姬姜於顛頓故無論氏族單微固視爲不急之務卽高門世胄亦置爲可緩之圖而族之有譜譜之克修者鮮矣抑知族不可以無譜無譜則祖先功德無由傳名爵無由識譜不可以不修不修則世次尊卑將漸紊疎戚將莫稽昔蘇老泉之言曰吾服盡親盡所相與視如塗人者其初兄弟也兄弟其初一人之身也一人之身分而至於塗人譜之不可不脩也余按徐氏系出嬴姓伯益子若木封於徐歷夏商周爲諸侯後以國爲氏傳至偃王家武源出爲江南著姓漢有徐穉晉有徐廣梁有徐勉唐有徐放宋有徐積北宋徐鉉代產名人斑斑可考也於是周村徐氏則自稽七公爲一世祖生子士讓由無錫金匱山徐府庄徙居周村生二子長曰孟昭次曰孟達孟達公明洪武間遷居石橋與[illegible]開基業迄今四百餘年瓜瓞繁昌詩書勿替或居于時巷或居胡埭或居江陰竹塘其初則孟達公一人之身別無牽引附會於其間也癸卯冬余友徐君振宗與族兄樸齋先生執所脩家乘一編問序於余余觀其日系清晰世表詳明庶可爲一家之信史矣後之覽其譜者仁

孝之心亦可油然生矣是爲序

乾隆四十八年歲次癸卯季冬

甲午經魁戊戌進士陽邑年家眷弟吳煥拜撰

徐氏重修譜序 周村支

夫宇宙間無無本之物萬物本乎天則有父乾母坤者而視天下猶一家人身本乎祖則有思本念枝而職族如一體但受姓而來歷世遥遥繁衍之胄裔雖統有宗而會有源不幾散無紀律將同族類於陌路乎是以仁人孝子懼其渙而難萃也必珍家乘以紀之聿自晉以門第官人後遂尚世系而溺於誇耀者故唐太宗以天子之貴與崔盧較氏族習俗之陋已然嗣是爲譜者援月赫奕祖人之祖丐顯者之一序詡詡曰家譜也豈知本實先撥哉是皆仁

人孝子之所羞而不忍爲者也予友徐君樸齋情深源本將族譜重修而囑序於余因示以譜曰此伯父象乖公兄恂茂元宰等所修也今閲六十餘年矣何忍袖手乎予啟其帙觀之以伯益公爲遠祖裕七公爲始祖士讓公爲周村遷祖由始祖而下各派詳悉歷漢六朝隋唐五季而宋而明代著偉人皆史傳間所習聞者第豫章蓮抱千枝萬葉本固枝繁無論其遠即散處錫邑者支分派别詳載難盡樸齋慨力不能周爰舉本支附近者與姪文達再姪舜年殫力修輯於是尊卑世數次第詳列分支定派各無混

淆爾徐氏與周合譜支而一之則不使本支於六十年間名氏有湮滅掛漏者亦斯門之功也君於此舉詎非仁人孝子哉而況無流俗誇耀之情無借榮顯者之序惟務敦本而睦親則俗子不幾胥壞歟余以章布言曷足玷簡帙之首亦特高君識而不敢以不文辭

時

乾隆四十八年歲次癸卯小春月

通家眷弟周應祥拜撰

重修家乘序 周村支

天地生萬物惟人最秀靈人何以生自父母生也由父母溯曾高而上至於始祖肇自一人其間賢愚貴賤紛紛不一而派之源支之本可無譜牒以遺後世哉吾族舊有家乘歷代源流斑斑可考是以康熙丁酉年象垂象賢二公暨公惠元宰徇茂公茂等公有志重修迄今六十有餘載矣自後丁繁日茂世遠人遙未免子孫渙散名號弗登焉我先君鳳池亦欲繼往開來光裕前烈然有志而未逮者蓋亦有年因諭不肖培曰此譜雖屬殘編斷簡猶可追其

名諱考其生卒以繼續宗支此一役也職在汝矣不肖誌之而不敢忘去歲秋有文銓叔言及譜事商之於我余一聲貫耳如醉若醒如夢纔覺即與姪文達舜年等擇日祭告

祖先酌議捐貲修輯以垂永久庶幾不負先人之遺命云爾

乾隆四十八年歲次癸卯季冬

周村第十五世孫德培謹述

周村徐氏續修世譜序

自來爲國家彰善癉惡嚴褒貶於一字以垂鑒戒者則有史爲族姓尊祖敬宗聯親疏於一脈以昭敦睦者則有譜譜與史異曲而同工總離乎其爲修之者耳顧修史於前代不乏忠直臣而修譜於世家幾無仁孝子此吾嘗爲世道人心慼也若周村徐氏者族甚巨丁甚繁而其風古樸與余家接壤目擊其爲畊讀者流蓋數十年於茲矣未嘗有談及譜事者乃歲戊子有族長元鳳及伊族等商余以修譜事且請序焉遂稽其舊牒始知其以虞臣伯益之子

若木爲鼻祖至偃王爲江南開族祖至明祖爲周村始遷祖綿延數千百年迤遷數千百里支爲分流爲別者不知凡幾雖牒中列有彭城山陽以及瑯琊晉陵等九派而前人序之亦未詳且悲若更爲之附鋪會張余附無從且亦不敢故不具贅性觀其自周村而石橋頭自石橋而徐家舍者俱昭如碁布亦燦若列眉其間祖祖孫孫直逗呼吸長長幼幼恍接形骸已足徵其代有仁人孝子矣乃自乾隆癸卯修後迄今不過四十餘年而元鳳諸君又兢兢乎續修之是急則其於祖宗爲善繼述於族姓爲善親睦於

子孫爲善貽謀而其仁孝之心不已油然勃然而不可遏
哉迎離鄉閭之子不已勝於薦紳閥閱之苗裔哉斐樂爲
之序如左
時維
道光八年歲次戊子初夏　　秀峯高鎮拜撰

徐家舍支譜序

竊思家乘之所以爲至寶者其要有二一以聯其情
而不至於疏一以正其分而不流於僭蓋長幼以年
而異祇爲同列之崇卑世系以代而殊尤屬後先之
次第况當支分派衍之後非悉修訂何以光前哲而
啟後人乎吾族徐家舍其先寬一公與吾歐塘同祖
世居松江華亭縣其孫華四公與弟華五華六於元
末避亂徙居錫邑迨至有明洪武定鼎公即卜居於
青城鄉石橋頭華五公卜居於蕩塘橋華六公卜居

於歐塘其後宗俊公生長於石橋頭以頑佃不租償
命子行齋公築舍於茲而耕植焉因名其居爲徐家
舍此由石橋頭而分處於此是以徐家舍之祖自石
橋頭石橋頭之祖自華亭有華亭而有石橋頭有石
橋頭而有徐家舍也蓋徐家舍自徙居以來已歷數
百年矣子孫蕃衍而尊卑長幼猶得與華亭石橋頭
蕩塘橋歐塘秩然不紊者則有乾隆舊譜爲之紀則
有忠道啟良邦新聖德等公續修之也今其裔孫端
德蓮玉耀文文玉瑞源等因支修以來三十餘載猶

修至今八十有年急急以修譜之舉爲念適余與修
大統宗譜欣然樂從不惜勞瘁纂輯本支譜稿及分
支新塘朱家巷稿捐資覿修鋟成所謂光前哲而啓
後人者也又屬序於予予忝在同宗畧述數語以鼓
後賢知木本水源而興起於修輯者乎是爲序
咸豐六年歲次丙辰仲春望日
華六公第十六世歐塘支裔孫棟謹識

續修宗譜引

吾徐氏自夏相伯益公之次子若木公封國以來苗
裔之衆徧海内焉而世澤之縣長則於大江南北爲
尤盛北宋翰林學士鼎臣公十三世孫稀八公于元
至正十四年甲午始居無錫西門外獨月山嗣是瓜
瓞綿綿相傳勿替已歷四百五十九年於兹矣昔吾
叔祖麟祥公見宗支之浩繁遂著家乘以貽後人内
載明德公爲始祖而未上溯至稀八公豈其弗深考
耶亦以數百載之源流未易徵諸一朝耳景元仰承

先志因與鴻泰叔元標兄崑發兄溯本尋源詢敢稍
懈迨核諸吾族堠山之舊譜得以知所由來也蓋自
稀八公始堂構相承至明德公而已閱九世是可無
疑者而於九世以後倫序之間曷爲畧而不詳殆由
堠山之祇載本支而因有闕也然則吾氏之譜得不
重爲修輯哉今賴吾叔與兄之參贊以成庶後世子
孫觀于是編毋忘敬宗收族之意焉
嘉慶十有七年歲次壬申仲春之月十七世孫壤謹
識

徐氏宗譜序

聞之國有史家有乘其義一也蓋上治祖禰下治子孫旁治昆弟莫不本於尊祖之心尊祖故敬宗敬宗故收族此家乘之所由重也錫山徐子景元與余交最久敦孝悌重然諾崇善樂義見若道路之艱難者治之橋梁之傾圮者建之鄉黨宗族之無力營葬者又瘞之已嘖嘖人口至於募捐同善會建置一善堂施棺木立義塚利濟無窮尤爲稱頌於一時然性倜慷慨人罔須其休風而心切高曾我尤欽其敦本蓋

徐氏之在錫山江左巨族也上自軒轅下歷三代及漢唐宋明侯王將相炤耀史册間雖代有修輯而越至於今子姓益盛幾至散而難紀矣乃徐子偕伊昆季考其宗派正其昭穆編次雖繁抑何開卷照然也此衍派統宗非伊朝夕知其於敬宗收族之道意念深矣余嘉徐子之慷慨尚義而尤兢兢於敦本之誼是爲序

嘉慶十有八年歲次癸酉中秋後六日書於拾瑶草堂之西窗　蓉湖倪宗元頓首拜撰

獨月山分遷惠灣支譜序

蓋聞道必本於無極之有太極兩儀四象八卦皆其緒也山必祖於崑崙之脈千峯萬岫皆其支也水必祖於天一之精千滙萬川皆其流也人必祖於有生之木千雲萬祁皆其亂也第歷年既久則世系愈繁上治祖禰下治子孫聯一氣而敦百世是以重賴乎譜夫譜之設其端肇於左氏其後延於漢而流爲史至宋而譜盛行焉昔蘇老泉有言曰觀吾譜者孝弟之心油然而生吾茲於徐氏家

乘亦云考徐氏出自夏相伯益公次子若木公受封於徐地子孫因以爲姓偃王以後瓜緜椒衍碁布星羅其間或以文行著或以科第顯或以名宦傳代不乏人難以殫述迨由東膠山遷宗於獨月山北至光祖裕八公十一世孫伯元公長子茂德公勤學取友乃從獨月山遷居東塲名鄉之山庄惠灣爲惠灣第一始遷祖闢草萊置田宅肯構肯堂規模宏遠第二世成公本系爾字取派因避史師諱故去爾字單名威第三世文英公又避分宗

叔祖諱因與老宗仲堂同班係文字取派改名文應由是追原溯委縷析條分俾子孫有所法守辨昭穆別親疎生年卒葬俱釐然有序綿綿延延得以垂奕禩而傳無窮於戲兩間有大倫曰君曰親人生有大節曰忠曰孝如吾友徐君廷昌友愛性成誼敦棣萼今復以惠山建立宗祠嗣修譜牒乃能慷慨捐貲畢盡心力汲汲焉以尊祖敬宗收族爲急務克紹先人之緒不忘追遠之誠其於孝親也大矣庶幾哉後之人即山以窮其巔由水以究

其源自當世世相承賢才疊起將黼黻

休明以鳴

國家之盛豈第爲宗族之榮已哉是爲序

道光七年歲在丁亥小春初吉扶風愚學弟惠際泰

拜識

蕭徐巷支譜

宗族以有譜也上以紹前人之統下以開後世之承譜之不可不有而又不可不修也大矣我徐氏夏相伯益公支子若木公始厥後蟬聯繁衍南北播遷難更僕數傳至一百二十一世北宋翰林學士鼎臣公其後十三世孫光祖公字雪軒行名裕八元至正十四年甲午始遷無錫西門外獨月山又十世至大來公自獨月山鎮山頭卜遷斯土開業成家迄今二百餘年譜牒失修世次漸混若不釐其支派別其親疎少長紊焉莫辨矣歲庚寅冬於是商諸族

老按之舊譜又取南門伯瀆港嘉慶癸酉宗譜核實校訂正其世次別其親疎缺者補異者詳閱月而稿成蕭徐巷即以裕八公爲第一世祖大來公爲始遷之祖更爲刊刻適值吾族補修宗譜將稿送局補輯彙修譜中是爲序

時維

道光歲次辛卯春三月

十九世孫益茂百拜謹識

續修裕八公獨月山支譜序

國之有史也備詳繫姓家之有乘也亦別宗支吾錫山徐氏有宗譜之修由來舊矣惟族繁地廣頭緒紛如非先以派別支分各成一冊而後彙爲全書者則其目不張其綱安舉哉蓋以譜也者合則爲統分則爲支既欲於統綜其成必先以支挈其點者也獨月山爲邑之西鄉隸縣志西南境圖中離錫麓十餘里東繞梁溪之秀西鍾震澤之靈里尙醇風俗敦古處吾族自遷祖北宋翰林學士鼎臣公十三世孫裕八公擇處以來綿綿延延日益繁衍世以耕

讀爲業望衡對宇棋布星羅聚廬而處爲歲壬辰宗彥達先議建宗祠謀及先伯父永椿公暨先大夫映江公而二公敬宗念切既以嘉其志者贊其成歲庚子彥達先父以續修譜事來告承洽而并責以主稿之任烏虖洽也何知焉敢肩茲鉅任然不能不爲歔欷然泣而痛我二公之不及見矣辛丑壬寅中遂先卒以任事無人擱不已洽顧始終以不敏謝而族叔祖國富公乃亦濟之言三曉以大義曰大比任譜事者擇長擇賢而已統計族六支擎郎不相強至吾本支之稿闔族數百口除年老不勝其煩外壯者強者又或商於外或耕於田能事筆墨如再姪者曾有幾人不汝之任而誰任且計自總局開盤伊始數載於茲矣他支之稿如山積獨吾獨月支除第十世淸芬公後及紹文公後二支已各自繕稿送局外其餘支派浩繁繁雜之待編者尙十存其九冉姪勉乎哉今春達先儷稿及此益挾國富公命來申前說洽維吾支主修之任道光以前無可考嘉慶癸酉續修之稿則族先輩景元公主之咸豐丁巳續修之稿則先伯父祖耀公主之洽之不才敢爲其繼祗以迫於公議并仰體先大夫尊祖之誠不得已勉步從

公以聊副衆望云爾至如何派當收何支當擯與夫承嗣兼祧各大節則悉以國富公主之而洽則概不與聞焉洽也者探本尋源條分縷晰上追脈次下逮雲礽俾長幼尊卑紛如者仍復秩如以冀後之子孫一覽了然不致混淆而散失也是則區區之心所爲厚望者耳其間按發來稿有偶從筆削編次之潤色之如鄙意之所謂譜法體例者則另跋數行於後茲不贅言

光緒三十年歲次甲辰中元節裕八公獨月山支二十世

裔孫承洽仔道氏謹識

續修跋文

族之有譜猶木之有本水之有源也譜法昉自歐蘇蘇法善惡兼書義近於史其文直敘而下歐法書善而不書惡義取諸銘其文橫列而左吾徐氏之譜向遵歐例伏循舊譜凡例三殤僧道螟蛉贅壻以及隨母義子概不入譜倘開一綫之門須從公議註出本姓以防後之婚嫁同通譜資考據云云玆有知其本姓者註之無者則闕一格冀符舊例出繼者亦詳某處某姓爲他日歸宗之地其間有散處各村如查巷泰巷椒山蕭家灣等支例應另表而仍未

分支者以其遷居在嘉慶咸豐以前而舊牒未經分出玆仍其舊以待後之更張然必於五世一行之第一世名下註明某處支以醒眉目此外如三家村大渲橫山等支自遷居以後未經修入者則各爲另表其支以符體例舊例又曰表中凡某公子例書字無字者則書名核諸舊譜已有不盡然者卽意有字書字無字書名轉覺混淆而未能一例不如概書其名而加以公字則雖板帙相沿亦較易於檢閱也其表中配某氏葬某處子女長次亦各另爲一行以取其一目瞭然至於行輩字號官爵封贈生卒葬配妻妾所出以及女適某氏悉遵舊例有詳必詳間有遺各支耳目雖周并近支之詢其本人而亦不復記憶者或詳或畧悉照來稿以示無私是冊也除第十世清芬公後及紹文公後二支出其本支裔孫各自定稿外餘則例其循舊而畧有變通文不妄更而間加校正至其舊牒所書卽稍有參差而考無大謬誤者亦概以舊貫仍之譜既成呈其稿於族長國富國富曰修譜之書法體例凡有深意存乎其間者不可不使後嗣知也爰書其大畧如此

光緒三十年歲在甲辰孟秋之月本支二十世裔孫承治

資義氏謹跋

新塘徐氏譜序

繫世之書重矣古昔盛王小史掌奠繫世而禮有序譜牒掌世繫奠而樂以和序故有別和故有親有別故昭穆不相亂有親故親疎不相離其習民於和序之教而陶民於忠厚之風者甚盛典也夫豈徒原本繫之有遠近閡閫取之有高下而已哉然而世之繫世不明以至昭穆失其序親疎失其和而本支之所從出亦不可得而辨雖有氏族烏得而繫之哉我費氏世居新塘數百年於茲矣塘之北有徐氏焉爲梧塍與吾族爲世姻塘之南有徐氏焉爲漁梁亦與吾族爲世姻二徐俱爲邑中最著巨族梧塍譜予嘗受而讀之考其世系以千十一公漁梁之祖以千十四公其本繫之所從出也可定千十一公之先爲子固公千十四之先亦子固公並考錫山徐氏大通宗譜子固公號曰堅山公之七世祖北宋學士累封東海郡開國侯鼎臣公自浙遷於錫山爲蘇常第一世祖諱鉉者係夏相

伯益公之一百六世孫也不特著於經史卯且端於家譜歷歷可稽前代名公鉅卿詳述再悉亦可定其世原之所自來也然而天道變遷於上人事屢更於下子姓日益繁遷徙日益多支派亦日以衆不有以兼綜而條貫之則親疎何由別昭穆何由敘支流之同異又何由辨乎今歲癸酉之春在於東膠山南鼎臣公故里北宋舊宅古十笏堂之河庄橋閡耕樓彙修漁梁全譜予同里舊親徐君成裕柏榮廷裕委以新塘支譜新舊稿見辱曰吾先子固公仕於　宋戊申秋任河南開封府尹時扈蹕渡江越五世至千十四承事居漁梁又六世至御史徹叔公諱訥生八子曰慎曰愷曰悌曰懷曰忒曰懌曰悛曰恪是謂漁梁八分新塘其第四支也又[illegible]世而至瑞復遷無錫又二世至吾祖九淸公偕弟九峯九州始遷江邑之新塘卜宅雅溪東邨壬午始與漁梁本支彙輯宗譜族祖介臣公跋語甚詳後百年而族之齡九公曾續修譜稿今齡

九之子廷裕又重修之將送於膠山譜局以就
而質之予展閱數次有繫圖而無世表予曰先
世從其畧愼闕疑也近世紀其詳示傳信也合
而繫以圖明宗法也分而列以表載實錄也此
作譜之大凡也徐君唯唯而去未幾而乞序言
夫予亦何言哉先代之簪纓赫奕夫人而知之
無俟予之鋪張也先世之功德綿遠子孫能道
之無俟予之纜陳也歐蘇譜例行世久遠掌譜
諸公能爲之無俟予之樊借也支分派別源流

自清無攀附之陋習無棄絕之親支祇饑凡書
之無俟予之剖斷也然嘗聞蘇子之言矣曰觀
吾譜者孝弟之心油然而生上治祖宗者孝之
道旁治昆弟者悌之道下治子孫者慈之道上
君子居家孝慈友悌達於一鄉一鄉之望係焉
我
國家承平百數十年矣都都相望邑邑田疇國開萬
世之基家承百年之業士食舊德之詩書農服
先疇之畎畝商循陶朱之經營工用高曾之規

矩燦乎隱隱各得其所予觀徐氏於古昔盛時
禮序樂和之教所以陶淑斯民者有加而無損
焉於此而不克述其祖功宗德導其休美詔其
子孫夫亦儒者之恥况成裕姊丈以國子生爲
鄉飲介賓孝慈友悌化於鄉已久迄今年益加
老矣迺偕其族之二三昆季相與講明夫昭穆
親疏之義以仰答
聖天子孝治天下之至意無負祖宗奕世培養之厚
恩可不謂君子人歟予與徐爲世姻故不揣譾

昧而言之是役也手輯譜稿者爲松若廷裕佐
來譜局俯旬襄事者爲柏榮鴻賓洪達耀廷景
福朝彥皆族之賢子孫也并書之以告其後之
人云是爲序
嘉慶十有八年歲次癸酉仲春月之吉
同里弟稼軒居士費鍾鳴遠氏拜撰
敕授修職郎兩浙東江場鹽大使加三級王霖頓首
拜書

裕九支譜序

萬物本乎天人本乎祖又曰萬物成形於帝人成形於父以祖父配帝天尊之至也至於伯仲叔季支分派別丁口日增詩曰豈無他人不如我同姓則敬宗收族之義尤爲子孫之急務焉吾族祖係裕九公世居東膠山北宋舊宅古十笏堂鼎臣公之古里元至正十年遷徙於張涇橋北衖上搆九斋堂居焉傳至五世有昊晃昺昆仲三人昊遷花園衖爲始祖晃遷長浜爲始祖昺居舊里生甲壬癸等甲遷石橋頭爲始祖癸遷嵩村爲始祖惟我祖壬公仍居

古里自後源長葉茂族盛丁繁散處於蘇常江邑則有祝鎮新塘橋潘墅叢巷柏樹下尤村灣徐家灞象涇徐巷黄瀆光等支世傳久遠支派日盛繁丁口日益增於是支中生支派中生派則石橋頭支有包巷朝東巷古村支有竹三房巷河南巷是也雖條分縷析秩然不紊如水之分派而出於一源木之生枝而歸於一本綿綿延延若列星環繞悉皆拱北支支派派如指掌源流無不朝宗　裕德薄能鮮厥志孔殷懐慎終追遠之思睦族敦倫之志是以尋其本末綜其終始上溯木之所自出下別支之所由分敘同族而論親疏別遠近而序尊卑録其世次一一詳明宗自統族有跡庶使支派雖遠處異地而親如覿面昭穆雖莖展宗圖而朗若列眉敬宗收族之大典胥於此而著也願望吾族孝子慈孫念宗功祖德之規範重水源木本之恒思以傳久遠勿替後之有賢嗣修之者當靡不欣喜於木原乎亦將有感於斯云

咸豐七年歲次丁巳桂月下浣　穀旦

裕九公十七世裔孫霖秋江氏謹跋

裕九派江陰縣慶雲里柏樹下支譜序

太史公作世家歐陽永叔作世系表蘇子允明因之有譜夫譜推其祖之所自出猶水之源木之本也木之有本則枝葉茂盛水之有源則支派流長宗之有譜則源流支派彰彰可考派派相傳吾覽徐氏宗譜而溯偃王之後散處江南傳傳無錫徐氏皆出偃王之派及按其譜系則知宋學士鼎臣公自浙遷於錫山爲蘇常第一世祖東膠山南北宋舊宅以爲古里係夏相伯益公一百六世孫也然自公以後至十三世孫裕九公爲古十笏家塋遷徙張涇橋北懷仁鄉斷上是爲斷上之祖新構九誥堂居焉又至十三世孫君顯公遷居江邑慶雲里地名柏樹下因籍江陰籍公遂爲柏樹下徐氏始遷祖於嘉慶癸酉歲採訪續修刊梓宗譜迄今蕃斯繁衍數倍於前今歲丁巳春諸父昆弟議修宗譜後裔文仁隨尊長父兄之輩議商於家祠聽其昧悼暴修任文仁罔敢辭遑因與宗彥諸父兄撫先人手澤沐手披閱按世系之支派別宗族之昭穆明子孫之序大尊祖宗之恩義卓卓然成一家之書可以敦敬宗收族之誼故溯其源循其流世世子孫秩然於尊卑長幼之

倫燦然於親疏遠近之別猶水之分流而出於一源木之生枝而歸於一本所謂水源木本皎若列眉派別支分瞭如指掌則於本支百世皆可徵信焉徐氏自國初以來二百餘年箕裘勿替其間列黌序食餼廩者代不乏人知祖德之垂裕後昆子孫之率由古訓克廸前光能若斯之德澤孔長而後之保世滋大矣徐君文仁余門下士兼姻親也家乘告竣屬序於予予不揣固陋而爲之序

咸豐七年歲次丁巳孟秋之吉

敕授修職郎

例晉文林郎署理福建惠安縣知縣姻愚姪衛寶璉頓首

拜撰

裕九公十八世孫文仁拜立

稽九派石橋頭分居萬慶庵續修支譜序

蓋聞譜也者譜吾之所自出也以故巨家大族雖代遠年湮而後世子孫能敘其世德溯其家聲油然生孝悌之心者皆由其將先世之源流垂之譜牒也譜之爲義不甚大哉我徐氏始於黃帝玄孫夏相伯益公之次子若木公封之於徐遂以爲姓越百有六傳至鼎臣公爲北宋翰林學士累封開國侯斯時派衍支繁散處於大江南北而列爲名公鉅卿者指不勝屈大宗圖其彰彰可考也至十三世孫稽九公於元至正十年遷張涇橋之斷上越五世嘯亭

公諱居再遷於石橋即今之石橋始祖也又七世浩橋公始卜居萬慶菴之右而居焉嗚呼我子孫其耕者耕讀者讀得以繼繼繩繩安居樂業於勿替者孰非我祖備嘗辛苦流澤孔長而能垂裕後昆哉今錫山宗長以芷蘭畦卓卿等重輯譜矣德思譜者上尊祖禰下勉子孫旁洽昆弟無非溯其水源木本之情以盡其敬宗收族之道也前此嘉慶甲戌之修族尊正暘公我父永豐公所以不辭艱辛不惜貲財必採訪成帙玉成儁上俱修諸宗長之善舉者殆亦此意也夫今更不聚而輯之非惟無以副錫山宗彥之望并無以仰承先志且使後世子孫散而無稽矣爰取本支之所自來與目前之綿綿延延者序其世次列以圖表俾後之讀譜者庶幾瞭如指掌勿至視族姓爲途人而支派而莫對此則德之所深望也是爲序

咸豐七年歲次丁巳桂月第十八世孫稽德述

續修宗譜序 長涇支

我徐氏宗譜一修於宋刑部尚書堯咨公翰林侍講淑心公再修於元延祐年間錫山歐塘諸宗長至前明以迄國朝其間續修亦不知凡幾出是世代簪纓彰彰可考祖父勲業歷歷可稽合族源流瞭如指掌各宗支派則若列眉雖子姓日繁遷徙日衆而尊卑長幼之序仍秩然不紊猗歟休哉我子孫其父與父言慈子與子言孝兄與兄言友弟與弟言恭通一族而皆禮讓是敦雍睦可風者孰非前代諸祖展輯是譜有以紹高曾之規矩而爲後人所法守哉厥後嘉慶癸酉乩山斷上嶴村西村等支[illegible]宗譜林祖演橋公支本擬彙修咸怏奈因居處甚遠迨我先考曾三公採訪甫就而譜事已告竣用是我先考恒自憾焉去秋錫山宗長復與修譜之役林自維譜系縱有此心奚堪此任但念既失修於前自必補葺於今庶或可以仰承先志乎爰宗我父所編舊稿而續輯之搜羅校訂凡閱十有五月而成噫自今而後舉凡同氣連枝者雖南北異居士農各業而秦越相視之弊吾知免矣是役也既幸錫山宗長倡之於前尤賴同支宗兄裕德裕全裕茂昆仲

玉成於後也因不揣固陋敘其大畧如此

咸豐七年歲次丁巳菊月

十八世孫玉林費培氏謹述

新塘橋支譜序

萬物本乎天人本乎祖吾祖裕九公世居東膠山北宋舊宅有十芴堂即鼎臣公之古里是也元至正十年又徙於張涇橋薺上構九誥堂一時推門第之盛傳至五世祖有吳晃﨑﨑居舊里生甲壬癸甲爲石橋頭始祖癸爲滸村支始祖壬公爲我支始祖洎九世祖慕塘公諱應隆自斷上遷汇城之畢對巷明季避世亂率子若孫再徙新塘之北橋裡是新塘一支皆出自慕塘公之後也其子曰雲會雲會公生五子長士琊次士琳三士瓚四士璋五士珩舊

譜中外居各處秩然不紊所恨者庚申被赭匪蹂躪死亡在外追問無踪爲可慨也光緒初錫山有彙修之舉特請華君敬仁采輯各支譜草稿成而中止越今二十年矣錫山又有修稿之議接閱傳單共相欣忭即以舊譜重加釐訂詳考生卒葬處走訪各支不憚勞瘁如須家衕長壽香山蟠龍出高田岸花塘徐家基一一綜核而備書之繕稿上下二本以俟錫山諸宗彥統宗之修集如水之分流而出於一源木之生枝而歸於一本以祈毋負敦倫睦族之意云爾

光緒三十年甲辰五月　　採輯裔孫等謹述

裕十公支譜序

歲辛卯秋余以事歸板橋故居伯兄幹卿爲余言吾族裕十公支譜久未修輯昔 先府君遺命諄切吾以多病因循未果弟果能成之否耶余時遷居倉下營建新宅工未竣無暇他顧且慮宗譜之修采訪必備校勘必精而主是役者又須通曉文義而遠鄙俗一或不愼徒貽誚方家耳兄曰是固然矣然父命謂何而可以畏難謝乎余敬對曰唯不敢忘於是刊傳單布告梅軒公以後各房諸宗彥俾各書其本支昆

弟子姓若而人官秩婚配生卒年月如譜式陸續送局明年春彙稿大集彙抄成帙擬校對後即付剞劂而伯兄於是冬遽捐館舍余又適膺目疾左目微眚至今未痊並以疾疢淹纏不能檢閱中輟者又數年今年春族長聘之來重以譜事爲言余因俗事鞅掌卒卒未有暇遲回者久之然思長兄徂季謝弟相繼病歿余復多病深恐閱時愈久蕆事愈艱致吾 先大夫鄭重付屬之語余與伯兄蒐討采輯之勤委諸草莽負疚何窮迺力疾强起徧取舊稿翻閱數過中

間先後差錯世系混淆不可枚舉因復悉心校勘正其紕繆詮其世次疑似者闕之遺漏者補之自南園公南軒公南田公暨我 南野公以下七房支分派別庶乎燦然可觀矣惟南巖公一支當日遽付手民不及更正後有繼者將南巖公譜系重爲更正以匡今之不逮是則余之厚望也夫

光緒二十五年歲次己亥仲冬二十世裔孫葆樹謹撰

謹按

先大夫建立義莊所有府縣詳稿暨事實等册

并鄉飲册稿均各彙抄成帙爲季弟少勤所收藏擬編入家乘以示子孫久矣自季弟病歿徧覓不見今譜事告竣 先大夫事蹟僅印事實規條給帖田號細數暨鄉飲結册 先大夫行誼幾歸湮沒展卷之餘心殊未慊他日尋獲舊帙尚祈敬謹編入再嘉慶舊譜世表詳備修譜者本應如是今是譜將舊譜刪改抄寫雖其中可刪者固多而其不應刪而刪者亦復不少皆緣抄錄者貪圖簡易殊不循理至採訪不備猶

爲後事他日重修宗譜祈將嘉慶舊譜校勘應增入者仍按次增入庶不負前人之苦心云 樹又誌

徐氏重脩家譜序

夫人姓以統其祖考所自出氏以別其子孫所自分族則氏之所由聚也魏晉以來至唐最尙門閥故以譜牒爲重近見世俗多有貪聲慕勢者扳率牽合强則援同姓爲至親弱則視期功於陌路嗚呼此人紀散而天倫泯焉故氏族之譜不可不作也按徐氏出於高陽之後姓本嬴夏后氏封若木於徐子孫因地以著姓歷春秋至於漢唐代多聞人宋建炎間爲開封知府諱鋼者居無錫金匱山徐府庄厥後千十一承事郞世名公徙居江陰梧塍傳至弘道公由江陰遷居錫邑吾里前洲迄今三百餘年矣子姓繁衍秀讀樸耕舊譜雖存修舉久曠今其裔孫燕嘗弗替徐君體仁同姪爾昌慨然念世代已久支流浩散懼其愈遠而不可稽訪則上以棚羿于祖宗而下無以通情誼示子孫關係莫大於是乃集其宗支之分合先後之繼續里邑之遠近名分之崇卑增修舊譜數卷剌命像贊序傳亦俱附錄焉譜成請序於余夫余不文慮無能闡揚世德獨以徐氏爲余家世戚體仁又爲余最相得之堂妹丈誼不可辭故取其譜而閱之敘述詳明條分縷晰[illegible]

可貽厥孫謀者第其自宋錮公至弘道公之後其間世系序次皆秩然不紊分支别派歷歷可稽也予觀徐氏之譜遡其先世之淵源則可以流傳千載敦尊尊親親之道於無窮矣不佞敢悖至戚不揣固陋妄爲僭筆而爲之序

乾隆二十四年歲次己卯暮春朔日同里唐處均拜撰

敕授儒林郎

特授江蘇揚州府高郵州同知加三級同邑王游頓首拜

書

徐氏重修族譜序

粵惟家之有譜猶國之有史史以整王綱而紀統系譜以繩祖武而敘彝倫誠鉅典也前洲之有徐氏蓋世族也其譜系之傳由來舊矣今其裔若鍵行翁暨雲九體仁尚志輔昌茂與諸君輩慨然有脩譜之舉是非有仁孝之心者不能也噫吾見世俗之脩譜者多矣不以祖宗爲重惟以射利爲心不究本源不分皂白非同宗者利則可相同非連枝者利則可相連更有趨附勢炎不徹冀士錢財貪欲鑽謀混冒通家者甚至有不計其下賤惟覷其孔方濫認同族者如此之類不可勝數良可羞之甚也若徐氏則不然考其先自宋進士爲河南開封知府堅山公諱錮居無錫金匱山徐府莊傳至千十一承事郎世名公徙居江陰梧塍又傳至弘道公自江陰梧塍遷居錫邑前洲遂爲徐氏始祖傳今十有五世譜系之載所未修續者不過二世其源易溯其流易清徒行等譏敬循義率由舊章採本支之衍派一一條分縷晰參較詳明親疏遠近脉絡貫通昭穆尊卑秩然不紊美哉斯舉上以闡烈祖之徽猷下以昭來許之懿範尊宗公親世族敦孝弟興仁讓莫不由于此

也謂非有仁孝之心者之所爲乎後之人鑒而續之庶斯譜之垂永幸不朽矣是爲序

乾隆四十九年歲次甲辰季春之月

同里唐虞封拜撰

徐氏重修族譜記

蓋聞家乘之設所以紀氏族而敘彝倫敦孝敬而綿百世者也所係不綦重哉吾里徐氏者世族也其裔健行翁予之堂姊丈也常聚首談心深相投契一日過我曰人生於世不能策立功名顯揚宗祖亦當善繼善述少展孝思嘗憶先君有言曰吾族式微已極前人傳有譜牒迄今閱有二世未經修續吾有志於斯而恨力不逮今老矣無能爲矣倘吾後汝曹若能修續之誠一大快事也吾在九泉亦含笑焉此先君之諄諄告語如此予謹聆之未嘗一日敢忘無如寒氊株守力不從心蹉跎至今亦年逾六旬而嘆衰矣若再望洋空歎延宕無成是益先君之憾於冥冥而予不孝之罪千古難逭用是兢兢惕勵董族雲九倘志爾昌茂興等酌議成規黽勉從事刻期付梓而請爲記予聞其歷祖之德澤懿猷譜首序之詳矣亦何敢贅第健行之先君秉錫公予自幼熟悉其爲人端方正直恭儉溫良處己慎言敏行爲人排難解紛或登山而玩水亦吟興以附情安貧樂業克享壽終里之人咸欽慕焉今健行不忝謂訓纘成譜牒是所謂厥考既底法厥後弗棄基庶無忝于

仁人孝子而爲後世之所足式者也予不揣固陋漫爲之
誌以嘉其繼述之善亦即顯祖宗之義云爾
乾隆四十九年歲次甲辰季春之月

同里唐虞封拜撰

重修宗譜序

粤稽譜牒之作始乎唐盛乎宋蓋自廬陵歐氏眉山蘇氏旌耆而庶姓競尚譜矣夫譜也者所以紀源流序昭穆敦宗收族而不可缺者也顧譜不可缺而修輯爲難非敦倫飭紀者不知輯議及家世而茫然莫對者不能輯附豪貴而舍其眞婪財賄而收之濫者皆不可輯甚矣輯譜之難也吾里徐氏溯自虞臣伯益公次子若木公受封于徐厥後以國爲氏卽爲徐氏之始傳至常郡宜興令延休公小築于錫鄉爲錫邑徐氏之始迨後千十一承事郎世名公徙居江陰梧塍玄孫弘道公又從梧塍遷錫邑前洲卽爲前洲徐氏之始其先累世公卿各支科第詳之在昔茲不絮煩第念其自始迄今幾千餘載百數十傳本水源源瞭如指掌其遠而支分派別者如星羅棊布于四方其近而同氣連枝者如璧合珠聯于一牒從可知代有賢孫而輯無草率於前吾里前洲一支自始遷祖以來傳十餘世譜經幾輯今年春渠族之長友法偕永熙士榮永法東山世芬輩重修宗譜倩余司其稿秋七月譜成徵序于余余
曰循塗守轍而次第之亥豕魚魯而考訂之且虞未甚[illegible]

致郡輶學步貽笑方家乎無何辭之殷不如請之固因不揣陋劣僭筆而書之是爲序

道光八年歲次戊子孟秋之吉

同里唐華祝峻崖氏拜撰

敕授修職郎候選訓導增貢生同邑王燠庚頓首拜

始修家譜述畧

亭四公派周莊西街支

蓋聞山必祖於崑崙之脈千峯萬岫皆其支也水必祖於天乙之精千派萬川皆其派也人必祖於有生之初千子萬孫皆其後也余祖始於伯益黃帝之苗裔也夏后氏封子若木爲徐侯襲爵延傳天下徐姓自此始秦漢時分而復合合而復渙久已散處難稽矣至唐太宗定天下譜牒退新門進舊望左膏梁右寒畯合一百九十三姓千六百五十一家而徐氏亦與焉洎宋高宗南渡我祖子固公爲開封府尹扈駕至浙子姓擇地而遷於是有居於姑蘇雲

間者有居於毘陵建康者有居於揚州淮陰者有居於泰州通州者星散四方不可勝數越數十傳舊衍日蕃而遷徙亦復無常迄明季省宇公自泰州遷靖江由靖江遷江陰之祥雲里時當鼎革兵戈交爭烽烟不絕踰越險阻步履倉遑而家乘由此缺畧也且夫家乘猶之國史不足必直書秉實實錄一枝不核萬派皆訛此狄青不認梁公自昔稱揚崇韜自拜汾陽至今恥笑而尤怪夫世之爲家乘者往往延師僞造不揣其本不究其源謬擧同姓之顯者任意修葺誇示來茲不亦輕祖宗而羞承繼之人哉我先

世受姓之祖由於伯益至於子岡其間一百餘世之岡系非爲宗族交游光寵實以溯水木之本源而以伸世世子孫咸知徐氏之所由始也自子岡公後及元明之世欲尋一派眞傳釗數十年切心博訪杳無影響而又不敢旁及附會以自欺而欺世所以每一念及則有刻刻難安者矣今歲三男沛館於江北由靖江至泰州訪之幸得與族中父老相覩乃索伊家乘閱之再三果有省宇省宙省身三公省身世居泰州省宙遷居靖江我祖省宇公與丁氏孺人子士宏公於順治年間遷居江陰之本末但未詳何處

村墟何處鄉貫耳自公以上至於子岡公其中數十傳一一載明遂留沛宿竟夕談心謂沛曰今子諄諄詢及此事得無有敬宗收族之意乎但泰州一支甚屬寒微曩修全譜有其心而無其力不知何日能纂修也竊聞錫邑十笏堂統修宗譜江陰與錫爲鄰子奚勿附其末焉沛謹諸擕二月來家悉以告予予聞之喜不自勝以爲一生之懸望至今日而始慰矣此岡族中之父老有以善成予志也抑亦祖宗在天之靈有以默啟夫子子孫孫也於是告之評雲里正與涉上六圩八圩港十圩港諸族無不欣然樂從各開世數來家同往錫邑局中宗彥蘭畦繼塵竹卿齊卿等將稿細閱有支有派脈絡分明皆曰伯川公以前大統譜內原原本本詳載甚悉請以亭四公爲第一世起遂命沛手錄付之剞劂不免貽譏於大雅云爾

咸豐八年歲次戊午夏四月中浣

第十七世孫釗謹述

第十八世孫沛敬書

周莊西街支譜序

蓋聞求水之長者必固其根本欲水之遠者必深其泉源思族之大者必修其全譜倫本不固木難向榮源不深水難永流譜不修則若子若孫必連支如吳越同派似秦楚何由而知其先世之某也忠信某也孝悌某也禮義某有孝子仁孫繼起於後欲明父之美而不知欲揚祖之善而不得豈不痛哉豈不惜哉由此世伯戒三先生與其令姪漢卿研兄所以亟修族譜今首夏先生與研兄譜事告竣將付梓㓊以稿示予予流覽再三盡悉其源流知其先乃

伯益也伯益炎子曰若木隨父治水有功封於徐今之所謂徐城是也徐氏自此始事後數傳繁衍日盛有若偃王者以仁義著南州者以節行著盧州者以孝友著閩閩者以才稍著府尹者以誠篤著內閣者以忠勇著賢哲相繼名字相承數不勝數褒不勝褒皆足以標榜當世歡騰來茲垂千古而不朽者也嗟乎旻知非彼蒼之獨私于徐氏也殆徐氏祖功宗德所致耳不然徐氏何多賢若此哉吉今來滙殺燬闕者何可勝道詎非先生纂輯之功研兄勷助之勲其誰之力耶自有此譜厥後世世相守綱繩相繼咸得指其祖之仁義者節行者孝友者才智者誠篤者忠勇者祖以之而訓其孫父以之而教其子兄以之而勉其弟子復生子孫復生孫無不以之警戒以之惕勵斯族有不世代昌盛乎旻自愧才疏學寡畧述徐氏祖功宗德以獎其賢裔耳

咸豐八年歲在著雍敦牂皐月重五日

世姪胡旻拜識

分遷開化鄉坭橋支小序

吾觀徐氏世系上自軒轅下歷三代近沿漢唐宋明已一百數十傳四千餘百年於此矣豐功碩德代有偉人如夏相伯益公偃王誕公駒王章禹公雲南侯彥章公東海隱士洎公高郢侯相公武源侯黃公南州高士孺子公尉遲侯自得公吏部尚書孝穆公皆彪炳史冊若北宋翰林學士鼎臣公孝穆公第十六世孫也始自浙之會稽遷居錫邑東膠山封侯世澤宦籍家聲遂爲梁溪大族數傳至天綱公復徙居常州新塘鄉此膠山分遷之始傳至熾三公

次子秀二公復自新塘遷居虹橋秀二公之曾孫應中公乃開化方泉鎮後泥橋頭司馬氏之壻也博古通經皆訓蒙於臣家而卒遷居於此此泥橋之支祖自虹橋虹橋之支祖自新塘新塘之支祖自膠山而膠山之分支有新塘新塘之分支有虹橋虹橋之分支又有泥橋也考其譜系雁序蟬聯直一脈流傳耳今且十數傳於此矣安居樂業惟讀惟耕日丁日以多房族日以繁不亦浸浸乎其盛矣今因彙輯大統宗譜我舅氏漢卿先生志在承父稱後因出本支譜稿招錫爲序錫因念外祖父耀榮一生甘淡泊崇樸實克勤克儉備歷艱辛逝年六十有五其爲人之正直處事之剛方迄今在人齒頰宜乎有以傳之也然余生也晚未及親承外祖父而得親承舅氏焉我觀漢卿先生稟性孝友用情敦厚觀書之外無他事論文之外不慎言年逾六旬猶然篝燈夜讀銳志經史其有以紹先人之遺緒爲後人之觀法者意在斯乎錫何敢輕違舅氏之命而不贅一辭焉錫何敢不謹承舅氏之志而畧序數語焉

時維

咸豐七年歲次丁巳清和月望

甥男王步三百拜謹識

錫山徐氏宗譜

丰範集

唐南州二十八世孫堅元固氏同姪嶠巨山氏合纂

唐南州三十一世孫放達夫氏同弟繼昔氏同修

宋南州三十三世孫鉉鍇鼎臣氏楚金氏男元敍靜庵氏重輯

宋南州第四十世孫錫山嘉乘胄裔氏同明日同允升氏原纂

元南州四十四世孫懋元傑寬元光憲元表懋元讓懋元度發元澈原輯

明南州五十二世孫崑山汝龍鳳池錫山蒯旗可東氏纂輯

明南州五十二世孫膠山鄉楊纂洲膠山鴉楫承湖氏編訂

清南州六十四世孫錫山社岡里建寅仲虎氏重輯

徐氏譜像跋

世以譜傳而不能以像傳能並以傳者必先人勳業著於當時道德名於鄉世乃能留其像與凡纂方鍾盛不久去此譜之郵也徐氏譜像燦然可傳于百世而不朽子孫瞻先人之像讀先人之譜而不興起仰止之心者未之有也

吉州文天祥拜書

姓原初祖軒轅黃帝之遺像

錫山徐氏宗譜 卷一 軒轅黃帝像贊 古十笏堂

又贊

黃裳冕袞天下文明利於爾家利於爾國利於爾民文武並用六相克成天地咸甯

五十一世孫泗州章禹拜題

第一世祖夏相伯益公之遺像

公爲嬴臣係軒轅黃帝之玄孫大業公之子諱大費字伯益佐禹治水有功帝舜賜姓嬴氏後相於禹會薦於天讓國於公公因辭避隱處萬古見于經史歷詩丰韻傳芳金石要考等四集

及啟嗣位封公長子大廉於秦爲秦祖繼封公次子若木於江南泗州之徐城爲徐子爵因封爲氏若木公三傳生山陝等三省徐氏長房世祖德文公諱豹 江南等七省餘徐氏次房世祖德明公諱鑅長次兩房代有襲爵傳至周諸侯偃王則三世矣

錫山徐氏宗譜 卷一 山西兩省江浙等省自夏朝始祖像贊 古十笏堂

第一世祖夏相伯益公從山西平陽之蒲州城東郭遷於安邑縣大禹三年己未春復遷平陽之夏縣

古贊

伯益之生　黃帝玄孫　黎民各遂

萬物咸寧　佐禹治水　四海澄清

周長房三十四世孫平陽墒敬贊

周次房四十二世孫泗州章禹拜鐫

江南章禹　咸陽侯章

第二世夏封徐子爵若木公遺像

公係 夏相伯益公次子諱若木字子攵隨父治水有功受封於江南鳳陽府泗州之徐城爲徐子爵子孫承襲因封爲氏徐氏得姓之始始於公也配陳鋒氏生四子長子奄延字征國襲徐子爵配成氏次子曰終分封於黃詳黃氏譜三子曰季勝分封於馬詳馬氏譜四子曰簡分封於趙詳趙氏譜長孫曰琛字贊中仍襲子爵 夏仲康十二年陞封東海侯見傳芳金石要考三集配明由氏生二子長子曰豹字德文爲山陝山東等 夏朝長房太宗世祖次子曰鑠字德明爲江南等七省半 夏朝次房大宗世祖

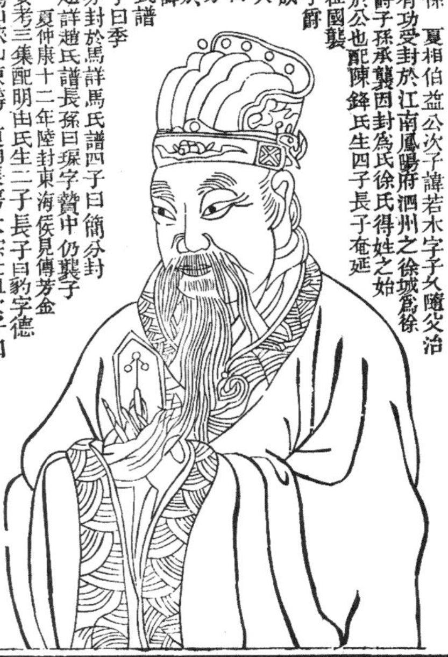

錫山徐氏宗譜 丰範集 山西等兩省半江浙等七省共尊夏朝二世祖像 古十笏堂

夏封徐子爵若木公古像贊

始祖擅命其實嬴姓伯益次子卓卓其英隨父治水績著勳廷論功錫爵肇封徐城子孫因氏代產傑人遙遙世胄赫赫聲名永垂萬古源源不泯

周四十七世孫懿伯章氏百拜敬題

漢六十九世孫黃宗迂氏薰沐重摹

懿王遺像

徐氏宗譜 丰範集 江南等七省半祖像 古十笏堂

懿王像贊

余稽徐氏若木肇封屹屹徐城曰其故是伯益之裔歷千載而靡窮迨今譜系遭秦火而尚識所從蕃焉爵土未除繼有心人得睹厥緜瓞奉

柳宗元敬題

柳氏 宗元

偃王像

夏相伯益公三十三世孫

僭州故會稽太末也民多姓徐支縣龍丘向有偃王遺廟或曰王捨戰北之彭城之越城棄王几研於會稽之水云

偃王墓在浙江嘉興府城西北二十里許曰復禮鄉　載府志並詳大傳

北宋旧宅世守家乘第一百代孫文齡廷謨氏百拜敬識時年八十三歲

徐氏宗譜　丰範集　两江浙閩等十省半周朝祖像　古十笏堂

偃王廟請京題辭

秦傑以頗徐由遜綿秦鬼火餞徐有廟存婉婉偃王惟道之躭以國易亡爲笑於頑自矜擅命其實幾姓歷短言長有不償亡課其利害孰與王當姑蔑之墟太末之里誰思王恩立廟以祀王之𦍒孫世世多有惟臨兹邦廟土實守堅嵩之後達夫廓之　王歿萬年如始祔時王孫多孝世奉　王廟達夫之來先慎詔教盡惠廟民不主於神維是達夫知孝之元太末之里姑蔑之城廟事時修仁孝振聲宜寵其人以及後生嗟嗟惟王雖古誰亢王死於仁彼以暴喪文追作誄刻示茫茫

唐元和十年十二月九日

朝議郎守尚書考功郎中知　制誥昌黎韓愈拜撰

東周朝諸侯彥章公遺像

夏相伯益公四十七世孫

錫山徐氏宗譜　卷　彥章公遺像　百一　笏堂

周諸侯彥章公像贊

偃王廿葉　篤生偉人　重瞳古髯　雄邁絶倫
察舉賢能　宰邑稱循　統領楚雄　兼督諸軍
以義興兵　靖厥妖氛　功業在人　遺像如生

宋錫山五十九世孫鉉鼎臣氏敬鐫

五代梁侍中仲支公謚頊子遺像

錫山徐氏宗譜 卷一 梁頊子公遺像 古筠堂

頊子公諱緄讚

偉然者其貌可狀也淵然者其神可摹也若夫匪躬盡瘁之忱履潔懷清之概丹青莫得而形也然則奚有於斯瞻之在前想見其爲人

周和正拜題

漢司空掾豐公像

錫山徐氏宗譜 卷 漢司空椽豐公遺像 古筠堂

豐公像讚

湖海其量金玉其舒知足以燭理而知止好學斂足以莅事而本於無私博綜經史而爲斯文之宗師

博昌任昉拜書

東漢南州高士孺子公之遺像

公係夏相伯益公三十三傳至偃王第四十二世漢武源侯宗迁公之玄孫徽猷侍制世節公之子也諱穉世居南昌嘗自稼穡井其力不食漢桓帝以安車玄纁徵五處士公與姜肱韋著袁閎李曇皆不至時陳蕃爲太守以禮請署功曹公不免至旣謁而退蕃在郡不接賓客唯公至特設一榻去則懸之王勃云徐穉下陳蕃之榻是也墓在南昌城外白社之西與嘉禾中裔孫熙爲太守於公之墓隧種松後太守謝景於墓側立碑晉永安中太守夏侯嵩於碑旁立思賢亭至拓跋魏時謂之聘君亭唐張九齡有墓碑銘勒於石宋太守曾鞏於東湖小洲得孺子宅號孺子臺因其遺址結茅爲堂圖先生像作文以記其事屢詳於傳

錫山徐氏宗譜 丰範集 江浙兩廣等五省漢朝南州世祖像 古十笏堂

東漢南州高士孺子公像贊

先生之節清且堅先生之行峻且廉
德音早達王侯前屢辟不起何優閒
卓乎其氣槩矣傲山林間

太原郭林宗敬題

宋錫山三十三世孫鉉鼎臣氏百拜敬鐫

晉封陽陵侯昭明公諱自得遺像

錫山徐氏宗譜 卷 晉昭明公遺像 古十笏堂

昭明公贊

挺五行之秀稟天地之靈聰明特達籠罩古今及締構興
王遭逢泰運位隆朝宰獻替謀猷盡亮直存矣孝克砥身
礪行養親逾禮亦參閔之志歟

王羲之題

嘉慶十有七年八月既望

錫山六十三世孫鴻浚有源氏重鐫

六朝宋駙馬贈司空曉源公謚忠烈遺像

忠烈公像贊 諱湛之

生有顯榮 歿有贈謚 赫赫忠烈 簪纓奕世

五世孫 陵孝穆氏百拜謹題

錫山長房二十世孫鋐鼎臣氏敬鐫

宋封餘子縣公贈太尉始昌公謚文忠像

文忠公像讚

其德溫純 其容莊重 爲國之楨 爲家之棟

有學有守 明體達用

長房曾姪孫陵孝穆氏百拜敬題

五代梁侍中士秀公諱擒遺像

錫山徐氏宗譜 卷 梁士秀公遺像 古十笏堂

侍秀公贊

禮不勝樂胸羅碩學高較縱橫龍風飛逐著述較杜羊之
洋洋政治等龔黃之嶽嶽道讜朝宁攬轡新安樂兹風土
山抱水環垂千秋之俎豆蔭百世之衣冠

大學士舒雅書

陳朝吏部天官孝穆公之遺像

東海郡九十一世祖
第十譜天官孝穆公係夏相
伯益公七十四代孫東漢
南州高士孺子公第十七傳
梁朝工部尚書擒公之子也
母臧氏夢五色雲化爲鳳集
左肩而娠生焉數歲時有
寶誌公以手摩其頂曰此
天上石麒麟也梁爲散騎常
侍陳爲吏部尚書有孝穆文
集行於世 博雅見之猶廻
環咀誦而不忍釋手昔有云
願以瑣瑚爲徐君架筆者是也
餘詳家乘世系絲綸傳芳等集中另有大傳

徐氏宗譜 卷 非範集 歷浙閩湖廣等省徐陳朝祖像 十古十笏堂

孝穆公像贊

雲鳳呈祥降誕非偶石麟邁種
千古稀有論公才學五車八斗
論公志節忠藎莫儔

檇李葉紹泰拜書

紹泰 檇李

唐鳳閣舍人齊聃公遺像

齊聃公像贊

醞道釀德服義揚仁譚堯舜以匡主指社稷以許身雲龍一時風猷百世有岱邸華砥之巖重有膏液曦光之和料有虛淵邃谷之茹納有晝畛縈井之康濟隱靈機於密援顯昌言於平世瞻仰遺容千古是企

宋錫山第七世從孫鉉鼎臣氏敬題

唐越州都督有功公謚忠正遺像

有功公像贊

才優德純山峙玉温厚重可以鎮俗仁恕足以澤民覩其屹然不動垂紳正笏所謂邦家之重寶廊廟之大臣與

姚崇拜題

唐太子太保同平章事商公像

商公像贊

巍巍泰山 威儀濟楚 應召德星 化感賊虜

伊呂之儔 顏閔其耦 萬世千秋 令名不朽

司空圖拜題

御製贊

賦性忠鯁 歷正紀綱 職兼使相 濟世經邦

萬機軸斷 兩拜平章 靖共爾位 何期遽傷

臨終撰表 愈見忠良 讚像錫爾 慰返雲鄉

天復二年正月九日下

唐太保彥若公謚文惠遺像

御賜平章事兼清海軍節度使加贈兵部尚書謚文惠故

臣徐彥若像讚

忠亮剛直 性秉由天 股肱朕體 遇事敢言

議論侃侃 正道無偏 立心耿耿 學有淵源

偉哉柱石 完節老賢 錫嘉贈讚 慰卿九原

御書

天祐元年二月初十日

之寶

唐兵部郎中綰公像

綰公像讚

神範端莊和若春陽　中秉剛直儼若秋霜
仕止有道進退可法　允矣令德匹休前哲

羅隱拜題

南唐歙州刺史秉彝公像

秉彝公像贊

迹陋黃綬　志在青雲　撫瑟懸棒
幹治聲聞　嶺西鳳棲　本終鴻漸
桑梓綀溪　白圭奚玷

山谷道人黃庭堅題

唐同中書門下凌國道子公諱崧像

唐道子公遺像

道子公贊

國家元老　盛世英豪　淹貫文史　精明武韜
宣威萬里　糾察百僚　永配祀典　山斗名高

宋錫山從玄孫鉉鼎臣氏敬鐫

後周殿前衛尉卿公望公諱延休像

後周公望公遺像

公望公贊

博雅之學　凌厲之氣　志在盡忠　植節仗義　會舉孝廉　奉領
驍騎　全城義興　保民如子　事蹟炳然　五代有史

元錫山十三世孫憲元度氏薰沐敬題。　公爲伯益公三
十三傳至偃王七十二世南州三十二世尚書孝穆公十
五世廉如公之孫德州刺史儒文公之長子五代漢天福
丁未春任常州府宜興令周廣順辛亥秋任殿前衛尉卿
爲開國侯鼎臣公之父通判靜菴公之祖

清錫山二十四世孫開熙近芝敬跋

遷錫第一世祖北宋學士閣臣公四十歲小像

夏相伯益公一百六世孫鼎臣公係 東漢南州高士三十三代孫爲天官寧穆公第十六傳南金十二派丙房行分列第七支係將兵全宜興城公望廷休公之仲子也諱鉉字鼎臣曾于龍門字氣著名公之胞弟集賢殿大學士楚金公同肄字義

忠臣像

公少穎敏過人十歲能文對策與伯兄鉉季弟鍇咸以文章著名振海內仕南唐任散騎常侍後歷吏部尚書拜學士承旨嘗使貢于宋詞鋒如雲旁觀駭愕宋隨伴使同居數日唯唯無以酬對也而南唐拜官忽因上書言事公爲制誥請設科舉由是文雅較之他國獨盛按公大傳云唐末時累使於宋不避斧鉞反覆辯論不已宋太祖曰忠臣也深羨其才又嘉其厥節至乾德五年三月九日勅徵翰林學士實太平興國五年六月始授誥勅及從征太原加給事中兼散騎常侍雍熙初勅工部尚書累封東海郡開國侯享年七十有六夫人范江氏累封開國夫人敕葬先塋集墓誌公葬于江西南昌府西山公父楚之聰頗弟楚金公葬于父塋之旁志稱三徐墓

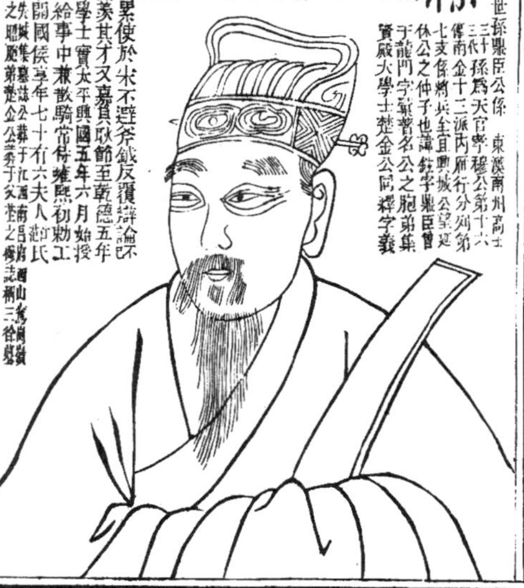

徐氏宗譜 卷 丰範集 江浙蘇常嘉松等府北宋祖像一 古十笏堂

鉉公像贊

儒林儀表　國家棟梁　風雲

翰墨錦繡　文章賀長虹乾

寒廊聖佩風推高篇

魏了翁題

北宋集賢殿大學士楚金公鍇像

錫山徐氏宗譜 卷 宋楚金公遺像 古十笏堂

楚金公讚

江左文英　中朝輔佐　方駁班橋　參勳中甫

夙夜寅畏　袞闕維補　濟濟鵷行　翼翼鳳舞

篤生兩賢　永垂萬古

嘉靖四十四年歲在乙丑端月之望癸丑科進士知雲南

永昌府事加三級　年姻家晚學生秦禾文橋氏頓首拜

題

北宋常州府通判靜庵公諱元斂像

錫山徐氏宗譜

北宋靜菴公遺像

古十笏堂

靜庵公贊

明明我祖始生會稽來自嘉興長水發祥長水發祥家道
其昌其遷維何寔惟錫山卜宅乞文惟墨食之曰既歸幽
築墓上福膠山遠止苑水抱止有田有里子孫爰處小子
有懷觀像仰止錫山十一世孫憲元度氏薰沐百拜敬題

錫山二十三世孫玉芬式珩氏重摹敬記

北宋太醫院正深明公諱傺遺像

錫山徐氏宗譜

北宋深明公遺像

古十笏堂

深明公贊

英才卓犖立業深詳爰居金匱始號徐莊秉心兢翼臨症
精良靈樞素問醫院增光
祖武孫繩忠良相繼累代利民公特濟世名隸太醫聿精
厥藝永錫祚胤仍開甲第

直秘閣修撰張九成敬題

北宋諫議大夫太常寺卿畏服公像

畏服公諱天錫贊

才峻如山岳學富如川流金門題策朝宁成謀肯江南堂構紹江浙箕裘美焉哉奮起三遷所未有善矣夫燕翼二郡之公侯

九世孫憲元度氏百拜敬題

北宋賢良方正輔仁公諱良傳像

輔仁公贊

知命盡性　履潔懷清　昭昭德行　赫赫聲名

顔曾思孟　行如其行　賢良方正　名如其名

錫山曾孫嘉言堯咨氏敬題　錫山八世孫憲元度氏敬鐫

北宋隱士一奇公遺像

錫山徐氏宗譜 卷 北宋一奇公遺像 古十芴堂

一奇公讚

金華名族 數習天文 辭朝歸隱 作室吳郡

明中書舍人王紱孟端氏拜識

北宋樞密院使方伯公諱圭之像

錫山徐氏宗譜 北宋方伯公遺像 古十芴堂

方伯公像

忠厚性成 利澤施人 饑者懷德 歸者含恩

坐死全生 覆被萬民 全生全死 方伯存仁

曾孫向百拜敬題

南宋贈刑部尚書子華公諱鏐像

錫山徐氏宗譜

南宋子華公遺像

古十笏堂

子華公贊

幼能學 壯能行 竭忠於君 生盡養 喪盡哀
致孝於親 授政使 奬有功 貴於有生 贈尚書
美大報 顯於子身 忠孝非輕 翁得其正

曾孫潤薰沐敬題

南宋開封府尹子固公諱錮遺像

錫山徐氏宗譜

南宋子固公遺像

古十笏堂

子固公讚

少有奇志 壯仕精明 有爲有守 决勝如神
胷懷經濟 樹績立勳 堂堂府尹 赫赫聲名
時當南渡 護守汴京 偉哉文武 遺像如生

十一世孫恪公肅氏百拜謹述

宋室名臣堯咨公像

宋室名臣蘇常崑錫第八世祖堯谷公五十歲小像原跋敘書于幔如座右之有屏屏必有記記 公家世事實以彰 祖德而啟後昆也 公諱嘉言字堯咨號克友係 夏相伯益公七十三傳至下陳壽之楊儒子公三十三代 北宋學士封東海郡開國侯鼎臣公八世孫也曾祖輔仁公詔舉賢良墓在膠山祖方伯公任樞密葬禎塘里飯庄㭊阡父子華公贈尚書毋氏鄒封太夫人公於 紹興二十四年登甲戌科進士仕至刑部尚書忠君孝親至誠至竭勳業著於當時規模傳於後世慎終追遠纂於公纂修家譜南北大通鄉風沐雨櫛而且躬統宗衍派一覽百世繩繩而無窮也襄其事者賴長沙八龍派內國子監祭酒翰林院侍講淑心先生兩公遺册經尚存十笏九誥古之堂名以繼以續代有傳人蘇常崑錫凡為徐氏者皆公之子孫十註云公之曾孫千九千十二公之孫稱一而至稱十等公是公之的傳為崑錫兩山元明近祖善修譜瞻公像讀公譜似蘭斯馨氏為公後者莫不尊親乘其事實敢以不文 博雅觀之尚祈郢政 祗陀晚戚倪贊雲林拜書

錫山徐氏宗譜 卷 丰範集 江南之蘇常錫學前宋祖像 古十笏堂

堯咨公像贊

規謹風儀 雅稱和國

唯孝唯忠 重人如玉

錢泉祖題

按公年譜訥若不成名誓不娶早婚恐亂讀書心 公之德配有四華廣與趙皆出名門公登第後同日而娶公之同年狀元張孝祥嘲曰我亦若無妹嫁耳

清咸豐七年八月旣望

南州六十二世孫棟以莊氏藁沐重鐫

錢泉祖

南宋常熟學諭永年公諱壽小像

錫山徐氏宗譜 卷 宋永年公遺像 古十笏堂

永年公贊

雍雍雅化 肅肅冠裳 德敷泮水 惠及宮牆

俊民樂論 髦士師良 詩書為富 奎璧增光

儒林共振 文教重昌 身度聲律 行表言坊

功深臚室 達自虞鄉 彬彬道誼 奕世流芳

後學秦大用敬題并書

宋歙州錄事伯養公像

錫山徐氏宗譜 宋伯養公遺像 古十笏堂

伯養公贊

十年磨其鋒一割試其技材堪廊廟而吏隱於桑梓睟然可欽盎然擬何必印纍纍而綬若若即此進賢冠義義已足彰公輔之經濟

司馬光題

南宋刑部郎中允明公諱向像

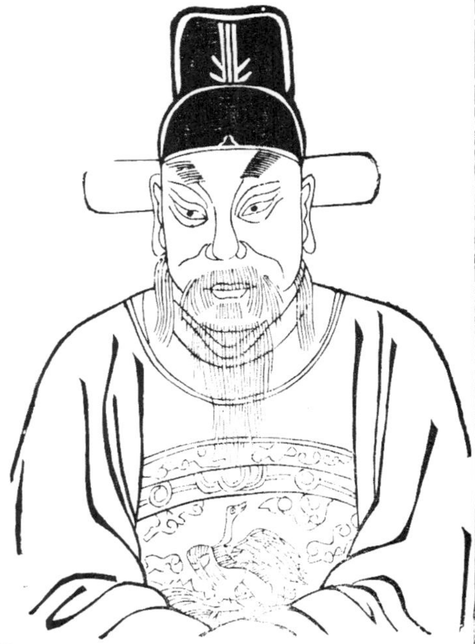

錫山徐氏宗譜 宋允明公遺像 古十笏堂

允明公贊

懷刑能慎法　讀律有深文　家世傅丹筆　知人枉直分

孫男世能薰沐敬題　曾孫男窓元敬氏百拜敬鐫

北宋侍講學士淑心公之遺像

錫山徐氏宗譜 卷 圭範集 江浙兩湖等省宋朝祖像 百十參堂

北宋翰林院侍講學士淑心公之遺訓并跋

先生諱曰份字淑心仕於宋爲侍講學士入國子監祭酒係陳朝吏部尚書孝穆公第十三傳南金十三派內第三支長沙八龍偉公之長房曰暹公之次孫也致仕時曾與刑部尚書堯咨公統修南北大通家乘十省有餘公曾有言曰修譜宜考實宗支宜條貫若草率從事不如不修若修須得十年辛苦庶幾搜羅得到傳得久遠凡有先人勳績事實斷不可刪去累及後世無從稽考其罪加十倍再可恨者以虛作實鋪張飾詞以欺後人尚祈通族戒之倘有信於鄉黨者一言一行父作子述分所當爲繼繼相承庶不愧名登於譜牒亦不枉爲某公某支之的子孫也耕與讀乃人之根忠與孝乃人之本舍此四者後何求也堯咨公曰然但願後人若此不特千百世而不朽即千萬世亦終不泯也

捧讀是篇能不令後世子孫兢兢惕惕克遵兩公之遺訓惜乎屢修宗譜即公之言幾不傳矣今特搜羅家藏舊本而得之謹錄全篇於公之像右以昭後世

廖山北宋舊宅掌譜裔孫明倫順初氏百拜謹錄

南州六十二世歐塘支裔孫棟以莊氏百拜謹錄

偃王九十八世孫

南宋掌樞密院事守德公潤像

錫山徐氏宗譜 卷 宋守德公遺像 百十參堂

守德公贊

世家淵懿　儀禮職詞　史才翰學　冠絕當時

退修祖德　盛世稱奇　希賢德範　士類仰之

元同里後學雲林倪瓚拜題　明十一世孫卿龍明菴氏敬錄

錫山第十三世祖元隱士福公遺像

福公之讚

胸羅經史　心懷曠達　垂裕後昆　其祚長發

明中書舍人王紱孟端氏拜讚

宋昭勇將軍守仁公諱瀾之像

守仁公贊

胸懷經濟　應詔而興　毛錐不尚　壯志堪憑

擁袞帷幄　猶見冰稜

公係大司寇堯咨公之仲孫也寶慶初年由武舉絕倫及第仕至昭勇將軍威行海外名振朝廷才兼文武績著古今

明曾孫耀祖配祖百拜敬摹同鐫并題

宋詔舉博學明經千六公之遺像

公係 北宋學士曲洹臣公第十一世孫諱世德 詔舉明經遂遷松江府華亭縣室王氏子二鵷憲孫五寬一而至寬五

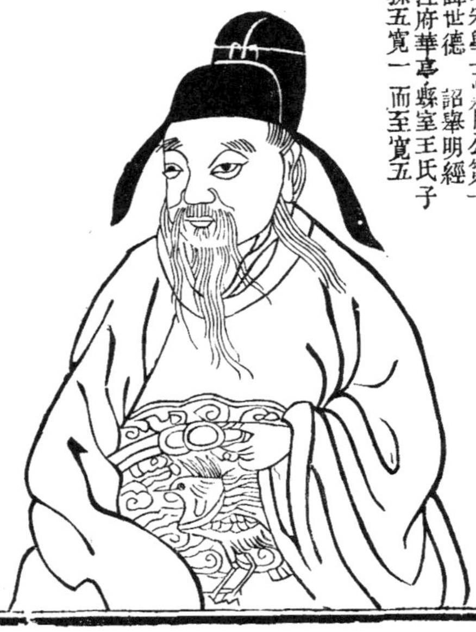

徐氏宗譜

古十笏堂

宋詔舉明經千六公像贊

文章卓犖品行端方襟懷如春風之澹蕩意度似秋水之汪洋偉歟斯翁宜其克昌

青田劉基拜題

劉基 伯溫

清

第十九世孫甌塘 琛玉田氏百拜重摹

元隱士千七公諱世基遺像

錫山徐氏宗譜 元千七公遺像

古十笏堂

千七公讚

半耕半讀 半隱半窮 嘯傲王侯 自樂耕躬

同邑王紱孟端氏拜題

元承事郎千九公諱世賢遺像

千九公贊

於戲此吾七世祖承事郎千九公之遺像儀容儼然典型尙存足以開厥家而有惠於其鄉斯爲德之光而後世子孫宜其大昌　崑山七世孫昊薰沐敬書　錫山十世孫汝格百拜敬摹

元隱士千十公諱世能百六小像

千十公贊

翁年百有六萬般無所欲嘯傲顧山巔扶節看海屋

顧山同硯百八老人蒨松題

生於將相之門深隱顧山之麓霞蔚雲蒸怡然自足三子告養歸六孫又擔爵曾玄先後踵攸躋綸閣

同里後學雲林倪瓚敬題

曾孫涗叔潤氏 潤季澗氏 百拜敬鐫

元侍郎元度公諱憲四十歲小像

錫山徐氏宗譜　卷　元元度公遺像　十笏堂

元度公贊

前朝兵部侍郎元度有翼有嚴乃文乃武學富詞章增光
先祖陳紀立綱闢田冀土德邵功高名垂千古道揚清芬
家傳有譜　莆田後學劉基沐手敬贊　崑山曾孫德玄
孫艮　錫山曾孫行立孫恭百拜同鐫

錫山第十二世祖元明經及第元徵公像

錫山徐氏宗譜　卷　元元徵公遺像　一百一　笏堂

元徵公諱窓像贊

學淹經史氣貫長虹問當年之弱冠也曾獻策壓倒羣雄
喜如今之杖履歸來未嘗荒讀欣訓童蒙精精談道學事
事紹前踪更有一門堪羨處孫曾八九都是神童雍雍肅
肅果然是堂開十笏東海家風

姻再姪華城頓首拜題

明錫山九世孫鄒錫森舊氏鄭楫承潮氏熏沐百拜

元都監元亮公諱寏遺像

元亮公贊

公諱寏字元亮昭勇將軍守仁公之長孫也以試貢士出身仕元爲都監志甘素朴胸抱希賢忠肝義膽愛清廉惟將心對天時耕心上田晚年致仕壽綿綿曾玄繞膝前宛同陸地仙

同里倪雲林懶瓚題拜　次房九世孫伯寏百拜敬鐫

明右副都御史公肅公諱恪遺像

公肅公贊

侯門世胄　代產偉人　綿綿科第　郁郁斯文
官都御史　糾察分明　內臺諫院　外撫軍民
方伯布政　四海馳聲　冰心鐵面　肝胆稜稜
卓哉殿柱　朝野肅清　我欲効之　誠恐未能
坐聽長風　行追大勳　讀君遺策　敢以不文

操江海瑞拜題

明教授文尚公遺像

錫山徐氏宗譜 明文尚公遺像 一冊一 笏堂

明教授文尚公像贊

珪璋其質 錦繡其胸 瑩瑩秋月 靄靄春風

藻芹生色 奎壁崢嶸 先生之學 海內文宗

王問

錫山第十三世祖元武畧將軍裕一公之小像

公係夏相伯益公百有六傳至北宋與十鼎臣公第十三世孫諱懷祖字曰伯輝爲邑山遷祖虞野公之祖

公之後裔一門三鼎甲七子七詞林

徐氏宗譜 手範集 [illegible]元朝近祖像 古十笏堂

元兵部武畧將軍裕一公像贊

英才拔萃 傲骨崚嶒 文謨武畧 不愧將軍 策封東海 代有偉人 綿綿世冑 赫赫家聲

后[illegible]耿耿子方孝孺拜題

方孝孺印 正學

錫山第十三世孫明賢長方正裕二公像

錫山徐氏宗譜　卷　明裕二公像　古十笏堂

裕二公諱思祖字仲樞讚

品端行潔　高尚不仕　徵書前來　陳情未至

明中書舍人王紱孟端氏拜識

元大原同知裕三公諱景祖遺像

錫山徐氏宗譜　卷　元裕三公遺像　古十笏堂

裕三公讚

五馬黃堂　爲民表率　別駕治中　補其衰闕

同邑王紱孟端氏拜題

元戶部郎中裕四公諱念祖遺像

錫山徐氏宗譜 卷一 元裕四公遺像 古一 笏堂

元戶部郎中裕四公像贊

公爲承事郎千九公之孫少司寇元度公之四子也諱曰念祖字曰季樞　元之至正六年蔭授南京戶部郎中與伯兄裕一仲兄裕二叔兄裕三公等先後名登仕籍亭亭皆棟樑之器昂昂有英偉之奇贊曰悠悠我祖忠孝家風承先啟後友而且恭年逾杖國歸樂雍雍　明錫山六世孫庭集宜庵氏百拜敬題　明錫山八世孫卿經天常氏卿校學之氏同薰沐摹

元臨湖州監錢稅裕五公祖心像

錫山徐氏宗譜 卷一 元裕五公遺像 古十 笏堂

裕五公讚

發則爲經濟　藏則爲隱吏　禮樂自陶淑　官卑何足計

同邑王紱孟端氏拜題

錫山第十三世元賢良方正裕七公七十歲之小像

公爲百六壽翁千十公之孫禮部元讓公之子諱曰明祖字白冰斬年逾杖國

元詔舉賢良方正裕七公小像䟦

昔吉州文天祥題譜像跋云世以譜傳而不能以像傳能以像傳者必勳業著於當時道德名於斯世庶可譜與像而竝傳也考公實讀公文事事効於古懷真抱璞不亞當年李范拜瞻遺像飄飄若仙且手不釋卷宛然如生似有留訓與子孫家傳舊業文章郎此兩者足以慰後人馳慕之思能不油然興起仰止之忱者哉遺像已古誠恐久而勿振敬摹於譜間以冀永永相傳而不替云

明錫山第八世孫　威儼庵氏　儀平庵氏　薰沐敬摹

清錫山十六世孫鹵郡東山氏百拜重鐫

錫山第十三世祖元博士裕六公之遺像

裕六公溯源編畧叙 [illegible]

自夏柏伯益公起凡一百一十八代從周諸侯偃王起則八十六世由東漢南州高士孺子公起凡四十五代從陳朝吏部天官孝穆公起則二十八世

遷祖尚書

北宋學士封東海郡開國侯鼎臣公第十一傳

千十公之次孫都監公之仲子也諱仍祖字曰仲機行名裕六係　先世修譜排定之行名也與祥祐禧福亮裕亨明茂學載盛宗應雲待等公皆同輩俱爲鼎臣公第十三世孫分爲八十餘支端於家譜

元博士裕六公像贊 諱仍祖

衣冠肅肅　容貌堂堂　敏由天賦

博授青囊　富藏萬卷　廣極千箱

胸有慧珠　心無蔽障　卓爾英華

偉哉聞望

明　曾姪孫讓朴盧氏沐手敬題

八世孫　憲伯憲氏　文伯文氏　武伯武氏　章伯章氏　百拜同摹

錫山第十三世祖元教授裕八公七十歲小像

公係明經及第元敬公之長子也諱光祖字雪軒初任浙江湖州府教授又任江西廣信府學爲無錫獨山始遷之祖

徐氏宗譜 圭範集 江蘇無錫獨山元朝始遷祖像 古十笏堂

元教授裕八公像贊

彬彬道誼士林推服郁郁斯文爲儒者卓噫斯翁何其古朴噫斯翁何其古朴

公係　夏相伯益公七十四傳而至東漢南州高士孺子先生又三十三傳至　北宋學士累封東海郡開國候鼎臣公凡百有六世又十三傳則有祥祐禧福寬裕亨明茂學黻盛宗應雲待等公分爲八十餘支遷於大江南北以及蘇松常鎮各郡邑城鄉聚族而居者星羅而碁布有以仕宦顯有以科第榮有以耕讀守有以勳業著有以忠孝傳有以詩書繼有以高隱名自古迄今不可勝數也公以詩禮傳家代承先志教授江浙當年之士庶咸賴其培植今日之修譜悉溯其事寔非有所文飾於是不敢爲公贊敬以爲公跋

世守家乘於北宋舊宅第十七世從孫兆鰲謹跋

明南吉二府推官裕九公諱耀祖像

錫山徐氏宗譜 明裕九公遺像 古十笏堂

裕九公贊

累代簪纓綿德澤克登雍睦紹箕裘二難並著傳芳集惠愛碑遺古吉州

曾孫遜梼廬氏熏沐敬題

玄孫晃雪亭氏局嘯亭氏百拜同摹

錫山第十三世祖明太原同知稽十公像

稽十公諱配祖像贊

聖眷優隆 特簡治中

聯芳昆季 亮節清風

曾孫讓朴廬氏百拜敬題

玄孫暄月亭氏昇吟亭氏薰沐同拜

元湖州府教授寬一公諱懷仁像

寬一公贊

讀得成顯親揚名 讀不成經營力耕

常戒後生求自在 莫將身世負師親

同邑王紱孟端氏拜題

元廣信府學正寬二公諱懷義像

錫山徐氏宗譜 元寬二公遺像 務本堂

寬二公贊

宣猷布化　首重木鐸　教之以禮　教之以樂

甘爲隱吏　食以苜蓿　彬彬道誼　士庶推服

同邑王綬孟端氏敬題

元隱士亨一公諱日敬遺像

錫山徐氏宗譜 元亨一公遺像 務本堂

亨一公贊

既剛且仁　不染勢利　披詩與書　惟孝友悌

是其生平之模範　大都可式來禩

愚溪張伯滔頓首拜題

元隱士亨四公諱紹祖遺像

錫山徐氏宗譜 元亨四公遺像 古十笏堂

亨四公贊

兄友弟恭 梧塍之東 雝雝肅肅 大宅之中

斯人之所共欽 一邑之所仰宗

梁溪王紱孟端氏拜題

元隱士茂四公諱嶽祖遺像

錫山徐氏宗譜 元茂四公遺像 古十笏堂

茂四公贊

卓哉斯翁 書史淹通 深藏不仕 嘯傲王公

梁溪王紱孟端氏拜題

元隱士載三公諱應旗像

載三公贊

公諱應　名載三字瑲卿號清適博學好古不圖名譽富藏萬卷隱居不仕有高士風世居毘陵新塘鄉道明里

梁溪王紱孟端氏拜題

元儒士聽泉公諱宗訓遺像

宗訓公贊

公字汝敬號聽泉諱宗訓循謹異常嗜書聞陸氏藏書數千卷假寓三年悉成誦而歸下筆千言立就其文隱樂山水間以自娛

梁溪王紱孟端氏拜題

明博士贈通議大夫明十公遺像

錫山徐氏宗譜 明明十公遺像 古十笏堂

明十公諱恢祖贊

家傳忠孝　奕世流芳　冠裳肅肅　品貌堂堂
詩書相繼　毓秀虞鄉　美哉是翁　漁梁聞望

山西臣志道拜題

錫山第十七世孫明華四公字義亭遺像

錫山徐氏宗譜 卷 明華四公像 古十笏堂

華四公讚

華亭遷錫　適值時窮　太祖乘運　弟克恭兄

明中書舍人王紱孟端氏拜識

明太醫院判南泉公諱西遺像

錫山徐氏宗譜 明南泉公遺像 古十務堂

南泉公贊

南泉先生 錫邑之英 亭亭超物志 藹藹若陽春 今人非共匹 古人亦誰倫 德容之杳兮 清風永不泯

門生秦淮拜題并書

明贈太史思南公諱一坤遺像

錫山徐氏宗譜 明思南公遺像 古十務堂

思南公贊

貌幽閒神靜穆出榮華甘素朴志聖賢嚴慎獨厚期人早自牧壽顚年天降酷妻勁節子飽讀邀 恩寵祭生祿奚有求恒怒目 年家世弟秦金薰沐敬題

明太史明庵公諱龍卿遺像

明庵公贊

才擅王唐　殿柱爭光　職司參井　撫字流芳
秉性維剛　立行正方　蒲阪甘棠　梁溪聞望
無偏無黨　容貌端莊　錦衣紫綬　赫赫黃堂

愚弟汝龍頓首題　五世孫玉芬敬鐫

明甌甯訓導西岩公遺像

西岩公讚

文章冠世是英雄絳帳坐春風看君笑殺杏壇中門前繫
玉驄弄瑤琴撫孤松歸來無事不從容胸中氣似虹

吳門唐寅伯虎氏拜題

明庠士敏菴公遺像

錫山徐氏宗譜　明敏菴公遺像　古十笏堂

敏菴公贊

噫斯翁生長於世隱之門恒存乎一榻之清風無懷仕進兮髣髴乎點志之同連枝傲慢兮翁爲化氣而扣兗隱居脩省兮織釋氏之詞鋒入號翁爲河東之老佛余訓翁爲遁跡之仙踪

石幢葉茂才拜題

明宜興醫學正樸廬公諱讓遺像

錫山徐氏宗譜　明樸廬公遺像　古十笏堂

樸廬公贊

樸廬先生醫理精明得素問靈樞之要紹金匱徐莊之業展懷中之秘厥有青囊施指下之奇倏回春色壽民壽世利物利人像留於譜千載斯馨

秦川許天一頓首拜題

明中憲大夫雪溪公遺像

贊曰

持心兮靜專守道兮貞堅身居官守志在林泉繼遺緒于宗祖佩明訓于聖賢黃卷青燈久諳冷荒朱旛皂蓋兩入蠻煙年未七十鬢已皤然官近三品早求歸田雖功名之有定亦富貴之在天當急流而勇退庶優游於森爲子孫者庶有所觀感而永其傳也歟

洪武己未六月望日　雪溪老人自題

明吏部尚書贈太師時用公謚文靖遺像

文靖公小傳

公諱溥字時用景泰甲戌一甲第二名進士授翰林院編修擢詹事府少詹晉少師兼太子太師吏部尚書階光祿大夫上柱國卒贈太師左柱國謚文靖

明追封中山王魏國公像

錫山徐氏宗譜　卷　中山王像記　古十芴堂

王諱達鳳陽府鳳陽縣人追封中山王家世農業王生於
元至正壬申明洪武開國輔運推誠宣力武臣特進光祿
大夫左柱國太傅中書右丞相征虜大將軍魏國公追封
中山王謚武甯子四世子允恭增壽輝祖次　女四長燕
王妃王薨於洪武乙丑二月二十七日已未享年五十四
歲即是年四月十八日已酉葬于鍾山之陰有御製神道
碑
嘉慶己巳二月紹會因目疾不能握管倩癒笠潮代錄
王以下小傳稿十則奈遺蠹傷頗多衍鈌近從舊書中
得完稿校之凡有錯處訂正于後以俟他日重裝錄過
允恭下云賜名輝祖次添福次增壽次膺緒女四長燕
王妃次代王妃次安王妃次
有明中山王像後迄明太傅定國公諱文璧凡九世世
一圖太傅二爲始藏鹽官徐氏咸豐丁巳四月徵以諭
軍事罷斥將去浙有李德培及徐氏子量雲爲徵言
鹽官徐氏彫落僅一䔉老且病計鬻是冊以治身後具
徵亟爲營其棺衾而冊遂歸于徵竊惟王之容老人見
之亦猶凌煙褒鄂等耳其在徵則實之家傳之子孫不

錫山徐氏宗譜　卷　中山王像記　古十芴堂

惟展觀起敬而已故先徵而官制者宛平徐徵漢軍徐
榮皆嘗欲致之而卒不果後十餘歲而徵以不意幸得
自維不肖何王之靈爽若于徵獨有默眷而遲之有待
以至于今耶抑又思之粵寇猖獗歷歲年矣使爲將早
有如王其人者蠢茲小醜不難蕩平何至蔓延若斯抑
徵至愚徒以空言取戾而曾無補于
聖世也至于追述功烈史書具存徵不敢贅焉
第十四世族孫徵謹識
海昌徐氏孀老無嗣家奉　先中山暨九世神像十冊

歷有四百餘年懼後祀典缺如欲移供西湖靈芝寺念寔老矣恐負宗誼轉謀於無錫 家蔚畦宗兄兄愍其誠贈以三百緡爲氏娛老之資而請

王像歸家祠將春秋享獻修追遠之禮焉信乎吾宗兄樂道睦族非世之視親陌路者可并日語也謹紀顛末以誌感

咸豐七年歲次丁巳佛壽日楚北裔孫方外量雲沐手敬譚敬書未篆 筆時年六十有二

明追封定國公諡忠愍遺像

忠愍公讚

公諱增壽追封武陽侯建文時侯覘國勢難挽大將破罪晝夜呼號無心任事某誣以歸向燕王被傷而死永樂爲之剖白券文有崇信奸回禍及懿親之語二年六月初六日加贈欽承文業推誠守正武臣特進榮祿大夫右柱國追封定國公諡忠愍子景昌

明定國公諱景昌遺像

錫山徐氏宗譜　卷一　明三世祖景昌公遺像　古筠堂

景昌公讚

公諱景昌永樂二年六月六日特授欽承祖業推誠秉義武臣特進榮祿大夫右柱國封定國公食祿二千五百石子孫世世承襲除謀逆不宥其餘若犯死罪免二次子免一次有券一道

明定國公諱顯忠遺像

錫山徐氏宗譜　卷一　明四世祖顯忠公遺像　古筠堂

顯忠公讚

公諱顯忠世襲定國公娶耿氏天順三年十月二十日並錫誥命封耿氏為定國夫人

明定國公諱永甯遺像

明五世祖永甯公遺像

永甯公讚

公諱永甯世襲定國公娶李氏成化二十年十二月二十一日蒞錫誥命封李氏爲定國夫人子世英

明贈太傅定國公諱世英遺像

明六世祖世英公像

世英公讚

公諱世英弘治十八年六月十四日皇帝制曰篤生賢嗣克紹勲庸特贈爲定國公娶袁氏制曰袁氏乃定國公徐光祚之母柔順有儀恪勤不懈致生令子爲國功臣特封定國太夫人萬歷十六年十一月十二日因曾孫文璧貴用贈太傅兼太子太傅定國公仍贈袁氏爲定國公夫人子光祚

明贈太師定國公諡榮僖遺像

榮僖公讚

公諱光祚世襲定國公娶周氏弘治十八年六月十四日
誥命封周氏爲定國夫人萬歷十六年十一月十一
日因孫文璧貴追錫誥命太師兼太子太師定國公諡榮
僖仍贈周氏爲定國公夫人

明贈太傅定國公諱延德遺像

延德公讚

公諱延德世襲定國公娶張氏嘉靖十一年四月十一日
誥命封張氏爲定國夫人萬歷十六年十一月十一
日因子文璧貴加贈太傅兼太子太傅定國公仍贈張氏
爲定國夫人子文璧

明特進太傅定國公諱文璧遺像

文璧公讚

公諱文璧萬歷丁亥特進太傅兼太子太傅郊祀遣代定
國公娶王氏成山伯諱維熊女萬歷十六年十一月十一
日誥錫誥命封王氏爲定國夫人

錫山伯賓港明禮部冠帶少山公像

少山公諱華裕贊

儀表岐嶷冠裳脩潔仁施義懷士林俊傑行必循規嘉言
是則錯節盤根克完其璧美哉是翁既明且哲
崇禎十四年日長至馬世奇敬題

明庠士允中公像

明庠生允中公像贊

偉哉斯翁詩書滿腹而走未窮潔哉斯翁沽名虛譽而義不容雖庠列宮庠願躬耕於千畝以爲榮契結二三知己悠優乎歛跡而濳踪遠世俗之塵囂幾希乎似南州高士之遺風

冷溪成梁

清蕉苑教習歐塘南臺公像

南臺公諱珽像贊

偉哉斯翁 貌雅神清 敦書說禮 頌德揚名
職居循吏 澤被生民 霧爛由命 不爽堅貞
偉哉斯翁 千秋不泯

族玄孫棟謹題

清翰苑歐塘念齋公之小像

先生係北宋學士累封東海郡開國侯鼎臣公二十五世孫前浙江德清令南臺公之子字鍾海 雍正己酉科舉人庚戌歲欽取內閣撰文中書登癸丑進士入翰林院庶吉士丙辰年改授山東鄆城縣知縣二任江南湘陰令陞授沅州通判歷署辰沅衛三郡知府乾隆丙戌改補長沙府通判署永州府知府配長安橋馮氏太學令宜公之女子二長奕曾次師曾皆名儒孫嗣昌華亦好學 公之宦績事實另詳序傳曾於 乾隆二十六年續修宗譜公姪孫漢文公爲之佐理其敦本睦族於斯益見此係念齋先生出守楚湘勸農於郊遇及時甘雨圖也

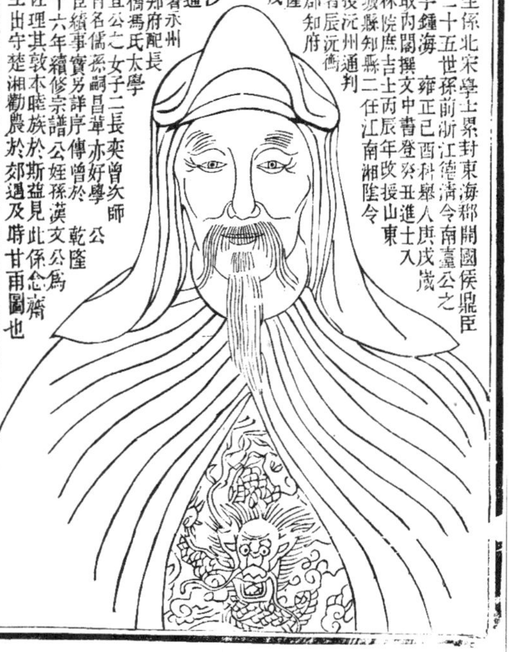

徐氏宗譜 圭範集 壬癸支寬公派歐塘圖房後裔像 古十笏堂

清翰林院庶吉士念齋先生像贊 諱粱棟更名廷棟字鍾海

品之醇也璞玉渾金神之清也岳峙淵停有名於文有德於民若傳儒林汝穎河汾若傳循良召杜龔黃誰尸祝之畏壘桐鄉

同郡後學陽湖史次星拜題

陽湖史氏 次星之章

清邑庠生建禧公遺像

錫山徐氏宗譜 十卷 清建禧公遺像 古十笏堂

建禧公讚

聞說新安後先生命世賢碑文摹碧落詩思紹青蓮品節高千古才名冠二泉楷模人共仰丰度憶當年

咸豐戊午春仲

後學華題錦拜題

國朝流寓錫山隱士若愚諱履惇像

錫山徐氏宗譜　卷

若愚公遺像

古十笏堂

若愚公贊

玉山之璞　韞於崑岡　篤生華冑　匿采韜光

爲漢伯鸞　流連讓鄉　施於孫子　終焉允臧

錢勛拜撰

遷永第十三世祖清贈通奉大夫立堂公遺像

錫山徐氏宗譜　卷

裕一公派蘇州永昌支立堂公像贊

古十笏堂

清贈通奉大夫立堂公諱步鼇像贊

居豐樂鄉厥宅面陽且耕且讀寖熾寖昌有子二人元方季方有孫十人丹桂雙行公享大年福壽而康天鑒厥德五世同堂推原其故積厚流光傳家孝友存心善良頌聲載道義粟仁漿雨請平糶再助餉鑲捐貲巨萬慷慨解囊福田廣種齋額輝煌英靈奕奕如在其旁請爲之歌曰吾欲贊宣威美兮擇不精而語不詳公其爲五福完人兮鄉里閭猶藉藉以稱揚公像在祠堂公志在義莊溯高風而憑弔兮但見烟水蒼茫有一人兮驂紫彪而翺翔

孫聟謝煒敬題

遷永第十四世祖清授通奉大夫蓴樓公遺像

清授通奉大夫蓴樓公 諱晟像贊

耕且讀兮公承堂構庶且富兮公衍箕裘棣華競爽偉節之優蘭玉滿前寶儀之傳上繼先志下善貽謀捐賑助餉靡所弗周兄弟既翕協氣旁流篤生忠義碧血千秋又有孝子誓奉白頭女孫守貞矢志清修奇行彪炳惟德之休迄今出齊女門而勾留兮莫不望葱蘢佳氣而嘆某水某邱為先生之所釣游

子壻謝爚敬題

遷永第十四世祖清授朝議大夫晉贈通奉大夫旭樓公遺像

徐旭樓公贊

家服先疇門承世德克儉克勤有典有則以能保家子孫徒於舜而弗徒於蹠

二品頂戴江蘇補用道外姪孫壻沈玉麒拜題

遷永第十五世祖清贈朝議大夫子懷公遺像

錫山徐氏宗譜　卷　裕一公派蘇州永昌支子懷公像贊　古十笏堂

清贈朝議大夫子懷公諱佩蘐像贊

其質松栢　其心塞淵
持身恭儉　篤行孝先
篪吹堂下　蘭茂階前
里隣洽誼　鄉黨稱賢
不求聞達　樂志簡編
尊中常滿　亦佛亦僊
觴也知足　太璞完全

弟佩璋拜題

遷永第十五世祖清授朝議大夫子芹公遺像

錫山徐氏宗譜　卷　裕一公派蘇州永昌支子芹公像贊　古十笏堂

清授朝議大夫子芹公諱佩藻像贊

懿歟徐公生老永昌閭門百口五世同堂行居季弟家政善襄必有豐年白黍黃粱疊遇水災仁粟義漿粵匪南下協濟團防施財助餉指囷為糧雖無官守急公是將雖無武功亦資保障吳郡既陷骨肉慘傷避居滬地行李倉皇王師奏凱泛櫂回鄉綢繆牖戶補葺蓋藏有田千畝有粟千箱克勤克儉暇食不遑積銖累寸汔可小康三千常稔負郭稱良田園養志其樂徜徉裁花玉砌壘石雲房貽孫式穀繩祖有光愉有二子年未永長賴有孝女克薦馨香敬承先志家乘流芳

子壻張傳梅頓首百拜敬題

遷永第十五世祖清授中憲大夫欽旌孝子英如公之遺像

錫山徐氏宗譜　卷　裕一公派蘇州永昌支英如公像賛　古十笏堂

徐英如公題辭

忠孝同予古，薰全乃一身。陳師殲粤冦（公於粤匪之亂隨程忠烈公攻克太倉吳江震澤嘉興各城），哭母殉天親（公母戈太夫人殁公哀毁骨立以身殉焉）。汗馬忘高績（公以復城功大帥數勸出仕公辭歸養母泊如也），皐魚有替人。大名垂不朽，吳郡志常新（公名入蘇州府志）。

頭品頂戴南書房行走都察院左都御史姻世愚姪陸潤庠謹題

資政大夫徐少濂公遺像

錫山徐氏宗譜　卷　裕一公派蘇州永昌支少濂公像賛　古十笏堂

身在田園，心存君國。毁家紓難，上馬殺賊。賊譽公威，甘言求合。公乘賊機，親罵間諜。一身是膽，深入虎穴。謀洩歸神，丹心碧血。天子動容，優加贈䘏。從此大名，永垂史册。媿彼孺夫，風影潛匿。媿彼嗇夫，躲粟封殖。吾來羌晚，公貌未識。側耳鴻殸，公心若揭。嘗事阽危，後誰繼續。表章忠蓋，媿無健筆。式瞻讀像，嗚呼人傑。

少濂外舅大人讚像

署崇明縣知縣子婿查亮采謹題

錫山徐氏宗譜　卷　裕一公派蘇州永昌支達餘公像贊　古十笏堂

遷永第十六世祖清授中議大夫達餘公遺像

清授中議大夫達餘公諱朝經像贊

南洲世澤東海舊支永昌卜宅聚族於斯嬈美徵士養望村居
家邦必達言行慎餘謙恭慈愛名重鄉閭犯而不校怨是用希
堂同五世戲綵堪娛慈壽九旬德配古稀兒孫繞膝三葉眉齊
椿萱病篤至誠禱醫憶昔壯時報國自期髮逆猖狂王事馳驅
團練滬上羽檄紛披籌餉清丈督率築圩農工代賑勞瘁不辭
日中則昃暮景桑榆母歿半載哀毀捐軀生事葬祭令色令儀
家本素豐夏屋渠渠極盛難繼晚節數奇退歸林下巨禍忽罹
比隣失火殃及池魚愴懷瑣尾悲慨黍離天鑒厥德時運轉移
重修譜牒係公之遺流風餘韻猶繫人思

世姪吳蔭培敬題

錫山徐氏宗譜　卷　裕一公派蘇州永昌支典于公像贊　古十笏堂

遷永第十六世祖清授登仕佐郎典于公遺像

清授登仕佐郎典于公諱朝綸像贊

持身古樸半耕半讀夕惕朝乾虛懷若谷
孝友無間敦宗睦族三子成名貽謀式穀
利物濟人不留私蓄安我儒素疏食布服
性温而厲和平嚴肅臨財不苟胸有成竹
營父窀穸獨勞卜築手輯譜系遺命修續
不慕榮利知足不辱簡冊怡情積成卷軸
旁及素靈格言三復公留儉德馨香是視

表甥王季烈敬題

松泉公像

錫山徐氏宗譜

裕一公派蘇州閶門城內松泉公像

古十笏堂

松泉公像贊

克勤克儉　潤德潤身
建基立業　咸仰鴻名

梁溪王元鑄拜題

誥封通議大夫梓舫公像

錫山徐氏宗譜

裕一公派蘇州閶門內梓舫公像贊

古十笏堂

梓舫公像贊

先人浚巳　弗居厥功
日遵彝訓　卓卓可風

梁溪王元鑄拜撰并書

通議大夫子香公像

錫山徐氏宗譜　卷

子香公像贊

元爲善長　盛德厥躬
敬宗睦族　文正遺風

梁溪王元鑄謹撰并書

貤封通議大夫南山公像

錫山徐氏宗譜　卷

南山公像贊

君姓徐氏諱治字南山幼時好讀書皆誦如流善書蠅字纖小如蟻世人爭寶之既長經營什一隨侍祖父於都門與士大夫交布衣自處不以富貴動聲色與余交能久哉既而寡評論剪燭談心每至春秋佳日買棹載酒放浪湖山可謂知己也君之能不可復見而惟風想望有不能忘情者矣

姻小弟高纘模　梁溪王元鑄書

和樂圖

錫山徐氏宗譜　卷　裕一公派蘇州永昌支疇五小像題　古十笏堂

昔聞程明道一團和氣貌令見先生圖惟妙亦惟肖
鄹公自嶽降高曾都含笑祖開八豑筵孫已有孫抱
五世慶同堂齋額增焜燿吉人應運與福祿世間少
忽忽數十載翁亦蒼顔老酷愛古遺風渾樸從我好
盎背步安詳豐下徵壽考樂意油然生洋溢乎其表
出言常恂恂待人尤懇到忠厚真有餘修德必獲報
長君克家子幼稚聰穎兆孝弟萃一門昆季賡同調
凡知仲氏賢佽以宗譜校仲氏恭厥凡為請留玉照
題贈
疇五仁長兄大人望六小影並祈　郢政
宗小弟鳳壽未是艸

公勤四十小像

甲辰仲夏為
公勤二兄大人雅鑒
榴生弟葉贊元寫

錫山徐氏宗譜　卷　裕一公派蘇州永昌支公勤小像題　古十笏堂

我本居城北世代安耕釣祿〻毋人事無能出世好
年已四十齡忽〻將淤老憶昔侍嚴君罔極恩難報
埋頭芸牕下刻苦閑懷抱一身日西沈東曲誰人道
遺命諄〻囑手輯宗譜稿因言猶在耳遠命豈云孝
奔波歷年餘出自一手校尚祈匡不逮莫謂不屑教
伯氏疇五兄差幸賡同調殷勤為我言請借圖玉貌
余情深自愧敢與君比較君在五世同堂列福祿綿
延世所少與之隨肩立恐貽方家笑祇以難拂長兄
意勉求名師描一照
世勳公勤氏自題

南昌茁裔籍隸永昌十五志學弱冠遊庠棘闈
屢躓息意名場反博歸約文行兼長遵承遺訓
和氣致祥兄弟既翕雙鑠高堂長子分祧承嗣
季常石麟天錫旋慶弄璋脩德獲報令聞彌彰
硯君學養智圓行方英君作事渾厚精詳纂輯
譜系日昃不遑稿成一手數典不忘褒揚列祖
宗族增光公耐勤懇姓氏流芳　題為
公勤頌棣四句譜像即希　正之
姊婿胡之勳筌翁未定稿

知君弱冠擷芹香才調翩翩鳳擅場譔述碑銘追韓
愈鈎摹阡表仿歐陽褒揚烈祖日星炳蒐輯宗支雲
漢章先志克承同氣協晉陵修譜費商量
南州家乘倩誰裁君果經年采訪來（君為修譜事城鄉奔波采輯宗支歷年餘始脫稿）故棹烟波尋譜牒披襟風雅露清才堪嗟
時事滄桑變只有精誠金石開我亦玉峯舊支派幾
番懷古上蘇臺　敬贈
公勤仁兄世大人　槩正
同門宗小弟鳳壽少知氏拜題

選舉鄉約正達先先生壽像

達先先生壽像讚

矍鑠是翁　辦事惟公　雷尊殿圯　集貲鳩工
惜字惜穀　克親厥躬　水源木本　不忘宗功
捐建祠宇　譜脩大統　採訪南北　奔走西東
克勤以儉　仰慕僉同　凜凜生氣　如見其容

光緒三十一年歲次乙巳同里世愚弟王元鑄頓首拜題

續常錫崑徐氏宗譜

樹聲集

宋南州三十三世孫錫山欽勝臣氏 晉堂金氏 同輯編修
宋南州三十六世孫長沙份淑心氏 彙輯
宋南州第四十世孫錫山嘉言堯咨氏 統修
元南州四十三世孫錫山世能千十氏 參閱
元南州四十四世孫錫山壽元慶氏 寬元徹氏 彙輯
明南州第五十世孫崑山中南川氏 錫山西南泉氏 同訂
明南州五十二世孫錫山卿龍剛庵氏 卿楊恭洲氏 編次
明南州五十三世孫崑山惠聘端銘氏 錫山應厚孝汀氏 同閱
清南州五十五世孫錫山開熙近芝氏 纂輯
清南州五十八世孫膠山長輔文翰 惟源 男廷謂 孫壺齋守仁 重修
清南州五十七九世孫錫山歐塘梁棟念齋 漢文 參閱
清南州六十一世孫樹付玉純藍川膠山雲龍兆鰲 步彝榮源榮湖濟騁環匡川氏 彙修
清南州六十七世孫伯濟港鴻逸有源氏男珊松 鴻潤有恒氏男瑞椿 增輯
清南州六十二世孫錫山歐塘棟門莊氏 重修
清南州六十二世孫江邑華墅文洞揚泉氏 同訂
清南州六十一六世孫錫山小鑫 丁塔 氏 協修

清南州五十七六十一六十二世孫錫山新安鎮南園 歐塘萬貫橋草 氏 同閱
清南州六十六世孫錫山徵蘭雎氏 同輯
清南州六十二世孫錫山歐塘棟以莊氏 補修
清南州六十四世孫錫山社崗里建寅仲虎氏 纂輯

國朝科甲由典試而得諡者

徐　潮 浙江錢塘人字來青吏部尚書諡文敬　康熙朝一典鄉試一典禮部試

徐元夢 字蝶園禮部侍郎加尚書前署大學士諡文定　康熙朝一典鄉試一典禮部試

徐旭齡 字文元浙江錢塘人漕運總督諡清獻　康熙朝一典鄉試

由博學鴻詞科典試者

徐嘉炎 浙江秀水人字華隱　康熙庚午貴州

三典鄉試

徐　桐 字蔭軒　光緒己亥順天己卯順天壬午順天

徐氏科甲考

元南州四十四世孫勳山憲　元度氏彙輯

明錫山一十九世孫南里一坤伯崖氏參訂

明錫山二十二世孫北里應忠宗海氏編次

嗣明永熙近芝氏次姪永照閬如氏等孳閱

清南州六十五世孫錫山家寶顯廷氏重輯

狀元

北宋

徐　奭　大中祥符元年壬子科狀元

徐　鐸　熙寧九年丙子科狀元

徐麟符　元祐六年辛丑科狀元

徐公輔　紹聖四年丁丑科狀元

南宋

徐元杰　紹定五年壬辰科狀元

徐儼夫　淳祐元年辛丑科狀元

國朝

徐元文 崑山　順治十六年己亥科狀元

徐陶璋 崑山　康熙五十四年乙未科狀元

徐郙 嘉定 同治元年壬戌科狀元

榜眼

南宋

徐嘉謀 紹興二十一年辛未科趙逵榜榜眼

明

徐溥 景泰元年甲戌科榜眼

國朝

徐天柱 德清 乾隆三十四年己丑科榜眼

徐迥 長洲 嘉慶十年乙丑科榜眼

探花

北宋

徐良佐 寶元元年戊寅科呂溱榜探花

南宋

徐鼎 乾道八年壬辰科黃定榜探花

徐大麟 嘉定七年甲戌科袁甫榜探花

國朝

徐乾學 崑山 康熙九年庚戌科探花

徐秉義 崑山 康熙十二年癸丑科探花

徐葆光 吳縣 康熙五十一年壬辰科探花

進士

北宋

徐泌 雍熙二年乙酉科梁灝榜中進士

徐天錫 天禧三年己未科王整榜中進士

徐適 慶歷六年丙戌科賈黯榜中進士

徐符卿 皇祐五年癸巳科鄭獬榜中進士

徐庠 嘉祐二年丁酉科章衡榜中進士

徐穀 元符三年庚辰科李釜榜中進士

徐嘉言 元符三年庚辰科李釜榜中進士

徐敷言 元符三年庚辰科李釜榜中進士

徐元佚 政和二年壬辰科莫儔榜中進士

徐總 宣和六年甲辰科沈晦榜中進士

南宋

徐川章 紹興十八年戊辰科王佐榜中進士

徐嘉言 紹興二十四年甲戌科張孝祥榜中進士

徐向 淳熙二年乙未科詹騤榜中進士

徐潤　嘉定元年戊辰科鄭自誠榜中進士

徐何　咸湻元年乙丑科阮登炳榜中進士

徐元鳳　咸湻七年辛未科張鎮孫榜中進士

明

徐恪 常熟　成化二年丙戌科進士

徐卿龍 錫山　嘉靖三十八年己未科進士

徐應聘 崑山　萬曆十一年癸未科進士

徐憲卿 太倉沙溪鎮　萬曆四十一年癸丑科進士

徐開禧 崑山　崇禎元年戊辰科進士

徐汧 長洲　崇禎元年戊辰科進士

徐調元 錫山　崇禎十年丁丑科進士

國朝

徐惺 江甯　順治六年己丑科進士

徐越 山陽　順治九年壬辰科進士

徐旭齡 錢塘　順治十二年乙未科進士

徐與喬 崑山　順治十八年辛丑科進士

徐元夢　康熙十二年癸丑科進士

徐炯 崑山　康熙二十一年壬戌科進士

徐樹穀 崑山　康熙二十四年乙丑科進士

徐樹庸 崑山　康熙三十年辛丑科進士

徐樹本 崑山　康熙三十六年丁丑科進士

徐樹敏 崑山　康熙四十二年癸未科進士

徐樹屏 崑山　康熙四十八年己丑科進士

徐屏　康熙五十一年壬辰科進士

徐駿 崑山　康熙五十一年壬辰科進士

徐鼎 漾平　康熙五十二年癸巳科進士

徐以升 德清　雍正元年癸卯科進士

徐染棟 錫山　雍正十一年癸丑科進士

徐汝瓚 無錫　乾隆二年丁巳恩科進士

徐垠 錢塘　乾隆三十四年己丑科會元

徐賡颺 陽湖　嘉慶六年辛酉科進士

徐煥 錫山　嘉慶六年辛酉科進士

徐寶善 金匱　嘉慶二十五年庚辰科進士

徐桐 漢軍　道光三十年庚戌科進士

徐文泂 江陰　咸豐六年丙辰科進士

徐致祥 嘉定　咸豐十年庚申科會元

徐𨪐 蘇州 光緒二十年甲午 恩科進士
徐謙 安徽歙縣 光緒二十八年辛丑壬寅併科進士
徐紹熙 又名垬 科分同上
徐士瀛 江西玉山 科分同上
徐彭齡 青浦 科分同上

孝穆公傳 子儀公附

徐陵字孝穆東海郯人父摛母臧氏嘗夢五色雲化而為鳳集左肩上已而誕陵焉八歲能屬文旣長博涉史籍縱橫有口辯梁普通二年晉安王為寧蠻校尉引陵參軍事大通三年王立為皇太子東宮置學士陵充其選稍遷尚書度支郎出為上虞令坐免久之起為南平王府行參軍遷通直散騎常侍尋遷鎮西湘東王中記室參軍太淸二年兼通直散騎常侍使魏會齊受魏禪拘留不遣及江陵陷齊送貞陽侯

蕭淵明為梁嗣乃遣陵還王僧辯得陵大喜以為尚書吏部郎掌詔誥高祖誅僧辯以為貞威將軍尚書左丞紹泰二年又使於齊還除給事黃門侍郎祕書監高祖受禪加散騎常侍天嘉初除太府卿四年遷五兵尚書領大著作六年除散騎常侍御史中丞天康元年遷吏部提舉綱維綜覈名實時論比之毛玠高宗纂歷封建昌縣侯太建元年除尚書右僕射二年遷尚書左僕射加侍中七年領國子祭酒南徐州大中正以公事免侍中僕射尋加侍中又除領軍將

軍八年加翊右將軍太子詹事置左史俄遷右光祿
大夫十年重爲領軍將軍尋遷安右將軍丹陽尹十
三年爲中書監領太子詹事後主即位遷左光祿大
夫太子少傅至德元年卒時年七十七謚曰章子儀
少聰警以周易生舉高第爲秘書郎出爲烏傷令禎
明初遷尚書殿中郎尋兼東宮學士陳亡入隋開皇
九年隱于錢塘之赭山煬帝召爲學士尋除著作郎
大業四年卒

尚書孝穆公傳

公諱陵字孝穆東海郯人南州高士十八世孫梁工
部尚書摛公子也母臧氏夢五色雲化爲鳳集左肩
而娠生公數歲時有沙門寶誌以手摩其頂曰天上
石麒麟也年至十三通老莊及長博涉經史美文辭
才華冠一世士林推服所云願作珊瑚爲徐君架筆
者此也初仕梁爲散騎常侍又爲中書監領太子詹
事及梁末公隱居不仕陳光大元年丙戌五月以幣
帛徵之以公爲吏部尚書陳因梁末選授多濫公爲

書示衆曰永安之時聖朝草創白銀難得黃札易營
致令員外常侍路上比肩諮議參軍市中無數今衣
冠禮樂日臻休明何可猶作舊意非理望也衆咸服
之公仕陳嘗使魏魏人授館宴賓是日甚熱主客魏
收嘲公曰今日之熱當由徐常侍來公從容答曰前
王肅至此爲魏始制禮儀今我來聘使卿復知寒暑
主客默然有孝穆文集傳世子三長儉仕至刑部郎
中次儀仕至戶部尚書三份仕至太子洗馬

南州三十三世孫鉉鼎臣氏百拜謹撰

天官孝穆公小傳

公諱陵字孝穆南州高士十六世孫梁工部尚書摛摛公之子也母臧氏夢五色雲化為鳳集左肩而娠生公至數歲時有寶誌公以手摩其頂曰天上石麒麟也公年至十三進老莊及長博涉經史美文詞才華蓋世士林推服所云願作珊瑚為徐君架筆者也初仕梁為散騎常侍又為中書監領太子詹事及梁末公隱居不仕陳光大元年丙戌正月以幣帛徵之為吏部尚書陳因梁末選授多濫公為書示衆曰永安之時聖朝草創白銀難得黃禮易營致令員外常侍路上比肩諮議參軍市中接踵今衣冠禮樂日富豪華何可猶也衆咸服之公仕陳嘗使魏魏人授館宴賓是日甚熱主客魏收嘲之曰今日之熱當由徐常侍來公從容答曰前王肅至此為魏始制禮儀今我來聘使卿復知寒暑有孝穆文集傳世子三長儉仕至刑部郎次儀仕至戶部尚書三份至太子洗馬

廉如公傳

公諱浩字廉如為南州高士孺子公三十三世孫陳吏部尚書孝穆公諱陵第十三傳中書巨山公諱嶠之子也公少敏捷博學多聞父授以善書之法習練精熟其法聞於朝授為中書舍人世狀其書法曰如怒猊抉石渴驥奔泉子二長繼書次繼帙繼書字儒文為德州刺史曾與從叔祖萬年主簿十八學士之一元固公諱堅同修周世祖偃王廟於衢州孫二公望公美公望積學高跆英偉絕倫五代漢天福丁未春任江南常州府宜興令時當兵戈擾攘之秋曾率將兵保全宜興子民深感致仕時乞公宦此邑中公曰不可而人以義起窺公志好幽閒遂擇地於無錫之東北隅東膠山之南橫塘里經營宮室彌公寓焉公固辭不欲居衆又彊乞之公仍謝償其費衆曰不敢領公曰不受吾勿居也衆子民遂拜受之至周太祖廣順元年辛亥秋徵為殿前衛尉卿是時曾寄寓於錫邑之箭河曾孫四長曰鉉字銘叔聰慧過人與次曰鉉三曰鍇咸以文章著　勅徵為翰林而任尚

書者卽不肖鋐也鏳字耀金官拜集賢殿學士四章字奎光任龍武將軍鋐與鏳至不肖累承先遠之遺徽澤及後世總難報于萬一謹序大畧以彰祖德庶啟後之生者勿忘祖功宗德於斯也

開寶元年歲次己巳仲春之月

翰林學士工部尚書累封東海郡開國侯南州三十三世孫鋐鼎臣氏熏沐百拜敬撰

中書廉如公小傳

公諱浩字廉如南州高士二十八世孫天官孝穆公第十三傳中書山喬公之子也少敏捷博學能文父授以心言之法習終精熟其學聞于朝授中書舍人世狀其言法曰如怒猊抉石渴驥奔泉子繼書爲德州刺史孫延休初任宜興令仕至殿前衛尉卿

鼎臣公傳

公諱鉉字鼎臣南州高士三十三傳陳吏部尚書孝穆公諱陵第十六世孫宜興令延休公諱塋之仲子也十歲能文善對策與伯兄鉉季弟鍇咸以文章著名海內仕南唐任散騎常侍後陞吏部尚書拜學士承旨嘗使貢于宋詞鋒如雲旁觀駭愕宋隨作使不能對答同居數日唯唯無酬對而南唐拜官多因上書言事公爲之制誥請設科舉由是文雅較他國獨盛楚州刺史田敬洙請修白水塘溉田以實軍餉邊

吏因緣侵擾大興力役奪民田甚衆公即以其事白唐主唐主命公按治之籍民悉歸其地或譖以擅作威福唐主怒流公於舒州然白水塘竟不成公坐貶陝中柳開爲舒州刺史頗傲慢後開犯法詔鄭文寶治之開因鄭爲公門生詣求解公率以微言釋其事一時稱爲世德長者越一年召歸復職拜爲太宰開寶八年十月江南都虞澄以潤州降宋唐主危迫遣公貢方物上表以求緩師公至言於宋太祖曰李煜無罪陛下兵出無名奈何見伐踰月唐主復遣乞緩師以全一邦之命公如宋反覆辯論不已太祖仍厚賜遣還太平興國元年正月朔太祖授唐主光祿大夫檢校太傅右千牛衛上將軍封違命侯責公不早勸降公對曰臣爲江南大臣國滅當死不當問其他太祖曰忠臣也深羨其才又嘉其耿節累徵不赴至乾德五年三月九日敕徵翰林學士及從征太原加給事中兼散騎常侍雍熙初勅工部尚書累封東海郡開國侯公精于小篆爲文章有典則於金石之文尤簡公之著述傳世則有騎省等集傳家則有家規

等集公之祖父世居浙之會稽及年而立卜宅嘉興府治東年將四十隨父延休公卜圖居于江南揚州府江都縣之東郊至年五十又卜居金陵棲霞山棲霞寺之西及年六十四更始定居于常州府無錫之東北隅東膠山南橫塘里公生于浙之會稽在五代梁貞明之六年庚辰三月十七日卒于陝西邠州在北宋至道元年乙未正月初九日享年七十六歲其門人胡仲容歸葬于江西南昌府西山鸞崗嶺父延休公塋之昭胞弟學士楚金公葬于父塋之穆誌稱

三徐臺配江氏生于五代梁貞明五年己卯八月初三日繼范氏生于五代唐同光元年癸未二月十九日俱累封開國夫人嗣子元皦字靜庵任常州府通判孫徐字深明任太醫院院正曾孫天恩字欽服任江西饒州府同知改鄱陽尹天錫字畏服北宋天禧己未科進士仕至太常寺正卿封諫議大夫天賜字思服遷常州府新塘鄉道明里

八世孫嘉言堯咨氏百拜謹述

學士鼎臣公小傳

公諱鉉字鼎臣南州高士三十一傳郡守旛文公之孫殿卿望公之仲子也十歲能文對策與伯兄鉉季弟鍇咸以文章著名振海內初仕南唐任散騎常侍郎歷吏部尚書拜學士承旨嘗使貢于宋詞鋒如雲旁觀驚駭宋館伴使不能對答同居數日唯唯無酬酢南唐拜官多因上書言事公爲之制誥請設科舉由是文雅較他國獨盛楚州刺史田敬洙請修白水塘溉田以實邊吏因緣侵擾大興力役奪民田甚衆公以白唐主聞命公按治之籍民悉歸其地奏請以擅作威福唐主怒流公于舒州然白水塘竟不成公坐貶陝中柳開爲州刺史頗慢傲後開犯不法謫鄭文寶治之開因鄭爲公門生請求解公卒以微言釋其事一時稱世德長者越一年召歸復職拜太宰開寶八年江南都虞澄以潤州降宋唐主危迫遣公貢方物上表以求緩師公至言于宋太祖曰李煜無罪陛下兵出無名奈何見伐踰月唐復遣公緩師以全一邦生命公如宋反覆辨論不已太祖佯厚賞遣還太平興國元年正月朔太宗授唐主光祿大夫檢校太傅右千衛上將軍封　命侯責公

不早勸降公對日臣爲江南大臣國滅當死不當問其他太宗曰忠臣也深美公才又嘉公耿節至興國五年勅徵翰林學士及從征太原加給事中兼散騎常侍雍熙初勅任工部尚書累封東海郡開國侯公精于小篆爲文章有典則于金石之文尤備公之著述傳世則有騎省等集傳家則有家規等集公之祖父世居浙之會稽及年而立卜宅于嘉興府之沽東一因渴世祖假王墓在府城西北二十里許復禮鄉二因晉世祖尚書熙公祠在精嚴寺旁寺即尚書公故宅也因中夜井發五色光明奏晉成帝而捨宅爲寺御賜寺額曰寶光寺後改爲精嚴寺云年將四十隨公延休公卜圖居于江南揚州府江都

縣之東郊至年五十卜居金陵縣誌云在攝山棲霞寺之西圍池甚廣及年六十四更始定居于常州府無錫縣東膠山南之橫塘里公生于浙之會稽在五代梁貞明之六年庚辰三月十七日卒于陝西邠州在北宋至道元年乙未正月初九日享年七十六歲其及門胡仲客歸葬于江西南昌府西山鸞崗嶺父塋之昭胞弟學士楚金公葬于父塋之穆詳冊三徐墓配范氏累封夫人生于五代唐同光元年癸未二月十九日子一元甑

北宋集賢殿大學士楚金公傳

公諱鍇字楚金晚號日丹石係夏相伯益公百有六傳南金十三派內雁行分列第七支北宋初敕徵翰林學士累封東海郡開國侯鼎臣先生之胞弟也幼隨伯仲兩兄咸以文章著聲振海內名聞於朝累官集賢殿學士善撰文凡有大著作皆出公之手筆爲於龍門字彙著名其昆仲早朝圖小像猶存濟濟鵷行於宋代翼翼鳳舞於廟堂德配錢氏子二長曰元甑字靜菴任常州府通判嗣鼎臣公爲後次曰元鮒

字靜明任禮部侍郎孫曰寮號子猷咸平四年任湖州府教授遂卜宅於常州馬跡山而世居焉子孫蕃衍科第聯綿至第十一傳千十九而至千三十公等支後裔有遷於毘陵之港北石橋頭者有遷常州府河南塘洋及北門者有遷府南門外莊讓里者有遷句容茅山冊田者有居金壇南門三星者有居金壇之觀庄者有居於金壇丹陽門者有遷鎮江府屬之溧水者星羅棋布聚族而居不勝數也考公墓誌葬於江西南昌府之西山曰鸞崗嶺父塋延休公之穆

胞兄鼎臣公葬於父塋之昭志稱三徐塋千古不泯也

論云徐氏之流澤抑何盛也曰始以文著終以德昭應獲天之報施其善歷歷不爽雖閲千載猶如昨耳宜乎後世之厥昌正未有艾也歟

賜進士出身誥授中憲大夫知雲南永昌府事加三級年姻家晚學生秦禾頓首拜撰

陶卿泰掖公傳 載入明州志第三十冊

徐憲卿字九亮號泰掖太倉沙溪里人萬歷四十一年癸丑進士授行人司行人泰昌元年庚申擢南京工科給事中掌計典尋管京營軍務時奄黨用事三案議起憲卿疏論李可灼侍疾不謹按祖宗法死無赦天啟四年甲子疏言爲帖之僉北司之拷非所以示天下公宜以罪犯付法司承審內外章奏還內閣職掌又權璫罪狀一疏直斥魏忠賢客氏及所用要人奸黨側目時緹騎四出在黨籍者先後逮詔獄或忧憲卿曰盍諓詞頌德以解禍憲卿曰我寧恰直而終使邪不爲國亡何奄敗卒以免天啟七年丁卯晉遷光祿寺少卿轉太僕寺少卿駐滁州視江南北馬政又五年致仕而歸晚節自活卒年八十有二

謹案泰掖先生以南垣補牘直糾權璫骨鯁之風與當時數君子相上下其不捐軀碎首罹璫禍者幾希耳比纂州乘所續薦紳傳僅七人先生與焉令孫霽發以公遺像示予因書於末并跋數行以志景行云

旨

康熙十四年歲次乙卯臘月既望後學忍菴黃與堅

拜撰并跋

高士潔菴公傳

徐潔菴先生諱相龍字文炯號曰潔菴行五無錫之南里人也自子久公諱若木暨父伯益公諱大費佐禹治水有功受封於江南鳳陽府泗州之徐城以後名宦襲爵代有傳人三千餘年間勳績炳然燦於史冊且具載家乘祖太醫院左判南泉先生諱西芝歲進士恩贈翰林院庶吉士少司寇思南先生諱一坤母朱氏敕贈太安人諱貞行太醫南泉先生利濟生民勳名播於御醫而聲震四海贈翁思南先生年不

配德有五子長廉彥文烱公次太學魯庵公三太史明菴公季庠彥文熺公先生其末也太史贈翁歿三月而先生方生生而穎異十餘齡落筆驚人朱太安人奇愛之不欲令攻苦蓋叔兄於先生十年以長時已才名籍甚提取青紫朱太安人意以繩武有人兒班衣娛老人足矣而先生攻苦倍于常人歲在嘉靖三十九年庚申文宗李野堂先生觀學江左得先生卷拔取蘇州府吳縣庠有聲于時甚後遊南雍自辛酉歷隆慶朝而至萬歷元年癸酉五進棘闈輒弗利

忩慈母春秋高不勝悒悒而朱太安人處之怡然曰得失有命且爾承累世遺業爾兄又弱冠魁南畿聯進詞林今仕山西猶怏怏若此獨不見甕牖書生有皓首窮經者乎蓋其母子之間交相勉慰如此先生篤孝性生痛不獲事贈翁太史思南公每於展讀父書無不摩挲手澤黯然神傷歲時修祀惟謹僾然肅然僾若臨之在上憶先生嘗謂予言人生至樂莫若常依膝下吾五人不幸早失怙恃季兄文熹生方二歲而孤兒難識父父猶識兒吾則遭遇尤酷因相對

嗚咽不能已二年甲戌春正太安人開八表觴先生從叔兄太史明庵公上壽極天倫之樂閭里皆云至榮余方居先太常喪不得與執爵之列他日余以藂先生先生曰人知余樂不知予痛子亦爲是言耶其蓼莪之哀没齒如一日也事太安人四十有七年娛養百端非有故不離親側太安人常言兒在側吾飯加餐而侍兄太史公等敬愛兼盡夙興夜寐遊處必偕一味之甘不忍先入其口迨至五年丙子冬公舉先生鄉飲介賓不肯赴丁丑冬復舉先生鄉飲大賓

復固辭有司以先生高行聞於朝恩授太醫院御醫之職拜而不受隨敕授太醫院使北面再拜固辭常郡人民無不稱先生錫山高士云原配祁孺人鄉飲介賓竹雪先生女先生與之相莊家無間言閨闈之內雍雍肅肅是時家門鼎盛南泉公門生故吏暨太史公金蘭簿中客多在仕版有蒞於吾土者先生而守澹臺之節匿影不往見家僮數百指恐其持主人門弟貴緣爲奸先生約束綦嚴莫敢窺戶以外其冰骨霞心肅然物外又有然者性坦率無城府有喉直

吐有腕徑書不解囁嚅齷齪態其英偉卓犖之氣遇事則發無少屈嗟乎先生之易簀也子伯仲往省之先生已彌留謝弗見將出戶髣髴聞飲泣聲詢之則太史公也蓋太安人每問疾先生恐驚母悲詭以弗藥對及勢已不救囑太史公勿令太安人知故吞聲別室云予兄弟相謂潔菴先生眞高士乎斯人也而有斯疾也然造次顛沛生死呼吸之間而慈孝允恭油然一門之內宜乎徐氏之興未艾也先生本素封性落拓恥問生產故歿之日無厚貲以遺子孫而先

生有二子應厚應金櫂德積學必昌厥後甫孫永義
永鳳等皆濟濟亢宗之器燕翼貽謀固不必黃金滿
籯也一女適太學立雪趙公博學君子也不愧玉潤
云
論曰錫人數科甲久盛首推膠山徐氏予以爲無錫
徐氏本膠山發派最盛於南唐北宋非盡科甲之謂
也往史所紀王謝崔盧之族華冑遥遥閱千載而弗
替彼豈皆食祿萬鍾期頤耄耋者哉意必有人焉豐
培而嗇享留不盡以俟後之人者矣且夫鳳翔千仞

以其不鳴于高崗也世莫得而見之而謂之非鳳可
乎哉其在於今徐先生贈翁思南先生之五令嗣高
士潔菴先生其人也嗚呼顯者若彼而隱者若此此
江常徐氏之所以益盛歟
隆慶二十二年歲次甲午孟春之月
賜進士出身
誥授資善大夫副都御史巡撫湖廣等處前僉都御
史巡撫南贛等處太常光祿等卿兵科給事
中翰林院庶吉士表弟秦燿頓首拜撰

延公小傳
徐延漢景帝時人初徐生者以容爲禮官大夫傳子至孫
徐延徐襄世其官是後言禮爲容者由徐氏
伯珍公小傳
徐伯珍南北朝龍游人少孤貧以箸葉學書杜門十九年
淹貫經史梟召不出兄弟四人俱白首時稱四皓
德言公小傳
徐德言南北朝官太子舍人尙樂昌公主陳政衰謂妻曰
國破伊必入權豪家儻情緣未斷尙冀相見乃破鏡各分

其半約他時正月望日賣與都市及陳亡其妻果爲楊越
公得之德言乃寄詩曰鏡與人俱去鏡歸人未歸無復嫦
娥影空留明月輝樂昌得詩怨泣不已越公聞之愴然召
德言還其妻
昺公父子小傳
昺字勉之宋饒中名士精通五經淹貫子史稱東南第一
人長子規字伯度次子矩字叔度洪武初獻大射賦各賜
官人比三蘇
德臣公小傳

徐仲行字德臣宋臨海人少從胡瑗學司馬光見而大奇之曰神清氣和可與進道父死廬於墓側耕養母葬親舊之無後者十餘喪累辟不起

德之公小傳

徐大正字德之宋歐甯人常赴省試過釣臺題詩云光武初從血戰回故人長短論詩材中宵若起唐虞興未必先生獨爲吾蘇軾見之遂與定交嘗築室北山下名開軒秦少游爲之記軾爲賦詩人以北山學士呼之

伯仁公小傳

徐元杰字伯仁宋上饒人南省廷對皆第一知南劍平峽陽盜擒其巨魁修延平書院訟者以理化誨

清正公小傳

徐鹿卿字德夫宋豐城人時宰相以甘言誘鹿卿退語人曰此牢籠也吾不能爲宰相私人竟以事出起浙江提點刑獄史彌遠之弟通判溫州利韓世忠家寶玩籍之鹿卿奏削其官聲振朝野進文華閣待制手編漢唐文苑又著有味書閣集泉谷奏議封豐城伯謚清正公

文靖公小傳

徐溥以明弘治時官大學士中官傳旨命內閣撰三清樂章溥言三清邪妄之說臣祇習儒書邪說理曲尤所不習上然之公以江南宜興人中景泰甲戌榜眼徐轄江南武進人景泰甲戌探花徐瓊江西金谿人天順丁丑榜眼徐瑞廣東番禺人成化丁未探花徐穆江西吉水人弘治癸丑榜眼一時徐氏科甲之盛天下榮之

階公小傳

徐階明松江華亭人嘉靖癸未探花佐世宗一洗嚴嵩婁習迴絕奔競仕路復清紀綱復振世道休明賢相也

禎卿公小傳

徐禎卿明姑蘇人李夢陽文雄海內目中無人及閱禎卿文大加驚異世稱徐李

善長公小傳

徐元字善長明人風流磊落博雅好古汪洋千頃之度此君有焉

行義公小傳

徐汝翼字行義號南儒儀形岳立如山節操冰清不染開心見誠仁慈可掬

哲先公小傳

徐喆字哲先明新建人庠生肆力於經史百家有志經濟早喪妻方氏青年守義效晝荻和丸之教課子成名

貞明公小傳

徐貞明明人好言天下大計臚列西北水利經晝曲折靡不纖悉

徐吾小傳

徐吾漢齊女與鄰婦合燭夜績吾貧而燭不給鄰婦請無與夜吾曰妾也起嘗早去嘗後掃塵以待爲貧故也今一

室之中去一人燭不爲益明益一人燭不爲益闇何愛東壁餘光幸分之鄰婦遂復與夜績

徐惠小傳

徐氏名惠唐長興人生五月即能言語八歲援筆成文太宗召爲才人數上書直諫上改容納之故營王華宮茅茨居半封惠妃

刑部主事子明公小傳 宜興派

公諱鑑字子明永樂乙酉科鄉試舉明經及第初任刑部主事遷戶部郎中奉敕知瓊州府廉靜寡慾孜孜愛民惠政與行一郡安洽比卒郡人立祠祀之子琳德茂行修孫溥甲戌一甲第二榜眼。

高士廷璽公小傳 宜興派

公諱琳字廷璽子明公之子德茂行修士林推之以子溥貴姻黨有贈官物者祈公綏徵公捐己資輸之終不請託于官邑人稱貸于公或償以田者公計所入畧相當亟以田還之語子曰吾族之子姓皆祖宗一體之分賙卹未備吾心歉焉長子溥置義庄田實公啟之也壽八十餘卒

太子太師吏部尚書諡文靖時用公家傳 宜興派

公諱溥字時用廷璽公之長子景泰甲戌一甲第二名初授翰林院編修預經筵講讀官歷詹事府詹事少師兼太子太師吏部尚書階光祿大夫上柱國入內閣典機務弘治戊午以老乞林恩禮有加乙未卒賜棺槨布帛遣官諭祭葬贈太師加特進左柱國諡文靖公爲人端厚凝重言動有則年七十餘卒

隱士蕙堂公小傳

公諱應馨字蕙堂鼎臣二十一傳碧亭公之孫南洲公之長子也賦性恬淡嗜山水閭里咸稱成德士殆至强仕後始曰男子生而志在四方豈悠悠鄉里以終老耶于是挾金貨殖每得纏頭歸而以之濟貧無依者蓋公之志浩浩落落非俗輩碌碌風塵者可比雖其寄跡行商將其寓意耳豈射利哉其後子孫蕃衍節義可風厥惟公肇之娶陳氏曰懿德子一念堂

處士草堂公小傳

青祁支派傳

公諱應芬字草堂南洲公之次子體修偉嶷乎如山之立粹乎如玉之純温乎如春之和矯矯乎其出乎塵之表其見乎外者如此而其性則瀟洒常闢地爲園搆玉梁草堂于其際中有奇松怪石古木長林凡足以開拓心胸者無不畢致每當春初夏之交野花生香時弄舌圻數枝作齋頭清供手執周易獨據胡床至秋冬之際寒鴉點點哀雁嘹嘹坐看黃葉丹楓疎疎密密以爲清賞一助時而焚香啜茗話談今古時而義方課子指示詩書於見湖光飄渺之間隱然現一陸地行仙矣公之後克以德[illegible][illegible]行

世其家皆公之澤也娶丁氏生子一愷堂

處士芹堂公小傳

公諱應謊字芹堂南涯公之子也幼博學不事俗務及長惟持高潔隱于梁溪之南里勤色養敦友愛時歲遇凶比貧不能舉火者咸賑給之以故一時咸以公爲亭亭物表皎皎霞外而景仰之配葛氏生念芹孫五完一完儒完德完瑞完五時亦稱五桂云

處士若霖公小傳

青祁支派傳

公諱琫可字若霖蒸武其別號也倜儻負才氣與人交洞見肺腑救貧郵難不惜傾囊宅後築一圃鑿一池周圍林木蓊然奇花其中每遇花晨月夕邀良朋焚龍涎烹雀舌談笑其中且詠且歌既歌且酒娛情盡醉乃已其大致如此公之子芳臻弘業弘猷俱有祖父之風云

處士子安公小傳

公諱嗪仁字子安完一翁之子思英公之嗣子也爲人好親士類喜讀書疾惡如仇見少年中有行止不端者[illegible][illegible]之生平能尊禮師傅專意課子思得繼詩書之業以上羅祖武不幸事不副志康熙甲子十一月某日卒公之生[illegible]

氏守節已三十四年茹荼飲苦今壽屆古稀鄉黨皆稱其賢子三吉楓吉曦吉曜

處士完瑞公小傳

公諱爾琮字完瑞芹堂公之孫念芹公之四子也昆弟五人伯兄完一仲兄完儒季兄完德弟完五俱以氣節自罄強不爲物屈公少有壯志偕長房侄仲修仝客江湖著摩產置廣廈克成堂構平居與兄弟和協宜考終牖下不意于庚申間竟客死于江傷哉公配袁氏生二子長臻禮次臻矩吉廸吉七長房之孫吉彥吉民次房之孫咸英英俊爽

處士庭芝公小傳

公諱芳字庭芝君霖公之子幼穎悟讀書目數行下邑中先達多器之遇鼎革遂棄儒冠去而服賈經營四方又不利退而督家人力耕以自給生平以氣節自高不畏強禦鄉黨有事輒爲人排難與父言慈與子言孝凡宗黨中有窮乏者必周給之家以內子弟雍雍如也有萬石君之風生五子皆守其遺訓慷慨任俠爲鄉黨推重性好山水嘗徜徉于其間卒年八十至今邑人[illegible]君子云

鳳儀公小傳

錫邑多佳山水龍峯峙乎西震澤環乎南其尤著也地靈則人傑故代多偉人公諱增興字鳳儀爲宋學士[illegible]臣公二十八世孫家瀕蠡湖得山水間趣意未足欲周覽天下名山大川之勝襄居最久觀鼓鑄業語人曰陶冶人材當如是晚而歸錫頹然老矣其諸樂水之智者歟抑樂山之仁者歟宜其克享長年生於雍正庚戌年卒於乾隆乙卯年而卒壽六十有六配趙氏有孟光風生子二曉文煥章能承父志云

孺子公事畧

公諱穉字孺子原籍豫章南昌僊王四十二世漢武源候黃公之五傳徵猷特制洵公之子也家貧常自稼穡非其力不食恭儉讓義所居服其德屢辟公府不起時陳蕃爲太守以禮請署功曹公不免往之既謁而退蕃在郡不接賓客唯公往特設一榻去則懸之後舉有道家拜太原太守皆不就延熹二年尚書令陳蕃僕射胡廣等上疏薦公等曰臣聞善人天地之紀政之所由也詩云思王多士生此王國天挺俊人爲陛下出當輔弼明時左右大業者也伏見處士豫章徐穉彭城姜肱汝南袁閎京兆韋著潁川李曇德行純備著於人聽若使擢登三事協亮天工必能翼宣盛美增光日月矣桓帝乃以安車玄纁徵之並不至　帝因問蕃曰徐穉袁閎韋著孰爲先後蕃對曰閎生公族聞道漸訓著長於三輔禮義之俗所謂不扶自直不鏤自雕至於穉者爰自江南卑小之域而角立傑出直當爲先穉嘗爲太尉黃瓊所辟不就及瓊卒歸葬穉乃負糧徒步到墓下赴之設雞酒薄

祭哭畢而去不告姓名時會四方名士郭林宗等數十人聞之疑其穉也乃選能言語生茅容輕騎追之及於途容爲設飲共言稼穡之事臨訣云謂容曰爲我謝郭林宗大樹將顛非一繩所維何爲棲棲不遑甯處及林宗有母憂穉生弔之置生芻一束於廬前而去衆怪不知其故林宗曰此必南州高士徐孺子也詩不云生芻一束其人如玉吾無德能何以堪之漢末盜賊縱橫共云相戒勿犯徐先生境湖州府城東孺山下有孺子廟因哭友人刺史姚元起於此南昌府城東北陳蕃建孺子亭祠建於東湖墓在進賢門外子二長亂字季登其高尚有父風亥曜遷國子祭酒

南州十八世孫吏部尚書陵孝穆氏百拜謹撰

湛之公事略

姚思廉

湛之字孝源父逵之尚宜長公主幼孤爲武帝所愛寢食不離帝側永初三年詔遺託重中開府之命加中書監數歲時與弟淳之共車行牛奔車壞左右人馳來赴之湛之先令取弟衆咸嘆其幼而有識及長頗涉文義事祖母及母以孝聞元嘉中拜秘書監尚會稽公主初武帝微時貧甚嘗自新州伐荻有衲衣布襖等是敬皇后所自作武帝既貴以此衣付公主曰後世有驕奢不節者可以此衣視之湛之爲大將

軍彭城王義康所愛與劉湛之等頗相附及得罪事連湛之文帝大怒將置大辟湛之憂懼無計以告宜長公主公主即日入宮及見文帝因號哭下牀不復施臣妾禮以錦囊盛武帝衲衣擲地以示上曰汝家本貧賤衲衣是我母爲汝父作今日有一頓飽食便欲殘害我兒耶上亦號哭湛之由此得全再遷太子詹事尋加侍中湛之善尺牘音詞流暢貴顯豪强產業甚厚室宇園池貴遊莫及伎樂之妙冠於一時門生千餘皆三吳富人子資質端美衣服鮮麗每出入

行遊塗巷盈滿泥雨日悉以後車載之文帝每嫌其侈縱時安成公何最無忌之子臨汝公孟靈休昶之子也並名奢豪與湛之以餚饍器服車馬相尚都下爲之語曰安成食臨汝飾湛之美兼何孟湛之後遷丹陽尹加散騎常侍以公主憂不拜過葬復受前職二十二年范曄等謀反湛之始與之同後發其事所陳多不盡爲曄等欵辭所連有司以湛之關豫逆黨事起積歲未及歸聞多有蔽匿請免官削爵付廷尉上不許湛之詣闕上疏請罪上優詔不許二十四年

服闋轉中書令太子詹事出爲南兗州刺史善政俱肅威惠並行廣陵舊有高樓湛之更修整之南望中山城北有陂澤水物豐盛湛之更起風亭月觀吹臺琴室果竹繁茂花藥成行招集文士盡遊玩之適二十六年湛之入爲丹陽尹領太子詹事二十七年魏太武帝至瓜步湛之與皇太子分守石頭城二十八年轉尚書僕射領護軍將軍時尚書令何尚之以湛之國戚任遇隆重欲以朝政推之湛之以令事無不總又以事歸尚之互相推諉御史中丞袁淑奏並免

官部乃使湛之與尚之並與樞要尚之雖受命而仍
以朝事悉歸湛之至是江湛之為吏部尚書與湛之
並居權要謂之江徐上每疾湛之輒侍醫藥二凶巫
蠱事起上欲廢劭賜濬死而孝武無寵故累出外藩
不得停都下南平王鑠建平王宏並愛而鑠妃即湛
之妹湛之勸上立之徵鑠自壽陽入朝至又失旨欲
立宏嫌其非次議久不決與湛之議或連月累夕每
夜使湛之執燭繞屋檢行慮有竊聽者劭入弒之夕
上與湛之屏人語至曉猶未滅燭湛之聞變驚起趨

北戶未及開見害時年四十四孝武即位遺贈司空
謚曰忠烈公子聿之為元凶所殺聿之子孝嗣

孝嗣公事略

姚思廉

孝嗣字始昌父被害孝嗣猶在孕母年少欲更行不
願有子自牀投地者無算又以擣衣杵舂其腹并服
墮胎藥胎更堅及生故小字遺奴幼而挺立八歲襲
爵枝江縣公見宋孝武升階流涕迄於就席帝甚愛
之尚康樂公主拜駙馬都尉泰始中以登殿不著靴
為書侍御史蔡準所奏罰金二兩孝嗣姑適東莞劉
舍舍兄藏為尚書左丞孝嗣往詣之藏退謂舍曰徐
郎是令僕後年三十餘可知名汝宜善自結昇明

中為齊高帝驃騎從事中郎將帶南彭城太守轉太
尉諮議參軍齊建元初累遷長史兼侍中善趨步閑
容止與太宰褚彥回相埒尚書令王儉謂人曰徐孝
嗣將來必為宰相轉御史中丞武帝問儉曰誰可繼
卿儉曰任東都之責其在徐孝嗣乎出為吳興太守
儉贈孝嗣四言詩曰方軌叔茂追清彥輔柔亦不茹
剛亦不吐時人以比蔡子尼之行狀也在郡有能名
王儉亡上徵孝嗣為五兵尚書其年敕撰江左以來
儀典令諮授孝嗣明年遷太子詹事從武帝幸方山

上日朕經始此山之南復爲離宮應有邁靈邱
山湖新林苑也孝嗣答曰繞黃山欵牛首乃盛漢之
事今江南未廣願陛下少更留神上乃止金陵王子
良甚善之歷吏部尚書右軍將軍領太子左衛帥臺
閣事多以委之武帝崩遺詔以爲尚書右僕射隆昌
元年爲丹陽尹明帝謀廢鬱林左右莫知以告孝嗣
孝嗣奉旨無所釐替即還家草太后令明帝入殿孝
嗣戎服隨後鬱林既死明帝須太后令孝嗣出於袖
而奏之帝大悅時議悉誅高武子孫孝嗣堅保持之

故得無恙以廢立功封枝江縣侯甲仗五十人入殿
轉左僕射明帝即位進爵爲公給班劍二十人加兵
百人舊拜三公乃臨軒至是帝特詔與陳顯達王晏
並臨軒拜授時王晏爲令人情物望不及孝嗣晏誅
轉尚書令孝嗣愛好文學器量弘雅不以權勢自居
故見容明帝之世初在帥府晝臥齋北壁下夢兩童
子遽云移公床孝嗣驚起聞壁有聲行數步而壁崩
壓牀建武四年即本號開封儀同三司讓不受時連
年魏軍動國用虛乏孝嗣表立屯田帝已寢疾兵事

未已竟不行及帝受職承元之初輔政自尚書下省
出住宮城南宅不得還家帝失德孝嗣不敢諫及江
祐誅內懷憂恐然未嘗表色始安王遙光反衆懷遑
惑見孝嗣入宮乃安然羣小用事不能制也時孝嗣
以帝終必亂天下常與沈文季俱在南掖門欲要文
季以門爲應四五日之文季輒亂以他辭孝嗣乃止
進位司空固讓求解丹陽尹不許孝嗣文人不顯同
異名位雖大故得未及禍虎賁中郎將許準有膽力
陳說事機勸行廢立孝嗣遲疑謂必無不動干戈理

須少主出遊閉城門召百僚集議廢之雖有此懷終
不能決羣小亦稍憎孝嗣勸帝除之其冬孝嗣入華
林省遣茹法珍賜藥孝嗣容色不異謂沈昭畧曰始
安事吾欲以門應之賢叔若同無今日之恨少能飲
酒飲藥至斗餘方卒乃下詔言誅之於時凡被殺者
皆取其蟬冕剝其衣服衆情素敬孝嗣得無所侵長
子演尚武帝女武康公主位太子中庶子第三子況
尚明帝女山陰公主並封駙馬都尉俱見殺孝嗣之
誅衆人懼無敢至者惟會稽魏温仁奔赴以私財營

喪事當時稱之初孝嗣復故封使誡吏吳興郡[illegible]
之當傳幾世獻曰恐不終尊身孝嗣容色甚惡徐曰
封支江縣侯中興元年和帝贈孝嗣太尉二年改葬
宣太德后詔贈班劍四十八人加羽葆鼓吹謚曰文
忠改封餘子縣公子緄仕梁位侍中太常信武將軍
謚頃子

漢文公傳畧

公諱廷璽字漢文裕成公之長子也幼而穎異至性過人自成童失怙喪葬盡禮謹遵義方孝養以事毋友愛以撫弟交友必信潔巳自持恂恂如也有族叔祖南臺公由　聖祖南巡獻萬年有道賦及聖德詩稱　旨　敕命為蕉苑教習供奉內庭以勞議敘由光祿寺署正改授浙江德清縣知縣遂延公入幕府參酌時政無不得宜及念齋公自翰林出宰楚之湘陰有惠績累擢辰沅衡三郡知府歷歷數十年

間仁風善政一以恤民疾苦為念亦由公之贊勷力也由是政簡刑清案牘之暇酬酢應對悉當其意至於觀山水賞名花起居坐臥一息不離左右當時荆楚名公大人莫不倒屣而迎望如山斗一旦喟然嘆曰名利險途不可久處遂辭以歸然念齋公家中大小諸事無一非公安定之者則是公與念齋公可謂推心置腹者矣後公居家澹泊自如安重寡默論事理正辭嚴抑強扶弱疏財仗義排難解紛鄉黨聞其片言無不傾心悅服乾隆乙亥冬歲饑有待公而舉

炊者數家丙子春大疫公之從昆季姪輩相繼而歿者五六人並得葬於邱壠者皆公一人之力也至若孤而苦者周恤之離而散者招聚之尋從姪於義興不辭跋涉收族女於陽邑豈惜囊金所謂孝友睦婣任恤於公有焉其令德又當何如也夫何天之報施善人有足異者丁丑冬風霜忽變而府君耕方公中道而徂公與王母陶孺人深抱西河之痛幾至喪明幸吾母丁孺人夙嫺閨範攜孤定省操績茹荼冰霜凜節家庭內外肅若明庭公則撫嫠媳育三孤耳提

面命訓以義方撫育之暇又以敬宗敦本爲念因訪求族中得家乘舊本數帙要皆殘缺失次者公乃矢志修輯不閒晨昏寒暑如是者有年方得成帙是時念齋公尚宦楚南馳寄楚署念齋公一見喜不自勝重加釐訂撰序寄歸付梓刊刻至癸未歲始得告成而公之形神益衰矣而公之志願亦遂矣不幸越明年甲申冬十月朔越二日初三辛巳卯時考終享年六十有八陶孺人先卒於癸未歲二月初三日辛卯寅時壽終享年六十有四生子一即府君耕方公諱

西疇孫三長即不肖名琛次名璋幼名瑛

時維

乾隆二十九年歲次甲申仲冬之月

長孫男琛百拜謹述

雨村公事畧

雨村先生諱沛太學生別號半耕人世居金匱板橋村祖諱雲翔字日和儒林郎貤贈布政司理問父諱學謙字葢齋修職郎母即顧孺人欽旌節孝者也先生少有至性益齋公歿甫三歲而哀毀有若成人自以早失怙無他昆弟事母尤謹居恒先意承志能得母歡心稍長就外傅讀書日數行下塾師講解悶涉五經大義輙領悟試爲文下筆立就尤工書則模二王得者咸珍藏焉然先生雖穎悟勵志刻苦恒倍常

兒年十六將應童子試而顧太孺人以年老多病不能理家政先生乃棄制舉業督率臧獲輩男役耕女授織措拄內外井井有條而家業亦隆隆起頌先生治家儉約而性好施與凡里人有急輙不惜傾囊贈咸豐丙辰歲大饑先生出錢數百緡助賑其尤著也平居恂恂言若不能出口及遇事故別黑白判是非則又義形於色以故附近數十里間有錐刀之爭者得先生一言無不釋然以去世以此重先生而先生亦以此聞於人也嗟夫如先生者苟或邀天幸而毋夫人以康强逢吉年登上壽先生必有所成就即不然而有若兄與弟代庀家政則發憤自勵使先生得專其力以蘄至遠大亦甚易易而乃天蹇其遇卒以拼擋家務早棄舉業不獲昌大其門閭至以半耕人自居葢先生之寓意微而其志亦因以可見矣配錢孺人有淑德事姑恪盡婦道爲族黨所矜式子男三人長男杲字曉山議敘縣佐次男果字穀甫議敘縣佐幼男棨字近三國學生女一適諸孫男五人炳煥燦燿炯俱幼讀曾孫男一人肇基同治壬戌歲余設

帳於曉山徐君家曉山將祖母顧孺人節孝傳并先生事畧匃余文捧讀之餘不勝感慨余雖不敏曷敢以不文辭謹即曉山所書先生事畧以俟當世之君子採擇焉

同治歲次壬戌仲春

邑後學世愚姪潘錦拜撰

藹庭公事畧

君諱其曜字藹庭金匱徐氏系出宋左散騎常侍鉉之後曾祖秉彝諱嘉德祖四和諱雲翔父謹軒諱學禮世居邑東鄉之板橋同族四五家皆富而好施而以君祖父爲尤著歲壬辰父謹軒先生卒逾年祖四和先生亦卒適歲大祲母王太宜人出錢三百二十緡以賑貧乏乃謂君曰曩者爾父性慷慨每欲有所匡濟天限之年不竟其志今吾母子賴先人餘廕得具饘粥倘不能體爾父之志曷以慰亡者於九原耶

君泣而敬誌之故其後所賑貸累千百計未嘗稍吝道光戊申里西北新塘橋圯橋北石隄亙數百丈水嚙阤剝不可行民多病涉君乃倡議修復度丈尺計徒傭慮財用書餱糧躬親課督不避艱苦凡二閱月而工竣過者稱便明年夏大水禾稼盡沒芙蓉圩被災尤劇全活甚衆咸豐丙辰大旱蝗民皆乏食君又捐錢四百餘緡官吏議賑君以母命先後捐錢一千二百餘緡而復就鄉設廠煮粥以食餓者庚申兵燹米升百錢民相食賑亦如之先後所費至三千金

之多皆傾囊以濟節衣縮食弗惜也其餘若修祠廟橋梁施藥施棺周䘏孤寡事繁費鉅瑣不勝書至避亂遷徙凡親族貧窶無依者皆資之行蓋君寬仁慈愛非惟母訓亦由性生故造次顛沛而不渝如此有仲姊適席氏者居相近壻夭撫孤守節尤爲王太宜人所憐愛君朝夕顧覘貲給尤厚以慰母心方君之孤也年甫十四就外傅讀太宜人治家勤夜則課子晝則督婢僕操作先衆手而作後衆動而息人無廢畧事無棄遺故以孤嫠持家而家日以裕君見太宜

人之勞也遇事輒欲相代太宜人驅令就塾不肯怒以色乃去已而復來太宜人憐之母子每相向泣以故君早棄舉業未冠即以家務自承誠不忍母氏之劬也嘗夏日食瓜斗必剜瓜心奉母太宜人轉命君食君不食改命婦婦亦然太宜人尙節儉家人上下日僅食二瓜往往反置瓜心不食太宜人嘗謂君曰吾家先世本安姓自高祖廣成公育於舅氏因嗣徐姓今兩族子姓日多而貧困者亦日衆爾父每欲置田贍族而絀於力爾他日宜成之故君於光緒九年

剳已產并先世祭田其千餘畝請於官置義莊一區

變遍成法以周兩姓爲久遠計歲戊子君年七十戒

子孫妍得橋觴因計所費重葺新塘橋岸俾無廢前

功生平勇於爲善惟恐不及其行事多類此君生於

嘉慶二十四年己卯十一月初五日午時卒於光緒

十五年己丑八月初一日子時享年七十有一由國

子生布政司理問加同知職銜舉鄉飲大賓誥贈兩

代祀諸宜人嫻於詩禮孝謹仁愛每食必以精者奉

姑而自奉甚儉布衣蔬食暇則稱古義以教子婦數

十年如一日先君卒妾二人呂氏周氏子三人葆楨

附貢生同知銜試用訓導葆樹附貢生候選訓導俱

能文有聲庠序間葆梓國子生州同職銜沉靜善治

生三子皆能繼君志君之後盖寖以昌矣彬與君居

同里閈尤習於君諸子知君行事爲詳八第見君輕

財好施以君爲古任俠者流而抑知其篤於天性所

以稟母教以成父志者固非尋常富室之所可及用

攸備敘一二并徵以鄉里宗族之所聞粗具梗概俾

當世知言之君子論定焉

光緒十七年辛卯嘉平月吉日

常熟後學世愚姪席彬拜撰

恩賜九品銜例授登仕郎行方徐公行述

公姓徐諱元模字行方系出北宋勅封開國侯翰林學士鼎臣公諱鉉後十三傳裕九公又六傳諱癸字南池始遷無錫北門懷仁鄉滸村而世居焉又六傳公曾祖諱玉樹字子如祖諱胥武字維揚父諱勇字剛若母姚氏生子三公其季也公生而穎異豪爽過人少孚讀書長覺文字見儒紳由躐狱洽之禮儒紳亦多與公友焉居家則事親孝與兄友居鄉則相率以情相聯以理中年雨大見背每有親不在焉之歎即理家務亦井井有條少暇既耕且讀至家道之豐盈實由公之勤儉力作所致也乾隆五十七年壬子歲值大饑公首捐貲勸賑近鄉之窮餓與鄰里親戚之貧苦者悉賴公之相郵相賙焉有司請獎　憲給熏濟桑梓匾額懸於堂建莊起義謀贍族人誠公之素志惜乎未逮曾有剛若公行方公南安公墓田一十畝三分三釐六毫後呈請立案以供春祠秋嘗之費公生於雍正五年十一月二十八日卒於嘉慶七年九月二十七日享年七十有六配方氏重科公女生於雍正三年三月二十五日卒於乾隆五十四年十二月二十九日享年六十□

子三長鄉飲賓甫安次鄉飲賓靜安三震安孫八

嘉慶二十五年歲次庚辰孟冬月朔

敕授徵仕郎

特授兩浙東江場鹽大使歷任浙江按察使照磨加一級

同邑王霖頓首拜撰

恩賜八品銜例授修職郎鄉飲賓南安徐公行畧

公姓徐諱靖然字南安金匱之懷仁鄉人也金匱爲無錫分縣癸公子松風公由城遷斗山之東滸村而居焉再八傳公之考行方諱元模妣方孺人生公兄弟三人公爲長狀貌魁梧稟姿英敏幼習詩文屢應童子試不遇時行方公命公理家務公受命綜畫家政凡種植灌溉不失時宜歲獲常倍因之承父業而勞力經營擴充田產厚方孺人疾公憂戚刲股煎湯以奉而孺人漸以得愈越五年而謝世公哀泣幾不欲生其天性純篤如此公年六十有三諸子皆長於嘉慶二十四年各授田分居曾於十九年甲戌歲值凶荒公出已貲助賑設廠煮粥道途給錢自冬徂春鄉之人全活者甚衆由是名稱於鄉事聞於上　恩賜八品銜鄉飲賓受穀帛之賜又蒙　憲獎給望隆德里匾額於第人皆以爲榮而豈公之志哉公見善必爲爲之必力族自松風公後老病孤孀者有助親友生養死葬之艱周者亦䘏公續捐祭田六十九畝二分三厘五毫以供先祖春秋祭掃墳墓修葺之費又創置田畝爲贍族田未及請題　旌表而公之精力已衰爰命諸子曰勤儉者致財豐

腴等增置田產建莊贍族吾之志亦吾父之志也卽徵宗收族亦當次第而施公生於乾隆二十二年六月二十五日卒於道光十四年十月十九日享年七十八歲德配張皮橋周孺人元洪公長女生於乾隆二十三年八月二十五日卒於道光十年二月初九日享年七十有三生子六長邑庠增生　恩貢八陂壽官　馳封徵仕郎候選直隸州州判紹基次太學生承基三太學生鴻基嗣三弟霽安公爲子四八品銜邦基五議敘從九品道基六開基孫男十五女一適張涇橋穆家巷穆靜山

道光十八年歲次戊戌春王正月　穀旦

敕授徵仕郎候選儒學訓導增貢生同邑王燦庚頓首拜

撰

子川徐君事畧

咸豐庚申二月粵逆下犯金陵大營潰散蘇常相繼淪陷吾鄉一夕數警金江之交咸集捐練鄉團以自保衛南北數十里恃以無恐者凡三四月漸以喪敗不支始相率從遊而賊氛遍滿於吾鄉矣然是時人口喪亡不多室廬亦俱無恙迄同治癸亥粵賊竄至悍不可當所至雞犬不留居室十燼八九遭其刦殺者視庚申不翅數倍而以余所聞滸村之徐君子川其罹禍爲尤慘云子川諱昌灝　風貢士翼蕃先生之冢子也性警敏具幹畧讀書有小得舉

子常兒未弱冠爲文郎中程度而于家人生產米鹽瑣屑之事尤能鉅細必察條理井井明經公不善治生遂不令就試責之綜理家務十餘年鬬業隆隆起明經公自謂余授徒於外吾兒營度於内長此以往吾子孫其庶幾免於凍餒矣無何每袁孺人卒君哀毁不欲生又恐父之過悲也乃勉治喪事盡哀盡禮庚申之變君挈家侍父輾轉從避幸護安全迨癸亥三月十九日君侍父守家賊猝至明經公欲挺身出君披之匿他所匿甫畢君已爲賊所執賊向之逼取財物君言無有賊乃之挾行君不拒殺非從之行十里許圖脫身不得私計與其受污於賊不如死乃肆口大罵賊怒以矛脅之罵益甚遂被害君素剛烈嫉惡如讎然既匿父而身不及匿何不即殉於家之爲得乎惟君之意蓋嘗恃不順從而辱罵賊殺其身尚不足以消其凶燄之氣必致窮搜其父并火其廬乃已不如相從十里許俟賊蹤既遠父必出避即辱罵致怒害不過一身耳君之臨難濟變乃如此然卒令之遇禍天之報之抑何酷也渝數年得　旨旌表從祀惠山忠節祠君生於道光元年三月二十九日迄癸亥殉難年方四十三耳配夏氏江邑范

莊名瑀傳女淑慎勤儉克修婦職嘗君殉難之日攜入避難長陰沙上涓得凶耗終日號泣屢欲傾生以翁年老勉延殘息而病已深矣明年甲子五月初六日亦卒年四十六子二時望康眉均早殤以胞弟昌瀚子炳吉兼祧女二長適太學生嚴韻清五品銜光祿寺署正諱錫標子次適太學生華鍾靈太學生諱拱辰子余生晚不及見君然世有姻戚比余游泰歸君之壻華君鍾靈手狀屬爲誌文成傳傳史氏事也余不敢僭他日儻得請於大雅君子或聊以資採擇則即以是爲嚆矢焉可遂不辭而謹爲[illegible]

右

光緒三十年荷月之吉

姻愚姪嚴承志頓首拜撰

世愚弟王元鑄頓首拜書

五品職銜太學生少華徐君行畧

少華徐君名昌藻明經翼蕃先生之季子也性奇僻絕去町畦不與世俗諧讀書麤識大畧即釋不觀然茶餘酒後與之縱論史事上下古今則又脫帽袒胸激昂慷慨陳大政治得失山川形勝帝王之賢否臣工之忠奸如掌上聚沙畫印一一剖析如流毫釐不爽蓋君之抱負自有不可一世之槩窮鄉僻巷所遇多農夫塾老與之言不肖故遂覺其落落難合而不知君之蘊蓄於中者非甚知己亦無以傾吐也世人遞相率目爲狂妄爲悶執宜已君少嘗爲文不肯輕就範圍必欲出奇制勝與時手絕異乃怏坐是屢試屢擯明經公戒以稍徇俗好則功名唾手可得弗顧也甘既不遇於有司遂援例入監就加五品職銜制藝試帖屏棄勿觀益發陳篋究心於經世之書明經公沒漸習治生術旁及醫卜星筭堪輿家言非樂爲是駁雜不純之學亦以假饕戲奇又多疾病知終以田間老耳只秉性剛正不阿遇事勇敢雖怵以勢力不爲動所作滸歸改橋一事吾家麻訪公于甲午歲爲文記之至今利濟農功靡有已時而當改橋之初阻撓者百出其計橫加詆謗而君卒

堅忍不撓如此假令君早歲得忘挾其所學以爲世用當能措置裕如大有以利濟蒼生廼躓蹬佗傺僅僅施之於改橋一事及橋成而君又漸沒於戲是可傷已君卒以光緒十八年壬辰十一月初十日距生於道光二十六年丙午二月初一日年四十七歲配許宜人先君卒無出繼室范氏君卒後三月廼生一子名夢吉余嘗識君遺節龐聞緒論又得君姪壻華君鍾瀛言委誌事狀並爲述其涯畧以備採擇昔武進黄仲則先生謂其友洪編修亮吉曰吾不幸早死集經君定必乖余之指趣矣余于君爲後學沘

筆述君事抑不知所乖者幾何也噫匪可知已

光緒三十年甲辰荷月之吉

姻愚姪嚴承志頓首拜撰

世愚弟王元鑄頓首拜書

少蘧徐君傳畧

咸豐十年粤逆之亂吾郡以鄉民禦賊莫如長洲徐君君諱佩瑗字少蘧世居蘇州齊門外東永昌曾祖崙祖步鰲父昇母戈夫人君少喜拳勇長身鶴立膽氣絕人粤逆犯蘇城君奉札團練於鄉賊陷土匪費勇來肆掠君斬一人衆始定俄而賊至君率弟佩瑞佩瑛身親陷陣大小十餘戰殺賊甚衆賊從江陰竄楊庫常熟告警提兵往援之無何常熟陷常是時官兵駐上海永昌四圍皆賊民無葢餒賊忌其能用衆也遣人招之君奉憲檄令便宜行事入城

爲內間佯與之約各不相犯歸密爲布置間遣騎至上海請兵不應君既毀家紓難常餉浩繁不得已募捐附近鄉鎮傍者四起然自是賊蹤不擾一方賴以安堵者兩年撫部興文薛公知其能奏撥餉銀濟之造礮船增勇數聲勢日壯十一年上游官兵克安慶余適在局爲君乞師於兩江總督湘鄉曾公同治元年曾公疏薦今撫部合肥李公代薛撫化率楚師赴上海收浦東降賊連克青浦嘉定軍威大振君至常熟說賊目駱董諸人魁賊返正乘間入省城訂密約事洩慕逆譚紹洸刃之常熟聞風遂倉猝變

獻城紹洸率大隊由雲和塘北竄君弟佩璋請於其母戈夫人慷慨誓衆歸帮辦永昌團練馬安瀾中途邀擊大敗之紹洸涸水道會礮船失火自焚隊長吳廷芳死之軍亂衆遂潰佩瑛收集潰勇移駐昆承湖佩璜由上海間信星夜從間道馳至崑整隊由致和塘破賊蟲出抵上海撫部李公令佩璜管帶礮船名之曰巡湖營佩瑛奉統帥李公檄帮辦營務從軍門桐城程忠烈公大軍進剿癸亥三月克太倉四月克昆山六月克吳江佩璜等戰甚力紹洸偵知之將加害於君秀成用反間計令君寄語紹洸營解散所部水師即釋之君以死拒既管兵連克城外賊壘逼城下紹洸恐生內變十月癸未夜以洋鎗洞其胸而死大軍入蘇城始得其尸兩足纍纏存焉距君死一月面色如生年四十有四事聞於 朝照二品官陣亡例 賜卹給予騎都尉世職襲次完時以恩騎尉世襲罔替君以捐職道銜剏團練功加二品頂戴娶李氏子源君性孝友善談兵嘗戰游團練三年幽囚一載竟被害讀者惜之余讀宋文憲公濟溪集元時寇陷江西吉安張光遠除左部署匯其友羅惟達請師孫守未發寇謀泄之縶與張衣裝僞死余適

爲君赴魄乞師出入波濤兵刃之中冒險往還幸免於難迨楚師東下省城垂克君率以身殉不獲見大功之成君弟佩璜等能繼其志躍馬行間殺賊功最著列入克城隨疏保舉中事平之後得邀奏卹君亦可以無憾於九原矣余爲述君之事比於吉安張君而愧無濟溪之文乃因佩璜等之請詮次傳畧俾列之家乘俟後有考焉

同治四年歲在乙丑七月既望虞山張瑛撰梁溪王元鑄書

府君奉直公行實

嗚呼痛哉　府君竟棄不孝朝經等而長逝耶　府
君年未逾艾遽遘閔凶不孝等　地呼天百身莫贖
何忍靦顏偷息生於人世惟以　府君一生敦行勵
學力善持躬儻不苟延殘喘纘述　府君懿美[illegible]不
孝等辜戾滋甚用敢濡血吮毫畧陳梗概以備
邑乘采擇焉氏
府君姓徐諱佩蘐字樹庭號子懷自號獨醉客世居
長洲縣之東永昌里　曾祖考清溪公諱嵩

誥贈通奉大夫　妣氏錢
誥贈夫人　祖考立堂公諱步鰲
誥贈通奉大夫　妣氏陸
誥贈夫人　考導樓公諱成
誥授通奉大夫議敘鹽運司運同隨帶加四級太學生
妣氏朱　繼妣氏丁俱
誥封夫人　大父導樓公生丈夫子五女子一　府君其
長也　大母朱太夫人生　府君不一日卒　[illegible]
母撫以成立　府君幼穎悟嗜好讀書成童後習[illegible]

藝尤耽於詩顧以　曾大父春秋高家中食指繁百
事蝟集乃奉　大父命襄理家務　府君承顏順志
無纖毫不盡　曾大父於諸孫中尤鍾愛焉道光己
丑三月吾　母謝宜人來歸逢　曾大父舉六十觴
開筵宴會賓朋滿座　府君奉　曾大父　大父晨
饈夕膳色養怡怡存問侍　曾大父登鄧尉山作探
梅遊秋偕韋君繡先生胡我雲祖姑丈同遊虎阜石
湖置酒玩賞聯吟唱和載月而歸庚寅隨　曾大父
大父往天竺禮佛飯僧泛棹西湖徧探名勝　府

君性極曠逸覩此山明水秀有灑然出塵之想流連
不能去是歲大姊慧英生辛卯不孝朝經生　曾大
母喜謂　曾大父曰孫曾有慶益宜積德培養癸巳
不孝朝綸生乙未四妹智英生五月　曾大母棄養
府君因孺慕失恃身受撫育之恩抱恨終天中夜
飲泣丙申五妹哲英生庚子五月殤辛丑不孝朝綱
生五月　繼大母棄養　府君亦備極哀毀[illegible]
曾大父　大父晚年喪偶謂吾　母謝宜人曰[illegible]司
中饋宜視膳倍謹無失重闈懽平居勇於爲善施予

不吝冬製棉衣散給窮人親串中以緩急告者如其
意貸之其餘恤寡矜孤之類陰德尤多　府君不欲
人知　不孝等亦不能盡述焉與人交不欺然諾內朗
而外和處事有遠慮臧獲輩悉感以誠歲收田息貧
佃或不以時償　府君造其廬察其情不忍遽加訶
責故佃皆翕然帖服春秋佳日散遊村墟間詢桑麻
豐歉之宜田間父老樂其慈祥咸以善人稱之壬寅
夏米翔貴郡有普濟堂度用告乏　曾大父請於舒
自菴太守引爲己任俞　府君偕李懋泉祖姑丈時

徃信宿嚴加釐整是歲　七妹桑英　生乙巳　八妹含英
生丁未　不孝朝經　受室張氏冬　大父得中風疾手
足不仁家事頓　府君支持戊申　不孝朝紀　生長孫
世昌　生己酉春　曾大父八十壽辰　府君隨　大
父　叔祖捧觴上壽舞綵承歡同堂五世極天倫之
樂郭眉峯先生祝聯云慶協鈞璜祖還祝祖祥徵服
印孫亦抱孫　府君上承祖父下詒兒孫見者莫不
稱羨之暇輒小憩於侶雲書舍以詩自娛有雪鴻吟
草畫蘭竹頗得停雲館遺意書法摹顏魯公趙文敏

兩家間作鐵筆亦有神致精賞鑒酷嗜名人書畫及
金石彝器摩挲不去手喜植花木善翦裁蕭疏入畫
焚香煮茗一榻琴書時於此得少佳趣自以早棄舉
業勗子弟勤讀而於　不孝等督之尤嚴塾課之餘常
令燈下背誦曰我聞讀書聲則喜不勝矣稍長命講
解四子書及經傳迨　不孝等握管成文　府君[illegible]
陋無以獲益乃於元都觀中集雙桂山房文社俾　不
孝等與時下名手相觀摩蓋　府君期望深切未嘗
一日稍疏懈如　不孝等不自知又不自力未副　府

君之望並辜　府君二十餘年教養之恩咸豐辛亥
大姑慧英　于歸樂安壬子　不孝朝綸　授室蔣氏五月
子芳叔父卒六月蔣　增祺　姊丈卒近年省垣議局
捐助軍餉　府君承祖父命請捐大吏聞於
朝列　府君名仰邀
恩賞貢生十二月遭　曾大父之喪毀瘠逾常作理喪葬
無失禮不數日　大姊莊英　卒甲寅孫　世傑　生乙卯四
妹智英　于歸南陽丙辰夏金陵士民避匪來蘇者以
數萬計郡中賢士大夫籍其人而撫卹之適馮林一

姻丈吳引之夫子分設一厰於齊門外楊涇塘無八
認領商之　府君　府君目覩流鴻惻然動念稟聞
大父及　叔祖出貲養贍同　彬甫叔父籌畫規
條至善至備迄今三載猶時時省視未嘗以倦廢以
勞辭七月　采之叔父率　渭石友愛性成送傷乎
足與　子青　子芹兩叔父相嘬泣復轉相慰解也
八月孫世會殤孫世德生孫女君湘生九月　大父
舊疾復發遽罹大故　府君擗踴悲哀痛不欲生數
年間凶喪疊見庀事倍煩　府君顧不孝等而歎曰

回憶昔年情景今不可得由是病機潛伏丁巳冬得
軟脚病醫云思慮過繁營虛脾弱亟宜調治今歲五
月泄瀉起恙繼成中滿投以健脾補中之味稍見痊
可孫女閏様生九月不孝幼綸偶蔣氏卒重九逢
大父舉殯之期　府君已臥床不起猶力疾經理一
切　叔祖暨　諸叔父皆以勿輕動爲勸　府君乖
涙曰送喪大事安可以病廢遂命不孝等扶持左右
詣靈柩前匍匐哀號陡增氣喘急延蘭陵吳仲山先
生診視勉進養營順氣之劑兼以培補迄難奏效

府君見不孝等倉皇無措反以婉言開諭謂死生有
命吾今大事已畢死無憾矣十八日節交霜降飲食
頓減喘逆愈甚不孝等跪問訓言　府君諭曰吾無
他囑平日所諄諄誥誡者皆持躬涉世之道汝等雖
之勿忘二十一日清晨　外祖及　諸叔父問疾
府君猶能一一應答延至酉刻神識清朗瞑目長逝
嗚呼痛哉不孝等侍奉無狀祈禱無靈不可爲人不
可爲子泣念　府君立心公正無毫髮私行己以恭
治家以儉撫育幼以慈接物以和生平醇謹類如此於

秋祭祀必敬必誠於不孝等顧復恩勤無微不至疾
病醫藥調護維周不孝朝經朝綸授室成人誨育不
異童時每與不孝等述　曾大父　大父之儉德爲
勗曰人生衣食不可享盡余性亦惡奢侈所以衣不
厭敝食不厭粗非自苦也貴知足耳爲人宜富厚不
宜刻薄任意揮霍者固非而錙銖必較者亦謬教誨
諄切言猶在耳而今而後長爲無父之人欲再聆音
訓不可復得嗚呼痛哉　府君生於嘉慶十六年辛
未五月二十四日子時殁於咸豐八年戊午九月二

十一日酉時享年四十有八國學生
例授文林郎議叙太常寺博士以 不孝朝綸 職銜
誥封奉直大夫配吾 母謝宜人名錫福琛珊公長女
例封七品孺人
誥封太宜人子四長 不孝朝經 議叙光祿寺署正擡帶加
二級娶張氏諱蔭嘉子穀公長女次 不孝朝綸 議叙
國子監典籍娶蔣氏諱振麟梅峯公次女三 不孝朝
綸 議叙從九品職銜聘李氏名兆瓏芝庭公長女四
不孝朝紀 未聘女五長適蔣增祺諱文照融齋公長

子次適議叙八品職銜滕學潞金匱庠生名廷鍾厚
卿公長子三殤四字議叙布政司經歷程鑣諱隆升
子翔公次子五未字孫三 世昌 聘張氏諱頤芬含英
公長女 世德不孝朝經出 世付 殤 不孝朝綸出孫女
二一 不孝朝經 出一 不孝朝綸 出 不孝 等苦由昏述
梗概次筆瀟實多伏冀
大雅君子賜之銘誄傳誌用光泉壤則 不孝 等 世世
孫感且不朽矣哀此奉
聞

不孝孤子徐朝綱 朝經 朝綸 朝紀 泣血稽顙謹述
子壻滕學潞頓首拜填諱

典于府君行述

府君姓徐氏諱朝綸原名敦字仲言號典于別號顧廷又號緯廷漢徵士孺子公六十五世孫明太學生遷永始祖甫洲公十六世孫世居長洲縣之東永昌村祖考立堂公諱步蘅妣氏陸祖考尊樓公諱晟妣氏朱繼妣氏丁考子懷公諱佩蘐妣氏謝子懷公生子四女五府君其次也府君仁孝性成幼岐嶷長能文承大父期望之心與達餘伯父青同硯夜同眠寒暑無間小試屢列前茅俱以額滿見遺雖府君得失不介意而每以未副大父之望爲耿耿焉

咸豐壬子妣氏蔣太孺人來歸甲寅大兄世仟生丙辰八月殤是年二姊佾湘生戊午秋九月蔣妣卒府君嗚咽爲著行畧時大父得中滿疾臥床不起府君侍奉湯藥不離左右故稟承遺訓者較切外曾祖琢珊謝公勸慰府君曰天道不虧孝行之人今雖乏嗣後必有子成立克讀乂全之喪府君哀毁逾常佐理喪務無失儀尋以家中食指浩繁事務冗雜乃奉大母命輟舉子業襄理家務不辭煩勞頗得大母歡同治壬戌吾母氏滕來歸癸亥世木生時粵氛四擾倉皇避難寄居雉皋是歲繼之叔父卒府君哭之慟士燹堂叔避居中江宅內遺箱笈價不貲府君代收覩投同邑友子芸將珠寶玩物抵銀若干克復後招伊贖去以時當擾亂府如此臨財不苟則平居之狷介可知當粵逆之方張也伯父在申幫辦團練大臣龐字營統帶駐滬團防軍府君獨不求名利守居舊宅俾伯父無內顧之憂既而恢復旋里家徒壁立府君稟大母命收拾舊宅一手經理復因高祖墓經兵燹後宗祠失修圮者葺之舊者新之鳩工庀材凡數閱寒暑而工始竣時伯父自歷辦皖省賑捐蘇垣籌餉採辦海運漕糧清丈總局從公勞瘁家務

一切悉賴府君主之府君秉性爽慨才識過人遇事敢前兄弟急難外禦其侮者數數見也乙丑世勲生戊辰世蔭生辛未世補生壬申秋大母六十壽辰府君隨伯父叔父捧觴上壽戲綵娛親色養怡如旋大母以春秋漸高向平願畢惟七家事遂各分析府君同繼之叔母承大母命分居出宅大母不忍離故土仍居舊宅甲戌四弟世輔殤光緒丙子二姑君湘于歸安定時世木世勲世蔭就榮攻書府君於子愛異常而於塾課則督率綦嚴自入塾以至今日未嘗一日稍疏也稍長即庭訓講解四子書及經

傳娓娓不倦必使融會貫通而後已迨握管成文府君恐孤陋寡聞乃出就外傳又時常以勤勤懇懇之誡筆之於書以爲座右銘辛巳府君奉大母命議欲遷居每以大母年屆古稀不忍遠離乃不惜善價買宅於舊宅之西十名永昌涇相距僅數武雖不能朝夕定省而以珍饈遺以安否問數十年如一日也厥後大母兩目失明府君多方斷慰覓良醫診視勤日夕籲禱先意承志大母未嘗知有失明之苦也壬午府君及伯父叔父欲爲大母舉七十壽觴大母顧府君而力辭曰爾父既營葬卜兆得吉爾胞兄與

有力焉至籌款度工費不鉅而逐漸工竣兒獨竭力偏勞罔已深愜余懷又何須開筵設宴恣殺生靈而爲余介壽乎府君所以每逢本命生辰而茹齋禮斗已歷有年所也甲申世本世數初次觀場乙酉冬又與童子試蒙列府試世數第七名明年春王先謙宗師歲試取入長庠丁亥世本縣府試俱第九名是歲爲王先謙宗師科試又取入長庠第九名戊子世數鄉試與房備而未薦是年冬世本授室王氏己丑秋大水禾盡淹庚寅春羣議減成報租公與伯父爲局董不意爲惡佃設謀毀傷房屋[illegible]

母後經畧爲修葺大母又眷念舊宅府君順之而不敢違是歲孫女□□生壬辰歲大母八十壽辰府君壽登花甲世本年方三旬秋孫曾慶生冬世勳授室王氏[illegible]大來子孫曾四代臚懽方欲稱觴祝嘏開筵宴會但[illegible]窘苦固辭不獲命甲午冬十月舊宅鄰灾失慎殃及時已二鼓府君聞信心驚膽裂馳去訪知大母所在并招呼各房搬運箱篋至是府君遂迎養大母以終老焉乙未孫曾庠生丙申世本縣試仍列第八名冬龍湛霖宗師科試入吳庠入泮不得羨之是年孫女葭生生丁酉春世蔭授室[illegible]

氏冬倫之叔父卒府君恐傷大母心多方委婉私淚[illegible]告戊戌夏大母得腹泄疾府君親嘗湯藥審病情辨藥性日不交睫者兩旬大母調理補劑歲以爲常自昔迄今皆出府君之[illegible]以大母棄養府君擗踊哀號如孺慕之失所依從此憂鬱成疾精力寢耗是歲孫係女同生生冬三媳程氏卒時伯父卧病府君悵兩地睽違手足之情依依難捨己亥春伯父殁府君痛哭流淚惘惘如失左右手而氣體益以衰夏府君胃强脾弱至秋胃納漸少九月中旬偶增寒熱十三日大母家忌府君猶詣靈前匍伏哀號至二

十七日自知不起猶諄諄誡子孫以六順六逆之訓囑聯
自輓以垂訓曰畢生苦栽培周甲外未敢息肩但願詩禮
相傳素懷斯慰今朝將棄別易簀後不能再囑切記家門
所造但氣致祥復以修葺宗譜續成遺稿爲諄囑延至二
十九日辰刻神識清朗宣揚梵音喃喃有聲瞑目而逝嗚
呼痛哉伏念府君立心公正爲人謀必忠與人交必信其
事親也孝其撫幼也慈治家以節儉爲非較及錙銖教子
有義方全以真誠相感平日服膺訓誨論善惡報施爲引
掖借聖經賢傳爲考證近年七旬終歲手不釋卷六經之
外多藏先正格言並壽奉內典嘗語人曰吾非尚清淨崇
虛無但神道設教自古有之吾特藉以檢束身心間涉醫
書雅善調劑訓子孫以區疾之道家本中人產自奉儉而
於濟人利物之事不稍吝惜顏其堂曰師儉堂晚號師儉
老人蓋欲子孫賢師吾儉之意斯意也不獨流傳儉德其
屬望於後者豈有窮哉府君殁遺有訓子詩言數首什襲
藏之以爲家訓府君生於道光十三年癸巳十一月十三
日巳時卒於光緒二十五年己亥九月二十九日辰時享
年六十有七　敕授文林郎國子監典籍銜[illegible]

諱振𤍽梅峯公次女　敕封孺人繼配吾母滕氏金匱附
貢生鄉飲大賓諱廷鍾庠卿公女　敕封孺人子三世杰 世本
世勲 世祿 女一適常熟附貢生山東候補鹽經歷胡之勲
孫二曾慶 曾庠 曾慶世本出 曾序世勲出 孫女三一世本
出一世杰出府君一生敦行勵學力善持躬恐日久湮沒
用嗚咽泣毫略述梗概如右

子徐世杰 世本 世勲 百拜謹述

子婿胡之勲頓首拜[illegible]

存仁公傳畧

徐公存仁諱茂興，前洲十五世國恩公諱遇祿之子，余交松盛徐君之父也。余與松盛交最契，往來最密，且鄰近，因得熟悉其平生。公早失怙，淑母朱孺人熊丸式穀，示以周行，公亦承順無違，依依孺慕，孺人之燕境怡然者多，因家有令子也。公性忠厚純樸，有長者風，居恒薄貲入，卑自牧，嚴取予，慎交遊，鄰里鄉黨咸重之。善杜康術，勤劬經營，而以義爲利，無市道沾沾之習，故畢生貨殖，而終拙於治產焉。乾隆癸丑，增建祠宇，有竇族議按丁徵索，公見貧族俱難色，慨然捐金相助，族未成勒石獎善之舉，而公亦無求名干譽之情，非胸有實學者，烏能若是？迄今重修宗譜，公之子松盛稟知族長，及督局人等，捐貲助公，雖爲妻孥多而勉力踴躍，實有夙昔齊美之風，又令人益見義方之訓有自來矣。秋七月，譜牒既成，松盛乞余傳公，余因交契義不容以不文辭也，遂敘其略以附之。家乘至于生卒由向暨子女婚嫁，譜牒具詳，不復贅。

道光八年歲次戊子秋七月

愚姪唐華祝峻厓氏拜撰

景和公遺蹟傳

丈夫居鄉黨，其上立德，其次立功，而德無蹟可得，功之蹟以留觀古來，今身後留名者，聖賢而下，大半以功，功留即德留也，則蹟亦重焉。其不以德傳而以功傳者，紀其蹟，即紀其功，亦即紀其德也。吾於景和公驗之矣。處士景和公者，諱時暘，前明榮官，西郊公其曾祖也。當年喜作善，迄今有郊亭利路石，皆其遺蹟焉。公克繩祖武，亦好行其德，尤敦一本，予聞疇昔之年，其同族子姪留落他方不一，其人公咸挈之歸，且資其婚娶，給以謀生。嘗遊淮陰，助友殯之不能歸者，有僮爲良家子，公覺，不受值而還之。生平居河泊司最久，公歿後二十年，予歷斯鎮，刖有旅室以居客，櫬有義阡以瘞貧，棺僉曰：公澤也。予親視其蹟焉，此惠及異鄉有然。公居古稀，予方童子，憶上祠雨廡毀於暴雹，於子姓議鳩工，凡富饒咸集，皆嗇於捐輸，公力較[^]，獨以厚倡，由是踵之者有人，而費乃敷。雖曰羣力，公實其首。吾鄉鯉溪橋西，昔無憩所，公素心，乃建亭其處，適年七十，因以從心名其亭，亭旁之斯

田疇以助橋其西半里有義塚皆公善事也
家史氏穉曰公乃篤行君子也當其時薰其德者見
其事而善良者幾何人今老成凋謝矣無能道其軼
事然人已往而風不微者以有蹟存而不廢焉迄今
橋之西東兩亭翼然行人經其下受其惠且與甘棠
之思況里人乎哉余故表而傳之爲吾族富者之守
財虜不存遺蹟以留身後名者勸
乾隆六十年歲次乙卯仲春之月同族穉頓首拜撰
敕授文林郎調署元和縣知縣
特授無錫縣知縣加三級永定甄輔廷頓首拜書

少山徐君生傳

君姓徐氏名對揚字少山晚號默齋世爲吾邑人曾祖漢
公祖烈世有隱德父辯性至孝尤樂善不倦君生而穎異
弱冠補博士弟子員後以明經得教職嘗歷署婁縣教諭
吳縣訓導所至訓迪有方克稱其職尤善獎拔寒畯故士
林頌德焉戊戌舉鄉飲大賓君內行純篤幼丁母張太孺
人憂即哀毀如成人禮後居父喪讀禮三年足跡罕出庭
戶侍繼母袁太孺人殷殷色養至老不衰處已以儉接人
以恭尤善承先志以力行善事爲已任邑有望亭橋者位

邑南五十里跨運河之上震澤水由此而入滙歸者迅勢
甚勁急水既爲橋所束每遇西北風猛急水奔突舟子稍
不戒往往失事君尊人嘗舟行遇橋患惻然念之因極力
勸捐得衆力重建如故而猶以急湍未息爲憾道光戊
子君首出巨金鳩工監督於橋旁築石堤數十丈於橋下
鑿木道以通縴挽又於橋東開濬轉河北至馬橫浜南至
萬寶涇建石橋二木橋一以通舟楫由是化險爲夷行旅
頌德輒入邑乘歲己亥秋水漲盛湖水從堤上漫溢堤身
間被衝嚙君子徵復出勸捐修築完固並於木道上增架

石梁恭君志也道光癸未大水君竭力解囊勸捐助賑煮粥散米存活無算甲申春君偕吳郡許春圃創建恒善堂周卹貧嫠邑中賴以全活者凡數百家又以孤寡到堂領費多所不便因令司事者親至各戶散給之歲以爲常吾邑舊俗每遇路斃及溺屍由保甲居民報官請驗所費不貲動輒破人之產君復集衆醵捐錢若干緡於恒善堂兼理收瘞之事四境勒碑曉諭請於有司得省其費由是傳俗遂革此外如施食施衣施材施藥無不以實力行之又於歲晚察士族之式微者及飢寒而無可告者輒攜金前

錫山徐氏宗譜 十卷 裕一公派少山公生傳 二 式勤堂

往募夜投之不告姓氏其樂善好施如此余與君交垂三十年見君立身行己多卓卓可傳者會君子徵以生傳請因就聞見所及爲作傳以傳之君敦行不怠他日積功累行必更有可傳者當爲補錄以繼其後云

杜紹祁曰君性恬退淡於進取常閉戶養疴罕與外事與人交退然如不勝衣不爲極口議論者深有得於姚雖守默之旨者而見義奮發盡心力而爲之則又其兼人之勇賢者之不可測固如是夫若夫君以善承先人之志而君之子又能承君之志則君之世德遠矣

賜進士出身

誥授奉政大夫福建汝水軍民同知軍功隨帶加三級□

邑杜紹祁頓首拜撰

敕授修職郎候選儒學訓導增貢生同邑王煥庚頓首拜

書

錫山徐氏宗譜 十卷 裕一公派少山公生傳 三 式勤堂

徐紹韓敬平二君合傳

徐君紹韓諱琦敬平諱瑺皆先君子門下士也與沂共研
席者垂十年二君幼有至性事父藹人公母吳太孺人先
意承志得其歡心兄弟友愛怡怡一室又俱聰穎讀書敏
十行並下長習舉子業詩古文詞之外兼工書法紹韓書
入蘇長公之室敬又變通于王褚二家益臻神妙敬平書
雅近米史而又工篆隸之學先君子皆以遠到之器目之
紹韓年二十二補博士弟子員試輒僱等敬平則困于童
試而未遇也歲壬子藹人公殁二君哀毁骨立痛不欲生

敬平體質素弱紹韓獨理喪務又以家累繁重日夜焦勞
心力交瘁甲寅乙卯間二君先後設帳北里與沂晨夕過
從賞奇析疑得二君切磋之益爲多丙辰丘川京口賊氛
不靖同人避難鄉居音問蹐隔九月間乍聞敬平之訃盡
焉心傷時紹韓以悲痛過甚感患時症始亦未以爲憂也
乃不數日而紹韓之訃又至矣嗚呼天何奪吾良友之數
耶同憶二君正直端方如合一轍其待人接物恂恂焉如
不勝乃不永其年傳皆賫志以殁儻所爲天道是耶非耶
紹韓殁時年三十三敬平僅二十有六明年其從兄徐君
蘭畦搜輯家乘屬沂爲之傳夫傳者傳其人也如二君之
才自足以傳而如沂之不文烏足以傳其人業既辭之不
獲命用敢畧書梗概以備採擇焉　論曰近世之士擬魏
科取高第非不赫赫焉增門户之光爲閭里之榮然而世
而名不稱君子病之自二君之殁士大夫識與不識寧不
同聲悼惜焉迄今而人品才藝之在人口者猶津津焉稱
道弗衰是不壽其身而克壽其名非二君所得門徑抑正
二君之所自爲也嗚呼可以傳矣咸豐七年六月既望

世愚弟制張宗沂稽首拜撰

先考子香府君家傳

府君諱廷桂吾祖梓舫公長子同懷兄弟凡五人逾敦友讓壯歲偕諸昆更番往來京邸衣不求鮮食不兼美與人交必誠信蹄財利推多就少無爭忮心至光緒辛巳先大父捐館舍治殯殮無不盡誠盡哀事先大母宋太淑人先意承志誠恐必周雖值冗促時聞太淑人召必疾趨入侍辭色從容命之退然後退吾祖捐館時遺命先考京都莊務獨任其肩先考奉命之後倍益勤誠追念先祖樹立艱難凡遇計會出入必奉遺訓爲師法跬步不敢或怠凡十

餘年間與仲叔輩同財利不私寸帛一錢穆穆棣棣一如祖考生存之時週歲之中返里省親一次每於臨行時泣依戀不舍既以先大母年老不忍遠游遂棄業而返於得親侍左右在鄉里建樹生業令 不孝 佐理其事幸天道所在不負孝道日盛一日家業倍饒竊慕先賢立宗祠置義田顯祖榮宗敦倫睦族嘗語於子若孫曰凡事當先立乎本嘗思聖人云君子務本本立而道生吾欲置祭田立祖祠有志不逮今雖稍置田畝而約費不敷祠房未定末由仰承先志吾心常慷凡汝等當協力妥辦毋或委於

其本又語於 不孝 曰汝曾祖考松泉公棄養多年未獲榮封至汝輩尚可循例請 誥不然過此則不及矣吾時時以此二事爲憾至庚子春以積勞成疾百藥罔效病至垂危終以二憾事耿耿於心 不孝 即循例入告恭荷恩榮獲 貤封至榮照 殯到時徧顧子孫輩曰吾始可見祖宗於泉下矣吾今無所他囑現雖有祭田數百畝所需費不敷汝等協力贊成記之毋忘言訖而逝時緒光二十六年三月初一日距生於道光十六年四月初七日享年六十有六歲不孝 世樹 百拜泣述

作舟先生傳

二表兄作舟徐公　姑丈菊泉公之次子也其孝弟諸大端惟守　菊泉公之遺訓勤儉忠厚確有成法其作事也極有斟酌其訓子也素有義方即如承繼外祖朱氏一端可見矣　菊泉公幼年失恃曾於壯年臥病在床幸蒙外祖母撫養辛苦旋得痊愈因思恩深難報加以外氏無後將來香烟斷不忍置諸不顧因命次子承繼所以外祖母生養死葬皆作舟兄一手經理但南北繡業尤號久以徐姓著名未便驟易朱姓作舟兄斟酌盡善因以長子命名

朱錫子孫相沿永以徐朱雙姓爲準一則不忘本宗一則恪遵父命可謂兩全其美矣惜乎咸豐十年庚申之變避難如皋作舟兄竟以時事流離觸目傷心一病而逝享年五十二歲令嗣有三長朱錫爵次申錫次光錫孫五朱錫出者二長朱華次國華申錫出者二長恩華次文華光錫出者甫華南玉聯芳濟來顯揚直上上慰祖先下裕後昆皆公之厚德所致也不勝欣羨之至餘載譜中不待贅言茲承令嗣囑予作傳爰爲之略綴顛末於此時在

同治九年歲在庚午冬月吉日　表弟陸鰲拜述

菊泉公傳

姑丈菊泉徐公我　伯祖一笠公之長實倩也幼失恃長失怙天性至孝十三歲即知割股嘗毋平日事親出必告反必面問安視膳曲盡其力所難者寒士起家素守先代繡業自奉甚薄而養親必豐祭祀必誠可謂孝矣公與胞弟松泉公同業相倚兄倡於前弟繼於後兄旺於南弟盛於北一生相推相讓從無嫌隙其由孝及弟也如此家業一有盈餘即以恤族親之無力者而且擇人而交從未與人爭論一以和氣吃虧爲子孫法故內外遠近絕無閒言

其由孝而推諸待人又如此平居得暇每集子姪而言曰事孰爲大事親爲大守孰爲大守身爲大我家從勤儉中經營過來身旣勤儉心惟忠厚我雖不傳產亦不傳債爾曹須以勤儉忠厚爲第一要事庶幾守身可以盡孝矣憶自姑毋于歸後家業日隆予幼曾往謁得聞餘訓不意聖賢學問竟得之市井之中不勝敬服故令嗣恪守遺訓無有不勤不儉者無有不忠不厚者迄今蒸蒸日上雖仍守祖業而家道十倍於公子復生孫孫復生子其間讀書出仕今已興起誠有未可限量者皆公之孝思所致也大德

之八必得共壽姑丈七十有四壽終於道光廿三年九月初十日姑母八十有三壽終於同治五年六月廿六日臨終康健幾乎無病而化子四長壬元元配朱氏出次壬利國學生德馨國學生出嗣松泉公爲後壬鴻國學生皆姑母出孫十一壬元出者一廷鉦壬利出者三長朱錫次申錫福建即補鹽大使次光錫從九銜德馨出者五長廷桂國學生次廷棟國子監典籍次廷梁次廷杰次廷溥壬鴻出者二長廷灝議敘同知銜分發即補通判次廷衡議敘府經歷銜曾孫十二廷桂出者三世治世澍世淦梁出者

三世保世侯世佩廷杰出者一世鑅朱錫出者二朱華國華申錫出者二恩華文華光錫出者一沛華餘載譜中不待贅述今承韻舫表弟修譜之時囑爲作傳予以姑表侄親難以不敏辭因畧敘始終以爲傳焉

同治九年孟冬之月

內姪長庠增生陸繫拜述

先大父梓舫府君家傳

先大父梓舫府君諱壬貞字德馨爲曾大父松泉公嗣子府君生有異稟稍長稜稜露爽廓然有志槩家貧無力讀書隨侍曾大父往來京都佐理生業凡所任使罔弗承親志曾大父素勤儉善經緯計會出入屏介代爲綜核逾時則隨舉某事某事以詢之府君性最精敏承問輒應答如流畧無停滯曾大父深愛之至咸豐元年曾大父捐館舍喪殯盡誠盡禮府君自曾大父棄養後衣布茹蔬甚自儉約然遇親朋急難則必竭力周旋先人後己有若豐咸

庚申遭兵燹之難先是府君喚舟數隻本意遷避鄉間詎料斯時變報愈急亂離兼顧府君先爲親族所徙而後及己迨返首歸里賊已犯蘇不得已空手返鄉纔一回首城已被陷不然稍遲一步身必陷入城內於此亦一生盛德所感自有神理者也所以克復城後全家歸里依然一家團聚終享遐齡詢天理之不負善人者也公卒於光緒七年享壽七十有一歲時光緒二十八年秋日孫世澍百拜謹述

子偉公傳

公姓徐字子偉諱錦春無錫城中沈葉巷裡人也係出宋翰林學士封開國侯鼎臣公諱鉉後元兵部主事擢武畧將軍裕一公諱懷祖二十七世孫也公之祖潞山公諱承煜有隱德祖母丁氏守節有年如　例旌表父啟皐公諱振基母者氏俱以克儉成家門祚大振生子三長即公次錦福出嗣堂弟錫贊後三錦和公弱冠時遭粵匪之亂避居於鄉肅清後父即設舖於城祖母暨母居於鄉父暨諸叔居於城約離十餘里猶相睽也公則朝省其父於城夕

則省祖母與母於鄉在來奔走櫛風沐雨不計也後以祖母暨父母相繼謝世公俱哀毀盡禮痛不欲生者屢矣公事親孝與弟友御下寬鄉黨無間言所以一家之內雍雍熙熙有太和之氣焉再可敬者時惠山孺子公祠久圮幾為棲流之所同宗達先正在募捐脩理公首倡捐以助之雖助不多金而得以始基者皆公之力也公以國學生進國子監典簿隨帶加一級　欽加五品銜　賞戴藍翎誥授奉政大夫　晉封朝議大夫祖父母父母得以　誥贈如例公生於豐咸元年辛亥三月二十六日卒於光緒二十四年戊戌九月初九日年四十八歲葬鳳凰山新阡主穴德配惠氏　誥封宜人生子六鴻猷國學生同知銜候選分府後公四年卒鴻宰國學生鴻椿早卒鴻鑄早卒鴻壽鴻逵女一孫六樹熙樹煦樹燾樹照鴻猷出樹烈樹[illegible]鴻宰出余世居邑之南隅與公相近故得知其梗概而為之傳

光緒二十九年歲次癸卯仲冬月朔

例授奉政大夫

欽加五品頂戴翰林院孔目加一級世愚弟王元鑄頓首

拜譔

省軒公傳

夫以先儒之黜浮崇實也誠以浮夸之世欲得篤實者爲之準則使人皆慕之效之而盡歸敦厚樸實也然人卒浮夸者多篤實者寡蓋浮夸易而篤實難故樸誠篤實者常罕見矣有之惟錫山徐公是已公姓徐氏諱瑞裕字寶萃號省軒大成公之子紹山公之孫系自顓頊嬴姓伯益之後北宋學士鼎臣公之分派也始徙錫邑自時厥後瓜綿椒衍遂散處吳越之間乃公世居雙河東段上塘巷公性篤實幼岐嶷長讀書知大義不屑屑以詞翰見長道光戊

申歲饑里人乏食奔走於有力之家善言勸賑以濟貧乏人之賴以蘇者甚衆值咸豐庚申之難髮逆竄下生不幾辰不能勤讀公舉家避難及賊平挈眷回里屋舍頹敗公遂躬耕田疇勤儉持家且寡兄弟家務無人支持遂棄舉業而就商仍理故業且耕且商不數年家道漸復同治年間重建宗祠後進至光緒戊子己亥又構前進公俱與偕貲克復舊觀任怨任勞合族無間言嗚呼公於敬宗收族之道其庶幾焉歲己卯續修家牒而公不辭勞瘁亦無倦容事親色養無違能得其歡心家未豐而好施業居商而恥瀆持己謙和待人恭敬居鄉時必能作中流砥柱潛移默化使浮夸之世而成敦厚之風遇貧乏者賙之困苦者恤之與子言孝與妻言敬鄉里人爭曲直甚至憤鬩得公片言無不解釋凡遇公舉必盡心力而爲之分毫不入私橐里中皆稱老成人配西壩頭吳氏性柔順識大體克襄內政素嫻姆訓相敬有如賓之禮事翁姑有養毋違克詩琴瑟和諧誠淑媛也生子嘉亭彬彬儒雅有大家風亦公之所爲大抵皆樸誠篤實者之所爲也有是哉而乃公之所爲內不出家庭外不出鄉黨宗族名不出黨族州里可

惜也已可慨也公苟能樸誠篤實而擴而充之則天之所以報公者亦未有艾今歲癸卯冬彙修家乘公子嘉亭囑余傳之余雖舘府久疎文墨故不揣冒瀆述公生平之行事如此

光緒二十九年歲次昭陽單閼暢月之吉

金邑塽麓世愚姪陸嘐峯拜撰

雙河始祖士溪徐先生傳

昔蘇玉局與陳季常交好重其孝友於生前爲之立傳迄今傳爲美事士溪徐君字時寶號逸香汝霖公長子也世居梁溪其志敦厚孝友有古人風精會計遂以起家博學多才淡於仕進性豪放喜山水每於花晨月夕輒邀二三知己臨水登山尋花問柳咸以逸民目之一日泛舟至梁谿過龍山顧而樂之遂作詩曰有山可採水可釣桃源不遠在此道黃童白叟何熙熙鳥獸亦馴驚怖少自古撒天耀日人至今剩有一堆草後訪得雙河水土深厚風俗湻

美迺去開原大徐巷鎮山頭又始遷於萬安鄉十都三壢龍橋東段上塘巷居焉相傳云先祖以年遠代湮不復可考而祖出於若木公後居鄉里則謙和積善處親族則解衣推食每逢被旱即設廠捐米施粥若水荒出米平糶本圖一方單門薄戶咸被澤焉每年終訪知里黨困苦之家量給青蚨不令受者知姓名親族友朋遇有急用告知無不解囊即素不相識者亦如之迨冬初歲常預置棉衣以給貧者君攜家居後時人倨傲君與之無間言終身如一其待人溫和類如此一日被酒醉卧鬧鄰貧逋擬鬻妻以償君贈以金得安處如初鄰父後得子儐禮謝公君曰彼之得延一綫者皆祖宗德也何謝爲遂不之見非所爲有陰德者耶又篤于敬宗收族捐資建祠修譜祭享設莊立書塾等事復置膏腴收租收其租息以作春秋祭掃之費厥後四十無兒進香祓禊於武林遇一僧善相術而兼巫者請而相之僧曰君家氣色融融必有廣積陰功退思驗之又請巫之僧曰吾見冥司謂爾先祖云爾孫本應中壽乏嗣今行善事錫嗣一位增壽十五齡語畢敬揖而回於後果應髮妻陳氏即生一子因名鳳山先公數年卒又

不數載士溪公亦遘疾而殁焉俄合葬於果字號內坐落楊柳浜之新阡此爲山南遷之雙河始祖也予友嘉亭是君之裔即余相識世誼道君行畧乞予作傳故爲之傳易云積善之家必有餘慶徐君者積善人也鳳山者餘慶人耶君之爲人此眞孝友可法可傳所謂人生大事業皆從五倫中做出也吾卜君之子孫必有大昌厥後者爲此傳以附家乘

天運光緒二十有九年歲次昭陽單閼陽復禰澣吉旦

金匱埃麓友生鐵庄子譔

志高徐公傳

公徐氏諱遂良字顯忠號志高介壽公之子也少有至性晨夕侍奉曲意承志以博父母歡性穎悟喜讀書不屑屑於功名惟以明理爲要及莊尙節操重實行非禮不爲非義不取蓋其貞靜廉潔有流露於持己接物間者父年老不忍以家務糾其身遂不事篇什而綜理家事兼儒習賈計其入量其出積聚倍息而家遂日隆隆起賦稅之外擴置田舍可稱小康焉而公自奉以約遇物以寬凡人有急而告貸者必傾囊與之又善排解里人有爭涉者咸來質

之公侃侃而道而其中之曲直是非無不冰釋凡遇善舉無鉅細必首倡未嘗以艱難避也嗟乎公之碩德懿行彰彰在人耳目者何堪枚舉今畧叙梗概書於簡末欲後世子孫繼繼承承永垂勿忘云爾公生嘉慶十九年甲戌六月十八日卒於同治二年癸亥九月初十日享壽五十歲德配王氏孺人賢內助也善相夫不聞有嘻嗃聲令嗣雅亭恪守遺訓稱善述焉殆天之報善人歟今春徐氏續修宗譜雅亭以公之狀請傳於余因畧敘巔末而爲之傳

時維

同治九年歲在庚午仲夏之吉

歲貢生候選儒學訓導孫清載拜撰

永發徐公傳

公諱宏生字永發文與公幼子也世居錫邑陡門里東涇頭以耕讀傳家公生而穎敏長而棄讀隱於農事親能晨昏省承曲盡其歡處家庭間煦煦如也性剛毅不爲勢屈而度殊坦夷氣復和藹與人欵欵如也接之溫溫如也或以非禮相加且辱之者公一笑置之輒不與爭以故人多親愛焉兄嫂早寡敬禮倍至不使有痛失所天之憾且生平持己刻苦布衣蔬食無敢絲毫浪費而於親友之急往往解囊以助公之存心正直持家以禮類如此公生於道

光十四年甲午卒於光緒三十年甲辰享年七十有一子二長登庸次登元俱克丕家聲語有云有德者後必昌今觀公家子孫林立一庭之內怡然藹然又能相敬相愛恪循規矩於以知家之昌熾正未有艾而益信公之德澤有以致之也

光緒三十年歲次甲辰仲冬月

同里王錫驥拜撰

誥贈奉政大夫國學生映江徐公傳

公氏徐諱永順號映江邑西鎭山人也誥嗣子儀中翰與余交最早嘗以事往來其家登堂謁公因得親挹其言論風采與生平行誼基詳今公棄世忽忽五六年矣會其族有家乘之輯子儀郵書灌邸囑傳於余余不敢辭謹就平昔所知書之公家世寒素大父鄉飲君裕祥公幕遊山左而豪邁曠達不善理家人生產父 馳贈奉政大夫汝甯公復以早歿家益貧公七歲入里塾敏甚年十四迫於境服賈蘇門誠樸精能冠其儕輩老於商者爭器重之年

十七即握大權家業漸起由是能自建業贍其戚族惟力是視其子弟之貧無業者輒引掖代爲之地凡有善舉無不竭力贊襄然待人寬而自奉則始終以儉公昆季凡三率友愛無間長公祉耀早卒其仲兄鄉飲君詠春公又以乏嗣之故早憩林泉公則事孀嫂撫孤姪一家數十口毅然以獨力支持者垂三十年咸豐庚申粵匪之亂廬舍盡灰而公以貨殖之神不數年間悉行恢復烏虖盡其商戰之能有精且絕者在矣然自恨業非所志未遂生平造子儀出而免令讀書焉厚其資俾遊學求幾子儀補博士弟

子員文名藉甚乃連戰秋闈屢薦不售子儀啓焉若喪公
顧坦然謂曰豈爲科名始讀書汝等但得束身圭璧勉爲
善人吾願足矣况吾本市中人非有大望於汝者科名尚
無德載之恐轉非家門之福也其見理之明如此公以道
光己丑生光緒丙申卒享年六十有八德配榮　誥贈
太宜人有壼範事姑三十年以順稱持家在勤儉然好恤
貧知大體合門無長幼莫不仰給於公而妯娌間曾無忤
語訓子慈而嚴辛勤有逾常分初歸公家綦貧井臼之勞
人所難受太宜人怡然無怨言晚年境漸豐亦無濡色之矜

事事以勤慎垂型戚里咸謂公之晚景隆盛殆得其內助
之力爲多云子二長出嗣次君子儀尤克光前烈今聞子
儀多丈夫子亦皆岐嶷而善讀吾於以見公之後起有人
焉

光緒甲辰三十年春王正月
賜進士出身翰林院庶吉士散館授安徽英山鳳陽等縣
知縣制世愚姪陸[illegible]奎頓首拜撰

詠春公傳

公姓徐氏字大鏞諱永椿號詠春無錫獨月山大徐巷人
係出北宋散騎常侍拜翰林學士封開國侯鼎臣公諱鉉
後元孝廉授湖州教授遷江西廣信府教授諱光祖裕八
公之十九世孫也曾祖諱洪元有隱德木生祖諱裕讃國
學生鄉飲介賓蒙　督撫學三院彙　題　給予齒德俱
尊匾額兼祧祖諱裕發父諱汝衛字棠杜以孫永治貴
貤贈奉政大夫五品銜中書科中書母龔氏　貤贈太宜
人生丈夫子三長永泰三永順以子永治貴　誥贈奉直

大夫　晉贈奉政大夫五品銜中書科中書公其次也公
事父母至孝居喪如禮遇人恂恂雖僕奴不忍以辭氣加
焉衣食與田桑有餘輒以賙其鄉里貸而後不能償者未
嘗問也業賈經紀有方智足以擴其業利足以仁其三族
所得資財倡捐修建惠山孺子公宗祠逮先之得添建門
樓廂房修葺享堂皆公之力而襄書捐也并助本支祭田
一以濟物爲功息耗都不皆省鄉里除道成梁等公舉無
不力任其勞捐金錢惟恐不贍性尤慷爽凡里閭中有爭
拆之事訴之於公公無不片言分解兩造歡然而散邑之

人咸矜式焉人嘗勸公置產公曰人情以爲田培養士類
爲耕種不計年穫不計世庸詎知留貽者不更大於置產
乎逮君殁而門庭鼎興公以鄉飲介賓蒙　督撫學三憲
褒　題　給予齒德皆尊匾額與公之祖有同符焉淪乎
莫爲之前雖美勿彰莫爲之後雖盛不傳公生於道光三
年癸未三月二十四日卒於光緒二十一年乙未正月已
十一日享壽七十三歲配秦氏繼配丁氏俱無出以三弟
永順長子國學生承德嗣後孫啟釗曾孫鳳飛余嘗至華
藏山游經閼獨月嘗社雞坑諸山觀太湖七十二峯之勝

父老爲余稱詠春先生之德自以知公之梗概而[illegible][illegible]
之銘曰
命於福爲奇性與善爲豐名於己爲施功於人爲通潛乎
其幽宮固安其宗
光緒三十年歲次甲辰菊月
例授奉政大夫
欽加五品頂戴翰林院孔目加二級世愚姪王元鑄桂芬
氏頓首拜撰

慕塘公傳

春淳族徐氏出自前明大司馬 諱 晞後以官稱之曰司馬
公相傳公之微時自鄉徙城爲縣吏掌兵科事後因不可
先生之號破象陣握兵權遂登大司馬位此由縣吏而顯
者也又有族姻徐氏出自前明處士 諱 應隆卽以地號之
曰慕塘公者相傳公少壯時自錫山始遷江城之卿對巷
亦嘗爲縣吏後慕新塘之地卽於塘北買田宅公退之暇
訓子孫且讀且耕及年老觀國家將亂知吏不可爲城不
可居遂廣其宅再遷而居鄉焉此由縣吏而隱者也如二

公者一當國之中葉出而用世試其謀略一當國之季時
退而避世保其子孫未可謂有位者貴而尊無位者賤而
卑也易地則皆然耳然而朝廷有位史臣紀事司馬既載
於國史又光於家乘而慕塘公殁於前明越我朝二百餘
年史不及書乘之莫傳爲可慨也咸豐丁巳歲錫山徐氏
彙修大統全譜九世孫 希柏 等亦慨然于公之無傳嗣其
世系敘其世表而相述其父老之傳聞乞言于 春 於是按
其圖表采其傳聞而傳之曰公之考卿詩公祖一道公追
而上之錫山始祖裕九公此皆在前者也在元有千十公

今爲分支之祖在宋有鼎臣公封東海郡開國侯爲蘇常第一世始遷祖而始出之祖夏相國伯益公又爲推而下之公子一諱雲曾孫五長士鄆即居本宅橋裏其孫子徙居楊舍四河遶及太倉者次士琳分居高田岸之新宅三士瓚遷居長壽之須家衖四士璋遷其子國民于香山西麓五士珩自犇牛轉徙蟠龍山下今皆按地分支焉古人云善人必有後如公之隱雖不若司馬之顯然其當世運之衰見機而作擇地而蹈以蕃育其子孫而開族於新塘之北與司馬支相埒者猶不足爲善人歟至於公配某暨生卒葬地自有世表可攷茲不贅

咸豐七年歲次丁巳冬月之吉

姻晚生王春如頓首拜撰

欽賜冠帶壽官武揚徐公傳

武揚徐公没於嘉慶壬申正月時余奉旨予告在籍其友文林郎鄧公鶴汀介袁君覲光茂才請余爲傳予與公生同時居同邑又忝爲姻婭何敢以不文辭公諱秉義字武揚系出北宋學士封東海郡開國侯鼎臣先生後公讀書務本孝弟力田隱行善事惟恐人知鄉黨稱爲善人又爲糾集宗人倡建祖祠纂修譜牒宗族稱爲孝友年逾八秩逢國大慶欽賜冠帶壽官朝野皆以爲榮公之生平如此至公之居身樸素飭行端方處世寬和治家整肅種種懿行有不能備述者茲特書其大畧而爲之傳公以雍正五年丁未生至嘉慶十七年壬申卒得年八十有六元配駱氏繼盧氏蔣氏子三長元興次元祥三元龍嗣出孫大德曾孫致達

論曰自古人生榮遇或得之於天或得之於
君或得之於人固人人所欲得而得之者難
兼得之者尤難惟其德之足以格乎天感乎
君孚乎衆者乃能兼得之如公之一生享大
年得之天也沐
恩榮得之君也孚衆望得之人也爲三達尊佩五介
福非厚德者曷克臻此其亦足以傳矣
誥授榮祿大夫刑部右侍郎加一級年家眷弟秦瀛
頓首拜撰

敕授修職郎兩浙東江場鹽大使王霖頓首拜書

斯馨公傳　高雅璟

徐公諱元楠號斯馨庠彥二宜翁次子也公竹雪襟
期松風鶴韻展卷之外無他事論文之外無煩言會
藝之外無雜友醇如也粹如也坐臥凝素樓中心殿
清閒掃盡塵埃半點凡世間囂陵奔競浮游華靡諸
俗務不樂見并不樂聞亦天性使然歟二宜翁以父
兼師嚴課程督制義即既長猶加呵責公亦恬然受
左右就養實能先意承旨以得嚴父歡門戶撐持悉
賴賢昆季經理因得肆力芸窗不紛外事暇則相與

陳籩豆樂塤篪怡怡一堂式好無間從無片言拂逆
有傷姜被風其至性過人嘗於古人中求之嫡伯岳
南翁富而無子律應公嗣堂弟麗中以願繼商諸公
公曰吾伯即而伯等嗣也予何言遂讓之不復悔族
弟某應試武場費頗多公慨贈千金不少吝又有家
道中落者逋欠至數百金不責其償同試親知或艱
於資斧輒分金濟之無德色且訓羈旅行囊無多長
物不足爲外人道也其篤於情誼何如者公少時即
負凌霄志而困於童子場因躍然起曰大丈夫當磅

礴風雲豈得久爲池中物爰遵例入國學屢試南北
闈鱸背風霜夷然不以爲意乃學業功深而賢書終
不登人咸惜之公則志愈銳氣愈奮篝燈夜讀文藝
精工餘事作爲詩歌無不另具别情可以打倒詩城
愓翻文家易簣夜猶與子姪輩談經論藝刺刺不休
可見一息尚存志無少懈也居家甘澹泊崇樸實衣
不期侈服不求麗論古則片語抉前賢之邃觀今則
隻眼析俗士之毫宜若峭厲其稜角絶少容人之度
者乃年逾半百從未嘗以意氣凌人以聲色加人邇
者云姑俟異日公領之佃人云以待來年公亦頷之
間有頑梗異常謂必當繩以官法者公曰愼毋然官
府訟庭吾固不欲赴且不願子孫赴也其寬厚待人
又非其所由里有碑巷有語無小無大咸樂道公之
軼事以備異日輶軒之採云
論曰莊周云至人貴潛潛之爲言藏也謂藏鋒不露
也如徐公者無機心自無機事人忙我閒人喧我寂
不啻熱鬧場中獨闢一清涼世界特不許肥膩醲甌
輩作耳目近玩也然而内含章美不伐矜古貌樸

心渾渾穆穆悠然若虛舟之泛水闇然如寶劍之埋
塵豈非善藏其鋒者乎嗚呼斯眞可謂潛德君子矣

太學生例贈修職郎候選從九序東徐公家傳

歲辛丑滸村徐氏某輯家乘裔孫挹泉上舍豐其後越一載事且竣踵門請曰自達官貴人下逮氓隸苟有片長寸善其後嗣輒闡潛燭幽垂諸鴻文以光先德予大父序東公耆年碩行爲世宗仰獨未勒錄無以昭示來茲日月如流恩就湮沒予其傳之芬曰唯唯君之祖予曾祖弟也雖不文其何敢辭就索行述則又愀然若負大戾囁嚅而對曰文源不敏未能載筆僅就二三父老嘖嘖歎羨稱道而不衰者臚舉數端以爲先大父實錄可乎大父性至孝母

姜太孺人疾綿歷數歲不少瘥大父躬湯藥調護其寒煖衣不解帶首蓬蓬如猬葆出入往來無定履如是以爲常倦則蜷卧母側母一呼未嘗不嗷應也居恒恂恂飲人以和鄰里有曲直大父出一言平之無不渙然冰解所居之東有日暉橋濱大河橋畔有甲乙二人皆業農甲田爲咽喉乙田爲腸胃引水灌田必由咽喉而達腸胃甲不滿於乙故壅之乙田之苗立槁彼此匈匈行且成訟而大父之田適與乙田爲鄰願棄尺寸地爲乙水道由是訟端頓息人以爲有魯仲連之風粵匪之難富家巨室相率棄裝[illegible]

寶轉徙以去而大父獨劍列祖神像於背與之卧起顛沛九死不忍一釋手行道者見之往往背汗面發赤盡然不知衛之何從也予所知者如此而已子其傳之芬曰嗟乎是亦足以千古矣因爲詮次其語歸諸挹泉俾得列入家乘其生卒年月子姓名號具詳世表不復贅

時

光緒二十有八年嘉平月

敕授文林郎壬寅補行庚子辛丑　恩正併科舉人揀選知縣姻再姪嚴毓芬頓首拜撰

例授奉政大夫

欽加五品頂戴翰林院孔目加一級世再姪王元鑄頓首拜書

徐紹堂君家傳

君姓徐氏諱邦基字紹堂又號彥卿世爲金匱懷仁鄉人累代勤於耕讀門以滋大至君考南安公蔚爲族望生丈夫子六君其四也君自少端厚如成人性尤穎悟讀書里塾課倍常兒里中老師宿儒咸以遠到期之顧羸弱多病術者又輒謂不壽南安公愛之甚不令卒業君本不屑屑爲制舉業又重違南安公意以是深明六經大義而不試於吏然見族中之應試者輒心喜而口譽之故雋序黌庠

踵相接也君母周孺人有疾跪禱於竈割股煎湯即愈越三年舊病復發衣不解帶者數旬及殁至葬盡禮盡哀繼喪南安公尤痛不欲生幾致哀毀滅性事兄以敬事無大小必咨而後行素性儉約飽食煖衣外生平無一絲一粟之費分承先疇不過百畝手所規置幾倍差焉顧嗇於自奉而寬於濟物往在常熟見殁而無櫬者以助資殮焉其在鄉里間有以饑寒告者無不體卹蓋其好義孝思樂善好施直終身如一日云道光丙申歲大祲君出資助賑恩賜八品銜生於乾隆五十四年正月三十日卒於咸豐六年十二月二十二日配嚴氏子二耀鎮耀鈐均議敘縣佐孫昌源耀鎮出昌濟昌灝耀鈐出

論曰世之爲子孫者無不欲顯揚其祖父之德求當代名流誄傳爲譜牒光此意良厚顧或言過其實則譏之而不啻毀之余觀徐君蓋隱君子也余姻家嚴上瓚與君世戚爲余道君事甚詳適君嗣耀鎮以傳爲請其曷可以不文辭

姻愚弟趙彭淵頓首拜撰

恩賚八品銜例授修職郎紹堂徐君傳

君姓徐氏諱邦基字紹堂號彦卿世占籍金匱祖父以上並有傳系詳家譜中君爲南安君第四子性至孝南安君疾君晝夜不離寢藥必手合水飲必親進疾篤禱於神籲爲之破卒不匙哀毀逾禮柴瘠不支喪母亦然戚族咸偁爲君慈祥貽於素傳近或凍餒者即不知知之則不待告而邮之以爲常嘗客常熟有事行虞里閈隱隱聞哀音出敗垣敝屋中紆途覘之入室如掃叔火煢煢一人偶於牀紙掩面組衾牽離裁不覆足有守而哭者詢之哽咽不能語曰死三日矣頃有鄰翁傋而至爲陳寒苦狀無親故可謀計不知所出言訖爲之出涕君惻然即解所携白鏹數金付之屬其急買櫬以斂丁問姓名而别君之好誼以全仁有如此者家故中人産節衣約食躬自菲薄業益饒裕而所濟亦益博君配嚴孺人操井臼工機躡亦能勤勞以佐君志君生於乾隆己酉正月三十日卒於咸豐丙辰十二月廿二日年六十有八

光緒二十六年歲次庚子三月

賜進士出身翰林院編修國史館協修世教弟呂耀斗謹首拜撰

例授奉政大夫

欽加五品頂戴翰林院孔目加一級世再姪王元鑄頓首拜書

徐翼蕃先生家傳

同治季年西蜀廖公綸來治吾邑時承兵燹凋敝之後民氣未蘇驟難爬抉刁紳劣衿又以時出入公庭要求請託廖公不一省鋤奸剔猾興廢舉墜邑以大治于時余適奉諱家居偶因公事相晤輒稱道吾鄉徐君翼蕃品學兼優爲不可及蓋君自以明經入泮足跡不履城市制不達於公門地方有事一不置問而人自敬畏之不□□終廖公任其地無以詞訟聞者廖公每謂余亟特訪之詢問民間疾苦而君已以甲戌九月死矣卒之前飭其季子少華請

廖公書栢廬先生格言一聯以爲遺訓□公承囑書畢爲跋百餘字深以不得一見爲恨蓋所以景慕心契之故非局外所能測識也君姓徐氏諱耀文號念慈翼蕃其字世居邑之蔣村曾祖元模太學生祖煥父鴻基妣周本生父紹基邑庠生妣張章嚴生子六君其仲也君父以胞弟鴻基出爲煥後無子命君嗣爲方贈公之後也妣氏早逝祖妣陸太孺人猶在堂君年十三走依膝下克順克孝俯下所生君性穎敏讀書目數行下未弱冠文與嘆一時□□兄軒湘先生名耀金者稱□仲先後發□□學使者□

君尤爲廖文宗鴻荃所奇賞目爲大器明年試高等食餼君素馴謹矩行規步不肯稍踰繩尺行文一準先正理法而根柢深厚吐屬淵雅鄉里學者尊爲泰斗擔簦負笈□□字恐後因之採芹擷桂者肩背相望君既以數奇屢困棘闈蓋以陶鎔後進爲己任咸豐己卯遇　恩貢入成均戊午入都朝試循例授職直隸州州判庚申粵逆下犯東南廬爛君中夜憤激不能自止欲督率鄉人行團練法以禦之而鄉民脆弱成習不敢應君亦舉家徙避粵寇既平吾鄉室廬半遭兵燹戶口亦凋零殆盡君回家後私居竊念

謂禍患之來匪伊朝夕苟知培養本原當可稍回積習爰集族人教以孝友率以儉勤族人化之漸歸於善又以公田散失過半亟加經理孤寡無依者給以月恤貧寒失學者資以膏火數年之間百廢具舉公田視前惟倍而鄉里有事得君一言則立劑之平無敢枝梧者鄉人賴以無訟同治丁卯邑紳公舉君爲鄉飲大賓蓋君之積學爲善表率一方有以致之也先是祖妣陸太孺人于歸數歲即喪所天年才二十有六耳嗣子婦又早世煢煢衡影恒門□□君雖年幼而先意承志奉侍惟謹太孺人勉以讀書□

立崙自劬學不勸道光初元太孺人卒君哀毀盡禮五年
岁常事請　旌于朝越十年爲捐資立位于惠山貞節祠
劬勞之報始終如一事本生父母亦以純孝著稱兄弟五
人怡怡友愛至老彌篤遇羣從子姓嚴而有恩教誨不倦
咸同之間風氣澆漓文人大率無行惟君以德行文藝用
兼鄉人亦相率愛做慕傚之迄於今已數十年而故老尚
有流涕道之者廖公之心折于君殆以是歟詩曰雖無老
成人尚有典型不其諒哉君生以嘉慶六年辛酉七月十
二日卒於同治十三年壬戌九月初四日享壽七十四歲

德配袁孺人江邑蔡家橋太學生𦃞耀公長女淑慎慈惠
賢德同碑先君卒子四長昌灝癸亥殉難奉　旨從祀東
山忠節祠次昌瀚三昌瀛早卒四昌藻太學生議敘五品
職銜女四江邑庠生費文杰周庚揚蕭達夫藍翎五品銜
附貢生安鴻勳其壻也孫二炳吉太學生夢吉孫女四皆
適士族曾孫一人論曰余居寨門直君所居方里許世聯
姻好比於朱陳余少時習知君爲人洮有孝行鄉人以祭
酒推之過之敬禮而已比長宦遊浙閩遊漸疎偶旋里閭
尚健在走問起居色色然喜詞如晨星碩果又係一鄉重

望以光歸然爲幸事也旋聞君歿而余又奔走四方席不
暇暖迨甲午乞假還山而君之季子少華亦卽世卒之前
曾爲滸壩改橋之事余嘉其不狗俗好有志竟成爲得片
之遺範作文記之比余再權秦臬君之文孫炳吉郵狀來
陝乞爲君傳余不文奚足以傳君然重以遠道之請又念
鄉先生足以資後學矜式者遂不辭而爲之傳以寄之俾
是世變日亟鄉里少年咸習爲詭僻之行異言奇服習不
知恥儻得如君者作之准的庶幾轉移一二乎傳君事又
不能無慨於其中也

光緒三十年甲辰暮春
誥授資政大夫二品頂戴
賞戴花翎陝西延榆綏兵備道署理陝西按察使司按察
使鳳邠鹽法道歷任甘肅新疆迪化直隸州知州署
建臺灣府淡水同知姻世姪同里嚴金請頓首拜撰
例授奉政大夫
欽加五品頂戴翰林院孔目加二級世愚姪王元鑄頓首
拜書

綺霞公傳

公徐姓諱耀鈖字用錫號綺霞金匱懷仁鄉人也係北宋翰林學士封開國侯鼎臣公諱鉉之後明洪武初任江西南昌府推官遷吉安府推官諱耀祖行名褓九之十八世孫世居滸村祖南安公諱𤩲然有隱德父紹堂公諱邦基爲人直諒有孝悌風於嘉慶二十四年遷居於滸村東里許驍門頭居焉公兄弟二人長耀鎮嫂周氏俱殉粵匪難　例入祀忠節祠春秋祭典公其次也公生而岐嶷長而謹信於經史子集無不博覽作文有磊落英豪之氣時人

輙以爲可造之才許之鏖戰童子軍中屢列前茅無如命與時違蹭蹬不偶不能如毛遂之脫穎竟等劉蕡之下第雖曰人事實有天命在焉并喜力行善事凡地方有善舉或襄之以力或助之以錢其最著者如道光二十九年常昭兩縣低鄉水荒邑尊沈公則可以近在鄰封爲之募捐公出助賑錢貳百三十緡得以所活甚衆事聞於　朝賞給九品職銜議敘縣佐道光六年五月二十六日生光緒四年十月初八日卒享年五十三歲　例授登仕郎葬大墈上父塋穆穴配駱家巷蕭氏殉粵匪難　例入祀忠節祠春秋祭典子二長昌濟次昌灝女二長適戴巷上戴蔚如次適卞家橋夏永嘉繼配嚴氏子一昌沛孫三庭楨殿楨昌濟生次嗣昌灝後國楨昌沛生曾孫金魁庭楨生公生平行誼足爲閭里矜式子若孫克繩前徽而傳以公家素與世敎往來悉其梗槩且與公之哲嗣昌濟善誼不敢沒公之行事而爲之傳

光緒三十年歲次甲辰季春之月

例授奉政大夫五品頂戴翰林院孔目加二級世愚姪王元鑄頓首拜撰

挹泉公傳

公姓徐氏諱文源字挹泉行名鐖祖金匱縣之懷仁鄉四七二圖滸村人也係出北宋翰林學士封開國侯[illegible]諱鉉後明洪武間江西南昌府推官遷吉安府推官諱[illegible]祖裕九公第十九世孫曾祖諱爘性孝友祖諱慶有隱德本生祖諱球太學生耆年碩行爲世宗仰父諱鏞字硯香議敘從九品　例授登仕郎自乃祖乃父以來世以善居爲本公性至孝事父硯香公母黃孺人昏定晨省無缺也服勞奉養惟謹也於書無所不讀少工爲科舉之文而數

鬱不得志既困無所合讀書益奮發不衰乃㣲　例入成均肄業嘗以爲世之困人者獨功利耳文章傳世之[illegible]其深者亦有以淡外慕而自足要不若守身義理之學[illegible]萬累之表而與吾挫此豪傑之士所以勵志於是而不以自怍也如公所志者是已公生平寡言語節嗜慾孫孫算合而家居每靜坐默默鄉里善事銳身擊行與後進均勞逸當事者知君器可䡖行嘗飲酒每於花晨月夕藏二三知己酌酒賦詩以爲樂或以放蕩形骸探遊茂林幽竹寂寞莽蒼之墟或游滸塘之濱萍魚漾舉輒垂釣以感[illegible]概洵可樂也其所最重者敬宗收族一節惠山𦒿子公祠傾圮公相助同宗達先而重捐建之譜牒自同治十年續修迄今已三十餘年矣邀同宗仲虎京鄉暨諸宗老等協力而纂修之滸村有宗祠而經之營之無不實心幹事公以國子監生　例授登仕郎生於道光二十四年甲辰八月初八日卒於光緒三十年甲辰九月初十日享年六十一成配張巷上張氏職員錦江公次女繼配江邑周莊鎮蘇氏議敘八品銜聿懷公次女子三長國珍早卒次懋功俱張氏出三懋德蘇氏出女四長適秦門翰林院待詔嚴熊

占次適大河巷顧秉銓三字永適而殤四適橫河上周俱張氏出五六幼殤俱蘇氏出孫一孫女一

銘曰嗟夫挹泉質厚材良就屯其亨孰短其長豈其中有不自得而外物有以戕懷仁之鄉滸塘之上十世於此其歸其藏

光緒三十年歲次甲辰菊月

例授奉政大夫

欽加五品頂戴翰林院孔目加二級世愚弟王元鑄桂芬氏頓首拜撰并書

永豐公傳

世有賢士大夫好行其德爲扶危濟困之事以其取給于人者轉而分惠於人而人莫不嘖嘖太息以爲難能此亦恒情之惡吝嗇而喜慷慨也吾謂賢士大夫於是何有不見夫躬耕自食力嗇起家者流其所有餘皆其所自爲亦復慷慨好施一洗庸夫俗子吝嗇之習而聞者因之興起焉此其於賢士大夫難易爲何如乎而或者不察轉罷[illegible]問其故何哉吾溯徐君永豐之生平而不禁重有感也徐君者吾里素稱長者也生五月而孤祖父母撫養成人於

不自給以耕耨治生至四十餘歲始克有室晚年家隆隆起賦稅之外擴置田舍有餘裕焉則留蓄以待里中之[illegible]貸者寡其息甚至免其償數十戶待以舉火歲凶則毀其家之一豐於喪祭而歉於婚嫁優於賓客而[illegible][illegible]奉責子孫以儉約而訓之以寬和本末之辨明矣是雖不[illegible]與賢士大夫相頡頏而豈得謂非鐵中錚錚傭中佼佼者[illegible]子裕德以狀至余因受而傳之按狀君諱[illegible][illegible][illegible][illegible]歆廣世居江陰之西順里祖父明瑞公祖妣氏屈父嘉培公母氏姚君乾隆三十三年戊子生道光二十六年丙午

卒享年七十有九配周孺人以內行稱子三長裕德國學生次裕全裕茂俱職員有父風

贊曰吾聞之徐君曰甯吃人虧勿使人吃我虧何其[illegible]之過人也君不自侮人惡乎侮之宜君之優游 要非而身其康強子孫其逢占矣雖然以君之少孤且貧然[illegible]富甲閭左而克全長厚若此則今之草野倨侮以自取辱者不亦可以知愧哉

咸豐七年歲在丁巳孟秋之月

眷世姪費七東拜譔

君燦公傳

公諱士宏字君燦世居北宋舊宅猥山古之七雲山之東河莊橋閱耕樓係裕十公第八傳明庠士卿楫承湖公長房之六世孫也祖行龍公父希聖公皆有厚德存仁裕後枏緜緜延公繼承祖父之志而公之子永魁公姪孫廷謨長孫廷禎公等善藏宗譜力行孝悌鄉黨咸稱傳至公之曾玄則有雲龍榮源榮湖韋酱有敦本睦宗收族之念乃倡修宗譜殫心力冐寒暑糾集宗族設局於北宋舊宅之古十笏堂采輯成帖誠可謂克紹前徽族之賢子孫也玉

既同勤事能不爲之一言以嘉其志行畧叙其梗概鼓舞後之賢者勿忘祖功德於斯也敬序

嘉慶十有八年歲次癸酉小春之吉

裕九公派第十七世孫玉純藍田氏敬敘

敕贈儒林郎國學生曰和公傳

君諱雲翔字曰和邑之板橋人祖廣成公本膠南安氏繼板橋覺先徐公遂掌徐姓生子三次爲　恩錫登仕郎嘉德公諱秉恆君之考也君幼岐嶷性渟厚知稼穡之艱難好讀書務求實踐因無他弟昆棄舉業佐嘉德公庀家事內外有條理嘉德公春秋高君色養兼至出入扶持必謹承懽笑備甘旨數十年如一日遇事毅然有爲擬建覺先公祠而未果也會有以修族譜告者君悉力贊成之既復彙廣成公以下纂入膠南譜中曰吾祖若父之所極不能忘者也惠麓建祖祠君出百金助其役事以畢舉族人以此益重君君好施與歲必出其積以賙邺鄰里鄉黨有施與之實而不居施與之名里中有爭競者君一二言排解之莫不相說釋憾以去至今猶有能道其事者晚年行愈力屆古稀諸子欲爲君稱觴君不許曰吾嗣先業常以不克負荷爲憂力行儉約以有今日皆先世積德之所留貽也知自奉而忘祖吾弗爲也今而後吾行吾志矣乃卜吉於爽塏之地建屋前後三

楹自經始以迄落成躬親焉祠既成中奉覺先公
配以廣成公嘉德公報本也識者知君意之所在矣
繼置祭田二十畝以善祠事春秋享祀無闕禮君既
幸其志之成遂日往來於其間朔望率子若孫瞻拜
畢必述古嘉言懿行以爲勸明信義講廉節尤於敬
宗收族之道三致意焉暇則手一編以課孫蒔花栽
竹以自娛十餘年不少倦長子學謙力學早卒冢孫
沛時尚幼君飲食必親教之比長有祖風君生於乾
隆甲戌卒於道光癸巳春年八十元配顧繼配周有

淑德子三長例贈修職郎學謙次太學生學敬次敕
贈儒林郎太學生學禮孫五人太學生沛議敘縣佐
其曜其最著者也丙辰歲大饑余在籍襄賑務沛其
曜率先捐輸以爲一鄉倡其曜出粟尤多是鄉饑而
不害當道將爲之 奏請加敘而君得邀貤典焉因
卽太學生沛書君事畧而爲之傳

論曰余昔聞徐君篤行士今觀其行事想見其爲人
詩曰無念爾祖聿修厥德又曰詒厥孫謀以燕翼子
徐君有焉余以是知徐氏之福未有艾也

賜進士出身刑部江西清吏司主事年家姻愚姪顧
鳳攸頓首拜撰

例贈修職郎太學生謹軒公傳

歲丙午余官　京師板橋徐藹亭以其父謹軒太學狀謁余余素知族曾叔祖廣成公出繼徐氏遂蒙徐姓實同宗也後裔各書姓而序輩行廣成公再傳爲例贈修職郎日和公諱雲翔日和公生三子長學謙次學徵次例贈修職郎太學生諱學禮卽謹軒也謹軒性和厚胸有經緯以佐日和公理家務棄舉業洞明世務練達人情與人相接無不和易近情而介然不苟處斷不肯狥人枉己以故世共欽之鄉里中諸

善舉量力以助無吝色及日和公析箸後操持家政惟勤惟儉無過無不及分當取者取之分當與者與之有條有理知明處當由是家道日隆舊業日廓較承分舊產加數倍焉知其家之豐裕由勤儉務本來鄉黨中推爲仁厚君子良有以也太史公傳貨殖則曰人富而仁義附信乎言之足徵也以視世之重財利較錙銖日積月累刻薄以自豐者相去爲何如哉世之慕榮華席華膴飫鮮肥於他人之緩急漠不相關雖至戚亦秦越相視如謹軒者可以風矣謹軒生於乾隆五十六年十二月二十四日卒於道光十二年三月初二日存年四十有二配王夫人賢而多才子其曜卽藹亭也嗟乎謹軒壯年謝世未享其榮使天假之年以經營數十載不更熾昌其業有所建立於世乎

論曰世俗榮華相尚有家子弟多納粟拜爵服官强仕高車駟馬揚揚自得者謹軒獨幽居鄉里行素位恬然無仕宦情其素性然與抑蒙徐姓繼南州高士之風與

賜進士出身

誥授朝議大夫吏科掌印給事中加一級前戶科給事中京畿道監察御史兵部車駕司郎中職方司員外郎　盛京工程處監督武會試受卷官

欽點壬午同宗弟安詩頓首拜撰

獻璜公傳

獻璜徐公諱廷覲予同學與三之曾祖父也少卽耳其名比與與三遊時爲予誦述公之高誼碩德常心欽之而以不得一望見顏色爲恨戊寅予館其鄉鄉之人莫不嘖嘖樂道之雖辭世數十年尤追慕之不置以爲若某先生者不少概見云予時登其堂輒思其德業之盛貽澤之長每低徊留之不忍去而與三適以傳屬余噫予既乏龍門之筆孟堅之才學識謭陋何足以傳公卽殫精研思亦曷足以道公之萬一

而與三敦請不已因不揣檮昧敬爲之畧陳其梗概焉公少有至性敦孝誼能先意承志以博父母歡恒嗜學不倦遇有餘力卽手執一編吟咏不輟心厭童子試因援例入成均不屑屑於功名惟以讀書明理爲要及壯端尙節操重實行介然自持不苟舉動與人交必信爲人謀必忠好儉樸而慷慨喜施凡遇利人之事必捐貲爲之不稍吝邑有四河閘實公之倡議建設也名勒石上可稽其功初河水易涸遇旱歲農人戽水不繼自閘設水無涸患東南千百萬頃咸藉以灌溉獲利無窮迄今凡佃田於此者莫不額首稱頌向非公之樂於捐輸而勇於爲善也曷克臻此抑又聞之公之爲社長也出入平準斂散隨年乾隆三十八年至四十一年遇有貧者卽不收其息而出貲賠補數年之間穀數頓充人咸懷利以是里中頌美而有司亦時加獎許焉並給誼篤枌榆匾額以表其闓然樂善之心靡涯而利物之功益鉅乾隆乙亥歲大饑人無所食公惻然於心初不待人之捐己也亦不必捐之於人慨然獨輸家有糴米煮

粥設廠於里中親自施給凡一十餘保之衆莫不藉以飽食而無菜色蓋全活者萬計斯其德爲何如哉時邑宰周公嘉其事急以　上聞乃　天眷特隆由太學生奉　旨着以從九品歸部選用而公不受蓋公初不自有其德也又何敢受其職乃以母老辭吾於是因之有感矣夫今之遇災歲也初懼人之捐已及勢不得已則出少許以爲助或有黠者殷然出而勸捐以祈民望初非實心爲善也亦有捐貲獨厚者彼其心早逆計　寵錫之加必陽以博好施之名陰

以冀　恩榮之至爲一舉兩得之計若公者始也不必人之勸而自捐繼也有縣佐之授而不受其心之公私各判者奚待論耶公居家勤於課子凡所延請必擇邑中名士品行端方者雖厚費不惜故公之子若孫類皆循循爾雅言坊行表有古儒者風至於和于接人慈以待下不矜情不傲物其謙冲之德又不勝縷述者矣而終嗟乎公之立身行己德澤及人若此則其獲報也寧可限哉根之茂者其實遂膏之沃者其光曄德愈遠而福愈昌公之不獲於其身者必報之於其後人意者其在斯乎意者其在斯乎公生於康熙五十三年甲午三月十四日午時卒於乾隆五十年乙巳四月初二日戌時享年七十二歲配沈氏淑五公長女子三長越炎超三擴女三長適邑庠生薛瀛炎適周烈以公之品方行潔也是不可以無傳

時維

乾隆五十二年歲次丁未仲夏之月通家眷晚生夏

翼鳳拜撰

敕授儒林郎江蘇揚州府高郵州同知加三級梁溪

王游頓首拜書

啟泉公傳

公諱溥字啟泉自號二愚暨邑廷颺徐公之仲子也幼即敏悟性不好弄嘗就里之貢士周儀三先生而受學焉讀書不過三遍便能熟記且問識其大意先生特器重之年七歲公叔廷標公即世無所出於是廷颺公遂命公爲之後公奉命往成服斬衰苴杖哭泣盡哀親族來弔者咸羨廷標公之無子而有子云公既承嗣常以不獲生事嗣父爲恨而孝事嗣母一如其生父母未幾而嗣母黃太孺人亦即世公擗踊

哀號喪葬盡禮自是而家務畢集於公公遂廢詩書操筦算年雖幼弱然工於會計熟於經畫權度出納即老成練達者不啻焉故自公掌家而家道日以殷富因聘奕祺薛公次女爲室薛孺人既來歸椎髻晨炊篝燈夜績相夫子以令德奉尊嫜以承歡而公之內助有人矣生子鸞翔天性純孝涵濡於義方之訓者深娶媳李氏稟姿淑慎敬事舅姑克修婦道而公之克家有子矣公之孫桐友署齡字拼之無綺歲名書黌序前路鵬程正未有艾而公之繩武有藉矣方

公本生父廷颺公之有疾也公親侍湯藥衣不解帶者數月而廷颺公竟以不起公爲之哀毀盡禮其後喪生母劉太孺人也亦然公既出嗣廷標公而廷颺公窀穸之事公獨毅然主之以良田二畝二分爲本生父母易葬地即殯殮諸費皆公獨任不與兄弟相推諉至所有公膳田產則又令兄若弟分執之而已不與焉其篤於天倫也若此是以公之兄彙吉公疾作曾指其子良輔而屬諸公曰而能視吾子如己子則是吾雖死之日猶生之年公泣然流涕曰兄弟之

子猶子也敢有異心既又遇公之弟震利公疾作亦以子大訓託公曰是呱呱者而今以後將惟伯父是瞻公復涕泗交頤曰余不忍負兄焉忍負弟當是時良輔已成立稍能更事而家事胥賴公經畫大訓甫離襁褓公遂取歸撫養教之禮節教之治家教之接物俟其成室而後分立門戶交管鑰焉又不料良輔早卒所遺四孤悉藐小公復代爲摒擋內外延師教育俾克自豎立公之所以栽培兩家子弟者蓋靡有已時也且公意不獨重孝友凡睦婣任卹之誼每隨

念之所結而生如嘉慶十九年會歲大饑民幾轉溝壑死公卽承念曰此誰非吾之親姻而忍聽其不聊生也若此屢欲議捐勸賑以成善舉而邑侯蕭公適有命來俾爲總董以開賑局公卽首輸百金以倡而里中殷實者感公之至誠惻怛慷慨好施也無不樂爲之助公又嘗施棺木以殮骸骨施藥餌以療疾厄每當歲終輒訪貧戶之無以度日者陰識其家及暮叩其門而給之錢若詰以姓名不告而退又或遇米價昂貴恆樂出所積貯減價賣之市價爲之一平而

鄉民之得以生死而肉骨之者大率公之力居多公爲人嚴正不阿趾步不敢由徑平居評論古今人物事機成敗無不瞭如指掌鄉曲偶有爭競特賴公爲排解人或望見公顏色皆敬憚而不敢近及與之言則又藹然可親公於家事必親自檢點歲時祭祀必虔遇父母忌辰必齋戒茹素涕泣悲哀至老不輟年七十五精神矍鑠不自知其老之至也是冬忽夢見導從數十人來迎公公辭之明年夏四月復夢如前公醒而告人曰吾不久於人世矣由是調理諸務一

一籌畫已畢秋八月得痞疾醫禱罔效將革誡家人曰善雖小爲之不可不力惡雖微除之不可不嚴汝曹勉旃言畢而逝公有季女篤於孝道貞而不字公嘗爲之擇配而女堅執不欲曰兒願終身事父母不願適人也及公卒季女與守三年之喪人咸謂其貞孝兼備者公援　例爲太學生生於乾隆七年九月初十日戌時卒於嘉慶二十二年八月初四日丑時享年七十六歲

嘉慶二十有三年歲次戊寅孟夏之月眷姪沈垛頓首拜撰

南陔先生傳

先生年六十有八歲紹基始問業焉越二年先生歿前後及門之士百餘人其通經砥行遭時掇科者十之五六若基之從游日淺惡能窺先生壸奧而傳之耶今先生之第五子璜謂先生之執友無一憗遺門下士即世者已踰半惟基實終事先生於先生之品誼文章道學微顯性情好尚知之詳是宜爲之傳基於是不敢辭先生諱青選字綸園號南陔先出自滃梁遷江陰爲科選公一傳耀軒公再傳茂之公諱大

有遷璜塘先生曾祖也祖子發公諱棟父逸齋公諱健字體行邑諸生母王孺人生子二先生爲長自茂之公以下業于賈凡貿布之人或以木棉或以米菽遇貧乏者不計値輒多與之雨雪泥濘兼勞以饘粥交易輻輳家日以豐殆所謂周於德不周于利者耶以是世享大年昌其後禨云先生生而瓌瑋事大父母事父母晌晌乎全其孺子慕既長館穀所入悉以佐滑甘居喪盡愼竭哀既卒哭猶病瘠不能起從父暨仲弟積逋數百緡先生代償之膝下號泣弗顧也

與人交諾責必踐有急難雖千里必往援之人無問識與不識皆推先生爲篤實君子也先生少遊於外父張修來及薛元崑奚登榮三先生之門早夜以褆躬勗學爲體以誨人經世爲用於書無所不窺構樓三楹名之曰鶴盤蓄書萬卷丹黝校讐正譌補闕手澤尙新至兩朝名大家文無不溯流窮源融之心胸而裁之手眼是以德加修而文日益有名多士仰之如山斗鉅公名卿有若宗伯張公司農莊公鶴峯李公劉文淸公程文恭公紀文達公皆有國士之知洎

夫鄕闈一捷公車五躓先生年已六十矣先生於海內名流交遊未可縷指計基先從學于趙瞰江錢半舫白孺葊三先生三先生皆心折先生乾隆癸巳殷翼軒先生延之家塾凡一題之奧一字之安必是正于先生索先生時文稿將付剞劂氏稿猶存於某生處先生作書取之某生靳弗出先生置之一哂而當世之願讀先生文者至今猶痛惜有餘憾也著有鶴盤樓詩古文詞三卷摭異記二卷時文之膾炙人口者數十餘篇其誨人也凡五十年最後館于王若木

世文家弟子賁罕穎悟先生指其塗徑溯其根原所講畫多箇中秘本引之掖之無倦匝月之後如草木之有生意一年之間如探奇者之入名山寶藏欲罷不能其後各有所成就甚侍先生盥漱寢餘先生嘉其能服勞獨時時語以心得今得以舌耕遠方校文數郡兢兢罔有隕越皆先生之教也先生于乾隆庚辰中式本省舉人揀選知縣配張孺人邑庠彥修來公之女有賢行於君舅君姑生養死葬之事無虧婦職兼之鞠育子女恪共賓祭終其身黽勉無暇逸生

子五長玘邑增生次瓚次琥次瑛皆就買次璜業儒婚娶皆名族女二人一適建平職貢生趙廷泰一適同邑江啟周孫七人孫女六人先生生於康熙五十二年癸巳十月朔子時卒於乾隆四十七年壬寅七月初八日辰時享年七十歲孺人生于康熙五十三年甲午六月十七日辰時卒于乾隆五十年乙巳九月初二日申時享年七十有二歲以乾隆五十年九月十四日葬于由里山之西麓基不文謹剟輯先生之梗概懼不足以推測高深倘冀當代蓄道德能文章者採擇而錫之椽筆闡其幽潛以是藁爲行狀也可

乾隆五十一年歲次丙午仲春之月

受業門生紹基頓首百拜

徐步高公傳

士君子讀聖賢書爲公輔器得遂其幼學壯行之志洵生平快意事顧位極人臣每多自滿偶或不謹而一生行事驟於末路有反不若身不列於官階名不出乎鄉里者余能隨遇而安俯仰無愧不失爲一鄉之善士余於邑城之東鄉得一人焉諱登雲字步高姓徐氏系出東漢高士徐孺子後考其譜系代有偉人至有明分支始祖曰茂四公越十二世曰青芝公由錫城入兒巷遷居隆亭鄉公之曾祖也祖諱淳仁父諱鳳林母華繼母錢生子三公居長華

孺人出也公去今之世已遠生余也晚不獲見公之行事而鄉黨父老咸嘖嘖道公之孝友不置謂公生母不及事而事嚴父與繼母則曲盡子道且友于兄弟焉余入詞林乞假掃墓里門得因舍親汪瀜公之曾孫述祖可亭懷才不靈隱於市肆恂恂有儒者氣象志行之明德之後必有達人積善之家必有餘慶以此而知鄉黨父老嘖嘖道公之孝友爲有由也公生於嘉慶元年四月二十三日卒於咸豐六年九月二十八日原配楊生於嘉慶十年八月初五日卒於道光十四年六月十一日繼配季[illegible]

六年十月初四日卒於光緒二十六年四月十七日子三紹誠紹顯紹勳孫五克勤克仁克均克敬克明曾孫八士楨即述祖士淵即可亭士楳士模士樾士榕士標士樟元孫一家鵠余觀徐氏子姓之盛且能蕉德善良各有樹立蓋歎公之遺澤孔長而鄉黨父老嘖嘖道公之友孝者爲有由也適徐氏葺家乘將竣事述祖可亭具狀丐余傳余故不辭而爲之記

論曰仁厚天生藹然和氣人以顯揚爲娛親之要道公以菽水謀得親之歡心伯仲之間怡怡承耆倫紀以立古誼

以敦公身已逝公德在世謂予不信曷不觀後裔之昌熾均能丕振其家聲

光緒三十年歲次甲辰八月上浣

賜進士出身翰林院庶吉士同知銜歷任安徽英山桐城鳳陽等縣知縣現任蒙城縣知縣鄉晚生陸士奎頓首拜撰

世美徐君傳

人生[illegible]人所沒世而名不稱者君子疾之蓋名者稱道於當時流傳於後世非可倖獲也然亦不容湮沒也富且貴者不具論即伏處鄉閭苟有一言一行卓卓表見於世而爲羣所欽敬者雖歷久猶嘖嘖稱道不衰流傳無已焉非所謂實至名歸者乎予觀徐君生平行誼不禁爲之肅然起敬慨然仰企而信其名之足以不朽焉君姓徐諱紹濂字世美系出漢高士孺子先生諱穉後至北宋學士累封東海郡開國侯鼎臣先生諱鉉始遷無錫又廿三傳至晉芝公再由陽城徙居隆亭祖諱鳳林父諱登雲母氏過繼母季有子三君居長過氏出生而岐嶷敏慧異常髫歲母見背辟踊若成人哇哭泣不出聲蓋恐傷父心也其事繼母如己母至老弗懈事父尤加謹焉年及壯父又棄養君哀慟異常幾至不能成禮見者靡不惻然平時讀書明大義不屑屑爲章句學厥後棄舉子業習治生黎明而起夜分始息黽勉經營資產隆起然自奉儉約布衣粗糲終其身未嘗一日少縱也其性溫讓與人接無厲容謙謙居閒里有長者風慷慨好義不吝施與里族之鰥寡孤獨者

鄉[illegible][illegible]不逮時時爲之計必使之溫飽而後已不責人報并不令人知其宅心仁厚如此他若建義塾修橋梁諸善舉莫不捐貲襄事歲丙寅君抱恙偃臥床褥醫藥罔效子弟輩時親問視猶語以嗣宇未建不能仰承先志爲憾言終而逝時同治丙寅八月二十五日也距生於道光癸未十二月二十七日年僅四十有五議敘主簿　例授登仕郎配呂孺人子二克勤克儉皆國學生女二長適石塘灣候選縣佐孫逸樵次殤孫五士楨士棟士幹士淵士樑茲承詩嗣伯壎以行狀來乞言余忝屬交契素悉其懿末不忍君之遺行湮沒故不愧不文而樂爲之記

論曰余嘗讀晉書和嶠傳嶠雖擁貲累千萬其性至吝見義不爲徐君僅小康而存心利濟樂善好施其相去之遠爲何如耶嗚呼若世美者爲法子孫儀型鄉黨亦復奚愧

光緒十八年歲次壬辰春三月上旬

勅授儒林郎保舉六品銜按察使照磨加二級候選訓導

增貢生世愚弟楊殿奎頓首拜譔

光遠公傳

文人有言曰掃盡浮塵足睹廬山面目遵彼大道自見器宇軒昂苟非剛方正直包全五德者其人不足多也然予徧覽羣英遠方人物欲獲其人曾未覩一二及館於新安與徐公光遠交竊愛其才德兼優有古人風概焉君諱旭昌號奇峯桂芳公次子少勤學以家事繁故未能卒業然性直而和豪爽之氣溢乎眉間忠敬之容流從肺腑非二親能盡孝敬處昆弟之間則必友恭暇時與坐讀常以不讀書爲恨余曰不然人惟患無才無才不足以任事鄉里

雖有是人不足重輕也君才器素優鄉黨中事無小大待君而決者十有八九已足見重於世矣又奚讀爲今已辭世數載人猶嘖嘖稱之不衰嗚呼君非包全五德何以人之欽服如是其子兆基從予遊余悉因其顛末而爲之傳

咸豐五年歲次乙卯小春月

眷弟張松鵠撰

其贍公傳

公姓徐氏諱祿基字其贍予先君故友也與先君商相若居相近稔其生平最悉公系出漢高士諱穉後第一世一奇公由浙之金華遷長洲縣之射瀆至第十二世守政公由射瀆遷新安鄉新庫橋而世居焉爲公之始遷祖父諱允榮生五子公居四予髫年先君常謂予曰吾友徐公敬宗尊祖好善樂施觀其勸捐建祠同心戮力惟祈克承蒸嘗雖境非富有心甚仁慈每見貧苦親鄰必傾囊周卹有德者必有後

縱及身未見豐亨後起定多饒裕天道自可憑也及予稍長果見公之子長子名紹鋐字雄鈞號南園貢稟寬仁才猷幹濟擴田搆宅克稱冢子家業既積少成多有隆隆日起之象性好義與予交投契常往來凡有善舉無不踴躍樂從共謂徐氏有人焉迄今花甲初週兩子俱有成名立諸孫亦皆美秀更喜一堂四世子復飴孫予固知南園之熾昌皆由伊父其贍公積累所致適今南園諸族望先生修輯家乘南園竭力襄事捐貲成美念及伊父其贍公一生勉力行

仁子孫獲報不忍湮沒委予作傳表明予素不諳既述因屬世交素所知悉爰是不揣淺陋代述質言一以表公之爲善無不報一以勵凡爲公者果能如公之勉行不怠無不如公之克昌厥後云公生於乾隆甲申年七月初五日卒於嘉慶十七年九月初四日配周氏有壼德子二長紹鋐次紹鑛

時維

咸豐七年歲次丁巳仲春之月

制世愚姪華鈞年稽首拜撰

延發公傳

從來舊德之匆湮端賴後起之有人故莫爲之前雖美勿彰莫爲之後雖盛勿傳惟我徐公有盛德以啟其後復有賢孫以承其先是以先後交輝應乎其可傳矣公諱錫瓚號延發系宋名臣鼎臣公後裔士元公之三子也公幼敏悟讀書目數行塾師甚奇之而家徒壁立修奉維艱然公雖幼已知曲體親心不敢以延師之費重貽親憂因廢讀而耕勤儉自持然每念半途輟學常自憮然輒於耕暇仍不廢讀負耒橫經彬彬有儒君子風焉居平喜與文士交銜盃賦詩其相得樂故與公游者咸重公之品望未嘗以田舍翁目之也公性好施捨尤樂于賑卹單寒然待人雖厚而自奉極約是以家業日隆隆起因祖居湫隘迺經營新宅庀材鳩工方就猝然病終幸賴尤孺人率三子元興隆興文興次第修葺克成公志論者咸謂內助之力與堂構之功居多而亦公之貽謀宏遠所以臻此今秋徐氏葺修宗譜公孫佑裕不忍祖德之淪亡同姪巨源請傳於予予矣佑稱無公[illegible]後

公無佑裕無以承先蓋其世德之淵源有由也故不辭而爲之傳

咸豐六年歲次丙辰孟夏之吉

例授文林郎壬午科舉人揀選知縣唐汝翼拜撰

漪亭公傳

君姓徐氏諱王錫字師承晚自號漪亭贈奉政大夫雲峯公第四子也贈公之子伯叔皆早逝而仲子南臺宦遊惟君一人居子舍君左右就養能先意承志贈公夫婦晚節優遊年逾耄耋及相繼壽終喪葬盡禮皆君力居多南臺令浙之德清罣吏議被繫君內庀其家事外則鬻未析之產償官逋及兄子廷棟成進士入中秘而南臺亦事白得釋君相見悲喜交集於是親戚族黨稱君孝弟無閒言君自爲諸生七試

棘闈不售生平寡言笑喜淡泊年既篤老子以甘旨進必以居家宜儉爲戒年八十二終余與君同受知於韓城張公交好如兄弟而余中歲客遊遂踪跡濶疎及令巫山家人遷居城西與君家相去甚近私喜他日歸田幅巾杖履與君徜徉於泉石之間亦晚年樂事暨歸而晨夕欵洽曾不數一二而君已不我待矣今乃握筆傳君僅相遇於楮墨之間其何以爲情也君配顧繼王子二長宸棟邑諸生君命爲伯兄後次雲仲早卒君所爲教肄事宸棟必贊成之庶幾能

善繼君之志者
論曰君少工舉子業有聲庠序使挾所能以遊京師視一第如拾芥耳而乃孺慕終身視浮名之得失初不介意其至性過人遠矣又聞其暮年閉門課子足不踰戶庭鄉里亦經年不面嗚呼豈古之所謂名可得而聞人不可得而見者歟

乾隆歲次重光大荒落鶉首月望日

年家眷同學弟錢基拜撰

綸章公傳

公諱安尊字綸章父雲衢公以善行聞於鄉公賦質剛直髫卯時即有異性與羣兒戲不畏強不凌弱甫脫襁褓母錢孺人謝世事父事先意承志愛弟常以鬩牆為戒比長配王孺人賢內助也善相夫子不聞有嘻嗃聲及乎堂上椿凋喪葬盡誠與人交不設城府又善排解里有不決事咸質之於公公侃侃而言事即冰釋人亦貼服遇善舉倡為引無吝縮如購屋助祠克成父志懿行彰彰在人耳目其樂善之心

可謂善繼善述者歟公生於乾隆庚子卒於道光癸巳享年五十有四子四長鴻次陞三堃四江皆勤儉成家克紹先緒總由公之德教至此也今秋續纂家乘族兄堃囑傳於余余掇其一二附於簡末以為公之行略也可以為後嗣之表準也可

旹

咸豐七年歲次丁巳仲冬之吉

族姪棟以莊氏謹識

俊千公傳

徐公俊千諱敬德父開禧公其伯子也性孝友少讀書勤敏塾師奇愛之謂可有成稍長告母氏曰兒踰衣廿食雍容學舍而老父早夜勞苦心何以安年十六即出塾佐理家政井井有條理家故饒有田二頃公尤明晰田務別物性辨土宜以及旱潦之蓄洩培植之厚薄無不一一精當又待人寬厚有恩意能得諸傭之力以是畝收視他農校豐歲糶米恒數百石未幾而開禧翁遘疾甚公侍左右脇不至席者五旬凡調治湯藥及抱持溲溺抑搔之役必自爲之不貸勞於僮婢居喪毀骨立及葬賓客之盛哭泣之哀觀者以爲有禮當是時公甫弱冠兩弟三千子千俱幼母楊太孺人莞內政閉戶不與聞外事里中無賴以爲几上肉而垂涎謀啖者凡幾輩初以聲色狗馬蒱博蟋蟀諸戲嘗公繼則或布流言或張威餤計百出而不窮公不露圭角從容以靜應之而始終兀然不爲動有某甲乙朋比挾僞券登門索金詞氣洶洶殊不可耐公先覓券而熟諳懷徐歷指其僞之所驗處

而婉告之曰若以此爲可憑他日自有公論僕非不解事者特恐於公等顏面有傷如但以緩急實情相告則僕非守錢奴頗能效萬一之需三人乃愧服卒焚券受餽而去乾隆歲庚寅邑大令檄委董事濬白茆河公星夜賫資往宿河干率役夫三百人用開方法計工受值先與約人日計工若干受值若干有餘則賞不及則有罰賞罰雖請於官而其權則操之董事公惠浮於威間日輒攜酒食勞之人故樂盡其力不旬日而工竣而所費正復不貲中歲爲兩弟婚娶已奉母命析炊以居而友愛仍如少時兩弟亦謹率教終身式好無間言逮楊太孺人卒公力疾哀泣淚盡而目上視血縷縷出死而復甦者日再三舉喪盡誠盡禮一如殯開禧公垂老遇父母祭之日猶嗚咽流涕若孺子慕然與人交不設城府生平不作欺人語人皆以公爲長者卒亦不忍欺公生於雍正己酉年閏七月初四日卒於乾隆辛丑年六月初三日享年五十有二配周孺人繼配陶孺人子五漢倬漢采漢青漢武漢光俱陶孺人出漢光出嗣叔子千諭

曰古者士出於農兵出於農文武名臣皆農人爲之農可易視乎哉夫農而無足稱述則農耳若才行卓然者其用之則與國家任大事利蒼生其不用則伏處衡茅爲孝子爲仁人如公其庶幾乎

嘉慶十有八年歲次癸酉秋七月巧日

賜進士出身

敕授文林郎翰林院庶吉士知鳳臺縣事陽湖李兆洛頓首拜撰

念齋公傳

公徐姓初名梁棟通籍後改名廷棟字宗海號念齋世居無錫之歐塘寄籍順天中式雍正己酉科直隸舉人明年考取內閣撰文中書癸丑會試中式 賜進士出身 欽點翰林院庶吉士乾隆元年 欽授山東曹州府鄆城縣知縣調任湖南湘陰縣知縣陞沅州府通判歷署辰沅衡永等府知府甲戌調長沙府通判戊辰保舉知府用己卯擢授辰州府永綏同知公少隨父任郎潦達吏治客京師久與名輩大夫

遊見聞益廣而胸次清曠自負經世才然其[illegible]文夙秉庭訓又曾負笈于學博蘭宜錢先生之門先生諱責英司訓青陽爲殿撰王海文先生入室弟子公受業後更恣肆有奇氣而不詭于法則一時作者俱交口稱道之公故不屑爲章句儒每脫稿即隨手散佚其子師曾所手錄者經門人陶刺史選刻僅一册數十篇而已初公父南臺公由教習供奉 內庭改爲浙江杭州府德清縣令治多善政澤被生民因糧米霉爛獲遣繫獄民感其德簞食壺漿送至獄中

者不絕于道後公身入詞垣陳情代縶　天子念其孝行槩行釋宥由翰林出爲大令官楚南三十年所至有聲于刑名尤愼之又愼每多平反大率吏畏民懷而豪族大家無不斂跡見大吏白事委曲曉暢必得當乃已以是知者愛其才能而忌者亦復不少遂致不及大用賫志以没噫其亦可惜矣公生于康熙庚午五月十六日卒于乾隆己丑八月初四日享年六十八歲　誥授奉政大夫　例贈朝議大夫配馮宜人　例贈恭人子二奕曾師曾俱監生

論曰公子仕宦兩袖淸風歸僅攜橐囊無蓄積今後嗣貧不能存今且售爲宗祠廉吏可爲而不爲也有以夫

嘉慶十有八年歲次癸酉仲秋之月

賜進士出身

誥授中憲大夫知山東青州府事愚姪馮埥頓首拜

撰

雲彩公暨景行君父子合傳

庚午春借宗兄裕昌家祠稲徵堂纂修統譜檢稿時得贈雲彩公之遺跡暨其子景行君之行事乃謹爲之傳曰公諱鴻鍾字雲彩世居無錫青城鄉前洲鎭漢高士孺子公之後裔也爲人正直不阿以祖父遺訓自守時懷利濟幼聰敏好讀書雙親年老不能久事篇什因棄儒習賈遂致小康公事親甚孝昏定晨省未嘗稍懈教子訓孫悉以義方待人則曲盡其誠處事則悉求其當慈愛成性節儉持家里有公事無不當先修街道以便行人修宗廟以妥先

靈及本鎭社廟僧菴興工重修無不與力勸勷焉生平行誼非所稱今之古人歟長子景山字曉春有父風焉於道光庚子己酉兩次水災里中賑給貧民代父勸說其富者以周其急無不曲體人心必使各獲其歡心而後郎安不意天不授命暴病疾篤將妻子寄托於弟撫養教誨而逝弟即景行字裕昌雲彩公之次子也賦性忠直有丈夫氣繼父兄業亦習市賈買賣公平出入無欺每遇公事勇往直前惟義所在水火不避庚申十年五月粵匪竄境竄藏於洛社鎭之東平王廟滋害生靈殺人無厭君聞頓[illegible]

勇率領數百人乘夜劫賊窠賊乃潰散保衛鄉里嗣後賊
勢滔天一杯之水難滅車薪之火棄家歸隱絜妻嫂帶子
姪保全性命於亂世豈不稱丈夫哉今年春設局君之堂
祠兄其勸共事手訂本支譜稿別尊卑長幼世次不紊親
親長長敬宗收族不畏難不憚勞以底於成譜成予爲之
作父子合傳云

時維

同治九年歲次庚午新秋月

宗愚弟棟拜撰

昌祚徐公傳

無道學之名而有道學之實可以爲篤行君子矣自非久
與之處熏其德飫聞其言論風旨無以得其立身行已之
素與夫處心積慮之微而斷然許之爲篤行君子如我姨
丈徐公者也公諱昌祚字得珍不甚讀書粗通大義身率
妻子戮力耕桑其胸中坦然不設城府其貌則和易近人
未嘗立崖岸然不可以非禮犯犯之必正言斥責不少貸
以故里人無長幼見公至必肅然起敬其尤有過人者尊
祖敬宗經營家祠勉力盡分賠墊無怨初非強恕而行者

焉平居崇節儉寡言笑性頗嗜酒未嘗伐德家人約數十
指從未聞有詬誶聲兄弟則交相愛也妯娌則交相遜也
夫婦則交相敬也人問公何以能整齊其家如此公曰吾
聞古人治家以禮吾無他術亦猶行古之道而已嗚呼非
所謂禮至不爭者歟吾無謂公亦農家者流耳何嘗有意
教一鄉而齊一家乃在鄉則鄉人敬之在家則家人敬之
蓋古道照人有默相感於不自知者非所謂篤行君子者
耶公配本里寶善橋杜氏繼馬氏子三長順山次東山三
[illegible]山女二長適陳次適唐諸公子俱慎重宗點而有父風

父歿之後順山克承父志綜理宗祠會計惟當順山歿東山繼之一遵父兄之志兢兢業業守而不失至道光戊子倡修譜牒不避艱辛敬宗收族洵所稱斯邁斯征無忝所生者焉余忝屬葭莩素悉其顛末故不愧不文而樂爲之傳云時

道光八年歲次戊子孟秋之朔

愚甥遇時唐宗泉拜撰

產業公傳

產業先生徐其姓寄壽其名吾鄉文雅士也性嗜學不諳門外事先世素習農家業祖若父恒以不文爲憾先生心傷之而未知所報也日以學自勵願思一售其技以慰父母望值甚暑揮汗讀書蚊血染衣不爲瘠其究也目幾爲之失明余初應童子試遇於文場一見如故心慕其才欲師事之未果尋病終時年三十有三今而知先生學之勤蓋有內德之助焉先生德配顧孺人係浮舟村顧惠川公長女也勤紡織主中饋不以門內事紛丈夫心先生逝世

孺人年三十有一誓以身殉親舊咸以守節撫孤勗之孺人素知大義遂不敢以一死博烈婦名其時長子名羲明字錦堂年僅六歲次子名敬明字錦芳生未踰月以是竟諸孤其若之何迄今節已苦矣孤已長矣長媳周氏錦堂繼室也孝養毋氏與顧孺人扶持舅姑事若合符節天之報施善人不爽矣及粤匪擾境避難他鄉孺人年已六十有一病不能支周氏雖在倉猝猶日侍湯藥未嘗暫離哀哉孺人竟一病不起也守節三十年終身如一日其子錦堂錦芳昆仲扶柩還鄉後錦堂舌耕於家稟性溫厚訓導

有方閭里實倚賴之近在譜局協修譜稿兼行採訪成賢其能與余鄉館杯酒談心囑余爲序余不獲辭畧述所以應之云

同治九年歲在庚午仲夏

治光棠翰香拜撰

贈徐君永熙記

永熙徐君余之族戚也性剛直知大義孝友可風儉勤足式治家訓子悉以正道爲今年春渠族重修宗譜有長乎族者徐翁友法倩余司其稿命君董其事君一諾無辭即傳諭各房造稿夏五月稿齊輒委家于子擇吉赴局朝而往暮而歸辛勤周慎一切鉅細事獨任肩之時值炎威肆虐溽暑淩人司事者靡不畏怯君獨堅心忍性雖少弗離自創始以迄告成曠日持久無矜意無倦容族之人罕其匹也嗟乎吾習見夫侈談先世者居恒亦知自炫曰吾祖某也忠吾祖某也孝某也才優望重某也德邵功高及至表揚其先人善蹟如輯譜之舉則退避而不與焉或有與焉者非以市名即以漁利不若是則貌予而心違也或淺嘗而中輟也此無他內無尊祖敬宗之實外無敦倫睦族之誠勢必然耳聞徐君之風亦可以少愧矣夫徐君以耕鑿者流而能公爾忘私善始令終若此非由尊祖敬宗敦倫睦族之至意所積而流焉者乎是不可以無記

道光八年歲次戊子孟秋之吉

唐華視竣崖氏謹撰

謹案永熙公系考先公嗣子亭四公第十五世孫配大
劉村沈氏子四茂德順德富德貴德次三四俱出嗣長
房孫庚壽曾孫坤培
光緒三十年歲次甲辰芙蓉月上澣
王元鑄桂芬氏補識

亭四公派前洲徐湯永熙記

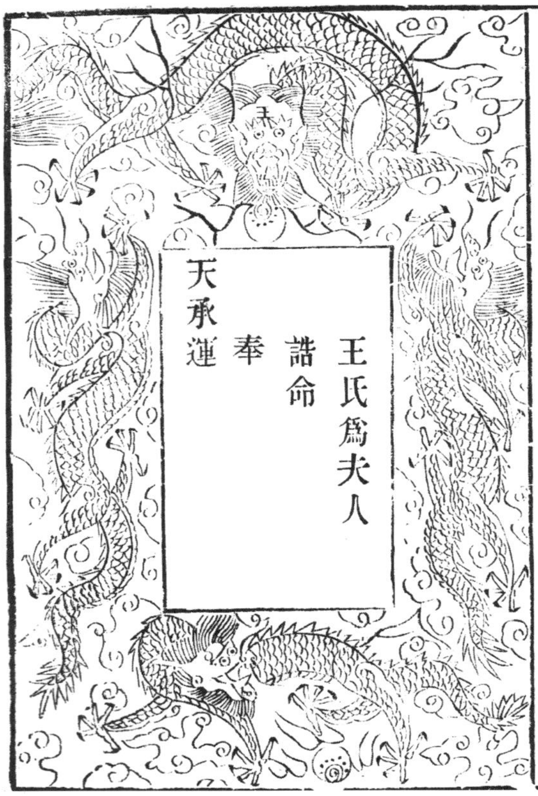

皇帝制曰嘉謨垂奕
葉允昭世德之求
厥寵錫公朝益展
曾孫之孝祇承新

渥用報纍徽爾徐
審法迺雙月選用
道員加三級徐建
寅之曾祖父敦修

無斁垂教有方種
德開先堂構益恢
於來緒詒謀裕後
箕裘克紹於前徽

懿矩攸彰恩施遂
逮茲以覃恩馳贈
爾爲通奉大夫錫
之誥命於戲四世

其昌允聚德星之
慶九原可作永承
寵命之榮國典存
膺家風益振

制曰綏柔佐治寵既
被於外僚貞順垂
庥恩聿推於內德
特敷惠澤用播徽

音爾王氏迺雙月
選用道員加三級
徐建寅之曾祖母
肅雍可範令善堪

模樹慈訓於後昆
爰著鍾祥之德傳
素風於奕葉式彰
貽穀之謀允作母

儀肅昭國典茲以
覃恩貤贈爾爲夫
人於戲九重錫慶
洊邀丹誥之褒四

世承恩益煥朱幩
之色勤宣令問用
闡幽光

制誥
光緒四年十一月初八日
之寶

頭品頂戴兩湖總
督兼署湖北巡撫
臣張之洞跪
奏爲道員親造無

烟火藥成效漸著
因機器磨熱炸裂
與委員工匠人等
慘遭轟斃懇 恩

優卹以勵勸事恭
摺仰祈 聖鑒事
竊照奏調湖北差
委二品銜直隸候

補道徐建寅於光
緒二十六年五月
經臣奏調來鄂派
湖北營務處暨教

東館武備總教習
於營務利病悉心
體察勇以任事不
避嫌怨於委辦省

城保安火藥局仿
造黑色洋火藥事
務該道自造機器
精思仿造歷時三

個月造成洋黑藥
試驗擊力幾與英
德各國所造無異
臣因漢陽煉鋼廠

無煙火藥廠均經
造成延訂洋匠久
未來鄂焦急殊甚
無煙藥較之黑藥

需用尤切造法尤
難特委該道總辦
鋼藥廠設法仿造
該道以大局未定

時事日緊軍火尤
爲要圖毅然以設
法造成爲己任極
意研求化學將强

水酒精棉花等物
自行配製本年正
月造無烟藥數磅
試驗藥力頗稱充

足惟燒後稍有渣
滓該道復殫精竭
思窮加研煉於二
月初六日手自造

成敗務試驗竟無
渣滓即擬開機多
造是月十二日該
道在廠監工親至

炸藥房督同委員
工匠人等拌和藥
料不意機器炸裂
該道徐建寅及委

員五品銜候選知
縣黃振麟五品頂
戴監生楊蔭楠藍
翎把總儲仁發工

匠人等共十四人
同時轟斃屍骸焦
爛碎裂收檢不全
慘不忍覩轟去西

邊炸葯房一間緣
製造無烟火藥所
用强水酒精棉花
等物料性極猛裂

配合最爲危險洋
匠建造葯廠分東
西南北四廠東西
相距五十丈南北

二十丈炸藥房三
間在南廠每間中
有隔巷以防不測
故僅轟去西邊一

間其中間及東邊
葯房機器均未損
動此外各廠一律
完好如故詳查失

事之山因機器開
關樞紐均在牆外
司機人等未經聽
明開機過快以致

機器磨熱生火炸
裂致在場員匠八
等同遭轟斃查該
道徐建寅幼承家

學隨其故父二品
封職徐壽在故大
學士曾國藩安慶
軍營管理軍械所

研究格致化學製
造等事均有心得
創造黃鵠輪船一
艘爲中國自造輪

船之始歷經派委
辦理金陵上海山
東天津各製造局
充福建船政局提

調奏派出洋充德
國二等參贊遍歷
英德俄各國考求
工藝閱歷既深所

學益進與英士傅
蘭雅等繙譯西學
有用之書多種曾
經進呈

御覽夙爲故大學士
曾國藩故督臣丁
寶楨等所識拔飭
次敘勞薦保今職

此次在鄂苦心孤
詣製造無烟火藥
事事躬親手自配
合察驗不避艱險

乃成效甫著遽遭
不測竟與委員工
匠人等同時殞命
其死事情形極爲

慘酷現値各國議
禁軍火進口之際
全賴我自能擴充
製造庶期充應要

需該道夙具血誠
精通化學綜其才
藝實爲近今不可
多得之員倘能始

終其事則鄂省鋼
藥兩廠必能精求
製鍊日起有功漸
可不借外人之助

何期有用之才頓
罹慘害既痛微臣
失此贊助更惜中
國少此人材追念

之餘尤深惆悵伏
念該道等以死勤
事盡瘁捐糜較諸
因公事死於海洋

江河者尤爲慘苦
合無仰懇
天恩俯准將已故二品
銜道員徐建寅幷

委員五品銜候選
知縣戴振麟五品
銜監生楊蔭楨藍
翎把總儲仁發等

敕部照軍營陣亡例
從優議邮以勵忠
勤其工匠人等已
由臣優䘏各該家

屬邮賞銀兩除電
催原訂之德國洋
匠迅速來華照常
工作外所有道員

規造無烟火藥因
機器炸裂與委員
工匠人等慘遭轟
斃懇

恩優卹緣由理合恭
摺具
奏湖北巡撫係臣
兼署附片會銜合

併聲明伏祈
皇太后
皇上聖鑒謹
奏

上諭敬謹錄後
花翎二品頂戴直
隸候補道徐建寅
因在湖北槍礮局

火藥轟斃據湖廣
總督張奏請優卹
並造具清摺咨送
到部光緒二十七

年五月初八日奉
硃批已故道員徐建寅
辦事勤能持躬清
正茲聞轟斃悼惜

良深徐建寅著照
軍營陣亡例從優
賜卹其生平事蹟
宣付史館以勵忠

勤欽此應請將花
翎二品頂戴直隸
候補道徐建寅按
二品頂戴道員從

優加贈內閣學士
並給雲騎尉世職
襲次完時給予恩
騎尉世襲罔替於

記徐雪村先生軼事

先生居無錫西北鄉之社港距余家一日程時挈其仲子往來余家與伯兄討論律算格致製造諸屬余故自幼識之先生嘗一應童子試即棄去講求經世有用之學先生治經務挈綱要治禹貢條其山川物產田土列之為表治毛詩亦然一展卷而犂然在目又嘗用武進李氏所刊輿圖以朱筆填寫春秋兩漢水經注等圖先生少好攻金之事手製器械甚多若指南鍼象限儀等皆自製之居余家時嘗仿製墨西哥銀元精鏤鋼板為模枚準分兩鍚銀為餅鞠其中自高樓懸石椎一擊而成顧面幕之紋成矣而邊花作之甚難屢次修改軋槽而邊花亦成入市中幾無以辨贗以新板目之其後西士韋廉臣蹟國嘗從先生易數十枚以去置倫敦博物院中今猶存也是時西人開墨海書館於上海李壬叔嘗小異繙譯重學博物諸書先生與伯兄嘗往訪之互相質證學益大成多購電氣諸品歸而演之余時方幼見先生摺紙為人手搖玻璃篇紙人跳舞不禁狂笑莫名其所以然也咸豐十一年曾文正公以研精器數博涉多通薦於　朝奉

特旨訪求從此襟褖於時在安慶則造黄鵠輪船在上海
則創建格致書院繙譯西書數十種研究化學汽機數十
年卓然名家舉世類能道之故不記記其軼者

光緒三十年歲次甲辰十二月

姻愚姪華世芳頓首拜撰

雪村公傳

先生諱壽號雪村世居無錫北鄉社岡五歲失怙事母盡子道年六十矣冠衣不純采因欲爲母建旌節坊而貲乏未成也幼媚貼括習舉業思以爲無裨實用棄之遂專究手致知格物之學潛心經濟討論經史旁及諸子百家凡與格致有涉者如數學律呂幾何重學化學礦產醫學靡不窮源竟委嘗言格致之理必藉製器以顯而製器之學原以格致爲旨歸故於製器之學爲尤精昔　曾文正公以深明器數博涉多通　奏舉奇才異能而以賓師相待聰末屠矣更有足敍者雖與人交遊而兜然寒素澹然寡欲自奉儉約而購備格致器物多金不惜因是見者歎服聞者心傾遂相傳爲化學專門製器名家當道者遠慕盛名屢次相招而先生以爲恐廢學業不願應聘殆所謂吏隱者歟但此皆世所習見習聞之事而先生之學實不止此更有大者在焉溯其平素之學內則克己正心外則維持世道涵養數十年常以不愧不怍自省當弱冠時書銘於座右云不二色不妄

語接人以誠又云毋談無稽之言無談不經之語無談星命風水無談巫覡讖緯其見諸行事也婚嫁喪葬概不用陰陽擇日之法四時祭祀專奉祖先而不參外神治喪不用僧道懺醮以及樂工鼓吹營葬不用堪輿家言居恒與人談議所有五行生克之說理氣膚淺之言絕口不道總以實事實證引進後學可見其心地明淨胸襟曠遠而於天人性命之學直接古人非涵養功深何能臻此其平素居心又以嘉惠後學爲務嘗謂講格致而無成書可考難以廣傳故在江南機器製造局與西士傅蘭雅專譯格致諸書不辭勞悴者十年於茲後學藉有津梁而先生格致之學亦由此益深矣然雖譯有成書尤恐學者難尋門徑擬於上海設立格致書院以爲會集講論之所此事亦與傅蘭雅諸君翊讃成之芳久與先生遊最詳悉其生平故樂爲述之而亦藉以附驥焉

光緒歲次丁丑九月

世愚姪程培芳拜撰

雪村公遺像

知者創物巧者述之述者之巧或過於師卓哉徐君實事求是服膺西學深會其旨辨別性質研精覃思技也進道格物致知古貌古心行年六秩鐵中錚錚呼之欲出此二文殊化百東坡海印發光是一非空

雪村先生六旬像贊

嘯山弟張文虎拜題

居海之濱，泊然寡營。偶著色相，肖其光明。朖朖清矑，煇煇素衷。絕學千秋，藉以娛老。

雪邨先生屬題即政

庭芷弟呂耀斗

髫齡商山，蘿薜逸民。布衣拂拂，上蒲梯天。爰絕學行中外，自有壽生識鳳麟。窮理而煙藹造物，著書瑞而蓋撰神。循循善誘誰能似，生面重開第一人。

雪村先生博學多聞，重矣本生也。素性恬淡，于趨時為深居於錫山之麓。曾文正公言之，君淑而出之，先生不願也。更惟請講求西書，廣為繙譯，以供士林所不逮。及李徽總年來譯錄釐十餘寒暑，然於一日收於泰西諸學，充為淵邃，得名數布遍

蓋西物論內所以也。先生與人討論格致之理，每援詳導，娓娓不倦。近又擬建格致書院，招集人士為會講之所。今

朝廷方下幼童旁習業，然成才不能遠涉重洋，與議以先生之素學實被先生之澤者之廣矣。錢君與先生遊最久，於家居恒與所會合。春先生以銘板所印小像見示，精神煥煥，風采藹然。藝林至寶耶？吾鄉雖然，先生之行固足為人師範，先生之業允宜與言金樂石長垂不朽。

長洲徐鍾敬題并誌

錫山臨水錫珍瑞，錫水環山山拔萃，山明水秀產英才。雪村襟懷殊峯，異自創中江南識荊，誼聯聆誨，歡生平快聆緣。玉蓋神志清，除卻塵心為懷，學擅中西多精妙。聲隆北水窮奧竅，每將人巧奪

天工神手，技美通於道。晴閣哇徑呈奇觀。智踰才窮人莫到，字不可破出似見於物空。談俱吐棄，神形真到，秋毫頗直透算徹皆實際。多聞廣見稱淹博，博採葉收錄視的大儒。演遍天地人，力剩常鮮，談鑿鑿異

教條未刊，牡猴沘君執弓通雲刻，憶遠梁範三年矣。雙錄手神精畢肖，詁詞林立異奇。節五樹森森，欣蔚起，我對畫像吾惆悵。睽隔兩地，纏情章，他年想入凌霄內室，歸壽名篇古傳

歲次丁丑季夏率成俚句錄呈

雪村仁兄先生大人 哂政

平阿小弟王德均未定稿

我友雪村山澤臞讀書不爲章句儒心
游六合身九衢獨覃學問圖一隅異書
海國搜遺珠幽討一一分璠瑜西人百技
來貢輸有像不用丹青圖純鋼百煉
造化鑪剞劂畫神巧古所無雪村倩彼
爲規模迴旋双目窺肌膚細視神韻美
而愀靜觀笑或掀其鬚流播知己遍

寰區高士聯袂相揣摹誰爲健之隃
不孤家々有仲子龍縈蒐
光緒己卯夏日
雪村仁兄大人以銅版小像相示並索題
詞適值苦旱天暑不能握管七月
初二晨起稍涼乃信筆成此即希
一笑並乞正之
篴秋弟華翼綸未定之草

夫士當立大節讀書豈僅在空談人貴不虛生
博學所以資實用有功於名教有益于家邦然
後君子重之然而泥道學者巧不足矜智慧者
性易漓求其捨文學之虛名至行遠追前古急
當時之先務精思獨冠一時二者可得而兼聞
世尚難其詣
雪村先生惠山挺秀錫水鍾英仁孝性成聰明
天付家風有素束髮攻書好學無方壯年授業

一天星斗悉以胸羅兩戒山河究經目數制器
利用探物質之本源仁術活人直洞觀夫臟腑
重差夕桀莫無不可通刻羽引商曲更難爲和
於是聲稱既廣羔雁爭迎使相尊爲上客諸侯
拜在下風薄出緒餘所在奏效造輪舟於內地
獨出心裁仿軍械於泰西別翻新樣友邦心折
敵言華夏無人弟子影從共樂觀摸有自得行
真道豈非人生之樂事哉而
先生畧無書

包刲有戚容惟韋布之在影屏鏘紈品勿御貌
視者咸稱儉德而不知出自孝思焉　先生
學禮聞詩未終　庭訓斷機畫荻盡賴
高堂方當黑翅之餘聲遂白華之養及至承平
之日遽深風木之悲寸草有心難報春暉於既
往貞珉未勒尚待　雨露於將來此
先生所以不敢自安廿年如一日者也嗟乎下
筆千言六藝通者幾輩人生百歲終身慕者伊

誰如　先生者可謂多藝多才有為有守者
矣今者以花甲之初周作紀年之小像校呈刻
畫繪謝丹青鏤入堅鋼賤似黃金之范蠡拓成
墨本多於團扇之放翁眉宇深沈儀容過肖冠
裳樸素不背初衣遍贈同人展對如覿　道
貌各呈賀作蕪辭謹附鴻篇
雪村先生　大雅教正
世愚姪鄒茹拜序

人生要作奇男子須建從前未有功
心抱千秋傳絕學目空四海論英雄
天機活潑鳶魚外造化關鍵指顧中
一物不知儒者恥而今應讓雪邨翁

曾文正公所舉奇才異能　先生其一也精格致藝西法于繙
春西有用之書數十種筆削井然殺青浮華語歸貴際
先生以耳順之年一分寸陰惟寶日夕推研三代先民而後無
此風範以久矣讀其書者莫不嚮往其丰采與其先生生同
鄉長同時居同里徒以旅阻未獲一償生相見禮心焉願之
友人黃菊如先生之高足也携大像屬題鄙意如我更何能
咏其萬一測其高深哉願以黃子之尋妻散櫛五十六字聊博
大雅斧斲想城北公見之感當西日此言知也夫
己卯閏三月之吉　弟徒蕤鍾壽書人甫拜題并跋

慧山奇而古，慧泉清且甘，靈秀所鍾毓，生才
自不凡。先生生而慧，經史窮討探，究心格致理，邃
興西學參，匡時徵實用，詞華非所耽，以御爭
於鄰，防海資韜鈐，富貴不為動，澹泊衷其廬，
自奉如寒素，名高益謹謙，著書帝中外，傳學
新指南，賭子從負笈，無形化雨沾，精心自貫石，
古貌復鑄金，圖形發麟閣，畫國面觀瞻辯。

重人字仲真，西廬山硯塘，昨仲冬朔，惠然顧
茅檐，廬容咸問難，先生笑撫髯，大巧視若
拙，下下之無不請，相思不相見，貌隱南山潛，披圖
恍晤言，類上三毫添，何當垂杖手，攜酒續清
譚，時事大可為，墨守金人緘。奉題
雪邨先生小像並乞
教正
吳庭中張佳梅拜稿

一紙麻沙見照形，清神瘦
骨自亭亭，通才早薦逢歐
梱，宦海長辭守故經，豈詩
鏗鏤傳絕域，固將金鑄立
朝廷，惠泉自古推名勝，此
是河山毓秀靈，著述頻年
幾等身，道成以後一奇人。

獨籌曠税分金鐵，素抱中
衷敎性真，智奪泰西功過
倍，法宗代數算如神，從今
世俗爭名利，致慶先生儋
守貧。奉題
雪邨仁丈有道先生六旬小景
己卯長夏元和建霞江標未定草

恭題

雪邨老伯大人銅像即請　教正

夏哉先生中土之英龍潛江表古賢
抗衡胸懷闊濟無辱無榮高掌遠蹠
精藝是營創興化學格致脩明鉤元
索隱泰西所傾圖形英國數萬里程放
翁家家省識盛名後賢繼起倒屣公卿
富強華夏先生先聲

己卯閏三月　熙臺姪鄭昌棪

誰將錢面畫圖
聞使默傳神
海國來格物致
知精妙訣，名流
中外重，奇才

雪邨先生大人雅正

上海六合尊作　知筭

俚句奉題
雪村先生大人泰西鋼刻小像即請
正之
泰西畫法妙天下非墨非筆殊人工展視
覼縷了不辨但覺煙霧青濛濛詎知纖細
入毛髮人物一一皆凌空有時寫真更奇
絕神明濯濯炯雙瞳三毫髻鬣添頰上長
康之技將毋同嚌嘗傳聞未目擊儀容今
得覿　徐公惟　公壯歲曾投筆磨盾餘
閒耽著述讀書肯似實威癡談天早究圜
容術絕藝更從絕域分垂老功夫尤邃密
二重回溥互陰陽鎔冶天文存地質君尤精西
國化學六十有四符卦象形形色色此中出
君才雄奇誰與匹木岡鬱鬱橫炎州柳林
椰嶼交深幽時聞撫丁公將聘君赴臺灣總理鑛務五丁斧
鑿不到此往往寶氣騰山邱　君如應聘
為茲游富媪驚怖山靈愁窮巖絕壑供劖
鑱倘教乘風碧浪間滄波如鏡寫　君顏
金鳴銀涌他年事手采還教動百蠻
丁丑仲冬桐城蕭穆拜稾

輓雪村徐公楹聯

絕學寰中推北斗　譜傳海外說東坡　媚愚弟華翼綸

工書兼詩撫琴名重鄉邦早歲夙欽文藻
格致即通平治書求海國後人空憶才能
世愚姪華元達

間氣萃南州天縱此磊落奇材於大衍獨窺精蘊盈胸羅星宿乃思更入風雲壯年長揖公卿執門左千人門右千人斯才信莫能有二
末光依北斗我欲將蒼茫世事向先生默叩乘除靈夢繞

旌旗太息竟歸河嶽異日榮名史册想立功其次立言其次與德稱不朽者三
世愚姪錢承煦

南海沸鯨波不聞駭浪驚濤郭璞游仙眞福分
西天昇鶴馭欣得豸冠犀帶蘇瓌有子大榮封
世愚弟裴大中

對白日可無慚孝友奉先咸仰䖏誠崇齒爵
赴黄泉亦能慰簪纓侍後共欽闕閱大聲家
愚姐丈宋鳴岡

序次萱堂曾以正齊勤教我
情深母黨忽然歸返孰爲型
外甥宋人傑

山水仰風高惟君學貫中西可傳不朽
葭莩聯戚末令我情深旦夕空慕遺徽
媚愚弟張鍾

數十年著述等身詔錫芝泥爭說朝廷褒碩彥
億萬世治平藉手魂歸蓬島忽悲宇宙失奇才
世愚姪薛福辰

數載悵睽違側聞駿望日隆秋水瀾洄欣伊邇
半生蒙提挈詎料鴻恩未報泰山頃刻慟其頹
子壻孫益

得見君子久矣以藝名以孝聞斗室抱眞九重特恩徵奇士
報道先生去也善格致善化學梁溪鍾秀一門繼起有傳人
世愚姪周家駿

總辦湖北槍礮局頭品頂戴布政使司瞿爲
諭飭事光緒二十八年九月二十日奉
督部堂張札開光緒二十八年八月二十七日准
吏部咨開驗封司案呈所有本部具奏前事等因相應
抄錄原奏知照該督轉飭該故員家屬遵照辦理可
也計單一紙等因到本部堂准此查已故直隸候補
道徐建寅係江蘇無錫縣人除咨
江蘇撫部院轉飭該故員原籍地方官查照外行局轉
諭該故員家屬遵照等因奉此除飭知外合行抄單

諭飭諭到該家屬即便遵照此諭

計開

上諭一道

誥授資政大夫花翎二品銜三品卿銜農工商務大臣
記名出使大臣直隸候補道仲虎徐公家傳

光緒二十有九年秋吾邑徐氏重修宗譜時仲虎觀察卒兩年矣其仲子振清余壻也以公行狀來乞爲傳余不文曷足以傳公雖然公之才足以用世卒未竟其用遽遭奇禍其事迹自有可傳者固不得以不文辭也余知公生平特詳不揣固陋爲之詮次焉公諱建寅字仲虎世居無錫之社岡曾祖聖法祖文標皆不仕以敦行碩德聞鄉里皆贈如公官父壽有奇才曾文正公嘗以

奇材異能保奏別有傳昆季三人公其次也公少穎悟喜探賾索隱好學不倦咸豐三年粵寇甫擾蘇常戒嚴公父方佐邑紳辦團練公甫九歲聞有賊渠匿僧寺中將乘期舉事偵知之急告父率兵往捕盡獲之白諸令戮其渠餘衆盡散邑賴以安同治元年隨父之安慶曾文正公大軍在焉公父受當事檄製軍械更以己意創造輪船其時西法未備無師承惟日夜冥想公亦累出奇思佐之期年而船成名黃鵠公於器象之學至是日進其後上海製造局又造惠吉操江測海澄慶馭遠諸

艘公皆與有力焉時公父方與西儒傅蘭雅金楷理等
譯西書公亦朝夕從事成化學分原汽機尺寸器象顯
真並圖說造鐵全法水師操練輪船布陣營城揭要汽
機必以又增卷攝鐵器說石板印法礮與鉄甲論年代
表造硫強水法操格林礮法營城要說海軍章程運規
約指汽機新制藝器記珠聲學電學若干種行世俾西
學昌明于中土者公父子力也十三年奉調天津司製
造擬造強水較外洋物精而價廉是年江蘇巡撫丁公
日昌以公所著萬言條上之總理衙門諸王公擊節歎

賞因連銜以使才薦奉
旨以出使大臣記名時公之官僅郎中耳光緒元年山東
巡撫丁文誠公知公才調辦山東製造公出新法製礮
械未嘗延西人越二年文誠公以心思縝密條理精詳
入告旋奉
命速在西洋考求一切授出使德國參贊因得徧游歐西
諸大國有所見聞著爲論說成歐游襍錄二卷德國議
院章程一卷德國合盟記事本末一卷十年使事竣歸
國奉

特旨以知府發往直隸遂請假返滬未幾丁父憂哀毀盡
禮十二年服闋兩江總督曾忠襄公調往金陵派辦製
造局公能以本局機器鍊鋼又仿西式造後膛抬鎗庚
子之役盛京將軍伊克唐阿所恃爲利器者即此也十
五年鎮江亂民焚教堂拆領事署國旗幾釀大患忠襄
檄公往治之公以本省辭不獲命遂往初責領事之違
約繼懲亂民之肇釁匝月而事定凡各國旅居鎮江者
莫不交口頌公之明決也忠襄上聞得
旨嘉獎二十年出使英法大臣薛公福成奏保以道員加

二品銜留原省補用二十一年冬中東戰事起有密薦
公才可大用者
特旨召見公自金陵入都奏對稱
旨命查驗天津威海爐餘船械復
命後留充督辦軍務章京明年夏
命充福建船政提調公纂成兵法新書十六卷進呈奉
旨留覽並著議院章程一卷測地捷法一卷逾年復
內召賞三品卿銜充農工商務大臣專摺奏事尋與今湘
撫端公同請総辦得

旨俞允端公擢任去公亦回籍鄂督張公之洞奏留湖北
總營務並教吏館武備總教習諸重任公時以自强島
將士暇輒手譯造船全書二十卷繪畫船綫四卷張公
復檄公製火藥當庚子亂起外洋軍火不入口大府深
慮匱乏公慨然任之自造機器力求西法不三月告成
與外洋購來者無異張公大喜復檄公司漢陽鋼藥廠
製無煙棉花藥初以當事不得力久無效張公知公優
爲之故有是命而孰知公之禍即伏于此矣公任事堅
忍耐勞與工匠同甘苦不知忌諱同僚有弗善者輒面

斥之漢陽建廠歷有年所當事者歲糜重金而藥弗就
公至未三月成無烟藥若干斤試之良獻之張公擬擴
充其事張公大喜允其請且將窮詰前之無效者而公
遂於二十七年春二月十二日死矣是日之晨工人配
合葯材躬自指授忽轟然如巨靂屋洞牆壞同時殞命
者員弁工匠凡十六人肢體不完血肉飛搏嗚呼慘孰
慘於此哉張分上其事於
朝得
旨贈內閣學士宣付國史館立傳蔭一子入監讀書而漢

陽藥廠復不振公性贛直言無假飾與世輙相忤以故
屢荷
九重特達之知終未得展其長聞其歿也天下惜之公娶
張氏妾張氏男子八長家保四川候補道次振清癸巳
恩科副貢內閣中書三召棠道銜四鳳岐候補知縣五
德保候選主事六福保候選州同七京保候選鹽大使
八榮保幼殤女子五長適新陽試用知縣趙玠璹次適
桐城舉人內閣中書張延奐三適揚州試用縣丞李連
九四適同邑候選縣丞華承德五適合肥浙江候補知

府郭麟書孫男六長慶雲次倬雲三慶祥四俊熙五鄂
雲六景祥其年之秋公之喪歸自漢陽葬於無錫錢橋
之河莊頭時余方從事上海製造局徇振清之請爲述
其崖略如此
光緒三十年歲次甲辰三月吉日
誥授奉政大夫同知銜浙江補用知縣同里姻愚弟孫景
康頓首拜譔

錫山徐氏宗譜　卷　祉埼支賜內閣學士仲虎公像　古十勤堂

錫山徐仲虎先生之像

稟　太子少保兵部尚書兩湖總督部堂張稟稿

敬稟者竊卑職故父性抗直好讀書尤愛西人實學幼年隨同故祖父講求格致化學機器製造各學咸豐年間曾文正公保薦故祖父奇才異能委辦安慶大營及軍械所維時故父年方弱冠辛勤耐勞不離左右帮同造成黃鵠輪船一艘是爲中國自造輪船之椒始旋即蒙委故祖父及故父同至上海襄辦機器局至今已閱四十年歷辦各省製造局船政局與交涉巨案並在西洋各國考求各種實學著譯書籍

錫山徐氏宗譜　卷　祉埼支稟鄂督張稟稿　一　古十勤堂

十數種均已照然在人耳目迨至去年夏間荷蒙
憲恩奏調來鄂委以營務教吏火藥局各要差深感
恩遇瞻依性切從此馳驅
命下承稟
明訓刻思竭誠圖報踴躍從公卑職隨侍左右遇有要事每見寢食俱忘終夜不寐冬間做眞洋藥告成荷蒙
温語嘉獎并添鋼藥廠差使不覺歡欣鼓舞謂知已有人志士正宜圖報又謂國家如此積弱凡屬臣子

均當力圖操作即此鋼藥二事能赶速辦好不爲無
補并可上副
憲台知人善任之意於是風雨渡江奔馳武漢廠中各事
無不親自經理并悉心考求鋼藥質料及製造各事
所有强水以脫酒精棉花等物無不自爲試驗自爲
配製歲底已經造成棉葯十數磅今年正月起首開
工即造成無烟葯數磅試驗葯力頗覺充足惟燒後
稍留渣滓業經兩次呈明
憲台存案而故父猶未滿意是時卑職在保安局見其

非執化學書籍即執化學器具極意推敲終日研究
稍暇又復手繙房屋機器圖樣指揮工人至本年初
六又自造棉葯數磅極臻精妙燒之竟無渣滓與外
洋購來者相埒當即指教工匠開機大造至初十日
已成棉花藥二百六十磅手製無烟藥小樣數磅隨
向槍砲廠借槍子銅殼數百枚備試藥力再候機器
造百餘磅即須帶省呈請
憲台面試不料十二日九点鐘卑職等在省聞葯廠被
燒之信赶即前往見故父渾身破裂血跡淋漓肝腸
及肺俱拖出腹外左手右足擊成三截左邊臉面及
牙齒亦剝落其餘心胸骨尻盤骨皆已粉碎腹外挖
出碎鐵六七塊又往拌葯廠查看見拌葯廠房西邊
一間全行倒坍生鐵拌葯箱炸裂無數小塊零星飛
散至數丈或數十丈卑職等見此慘狀目不忍覩痛
不欲生當即詢問起火情由據在廠員司工匠等僉
稱前已在中間拌器拌過一次擬辦曾諭工人云凡
外洋拌葯廠時有失事故此機開關樞紐特在牆外
又云裝葯必先停機俟以脫與棉花浸透始令外邊

司機人開機拌綾方不危險此次失愼諒由葯性猛
烈換用西邊新機未經純熟或因以脫尚未浸透外
邊司機人隔墻未經聽明貿然開機所致第在場人
証均已轟斃未由詳細查驗惟所造棉花葯共有二
百六十磅除燒去拌機中十餘磅及旁邊預備之六
十磅外尚有一百八九十磅在烘房存儲共藥質精
良無匹請
憲台提取查驗云云卑職等竊思故父秉性忠直辦事
不遺餘力於公帑不肯多費一文公事不肯疏懈一

緜侮致違時不利人言亦所不恤惟以公忠體國爲
心而此次受
恩愈深圖報愈亟乃効力未及一年値此軍務倥偬
需薪緊要偏以赴事勤奮致薪已垂成而突然中變
不特貽誤
國家要事抑且有負
憲台倚託之心諒由卑職等平日孝道未盡不能善爲
侍奉致使故父遺恨九原卑職等極天之罪大不逭
祗此故父臨終苦狀慘不忍聞用敢披肝瀝膽泣血

上陳冒瀆
威嚴不勝惶悚之至肅泐奉申恭請
鈞安卑職徐家寶 振清 謹稟

內閣學士徐公仲虎輓聯

中華化學更有幾人從此廣陵成絕調
今日軍資爲第一事痛哉歐冶赴洪爐
愚弟張之洞輓

于將入冶終與越
緐叙傳書定覇秦
愚弟黃紹箕輓

奇氣負中山共期幹濟時艱長使樓船威海表
譚經依闕復方冀淵源上溯忽傷梁木萎荆南

門下晚學生揚文鼎輓

且勿論鄧館沐恩波郎邇年南依閩嶠西游歐海北侍漢
陽一回首飲水思源空對州門慟華屋
況正值强鄰逼軍火更何人學究化分才兼因創身任勞
怨最傷心血飛肉薄未塗肝腦向沙場
子壻趙玢璜輓

地鄰桑梓誼託葭莩相與論時艱瀝膽披肝圖報國
學闡中西轍環歐亞無端遭奇禍鑠金銷骨慘驚人
姻愚弟孫景康挽

作調聖逝謂明乃公生有自來家學媲葛亮通神天縱忌
名名留漢水
臣以忠君以禮始願歿而後已王事殉祝融肆虐人誰不
死死重泰山

世愚弟許紹淵輓

役行直省出使歐洲縱橫萬里之遥不憚雨雪載塗山陟
北
名達帝京謀參軍府卓艳百家以上朔忍江天折柱喈游
西

姻愚弟文廷式輓

藝通乎道思通乎神人傑本地靈氣吐梁溪開絶學
天爲之愁星爲之隕數奇關國運魂歸鄂渚表精忠

如愚弟林志道輓

天下之仰奇才久矣數十年名播夏夷武鄉侯無此造詣
宗族之俟輯譜甚哉三千里音傳凶耗歐陽子誰與圖系

族姪達先輓

先投縞紵重結婚姻卅年肝膽傾誠戇直如予能由諒
兼文武才通化算學一霎風霆交迫忠陽似爾最難求

姻愚弟趙元益輓

神武頌而公兵學通六甲六丁允堪人貯錦囊况露布達
九天手進韜鈐留政府
矩規與阿弟局務分一村一技方責我傳衣鉢忽風波起
平地心傷梁木壞臣家

族弟益豐輓

偉烈待公評豈徒然粉骨碎身毅魄難求廊廡食
温綸看明詔更有以秋霜春露英靈常護漢陽墟

姻愚姪趙玠穀輓

慷慨任時艱公眞爲國捐軀尚冀後賢補闕
是非終論定羣仰竭忠授命應羞臨難偷生

鋼藥廠文案委員知縣岳嗣佺輓

鋭意出匡時祇知致身報君不爲易獨爲難備歴艱危無
退志
奇才翻駭俗卒至以死勤事毁者多譽者少誰存平恕諒
忠魂

姻愚姪孫鴻吉 龍光輓

以西法用世以西法亡身竊惜奇才遭奇禍

有絶學承先有絶學啟後應徵餘德錫餘慶

愚弟汪振聲輓

勤王事而攖慘禍何殊臨敵捐軀際茲時局方艱有數人
才天胡不恤
收葑菲而列門牆忝許升堂入室昨向郵筒乍貫相期後
會我恨遲來

受業張永慳輓

莫非王事獨賢勞乃遽喪當代豪英圖務付誰死關國運
不弔昊天亂靡定惟早覩德門達适家傳有子續報君恩

世愚弟郭道直輓

是政治家是兵法家是格致家大名滿地球掀髯高論神
如昔
為觀察使為宣慰使為營田使殊恩垂天穢靡軀報國事
尤奇

世愚弟楊模輓

化學溯侯家王事勤勞灑盡一腔熱血
遺經堪教子廉隅砥礪祗餘兩袖清風

世愚孫贊堯輓

侄棄其剖爾撥其鈎夙推引治專家先奇拔西來而創制
天地為爐陰陽為炭化作光焰萬丈隨大江東去不還深

愚弟秦煥彝輓

偉業人死驚天動地　陣亡例郵與道同榮

年世愚姪丁寶書　俞復　孫揆均同輓

膽影遺書尚存舊好朔風絶檄還憶同遊攬轡志澄清一
十年逝等白駒未負金蠶心肯死
赴湯蹈火古有是言濡于蕉毛公眞為國報功崇郵陰一三
千里魂歸黃鶴忍聽玉笛淚橫揮

愚弟章鈞輓

儲才圖東亞洲富強青睞到吾兒一炬刼灰同大厄
報國答聖天子知遇黃種胡不祿百篇鴻著自千秋

愚弟楊志泳輓

勤勞王事履險如夷自古忠臣心不二
籌備軍資鞠躬盡瘁從今化學世無雙

世晚生唐可業輓

時局正艱危未盡生平蒿目九原多憾事
風塵蒙賞識有奉期許傷心一慟為知音

船政學生趙鶴品書輓

輓無錫

徐大臣仲虎星使五古十四組三十韻

武備聆　緒論侍　教猶未得贍　公威儀神采殊熠
熠曾趨程門外也效雪中立方期從之遊相與輦負笈忽
傳藥廠爐挽救苦不及遙望　秀繡章悲思彌悒悒伏讀
公訃函巍巍仰積絹載諭化學編述筆皆所執典籍貫
中西琳瑯多纂輯詞博識乃鴻大哉聯珠集昔運籌帷幄
皖上干戈戢又調閩海船輪軌駛其急機器倡滬壩轆轤
轉白級　帝詔勸咧農正供豐玉粒牽車通有無共利
倍千十復教百工藝法巧青紫拾乃贊教槊使出膺華袞
襲　國體貴立言進退長拱揖　楓坐嘉其能畀以畿輔
邑津海慶安瀾城郭盡完葺我楚有鐵山厥狀男且岌時
議籌鍊冶綆短深難汲　公乃展經猷規畫勤出入度地
迴洪爐量材底原隰鑄礮並造槍火攻兼求吸鎚鉀製爲
藥戎行賴以給保障著　奇功軍民用靜翕遽爾　騎箕
去莫不齊聲泣　偉烈待　旌揚　天心同鳴咽敬代
一束芻殫露陳篇什
　時維

光緒二十有七年三月穀旦

德清虞汝霖頓首百拜

徐仲虎先生哀啟

哀啟者 先嚴氣體壯健秉性忠直幼而穎慧好讀經史及長尤愛泰西實學方咸豐三年粵匪擾亂常州無錫一帶有一種黃連教暗中搆結粵匪蠢然思動值先祖在無錫北門外黃埠墩地方與闔邑紳士辦理團練以未得證據不易緝拏維時 先嚴年方九歲竊聞某鄉人私論教匪潛謀不軌及起事日期坊藏匪離垢庵中 先嚴一一默識歸謁 先祖備述其情 先祖矍然驚怖即帶同局勇百名前往搜緝果獲匪徒數十

名並刀鎗旗幟册籍及約期冬至舉發傳單遂稟知邑尊戮其爲首者數人其餘盡行解散蘇常一帶由此安居數年至同治元年曾文正公採訪奇材異能延請先祖至安慶襄辦大營營務及軍械所曩時並無機器文正意欲自造輪船以禦勁寇 先嚴隨同 先祖日夜思想得其竅要又復親手操作經歷一年輪船告成取名黃鵠此爲中國自造輪船之鼻祖同時又造廳用槍礮器械無數文正大喜專奏保奬後委 先祖及先嚴均襄辦上海機器局務即成惠吉操江測海澄慶

馭遠等兵輪背　先嚴贊襄之力爲多又復延請西士
傅蘭雅金楷理等繙譯格致機器化學兵學等書冀得
西法奥竅書成曾文正公暨李文忠公彙案入　奏風
行海內實啟西學之嚆矢復於同治十三年北洋機器
局需用強水甚緊外洋每居奇抬價合肥李爵相調赴天
津自造強水價廉數倍亦創華人未有之奇是年總理
衙門王大臣致書丁兩生中丞採訪人材命作萬言書
統籌時局中丞與王大臣一覽大喜奏保堪充出使之
選奉

旨以出使大臣記名簡放光緒年[illegible]東巡撫丁文誠公
奉
命與辦東省籌防事宜　奏調　先嚴商辦一切蒙派總
辦山東機器局經營剏造不用洋人秩然有序兩年告
成丁文誠公以心思縝密精力兼人綜核名實條理精
詳等語入奏奉總理衙門傳
諭速往西洋各國旋授德國二等參贊去後復遊歷英法
各國考查軍械及政事議院諸條著有歐游雜録德國
議院章程訂造定遠鎮遠二鐵甲船事畢回華晉京引

見奉
特旨以知府發往直隸然親老請假回籍侍奉　先祖孝
思不匱旋即丁憂至光緒十二年服闋又經兩江總督
曾忠襄公調派會辦金陵機器局始終勤劬就局中現
有機器鍊威克虜卜鋼及洋式後膛抬槍至十五年
鎮江愚民焚燬教堂及領事署折毀國旗洋勢洶湧多
方要挾幾成大變忠襄公焦急異常委　先嚴赴鎮議
辦一切調和華洋官商及善後事宜　先嚴以在籍
人員於例未便固辭不赴忠襄以交涉事關重大祗取

有才不拘成格屢促前往到鎮後以一人獨當數國領
事兵官據理辯論幾至舌敝唇焦筆穎墨蕪未及三月
全案了結忠襄大慰厲力　保奏旋蒙
天語嘉獎至二十一年中東事起遽荷
特旨召見垂詢時局
聖上以奏對稱旨派往天津威海衛查驗北洋兵輪礮位
情形回京復　奏奉派督辦軍務處章京旋以
朝廷整頓福州船政
特旨派充船政局提調在局事事核實處處勤奮與廠員

商議整作之方至二十四年辦理正有端緒又見中國積弱由於兵力未强公暇時就見聞所及並採擇中西兵書所長輯成兵學新書十六卷進呈

御覽奉

旨留覽又奉

旨道員賞給三品卿銜派充農工商務大臣督理農工商總局准其專摺奏事而 先嚴以事關重大不敢當此巨任固請辭退奉

詔許可復由總理衙門王大臣覆 奏考究實學人材摺

內保荐 先嚴高材教習請飭南北洋大臣暨鄂督聘譯有用西書去年五月蒙湖廣總督張香帥 奏留湖北總辦全省營務處兼教吏館武備總教習而 先嚴心傷時局情殷報國昕夕與各營將弁相商營伍列陣戰法並勉以國家積弱藉兵力以自强等語秋間因外洋軍火不能進口鄂省洋火藥告罄上台情深憂厪添委督辦保安火藥局 先嚴慨然肩任親自指授工匠自造機器製辦倣眞洋火藥閱三月告成試之竟與外洋上等火藥相埒督憲大喜獎以考核精詳講求有素

鄂省從此無缺藥之虞冬間又以漢陽鋼藥廠因洋人離廠出藥無期札委兼辦鋼藥廠諭以節省經費設法自製藥料自配器具 先嚴感荷督憲知遇正欲竭誠圖報由是奔馳武漢日夜從公與廠員商議辦事大綱製造理法兼以時局阽危志在自製强水白棉藥料期於無須仰給外洋於是終日徬徨夜不成寐又復手自試造極意考核至年底果然得法製成棉花火藥胚新春開工遠勝無烟藥小樣正月底又加精細試之力量宏大可與外洋購來之藥不分軒輊 先嚴亦自覺喜

悅至二月初旬諸事布妥督飭員司工匠等奮發精神開齊機器興工複製 先嚴以推究新法非可憑諸尋常工匠故自始至終無不親自蒞廠不避艱險指授機器事宜教導一切不意十二日晨正在拌藥廠與諸員匠考驗一切無端轟燒竟至受害肢體分裂嗚呼痛哉 先嚴平素辦事精細立心忠諒僅年五十有七歷辦常滬各火藥局垂四十年今不知何辜遭此奇禍慘不忍言不孝等踣地呼天痛不欲生祇以靈櫬未歸少老母在堂不得不苟延殘喘勉襄大事謹就見聞所及聊

述萬一苫次昏庸語言無狀伏乞

矜鑒

召棠

振清　京保

棘人徐家保　德保泣血稽顙

鳳岐　福保

誥授資政大夫　記名出使大臣直隸候補道外舅徐

公仲虎先生哀辭

維光緒二十七年五月二十三日

外舅徐公仲虎先生之喪歸於錫山之社埭里嗚呼

哀哉延奐愛先生之知與所以痛傷之意不抒之文

無以自達也爰奉泲和墨綴詞以哭之詞曰

航航先生今之偉人丁此奇厄乃殲厥身吁嗟世變

至此已極天不憖遺喪我奇傑　先生之初秉性伉

爽肝膽沈雄志氣道上同治初元大軍駐皖長揖軍

門機務是綰洎來海上復蒞山左發緘啟閉心精力

果飈輪初轉道以器隆乃書上考告厥成功及

今天子懷柔四夔皇華奉使輪轀交馳　先生明敏洞悉

夔蘊

朝廷褒嘉四方足任旋奉

詔書詣德意志丹崖李公實爲專使　先生嗣

命戴星而奔茫茫大海渺渺無垠博望乘査定違投筆

先生方之殆無愧色夷性譎詭機械繁變務得其情

貴防其漸　先生曰嗟我不敢逸殫精竭慮澄衷應

物牛犀燭幽禹鼎象怪洞見其隱貫徹無礙及歸江
左周旋下僚奇氣拂鬱神情寂寥甲午之役　先生
大憤涕下如雨上書執政請列戎行得當報　國忌
者齕之乃不得達　朝廷求賢特起　先生奏對
慷慨默契帝心入閩船政壞爛如糜乃命　先生遥
經紀之　先生莅閩極能盡智除朽去蠹大變舊制
船務駸駸日有起色會戊戌春　明詔變法更命
先生復還京師總農工商爲天下貲忽遭變故新
政中輟　先生浩然身退名潔際此阨塞乃還鄉里

逍遥林泉富貴敝屣南皮張公武昌開府作招隱書
諄諄告語　先生感激許以驅馳挾藝千人有備待
施於時北方兵亂方棘軍資不備何以應敵乃檄
先生總司藥廠研究務獲無棄是仰　先生莅工蒇
廢起疾三年之功成於三月不圖奇禍乃胎於此二
月十二　先生晨起視工方殷震雷忽激骨飛肉揚
煙燼火滅嗚呼哀哉亘古酷烈乃丁於身何罪於天
何辜於人彼蒼者天爲此已極神喪心死發爲痛哭
嗚呼哀哉才何以兮不施名何爲兮大馳彼令之人

何爲衆口囂囂兮誘藹騰滋嗚呼　先生獨抱此憤
鬱勃騷之氣兮排閶闔叩九閽而陳詞
時
光緒二十七年五月乙丑朔越二十有二日丁亥
甥桐城張延奐頓首拜輓

和卿公傳

公諱大呂號和卿雪村公之長子也公弟有二次仲虎次祝三其行事赫赫昭人耳目無庸贅言愚獨爲公作傳者以公之遺蹟可風惟恐後賢或忘之也公之性敦樸不慕榮利由一家至一鄉由一鄉至一邑終其身人不間於其父母昆弟之言幼讀書不求甚解然於理化測算格致機器等學靡不潛心研究徹其淵源當同治元年父雪村公與曾文正公以奇材異能薦於朝雪村公應徵遂攜諸子同抵安慶襄辦營務公亦時時侍奉在側不稍懈然此時

家中支持者僅有公之祖母宋太夫人暨公之母韓夫人而已後數年雪村公辦理機器局至金陵而與梓里相距不遠一日雪村公諭公曰俞母年邁服勞乏人心甚不安今汝返家體余心竭爾力事祖母部署一切家務則我在外畧慰已汝弟仲虎祝三等隨余在營中學習可也汝往哉謹之公受命以來朝夕兢兢惟恐奉養無狀故公侍奉堂上深得祖母暨母之歡心數十年如一日也而公立名之念亦由此長謝焉公雖無建白而克盡子道使父與諸弟克盡臣道亦何莫非公之力也傳云惟孝友于兄弟施于有政殆公之謂歟洎乎兵燹後田畝莫不荒蕪公在鄉勸民耕種北鄉人感效之田多先墾焉他如勸辦山東賑捐爲營道所契以及修築道梁倡地方善舉罔不悉心擘畫豈特鄉里間頌公德偉哉公於友道亦獨全懿歟休哉公之曾祖聖法曾祖妣王氏祖文標祖妣宋氏父壽字雪村妣臧氏繼妣韓氏俱以公之弟建寅貴　誥贈資政大夫直隸候補道妣皆　封夫人公以六品銜補用縣主簿　貤贈資政大夫生於道光十四年十二月二十日卒於光緒十五年四月二十日享年五十六歲配朱氏　貤贈夫

人同庚三月二十七日生光緒二十一年六月初四日卒享年六十二歲子一福昌五品銜候補縣丞女一適孟里孫孫三寶成再成鼎成孫女一字石塘灣顧余在湖北佐張香濤制軍幕府公之哲嗣亦和以公畧述郵寄前來乞爲傳余以本有姻誼不敢以不文辭是爲傳

光緒三十一年歲次乙巳三月同邑姻愚弟楊模拜撰

徐公文階暨元配繆安人合傳

徐公文階諱清泰其先籍廬州自元末勃初公爲都指揮挈其子居江陰遂家焉高祖趙珍公復徙居於縣東三十里之周莊曾祖程遠公篤實力行爲一鄉所推重本生祖孟長公蜚聲庠序亦頗知名父容之公忠厚勤儉施與不倦里黨稱爲善人公幼穎悟甫讀四子五經便已通曉大義且天性孝友恂恂之氣不啻成人及長習舉子業清眞雅正多規矩準繩之作其業師王紹庭甚器之年二十一卽以勤苦得疾卒竟未掇一矜安人姓繆氏世爲江陰名

族歸公甫六月公歿安人年僅二十自公歿後四月始以遺腹生男嘗膽茹荼備極艱苦方公之歿也其父容之公暨其母陳孺人並在堂安人飲泣承顏奉養不替洎陳孺人歿容之公復繼娶始命安人與諸子析爨而居當是時遺孤僅六歲鞠育則以母兼父教誨則以母兼師而撫揣一切又則以婦人而兼男子之事安人委曲周至數十年如一日蓋賢明達大義者也嗚呼婦之事夫亦猶臣之事君士人讀書稽古輒儼然自命爲儒生一旦遇艱危歷變故其不克如婦人女子之所守者所在多有而安人獨能以一身完所天之責撫是藐諸孤者俾之成立上受　國恩光旌其宅固其宜矣吉嗣鏡庭今已候選布政使司理問明敏識大體殆能不負所教者歟余故不辭而爲之傳

賜進士出身

誥授光祿大夫禮部尚書浙閩總督眷弟季芝昌頓首拜

撰

有恒公暨陳孺人合傳

壬子春登徐君一亭小瓊樓得瞻有恒公暨德配陳孺人遺像乃謹爲之傳曰公諱鴻潤字有恆世居無錫泰伯瀆漢高士徐孺子之後裔也爲人正直不阿以祖父元表公遺訓自守時懷利濟雅好詩書幼多病不能久事篇什因棄儒習賈遂致小康公早孤奉母甚孝昏定晨省未嘗稍懈稱慶治喪請 旌致祭浩用千金蓋孺慕之誠五十年如一日至其事祖父則以孫代子教兒女則以父兼師待人則曲盡其誠

處事則悉求其當慈愛成性節儉持家非所稱今之古人歟乃命數不齊禍患迭至內變未平外侮復起以致花蕚摧殘門庭蕭索桑羹自奉蔗境不甘天之報施善人其何如哉孺人幼育名門長歸望族主持中饋婦道克修相夫子三十餘年其間孝養孀姑慈育子女和睦妯娌義使奴婢及親戚往來周濟困乏無不曲體人心必使各獲其所而後即安迄年五十有七抱病不起臨危召一亭謂之曰余所育四男二女不知喫幾千萬苦今幸汝兄姊俱有室家各生兒女惟汝年最幼尚負孩子氣汝雖天資質樸浮躁不形余不能見汝成立矣汝父年老而多病家門多故鞠汝鬻汝誰其余代嗚呼汝四齡時汝父撥汝屋一間田六畝使汝安身有所衣食有賴此意汝知之否汝其早自圖之余不能爲汝計也彼時一亭年甫十三不解其語之悲及長偶一思之不禁淚數行下矣孺人賦性嫺淑勤儉持躬凡同里之婦有賢德者至今猶師遺範云吾叔壽初與一亭爲總角交培原忝在愛末故悉其顛末最詳嗟乎公與孺人立品如此

設心如此宜其垂裕後昆螽斯衍慶矣况一亭讀書明理多藝多才逆來順受刻意承先不患其家道不隆修名不立無以慰公與孺人泉下之心也一亭原名桂改名瑞楷字予馨有恒公之季子也

咸豐二年歲次壬子孟春之吉

世再姪糜培原頓首拜撰

世愚弟王煥庚頓首拜書

月香公暨配沈孺人合傳

從來孝子賢婦並重於世是亦以爲孝親則百行之本立而事事自昭天心得賢婦則內政秩然而家風益新顧二者間出而孝子必得賢婦作合正世所不多有也然則孝而有寸明而獨理又有賢配相助斯其人何如乎易曰積善之家必有餘慶此誠足爲積善之人若是者惟族兄月香公與德配沈孺人可以當焉公諱桂芳臨川公長子自十世祖瑞慶公遷錫邑之虹橋至公爲二十六傳綿居斯里公少貧務農爲業偶閒即販買無一息有暇未數年而

家產隆起稟性至孝事二親甘旨必具豐腆衣服必擇溫暖至於浣濯窬廁亦必親自檢點未肯假手於人嘗語子弟曰罔極之深恩雖以報於萬一苟居心怠忽非所以輕吾親正所以輕吾身矣其母陸太孺人老年疾之作公日夜坐在床前不解衣不遑顏問飲食之所適省疾勢之危安湯藥親嘗通宵不倦延醫禱神靡所不至越翼日母病益篤雖良醫亦爲棘手公百計圖維而終無一策而惟聞先人云人子能割肉代藥親之病即愈於是當三更時家人俱寢焚香於灶稽首百拜割臂肉以煎湯敬進於母前

其母飲之甚快因問煎湯何物公則不敢直言託辭以對未幾而母病遂瘳嗚呼公之孝何其誠乎何其至乎此所謂千古之孝子乎德配沈孺人亦與夫同志敬事翁姑無時怠惰公才猷素裕識見過人鄉都之事無論大小待之理斷務必度於天理揣乎人情一一悉當至於周恤貧窶父雖殫述由是名振一方三尺童子皆嘖嘖稱月香公云沈孺人幽閒貞靜勤操作無間寒暑輒將曉不寢主持內務衙衙有法紀而待妯娌輩亦甚和柔故內和而家理呼公與孺人辭世已二十餘載矣至今後生輩猷籍籍相傳

焉舉三子長燿遠娶周氏次光遠娶張氏幼燦遠娶周氏繼錢氏各能克承先緒田疇日廓棟宇斯崇洵爲克家子此亦公與孺人之餘慶也易之言不綦驗乎今時屆修譜其三子燦遠以公與孺人傳請余愧菲才焉知傳贊而其懿行可嘉恐後湮沒於是不揣鄙陋畧述數語以附於譜末云

咸豐五年歲在乙卯小陽春　　板橋弟存光撰

朝爵公暨顧孺人合傳

嘗聞夫唱婦隨古人有言夫義婦聽傳爲美談雖然在於日用行常之際雍雍熙熙周旋於琴瑟之旁者則有之至於烽煙擾攘鈇鉞臨頭夫爲唱而婦隨之夫執義而婦聽之視死如歸一同仰面而就戮者少矣吾邑丁港裡徐公朝爵係應盛公嗣子應壽公子配顧氏積度公之三女於咸豐庚申粵匪南來錫邑城陷朝爵公暨顧孺人率領子婦避難鄉間流離播遷苦不勝言者數載乎搬至貫莊劉塘濱寶化巷周宅居焉時値大軍克復蘇常將以恢復錫邑官軍壓境粵匪各處亂竄逢人便殺貫莊地方近在城廂適當其衝朝爵公顧孺人同時被戕在同治二年八月十八日也事　聞照例　賜邺春秋祭典嗚呼傷哉公生於嘉慶二十二年九月初八日氏生於嘉慶二十年六月十九日同時殉難俱以屍骨飄零無從尋覓其子以衣冠葬之子一蘭芳兼承祀妹丈從九職銜秦鴻際香火媳顧氏先在於同治元年殉難女一適西莊錢繼係琴山曾孫根生錫根

論曰忠孝節義四大事　朝庭以之旌揚閭里以之感化

朝爵死忠顧氏死節夫婦二人得忠節二事以殉之亦可以不朽矣

光緒二十九年歲次癸卯一陽月

例授奉政大夫

欽加五品頂戴翰林院孔目加二級同邑王元鑄頓首拜撰

廣裕徐公暨配李孺人合傳

公諱廣裕字爾熾大章公之子也梁溪雙河里東段上塘巷之人公性正直未能卒讀少時家本寒素比長精農業且買畊芸猶人而稔則常倍於人耕田鑿井歌帝力於何有盛世之良民也比救災恤鄰治道成梁諸善舉且無吝色但治家夙業守創兼優有過而無損故家道隆起膏腴日廣公之爲人伉爽大抵人有紛爭則直言勸解毋私曲人有急難則竭力救護不憚勞瘁鄉里所推重且豐於待人而儉於自奉布衣蔬食淡如也是以鄉黨皆稱爲篤實

君子焉雖年登耳順而氣盛詞壯步履如少年則公之强健可知也不意光緒庚寅忽遘疾而歿德配李孺人秉性幽雅好貞靜于歸後克勤克儉夫婦齊眉相待如賓繼室張氏嫻內則識大體里閈皆稱賢淑生子怡亭純謹老成可稱象賢迨辛卯歲夏與伯姆同葬於果字四十五號土名三分頭內壬丙兼子午三分啟廣裕公兆合焉嗚呼可慨也嗟虖諺云善人必有後且云天之報施善人渦不爽也然觀公與孺人膺厚福享遐齡三代一堂融融洩洩本熙朝人瑞尤爲卓卓可傳者乎今歲癸卯冬續修宗譜

公之孫子佩備述公與孺人之行不忍其湮沒余在館務羈身久疎筆墨聞公之齊家有方睦族有序啟廸勤劬實樸堪風也乂感公之孫孺慕之誠爰不文故不辭謭陋述其生平之巔末而爲之傳

光緒二十九年歲次癸卯小春月　穀旦

金匱埃麓世愚姪陸明甫拜撰

太學生易堂公暨蕭太孺人傳

易堂徐公諱承基性慷慨負奇氣不斤斤於章句間而讀書能明大義遇人急難輒示援救於同氣尤友愛宗黨咸器重之業花布恒往來於盱眙通太間時獲倍利一日載花回包上卧覺包中有物觸身欲眠不得起摸索得金十金歸藏以待未幾果有婦人匆遽自花行來詢花所在公慰之曰子毋慌殆欲覔藏金耶留待故主久矣如數還之毫不受謝數年貿易家道隆隆起增田園築第宅較分授時氣象月異而歲不同矣公好施樂善生平慕文正之贈族欲以分得之田建莊奈負郭者數不敷足居恒輒以告二子謂我有志未逮者惟此一事汝兄弟盍勉之公昆弟六人公爲甫安公次子嘉慶二十四年兄弟分居由滸村遷於牆門頭老屋與四弟紹堂五弟玉堂共宅而居後、築在前巷末造工未竣時道光十六年丙申九月公浴罷在門前後父廠中巡視一次分囑工人謹愼卽上牀卧猝氣疾溘然長逝享年五十五歲太學生　例贈修職郎道光二十八年以子葆初仲明承父志建莊事

畢奉

旨給帑建行義坊

旌表配蕭太孺人爲嚴家莊順章蕭公長女治家井井有條理御奴婢寬嚴得體持中饋必精欵賓客以誠暇時弄孫曾爲樂品貌端莊性愛潔年雖高月秀神清衣服無一點汙瀆賊初平歿於甘露鎮享年八十有四子三長葆初次仲明幼德林早世

揀選知縣戊午科舉人姻再姪姚熙績頓首拜撰

例授奉政大夫

欽加五品頂戴翰林院孔目加二級世再姪王元鑄頓首

拜書

光緒二十九年歲次癸卯桂月朔日　　穀旦

太學生葆初公暨德配蕭孺人繼配蕭孺人傳

公徐姓字葆初諱耀鑫吾邑望族易堂公之長子也易堂公始由滸村遷居牆門頭中巷繼又在前巷獨創新宅築室未完而病故時道光十六年丙申歲也公居喪守制哀毀皆中節次謀堂構裝修秩然初易堂公有疾百計求治封股肉煎湯以進時無知之者迨祖裼臂有刀割痕而家人始知之易堂公之歿也田產日進而向未盈千嘗以建莊事囑公昆弟公與弟仲明以勤儉相勉殫數年之精力陸續增置積成田千畝有零遂於道光二十八年戊申建

立義田出詳之際百般梗阻幾同蜀道崎嶇伯仲二人同遭蹇滯而事終得濟者以不敢忘父命故天特鑒其衷也性和易用人不苛刻以度量相涵容持躬節儉雖粒米寸縷不輕棄人有以顛連疾苦告者與醫藥不憚煩勞歲荒如道光癸卯咸豐丙辰等年平糶發賑諸善舉尤慷慨力助絕無吝惜蘇常失陷奉蕭太孺人南北遷流顛沛不離左右而舉家亦慶安全殆亦冥冥者默有以佑之耶亂初平遭蕭太孺人喪公哀痛如孺子配蕭孺人嚴家莊檪公之次女生昌渭繼配蕭孺人檪公之三女生子三昌灝昌湝昌浹女一適秦門議敘八品職銜

恩䘏雲騎尉世職鑑堂公四子衡齋

候選訓導優廩貢生姻再姪姚坤壽頓首拜撰

例授奉政大夫

欽加五品頂戴翰林院孔目加二級世愚姪王元鑄頓首

拜書

光緒二十九年歲次癸卯桂月朔日　　　　穀旦

太學生仲明公暨周太孺人傳

公徐姓諱耀鈐太學生吾邑北里望族也父號易堂世居滸村生子三長葆初諱耀鑫幼諱德林早世公行列次故字仲明易堂於嘉慶二十四年己卯兄弟分居與四弟紹堂五弟玉堂始由滸村遷於牆門頭初住中巷舊宅後又在前巷獨建新第功未竣卒年五十五公時丁父艱喪葬事禮哀交盡新造室宇內外裝修秩然處世務有條不紊性豪爽中無城府尤好施與趨義若渴緣父易堂常有敦宗睦族之願未遂賚志歿世與兄葆初勉承父志續置根

田千畝有奇遂於道光二十八年戊寅訂規條彙冊立案出詳咨部之際事多掣肘幾尼不行公一以堅忍持之莊卒建成用以培植後起吹噓孤寒所謂善承先志者非耶顧莊事初完歲比不登家又以籌置義田中落乃議集捐首先倡率繼勸富而仁者量力捐助人仰公高義無吝情是以道光己酉咸豐丙辰等歲平糶發粟施衣諸善事次第舉境無流亡及同治癸亥甲子兩載東湖塘設惠濟局公復詣戚好家貸麥數十石鬻荳六十斛助賑其樂善好義多類此明年避地甘露載有沙花數包舟方艤岸即有業花布者突來妄指花爲彼莊貨物意相率輦去事明後共爲不平公哂曰直不疑償金事君等豈未之聞耶何怒爲鄰里中有喪葬嫁娶力不能舉者有弗告告必償所欲去里黨有爭競出一言判曲直立解庚申春在邑城假銀未歸楚閙聲歛金汲汲趨以償之距髮逆陷城僅數日耳越二年土匪蜂起乘機縱掠亂平往往鳴官究辨睚眦報復任意株連公惻然曰奈何以影射之詞陷人大辟也當蘇常之淪陷也公母蕭太孺人春秋高懼攖賊鋒公奉之遠避有時風鶴交警不及覓舟背負而走蕭太孺

人老且病日必遺矢數四公躬親滌穢見者掩鼻公不覺也未幾蕭太孺人壽終甘露旅舍公亦以哀毀致病卒於周家閣上享年五十有四配周太孺人爲菉皮橋周諱文起公女荊釵裙布有林下風事舅姑盡敬御下一歛以和自奉甚約雖尺布寸縷未嘗褻棄年逾五十曡遭蕭太孺人暨公及媳嚴孺人之喪蘋蘩中饋一身兼任斯眞可謂閨閫淑媛者矣子一字達泉諱昌洲先周太孺人三年於光緒十七年辛卯九月棄世周太孺人老懷抑鬱體益不支於甲午九月壽終享年八十有四

揀選知縣戊午科舉人姻姪姚熙績頓首拜撰

例授奉政大夫

欽加五品頂戴翰林院孔目加二級世愚姪王元鑄頓首

拜書

光緒二十九年歲次癸卯桂月朔日　穀旦

學明公暨德配裴孺人合傳

公諱熙學明其字也爲森堂公三子承顔順志能得堂上歡昆季之間友愛彌篤其律身制行醇正端方世俗刻薄側媚之習無纖毫芥蒂于中人多器之森堂公原籍錫山業懋遷于吾邑之和鎭創立基址遂家焉公能繼父志不辭勞瘁肯堂肯構將于是乎在逾壯歲丁丙憂哀毁盡禮聞者莫不隕涕諸伯仲惑形家言曠時未葬公獨任其事延名風鑑登山臨水竭情盡慎而乃得穴爰告先靈曰既卜吉壤以安窀

穸悠悠泉路庶幾永奠也且拜且哭嘔血不已由是遂抱痾兩載年三十四賫志而殁噫豈孺慕情切欲長恃泉壤以承歡耶抑亦遭閔凶險巇榛莽精誠竭而竟致滅身耶是亦可哀也已厥配裴孺人吾宗衡秉公次女也及笄歸學明公賦性溫柔相夫子以色養妯娌內外無間言其主內政也黽勉有無親習勞勤其節儉辛勤若天性然方公易簀時遺藐孤長逾十載幼僅三齡耳而襁褓弱女猶呱呱而泣孃孃在疚形影淒然爲支撐門戶計亦胡可易言者而孺人

氷蘗自勵拮据百端篝室燈青紉聽月黑四十年間恩勤閔鬻婚娶備禮孺人之遇艱而孺人之德亦顯矣夫以孺人之庭訓雅有義方長君雖玉折次三兩君醇謹樸誠家貲日餘三君已援例入成均冢孫亦邀議敘蒸枝穠硎蔗境回甘歲甲寅爲孺人慶七十壽姻族咸登堂展拜酌斗介眉孺人顧之怡然曰半生來茹荼集蓼惟望諸子之成立今若此庶足慰長逝者于九原也嗟乎公之孝思孺人克光顯之孺人之苦節諸君能曲體而善承之是則公與孺人之潛

德幽光其所以垂裕後昆者亦詎有涯涘也哉今歲徐氏續修宗譜屬撰合傳予與其次君相識有年誼無可謝爰詮次行畧據實書之至文之工拙固非所計云爾

邑庠生愚姪裴晉頓首拜撰

謹軒公暨德配王太宜人事畧

先生金匱徐氏諱學禮謹軒其字也先世本安姓有諱紹宗者出繼舅後遂姓徐氏紹宗子秉恒字嘉德是爲先生祖秉恒子雲翔字曰和是爲先生考世居邑東鄉板橋自紹宗公以下敦本務農潛德弗耀至曰和公尤勤樸善治生先生承之昆季各有田數百畝乃就板橋故居擴其基址輪焉奐焉駸駸乎廣大矣而先生劬劣苦思恒若不足上事曰和公舉必稟命出必隨事曰和公顧而樂之遂以家事委先生先

生更推事父母之孝以厚其昆弟及其族人恤其鄉黨僚友有以急難求助者輒應如響且爲區處周詳使各饜所欲而去附近數十里間雖力之競簞豆之爭得先生一言其事立解徐氏之間譽昌熾蓋自先生父子始矣娶王太宜人孝友慈惠一如先生先生嘗謂曰吾與若煖衣飽食恂恂一堂而無所患苦皆累傳祖父之所貽也然吾祖之後自吾家而外子姓亦頗蕃衍其顛連困苦鰥寡廢疾而無可告者豈少也哉願吾力未逮耳如能多積歲月俾吾得撥田若

千畝仿吳中范氏成法置爲義莊以奉祭祀以贍宗族俾羣從子弟稍得賴以資生不至失墜是則吾之願焉矣然後知先生之岌岌焉如不足者蓋有所爲也以道光十二年三月初二日卒年四十有二卒之日宗黨鄉里皆行哭失聲後以子其曜官贈奉政大夫子一其曜女五適王適席適過適周適畢

王太宜人父武揚公所居王岸圩與板橋四五里而近歸謹軒先生時舅曰和公在堂太宜人怡愉應對先意承志後曰和公漸老家事悉委子婦太宜人獨

下有程度裁冗剔釐內外井井其處躬也作苦茹澹痛自節嗇有餘則以周戚黨之貧困者至再至三未嘗厭倦謹軒先生慷慨好義屢倡義舉太宜人力贊之逮謹軒先生之卒遺孤其曜年僅十四逾年而曰和公又卒時迭遭家難太宜人煢煢一身措拄內外凡所以治喪紀供賓戚者靡纖毫缺失太宜人儉約善治生謹軒先生之卒也家本中人產居數年而積產轉益於其舊其曜漸長授室諸氏孝敬能任內政太宜人如釋重負其曜者即今贈中議大夫靄庭君

也好施濟具有家法會歲屢祲賑貸以千百計他若修堤成橋施舍醫藥殆無虛歲太宜人聞之益喜謂曰汝家故貧也汝父雖甚刻苦而賑災恤貧耗費不可貲數然吾自入門以來田增粟笥增帛統計所入沛然若有餘裕知豐嗇自有定數富在勤慎不在各也初徐氏世有彝訓待農佃尤厚歉則減其租急則卹以錢貧民皆樂佃徐氏田俄而粵匪擾鄉里靄庭君奉太宜人轉輾徙避并貴給親族之無依者俾得逮徙亂定歸家觸目殘燬而徐氏家獨完蓋衆佃素

感其惠賊甫退而即共守護故也至是而太宜人之言乃益驗太宜人既漸衰老益勉靄庭君籌建義莊以竟先志靄庭君摒擋積累又十有餘年而莊成太宜人已不及見矣惜哉太宜人生於乾隆五十八年四月初十日卒於同治二年七月十八日得年七十有一太宜人歿後家益隆孫輩接踵遊庠靄庭君受崇封登上壽繼繼繩繩其蕃祉蓋未有艾也在天之靈殆亦可深慰云

光緒二十五年己亥十月

世愚姪寶士鏞拜撰

節母劉孺人傳

天地嚴正之氣丈夫得之以成其忠婦人得之以顯其節徐氏自始祖千十四公以降歷宋元明世篤忠貞垂光史册而在巾幗之賢秉松筠之節者亦歷歷載之家乘況今矢志柏舟代夫以終子職爲母而兼父道又至性篤於孝慈者乎惟我姑母劉孺人幼習姆教便識大體爲父太學生復之公所鍾愛洎十九歲適徐爲浩然公德配克相夫子婉順無違拼當非曰洗手調羹最得舅姑歡心尋舉一男產一女懸弧設帨足徵德門之盛境無何而浩然公遽捐館舍孺人年甫二十四斯時痛心飲血濱于死者屢矣顧上念白髮之在堂下恤藐孤之在抱輒復苟活爰乃謝膏沐勤織紝謹事翁俊彩公姑許氏養志不倦俱壽至八旬以終而撫育嬰孩至於成立每庭訓諄諄以敦厚節儉爲先嘗曰吾不能教兒讀書成名猶願吾兒學謹敕之士此則孺人之盡節而兼盡孝慈者也至禮法倣於郝鍾睦婣施於族黨嘖嘖稱賢何堪縷述孺人壽終七秩男一名乾元娶楊舍許氏女一適

吾族先叔增廣生步蟾公之長君應清孫男三今春
捧觴晉祝方冀松栢彌茂而如彼女士忽返仙鄉聞
者無不嗟悼伊子以力薄未請　旌典先丐余言爲
實錄以俟　國乘之闡幽云
嘉慶十有九年歲次甲戌季冬之月候選儒學訓導
澄江劉金品頓首拜撰
敕授修職郎剛浙東江場鹽大使加三級梁溪王霖
頓首拜書

節母王孺人傳 子俊彩公附

古云求忠臣者必於孝子之門今而知節孝出於忠
臣之門也邑之西鄉烏墩徐氏歷元明以來忠則有
省八公諱珵培椿公諱　史册班班可考節則有徐
母王孺人者蒼先公之繼配年踰笄而賦于歸淑愼
端莊咸稱婦德生子俊彩甫數齡而蒼先公辭世其
時姑已歿而翁尚存孺人守節自誓盡孝則潔滫瀡
以奉養堂前撫孤則斷機杼以懲膝下兢兢乎婦代
子職母兼師道誠女中丈夫也若夫操井臼勤紡織
特孺人之餘事耳子俊彩公成立屢欲請於官以邀
恩旌表孺人曰是吾分之當然毋以瀆　上也遂格
遇　覃恩以增光寵天之報孺人者不爽矣孺人既
歿子俊彩公恪遵遺訓敦厚端方望重桑梓尤篤于
族誼嘗謂尊祖莫大乎敬宗敬宗莫大乎收族徐氏
子孫蔓衍而族譜未修闕事也祖考則是明太醫院
培椿公專祠外別無宗祠亦缺事也嘗鳩族捐貲經
理數年未遂此志厥後伊子澮安克承先業譜修而

祠立此皆公之厚德所致而以賢繼賢者也公有令德享年亦逾八秩　恩錫登仕郎與毋王孺人之錫典後先輝映豈不偉歟公娶許氏太學生培元公女生子三長子浩然早世媳劉氏撫子持節有王孺人風次子恆所出之長孫森又早世孫媳錢氏之苦節又然松柏挺於一門斯亦奇事也公之九世祖有專祠在石梅與余家廟相接歲時祭祀詢諸其裔而爲之傳

賜進士出身

誥授朝議大夫四川夔州府知府眷侍生言朝標拜撰并書

欽旌節孝徐毋顧孺人傳

癸巳會魁

賜進士出身奉直大夫

盛京工程處監督兵部職方清吏司主事加一級紀錄二次同宗安詩撰

余自幼時即聞板橋徐氏吾宗也及閲家乘始知族曾叔祖廣成公出繼於徐遂蒙徐姓一傳而爲登仕郎嘉德公諱秉恆再傳而爲例贈修職郎曰和公諱雲翔曰和公生三子長學謙次太學生學

敬次例贈儒林郎太學生學禮曰和公務本創業敦詩悅禮增其田廬並建徐氏宗祠而家聲於是益振故凡邑中知膠山之安黄者復知有安徐焉

道光乙未冬予自

盛京

差旋

京師曰和公冢孫太學生徐沛以其毋顧孺人苦節手狀郵予予讀而歎曰非此毋不生此子斯言信矣以孺人素風清節安得不有子如沛也孺人氏

顧端文先生裔冑也性莊謹不苟言笑幼嫻閨訓
父母珍重之年及笄歸族兄徐學謙事舅姑謹而
盡誠姑亦氏顧即孺人從姑也以姑姪而爲姑婦
旣相親又相愛以是甚得翁姑歡未幾顧太孺人
以重疾不起翁繼姑氏周而孺人事之禮一如前
姑翁歎曰媳眞無慚婦德矣學謙有大志銳意力
學不得志抑鬱而歿遺孤沛纔三歲孺人年二十
九擗踊號泣誓不欲生翁曰死烈難植孤尤難汝
明婦道當衡其輕重曩者顧姑之囑謂何而忍令

襁褓兒怙恃並失耶孺人遽止悲曰有是哉婦聞
命矣爲節哀視息孤稍長即命就傅愛而知勞故
沛得勤學善書法文譽駸起孺人之教也曰和公
家雖裕有子三人產析爲三是孺人視曰和公之
產僅三之一耳而孺人經紀其家課耕紡織先衆
而興後人而息由是家日益裕至其自奉甚儉而
奉翁必具甘脆鄉里有困乏周恤之則脫簪珥無
難色翁得賴以安者子亦得享其成沛旣婚孺人
忽寢疾及疾革辭翁姑曰婦不及終事翁姑矣未

亡人得見兒成立足矣歿之日閭里咸爲歎息甚
者且泣數行下孺人生於乾隆癸巳二月十一日
卒於道光壬午九月二十日得年五十歲守節二
十一年嗟乎我安氏自桂坡先生以來忠孝廉節
代不乏人名宦鄉賢行義貞節歷歷昭人耳目而
分姓柬居亦復光達有耀固
國家風化所陶淑而未始非先澤所留遺也惟其間
苦節者多而力未能請於
當道類湮沒而弗彰予故詮次沛姪之所述而爲

傳且以勉沛之請
旌焉
論曰詩詠柏舟尙矣而易曰苦節不可貞蓋難
之也從來孀子無成半繇孤犢相悞若孺人撫
孤成立報所天於地下殆所謂安節之亨歟凜
凜冰霜攸關名教孔子云歲寒然後知松柏之
後彫有矣夫
道光二十一年奉
詔旌入節孝祠

新邑志載小傳

學謙卒顧侍奉孝敬翁姑忘失子之戚撫孤教養備至家庭內外整肅守節二十餘年

節母周太孺人傳

節母周太孺人奎之太岳母即奎族之太姑母也年十九歸太岳父徐公家有公性樸勤太岳母親操井臼克勤夫子孝翁姑和妯娌能執婦道焉無如昊天不弔人事多違歸三載太岳父忽爾登仙太岳母哀幾滅性翁元相公姑許孺人慰諭曰汝夫亡汝孕數月冀以育子延嗣爲要何過哀爲太岳母遂心悲不號恐傷堂上歡不數月生子名時遇即奎之岳父也太孺人送夫後絶膏沐不爲容督耕勸織十指辛勞事翁姑孝撫孤雛慈爲女一身而兼兩人之責艱苦異常亻實非易易者子長又娶奎族之姑母爲媳爲奎之岳母也家甚窘衣食胥藉於機杼又屢病稍復即率子婦工作俾夜作晝茹苦寒酸略無難色晩年二孫匡文燮文繞膝家亦稍潤太孺人嘗撫孫顧子而言曰我本寒寡素以食貧處困自勵未嘗片刻稍懈也子若孫甚毋以怠惰墜其家聲其諸誡殷勤又如此壽至六十八而西歸噫太儒人之苦節何堪悉數述之也而太儒人之苦節奚忍湮滅不傳也奎本

不文岳父嘗泣道太孺人之苦節不傳則太孺人之
後裔又安知太孺人之苦節哉因敬述之

時維

咸豐六年歲次丙辰秋八月

孫壻星五周炳奎頓首謹述

節婦劉孺人傳

禮生不立傳懼其不克終也然其人實有可傳則亦
爲之如昌黎傳何蕃是已徐節婦年今六十有六其
子漢光以家傳來謁余因援韓愈氏例爲直書其懿
行俾刻於譜以爲婦不幸而孀者所矜式嘉慶癸酉
之歲無錫縣歐塘徐氏續修宗譜徐故世家重名義
其第十三世子千之妻劉孺人守節四十年矣髮垂
垂白有子有孫猶清苦自勵族人咸敬禮之不曰節
母而曰節婦守節從夫婦之義也節婦有至性知禮

父元茂母殷氏俱早喪幼育於兄嫂以長事嫂氏如
母有賢聲年十九于歸二十六歲而寡有女三無子
子千疾革時持婦手屬曰吾知汝性激烈我死汝必
不獨生然死而有益於我也則死之死而無益於我
也奚以死爲我無嗣無嗣則無祀爲我立後爲我撫
孤汝之責也汝可死耶節婦心諾之而不忍應以言
但搥胸飲泣而已及子千歿即請於夫兄俊千撫其
子漢光爲己子喪葬盡哀盡禮慈愛嗣子逾於己女
及長教督綦嚴有過泣諭之必改乃已不加撲責也

致女嚴而有節自幼俾習勤苦工紡織出嫁時奩贈甚儉曰吾薄產無多吾以遺吾子孫也其識大體如此念幼失父母又不克事舅姑每遇忌日祭祀必誠必敬祝滿光拜跽恒淚簌簌下竟日不食不言遇子干忌日亦如之年四旬餘嫁娶已畢遂歸命覺天晨起盥櫛即炷香喃喃誦佛號萬遍日以爲常鄰族以困乏告者竭力周恤之必如其意以去嘗曰我佛布施廣大吾不及一微塵也又曰吾始以死爲樂以生爲苦今乃不知有苦亦不知有樂矣其見道又如此

論曰節與烈孰難魏冰叔曰並難視其質之所近與境之所遭何如耳若節婦者境不可死而卒以完節著余以爲艱危辛苦爲程嬰較難適杵臼矣然其自言且不知有苦樂又安知有難易耶心性空明安於義命大鑑所謂若欲修行在家亦得殆深有悟於西方之旨如空室智通成都范縣君之流歟

嘉慶歲次昭陽作噩立秋五日陽湖史式星撰

候旌節烈徐孺人傳

人之大節有四曰忠曰孝曰節曰義忠孝義固難而身居閨閣節比嚴霜歷盡風波備嘗辛苦而卒百折不回捐軀以畢乃志如孺人者尤不數覯也爰爲之傳以紀實焉孺人徐姓父諱烈母杜氏幼性端靜不苟言笑好樸質不事華縟稍長即任中饋尤勤紡織年十九歸文學華天壽其爲婦也雞鳴戒旦黽勉相夫且家道中落居常日用半出十指上事太翁姑及翁姑盥匜

滫瀡必躬必親凡服食嗜好必先意承志得堂上歡不越一載夫君抱病孺人常侍湯藥衣不解帶歲庚午翁姑相繼辭世爾時夫君久病床褥孺人辦理喪事兼侍太翁姑內調病夫外理家事井井有條恩撫夫妹勝於同胞及出嫁贈以己奩曰吾慰翁姑於地下也族中羣稱賢德焉越一載夫君病亡孺人痛不欲生特以一子未週無人撫養又恐傷太翁姑心仰事俯育一身兼任厥後孤子年方五歲忽又夭亡太翁姑

亦相繼而逝煢煢子立形影相弔無告窮民於
斯爲極豈意禍生不測釁啟蕭墻夫堂弟某者
希圖嗣產頓起狠心越繼硬嗣孺人不允某奔
控各　憲訟無虛日孺人葡萄公庭貲涸力竭
邑尊高懸秦鏡判立應嗣逼詳立案嗣子明濟懼
禍不敢辛巳春某復將前事翻控孺人痛念上
無翁姑可庇蔭中無叔伯可維持下無子媳可
稱血食訟事拖累薄產蕩盡必至守節不終爰
泣告夫靈從容自縊時乾隆二十六年四月二
十一日享年四十有二嗚呼孺人巾幗中人耳
代夫完孫道代夫完子道代夫完兄道送往事
居情理交至夫亡撫子子亡立嗣立嗣禍生遂
致殞命可哀哉抑亦可敬也由是感及當道彙
題請　旌
命雖未下而
綸音恩錫勅石建坊指顧間耳壬午秋伊兄實纂備
敘苦節請傳於余余得詳其始末以誌潛德於
不朽云爾是不可以不傳

壬子科江南舉人考授
內廷教習候選州同知原任四川嘉定府犍爲縣
知縣加一級眷生薛希載頓首拜撰
敕授儒林郎江蘇揚州府高郵州州同知加三級弇
生王游頓首拜書

皇清誥旌節孝嚴孺人傳

孺人姓嚴氏父諱行方母氏黃幼嫻姆教性敦樸不事華縟稍長德容婉嫕足不踰閾惟以針黹爲事怡遵庭訓得父母歡年二十三歸徐君補亭鷄鳴戒旦黽勉相夫事太姑薦及翁姑前姑嚴孺人已謝世矣孝養繼姑顧孺人敬謹毋違不越一載翁姑相繼辭世事死如生哀禮兼備數月後夫君得血症纏綿牀褥孺人常侍湯藥兼理家務茹荼集蓼艱苦備嘗越二載夫君病亡孺人號慟隸泣不欲復生親長聚而

勸曰太姑在堂年高須侍奉況遺孕有望異日養老撫孤兩大事汝宜爲夫子繼之孺人敬諾事太姑尢加謹焉迨分娩後仰事俯育一身兼任且提攜夫妹宛如同胞鄰里見之羣稱賢德歲丙戌太姑殲太孺人卒治喪具經營窀穸竭誠致敬治家儉而有禮勤以持身一室青燈機聲徹夜教子立形影相弔子既束髮即遣往鄰塾受書侍薪積以供修脯自奉菲薄荊布終身稍置房屋田畝皆孺人苦心積慮所由成也嗚呼哀哉孺人卒於咸豐二年正月初十日距生於嘉慶六年六月二十五日歷春秋五十有四爾節冰霜盟心金石由是者當道采風者彙題請

旌

綸音

恩錫給帑建坊以子貴

例封孺人子一岵贈議敘縣佐媳顧氏孫二條女二俱幼

因刊刻宗譜爰爲之傳以紀實焉

咸豐七年歲次丁巳桂月之吉

姻眷侍恩貢生過宮桂頓首拜撰

徐節母夏太孺人傳

綱常之所出名教之所係必有道以維之是道也何道也忠孝節義也人之一身必盡忠孝節義乃能立其綱常傳其名教若節如徐節母者洵如其矣節母夏孺人孺生徐子安之配也幼出名門于歸世第謹修婦道奉養高堂乃結縭數載僅生一子子年甫週而夫適有病患侍奉湯藥旦夕不離衣不解帶此猶常節也厥後其夫病歿始欲捐軀以殉迨其舅姑婉轉勸解曉之以大義因含淚撫孤并能以婦道兼子職於是荆布著其風規婉娩垂其懿訓以

溫恭之閨範持厨下之羹湯沃盥授巾甘旨無缺晨炊夕膳井臼親操堂上承顏節還兼孝閨中訓子母也爲師以至兒女完姻門庭重振先緒繁衍螽斯貽翼燕之謀鞠育恩勤靈鵲報慈烏之喜 朝廷隆旌節之文闡揚婦道并里式清風之嶺表示芳徽嗚呼若徐節母不但能守節也節而兼孝者也使當其夫病殁之頃任其烈性慷慨捐軀節則節矣孝猶未也今乃備嘗辛苦始終如一以實踐彝請各 大憲奏聞遂 恩旌舉入祀節孝祠 天恩 旌表門第光榮懿行克彰靈光不滅可不謂賢歟孺人孫修職郎文仁 恩素帷之苦志睹連理之芳枝執其節行乞余爲傳孺人之冰心矢節就義完貞光爭日月操媲松筠余實嘉其苦節而傳其大畧云

時維

咸豐七年歲次丁巳孟秋之吉

賜進士出身

誥授承德郎

例進奉直大夫刑部主事江西司行走加一級顧鳳儀拜

撰

節母王孺人傳

節母王孺人徐大昌公德配也大昌公早失怙恃既無叔伯終鮮兄弟家境甚窘而孺人歸之不以爲慮常慰其夫曰貧者士之常此不足爲我兩人累於是黽勉同心以期偕老豈料未及五年而大昌公乃遘疾歿哉當是時孺人年二十有四擗踊哭泣誓不欲生而猶憐有遺孤在抱得以身殉也爰聚族人變產買棺以盡殯殮事畢而糧絕鄰里代爲之危而孺人不以境遇之苦動心耳時里俗尚棉織孺人晝則閉門抑掾炊烟有時不起夜則含淚績紡燈

光三更不息甚至寒風四起十指皆皴而五内恬焉噫嘻此豈孺人之不憚苦哉蓋其視生之日皆其死之年故一身盡瘁而中心安之也至十餘年後遺孤始克業體母心孤名勝祖大昌公殁時而孺名之也勝祖成立家道隆隆田產甲於一里蘭玉滿於階前而孺人之志始慰雖然大昌之殁也藐孤僅兩齡佃田第一二畝四代單丁外無期功之戚一門兩口家無擔石之儲門祚之衰如此愁苦之境又如此而孺人何以知子必能勝祖而以是命名歟而其子何以果能勝祖而克副是名歟申包胥曰人定可以勝天而孺人之以是命子也人定也其子之克副是名也能勝天也嗚呼孺人一女子耳立節堅遂可以格天非諺所謂婦人勝大丈夫者哉孺人以咸豐元年卒壽七十有六孫二長心田次福田心田好學業儒從余遊故得知節母之實而備誌之以傳於後世云

咸豐五年歲在乙卯冬十月　世晚生沈泰初撰

室人蔣氏行畧

嗚呼吾婦竟溘然舍我而逝耶年未三旬緣僅七載豈命數止於此耶其歿也族黨尊行暨疏遠之戚咸歎惋有淚下者我不知婦又何以得此耶吾父命朝綸曰汝婦之賢他人且不忘之而汝忍遺諸乎汝其志之朝綸曰兒無文何以志吾婦雖然不可無一言也婦姓蔣氏名仲瑗字玉英世居常熟以考梅峯公嗣伯祖葵香公爲後入籍長洲曾祖雁團公諱鳴臯祖因伯公諱培年考梅峯公諱振麟母氏曾生母氏朱婦於女行居次下有二弟幼即貞靜不

苟言笑十齡入家塾授以詩經女誡四子書列女傳即曉大義間及史鑑博涉泛覽以爲娛其師嘗目之爲女神童且曰是兒明慧若此惜乎其不櫛也稍長工書法習會計尤精鍼黹見者莫不讚賞事大母及父母以眉眦以色聽爲重闈所鍾愛壬子年十九來歸侍翁姑端謹處妯娌和藹恪循禮法尺寸不踰居恒無疾言遽色待下寬厚臧獲輩有過輒容恕雖奸險者城府莫測卒未嘗逃洞鑒也與人處漠然無所短長遇事有難忍處祇下帷默坐藉諸先儒格言玩索不釋手自遣悶懷而已中饋操作常分堂上勞而不敢擅吾父母亟柔稱順爲暇則手鈔唐詩積有成帙時或篝燈佐讀見余課詩亦復曼聲吟諷若爲推敲談及古今忠孝節烈事娓娓不倦與余眞有唱酬之樂甲寅舉一男襁褓中有至性婦偶患暑痧兒投懷哀泣人咸異之丙辰年三歲殤婦方患三陰瘧晝傷於心適臨蓐得女仍力疾自乳哺稍愈即紉衣縫履丙夜不遑余戒之則以性不耐閒對不知心力實暗耗於此先是外舅歿於甲寅之冬備極哀毀中夜飲泣逾時不已常以老母在堂孺慕不能去與諸見季簡札往還時時省問并追叙幼年在桐

新舍拈韻分箋姊妹兄弟親承庭訓極天倫之樂事今夏五月歸省余偕之以往泛棹蠡濱水窗閒眺因誦唐人詩綠樹村邊合青山郭外斜之句謂余曰想古人雞黍場圃桑麻此情此景今亦猶昔耳嗣與母相依百餘日八月初因女病瘧甚危撫治積勞形容枯瘠然動作猶如常迨時方有娠乃歸而瘧疾復作迨孳生兩子墜地皆殤氣體既弱又鬱憤中之竟以氣逆暴卒婦生於道光十四年甲午七月十一日辰時歿於咸豐八年戊午九月四日亥時年止二十有五子三俱殤女一嗟乎余之不德何應天奪其

内助獨念人生惜福者恒享福吾婦自奉儉約衣不厭敝食不厭粗每謂一絲一粟當思來處其知足也如是福固不敢望并年亦靳之尚何言哉尚何言哉夫人有暮年喪偶既仰事俯育無所遺憾甚或向平願畢含飴弄孫一旦顧影無儔猶將黯然神傷而况余之一無所成乎今而幼女誰爲我撫井臼誰爲我操懽愉誰與共憂戚誰與訴追維往事嗚咽濡毫聊以質言撮敘其梗概并抒余之悲云

咸豐九年歲次己未仲春之月夫葑綸與于氏撰并書

節母魏孺人紀畧

吾族詩禮傳家素多賢母故家乘所載代不乏人而守節之最苦者莫如族兄嫂魏孺人予嫂爲鄰莊桂福公女予兄富華之配也性淑慎簡言笑于歸時年十九歲逮事舅姑以孝聞家故貧晨昏甘旨與予兄黽勉同心百計籌畫以博堂上歡越三年舅歿又一年姑歿佐予兄兩營喪葬左支右絀拮据萬狀夫婦二人惟夙興夜寐恃力作以餬口而椎髻荆布相敬如賓薪米或缺貫尺布以濟燃眉絶口不言窘迫以故予兄得稍減内顧憂至三十五歲予兄

忽病予嫂既謀饔飧又謀醫藥困上加困無計可施惟有焚香求代而予兄竟溘然長逝矣是時予嫂慟絶者屢書不欲生而夫兄及母家兄咸勸以撫孤爲重遂節哀順變摒擋一切後事時孤子渭川甫七歲以養以教責在一身推燥就濕幾無片刻安而破竈或不能舉火蓋無一畝之田可以度活所日夜冀望者惟此一孤耳其苦如此猶不肯妄求於人人卽憐而助之竟謝絶不受其立志有不可及者兒十三歲卽命其服賈逐什一之利以紓家難迨子已婚克自樹立尚操作不少懈里中賽會燈劇未嘗一

一觀也後以子善樾遷業日隆隆起而念及貧時況味猶痛定思痛恒以勤儉教子且命之曰積善之家必有餘慶養不必豐但省費以濟人之急吾心安矣子亦勉承母志比遇善舉靡不慷慨綜其生平自予兒辭世以迄撫孤成立其間茹荼飲蘗苦不勝言較世之苦節有不啻倍蓰者而乃格於年例不獲請旌豈數十年苦心孤詣祗堪飲泣終末由表見於後世耶今渭川姪持行述來示予讀之愈覺冰霜之操令人肅然起敬故謹紀其大畧以垂鑒於萬世也

光緒歲次癸卯小春月朔日　　族叔四海謹撰

謹案徐節母魏氏世居徐家舍係華四公十七世孫富華公之配道光十八年八月十三日生生子一子安字渭川媳陳氏孫男二長柏茂次柏盛幷記

例授奉政大夫

欽加五品頂戴翰林院孔目加二級同邑王元鑄書丹

節母陸太孺人傳

太孺人陸氏無錫萬安鄉南莊徐君廷德配也年十九來歸廷德茲時也鴻案相粧鹿車共輓翁朝政公姑顧氏在堂精神矍鑠一室怡怡太孺人得二老歡心問安視膳無缺也已而舉一子名達先甫四齡太孺人年二十有三而廷德公有病且死指太孺人而言曰吾憐親老子幼而辱在吾婦吾婦其善視之吾死瞑目矣且指達先曰此子頭角崢嶸必能成立恨吾不及見太孺人曰謹如命敢不竭手足之勞繼之以死乎廷德公遂卒太孺人絕水漿不食

痛不欲生者屢矣因翁姑相勸間數日乃翻然曰上有二老下有幼子苟得善爲視之可以告無罪於夫君地下矣於是上事翁姑下撫幼子且教且讀貧甚幾無以自存而節操愈勵非紡績不給食也爲子職爲婦職爲父職爲師職以一人而兼用之數十年來喪葬二親撫子成立授之以室此皆遭時之變而曲得其時義雖聖賢處此其道亦無以加焉子達先以方正老成稱於鄉里牧伯表其門皆太孺人之教也光緒十三年邑紳以太孺人之節請於督撫學三院上於　朝照　例旌表　給予貞松永茂匾額

足爲閭里之式矜云爾太孺人生於道光元年辛巳四月二十三日卒於光緒二十二年丙申正月初八日享壽七十六歲與廷德公合葬於南漕高田上父塋穆穴甲山庚向子一達先媳陸氏孫培增早卒嗣曾孫佩春

贊曰俗之壞人心術久矣自學士大夫多不能終其節況女子乎當是時太孺人抱數歲之孤專屋而閉居躬爲桑麻以取衣食窮苦困阨久矣而無變志卒就其子以能有家而稱爲賢母 旌表於 朝嗚呼其可慕也

例授奉政大夫

欽加五品頂戴翰林院孔目加二級同邑世愚姪王元鑄

頓首拜譔并書

顧孺人傳

余世居於邑之西南隅與秦尚書端敏公故第近焉嘗過其地見滿目荒烟蔓草共東隅闢爲薛欽使第南隅見頹屋三楹問之鄰人告余曰此從九秦鴻濟之繼子秦鳳宮之居也鴻濟生子二應春應芳俱早卒無後以丁港裡吳氏徐應燐之孫蘭芳爲後改名鳳培余曰曾識之閱數年徐氏續修大統宗譜延余爲主筆一日蘭芳來謁敘以鄰居之誼蘭芳告余曰鄙人之妻賢而慧性且和不幸於粵匪之亂早年被戕至今思之不覺潸然涕出鄙人沒後無有知者君其爲鄙人傳之可乎余曰唯唯謹按顧孺人係徐蘭芳之元配橫浜裡顧瑞雲公之女也生而幽閒貞靜淑慎且惠咸豐九年歸蘭芳時堂上朝爵公顧孺人尚在侍奉克盡敬孝中饋無差與蘭芳琴瑟調協越明年粵匪至避難於鄉輾轉播遷於同治元年七月二十八日値粵匪從貫莊經過避之不及爲其所戕嗚呼惜哉孺人生於道光二十四年八月十五日至同治元年僅十九歲耳立心如此直可珍惜以事聞於 朝照 例賜卹春秋祭典蘭芳繼配蔣氏繼子一琴山孫根生錫生不文蘭堅以爲

請余嘉其早年節烈巾幗亦知大義曷敢以不文辭余約
畧而傳之
光緒二十九年歲次癸卯仲冬月朔
例授奉政大夫
欽加五品頂戴翰林院孔目加二級同邑王元鑄頓首拜
撰

徐清女傳 顧秉信

晉陵西右里徐氏有女祖季文父仁趾已字於張俄而張氏子有不類之行女聞而恥之蓄之死不嫁之心已五年矣一旦伊父仁趾先卒納媒氏婚不可離之說受其幣允其期女默無一言忽自經死事在康熙四十四年乙酉閏四月初八日余與伊祖有舊犇即所以伊祖曰此女平居時語家人曰大凡爲女擇配不可求富貴只擇一平淡人家足矣並未嘗微露其欲死之意也是日也既午食不告於母持磁碗一

器挹清水注之盈盈然潛赴文昌閣東死焉尸懸於上水承於下影注於中輝相映也性相近也母發其篋某物以遺妹某物以遺嫂某物以遺母從未嘗教以讀書寫字竟書之井井其立心如此所以善其死又如此噫一念之恥抱之耿耿積之久久斷不肯以濯濯之姿投混混之波之死不嫁以完吾清誓必以天一所生之水纖塵不染以爭其光潔竊謚曰清女允矣哉世之清者有之矣恒嫁焉者也若不嫁而完吾清則之子獨也即未嫁矣或寡焉者也若不寡而

完吾清尤之子獨也死固不易易要亦各有道哉且士之身自字者也楊氏賢矣於新平嫁許氏賢矣於元平嫁淸何在乎之子之身字於父母者也幼生里巷間非若詩禮名門之女習聞古烈女立身行己之懿範能斬然不嫁於不類其淸若此豈僅足爲閨閣風歟

潘振聲曰寧死而不爲匪人之婦烈也有志而蓄之五年不露密也注水以白其志潔也所遺而均分之親戚義也不教而自能書慧也以一處子而有此美

德雖死猶生觀此則士大夫之不有其躬而逸樂富厚以嗚得意者雖生猶死也不待言矣然非有人以表彰之則此有關風化之名節不幾湮沒而無稱也哉

貞女傳

嘗考女史有生而虛生者有死而不朽者蓋淸操勁節勒名金石爲萬世風勵此其不朽者也至毓秀閨閣而以節稱望門矢志終身不字尤非泛泛守節者比其爲不朽又何如哉表姑徐姓父諱珩母嚴氏卽余族祖姑也生子女二人表姑居長自幼閒靜不嗜繁華見有命蹇夫亡苦志終守孤幃者輒肅然起敬父母顧而嘆曰此女年未及笄性頗耿介將來長成志行嘉矣恐福祿薄也年十五許聘孔庄杜氏不越

三載杜氏子卒月餘後表姑聞之默然端坐不飲食者三日父母覺之委曲勸論曰吾生一子一女汝弟年幼尙無知識未知後日能成立否愼勿抑鬱成疾貽我老人憂也表姑領命不答少頃從容進曰兒無他志但願終身侍養父母而已爾時親戚未知其故踵門來執柯者不一而足予祖姑丈深知女志匪石難轉遂一切屏却嗣後居家益儉自奉益薄食貧茹淡布服荆釵畢生常如一日歲戊寅胞弟亞晉不幸早世益傷表姑心撫兩孤姪恩勤眞摯終始勿渝丕

顯伯仲得以授室成家雖大父母維持卵翼姑毋實與有力焉由是親族傾心鄉邦矜式咸欲具　呈當道題請榮旌表姑固辭曰予三十餘年來祇以畢吾志而已非以沽名也況我命薄豈容上邀　天寵謹謝弗願遂寢其事自是兩尊人相繼辭世表姑擗踊哭泣寢苦枕塊如孝子居喪然而年亦逾半百矣遲延五載竟以疾終嗚呼表姑卒於雍正甲辰六月二十五日距生於康熙庚戌年五十五跡其始末生於徐長於徐殁於徐葬於徐之祖塋精金璞玉完善無

瑕表姑有焉是爲傳

年家愚表姪嚴文思頓首拜撰

徐貞女傳

余少讀戰國策載北宮嬰兒之至老不嫁撤環瑱以養父母曰嗚呼忠孝古今之大節也顧嘗涉獵前史悲古忠臣之遇類多可歌可泣之事亙古來今純孝之行往往間世而一出而不科至性之鍾於女子也斯亦奇矣吾邑之西有徐貞女者其先爲漁梁徐氏代有聞人父寧福由二十世祖榮卿遷居江邑之蘇墅橋遂世爲江陰人娶惠氏生二女次歸陸氏長即貞女是也繼繆氏無出女至孝性成髫年即得父母

歡長而甚慧能先意承志父母有疾昕夕不離其側終夜起問者數四踰年母病逝女痛心嘔血幾不欲生父解慰再三女始收涕曰吾母死而吾哀甚吾不足惜懼傷吾父心也始甯福嗣其姪爲後曰廷榮克勤於家事嗣父母夙夜不怠然當四節之會環顧膝下翁每忽忽不樂女曰吾竊見吾父有隱痛而難于言以我故也且承父母恩最深受父母之身而終其身以事父母未可以云報也吾父年且老徒令吾父以吾故而抑鬱以終是吾感吾父之心也吾其弃而

不嫁矣夫徐本世族甯祗特氏舍翁耳未必日朂女以女史之箴而其至性過人有合於古所云死事盡孝生事盡力者嗚呼可以傳矣今甯祗年近古稀矣預授女以屋三椽田三畝且令其孫以母事姑後則使奉其祀槻于翁之報其女益知貞女孝親之所感云余聞而賢之爰爲述其大略以俟夫采風之君子擇焉

嘉慶十有九年歲次甲戌上巳日

敕授文林郎庚子科舉人廣東澄海縣知縣同邑眷生李書吉頓首拜撰

徐孝女生傳

人生大節曰忠曰孝忠固難能孝亦難盡盡孝於克全子職者難謹孝於女代子職者爲尤難閨閣名媛至老不嫁以養父母如北宮之爲人史籍所載不數數覯則我徐表母姨有足傳者表母姨名淑英父諱佩藻母蔣氏繼母江氏生子女四表母姨居長自幼閑靜至性過人母蔣氏歿年尙幼哀毁已如成人事繼母如所生病侍湯藥衣不解帶者累月潛割臂肉和藥進閱晃瘳未幾繼母又故兩弟一妹俱在孩提時値粵匪肆擾會皇避難事父撫弟顚共周旋及長主中饋凡尊人服食嗜好必先意承志與夫出納之計內政賫其管鑰以是得堂上懽乎居食貧瞀淡布服荆釵隱示孝事終老之意尊人微察其情知其匪石難轉故爾時親戚之踵門執柯者俱以婉言相辭也父病表母姨朝夕籲禱願減己算以益父年父殁擗踊哭泣幾欲自徇寢苦枕塊一如孝子之居喪然既卜葬乃自營生壙於父母塋側日懸遺像供奉如生晨定省狀獨處一樓足不踰庭戸數十年如一日每遇父母忌日祭祀必誠必敬自是親族咸欽鄉里共式羣謀具呈當道題請旌表母

姨固辭不聽後有親戚在京素悉孝行聞於　朝廷得以
上邀　天貺既而兩弟並亡遺孤俱幼維持卵翼家政主
持均於表母姨攸賴焉表母姨立心公正接物謙恭族之
人咸敬禮之家可小康而自奉甚嗇人有緩急求無弗應
尤於一本之誼爲兢兢其他矜孤恤寡凡施棉衣醫藥棺
木之類固不勝僂指焉癸卯歲承昌徐氏創修宗譜稿既
成余深知成其事於公勸表兄者實始其願於表母姨也
表母姨以丙午歲二月十九日生今年五十八年余家故
相往還得以始終權知聊以質言錄之譜端爲世之子而

不子者愧且以爲法質諸表母姨以爲然否是爲傳
光緒二十九年歲在癸卯仲冬之月
表甥王季烈拜譔

旌表生存孝女淑英飭知
光緒二十三年二月十七日奉在任候選府署理
江蘇蘇州府長洲縣正堂加一級王爲飭知事光
緒二十三年正月二十九日奉
撫憲趙札開光緒二十三年正月二十四日准
禮部咨儀制司案呈所有前事一案相應抄單知
照可也等因到本部院准此合就抄粘札行札縣
卽便移學傳知該家屬一體遵照辦理並錄報
學部院 督部堂查考毋違等因抄粘到縣奉此除分別錄

報並移學遵照外合行飭知諭到孝女徐淑英家
屬卽便遵照辦理毋違切切
計抄粘
光緒二十三年二月十七日　諭
禮部謹
奏爲請
旨事查定例孝子割股傷生例不准旌如有壽請
旌表交部議者其入祠建坊之處請
旨遵行等語又會典內開雍正六年奉

上諭福建巡撫常賚奏稱羅源孝子李盛山割肝救其母
病朕念割肝療疾事雖不經而其廹切救母之心實屬
難得深可憐憫加恩著准其旌表等因欽此又同治五
年十月欽奉
諭旨嗣後有以割臂療親等情赴都察院請旌者行知禮
部照例分別准駁彙案具題當經臣部奏准應於年終
彙案照例奏明請
旨遵行等因在案又是年十二月臣部奏准各省孝子
孝女割臂療親經督撫奏請

旌表統由臣部歸入年終彙奏等因亦在案今禮科鈔
出江蘇巡撫趙舒翹等題昭文縣孝女謝靜貞爲
父病刲臂丹陽縣知縣趙以煥等稟報前任太倉
州知州莫祥芝之女貴州獨山州孝女莫氏爲母
病刲臂題請
旌表等因奉
旨該部議奏欽此欽遵到部又准都察院咨翰林院編
修吳蔭培呈稱江蘇長洲縣孝女徐淑英爲母病
割臂又吳縣孝女馬氏爲父病割臂翰林院編修

夏寅官呈稱江蘇高郵州孝子王永福爲母病割
股吏部郎中戴錫鈞呈稱江蘇昭文縣孝女羅定
娥爲父病刲臂又太倉州陸月英爲母病刲股又
長洲縣孝女顧承阜爲父病刲股又昭文縣孝女
胡詠汀爲母病刲股懇請
旌表各等情將原呈咨送前來臣等詳加查核其事雖
愚其情可憫謹遵照奏定章程於年終彙案具奏
可否准其
旌表伏候

聖裁如蒙
俞允臣部行文該撫飭令該地方官於孝弟祠石碑鐫
孝祠總坊上照例題名如本家願建專坊亦聽其
便已故者於各祠內設位致祭其原籍貴州獨山
州孝女莫氏應由該撫轉行該孝女原籍地方官
遵照辦理爲此謹
奏請
旨於光緒二十二年十二月初三日具奏奉
旨依議欽此

呈底

具呈翰林院編修吳蔭培

呈為孝女割臂療祈咨部彙案奏請

旌表事竊職係江蘇吳縣人緣長洲縣姻親孝女徐淑英係捐職道員徐佩藻之女母蔣氏歿女尚幼哀毀逾成人事繼母如所生病侍湯藥衣不解帶者累月潛割臂肉和藥進即見瘳未幾繼母又故慮父乏人侍奉遂矢志不嫁佩藻晚年得厥陰疾時發時愈女朝夕籲禱願減己算以益父年佩藻卒

女乃自營生壙於父母塋側日懸遺像供奉如生前定省狀獨處一樓足不逾庭戶數十年猶一日現年五十一歲洵屬閨媛盡孝至性過人職關戚誼不忍聽其湮沒為此取具同鄉京官印結據實上陳伏乞

都憲大人恩准據情轉咨

禮部歸入年終彙案奏請

旌表以維風化而彰孝行實為德便謹

呈

原呈事實

謹將貞孝女徐淑英事實造冊呈請

鑒核

計開

一貞孝女徐淑英現年五十一歲係長洲縣捐職鹽運司運同徐佩藻之女自幼至性純篤深明大義侍奉父母頗能先意承志刎貽親憂謦齡母歿哀毀己如成人既事後母亦能曲盡懽心鄉里咸知

一淑英有弟兩人皆後母所出庚申粵逆竄擾吳中

淑英年正及笄後母病歿兩弟俱在孩提時值避兵播遷之際事父撫弟頗其周旋無缺遂矢志不貞不字終身事親

一淑英舉止端恭不苟言笑父歿後足不踰庭戶獨處一樓懸父母遺像晨昏供奉若生前定省狀迄今如此

一淑英父母卜葬之後即於墓旁自營生壙以為生死可以奉親

伯瀆港支譜跋

支譜二卷先祖元表公所重輯也吾族遷錫以來一百六十餘年支分而派衍其本源一也班孟堅謂士食舊德之名氏農服先疇之畎畝商循族世之所鬻工用高曾之規矩由吾徐氏數之歷世積德累仁豈不遠且長歟吾宗老之沒而有立者一言行且在此之謂不朽可不勉歟顧自先祖修輯後又四十餘年其閒生者死者賢良者節義者世數遷增久而勿修缺畧滋甚竊思先祖見背忽忽十有三年淪落無成何以竟吾祖之志然欲竟吾祖之志者於是乎在因即舊譜而增訂之庶羣昭穆各有所考而不失其倫自今以後敢告吾族曰尊祖敬宗睦族此賢子孫之行也覽家譜之所載而油然生慕惻然生感非孝子仁人之念歟蘇氏云尊吾之所尊親吾之所親此譜之所以作也尚其三復於斯言

嘉慶七年歲次壬戌秋九月朔日裔孫鴻浚有源氏

謹跋

徐氏宗譜小引

萬物本乎天人本乎祖古來仁人孝子罔弗溯先世之源流以書之簡所由信今傳後永世弗替也尊祖故敬宗敬宗故收族家乘之作義至重焉余觀徐氏宗譜自偃王傳祚而後綿綿延延子孫日盛凡散處於大江南北者皆苗裔也聚族而居惟膠堠二山爲尤盛北宋翰林學士鼎臣公十三公孫裕八公於元至正十四年甲午始遷無錫西門外獨月山至九世孫明文公之次子大成公又自獨月山徙居洛社鎮之下塘吳宗橋蓋明天啟七年也今堠山重輯譜牒而吳宗橋永祿永隆永豐永裕等交贊玉成彙前譜而續訂之今之獨月山雖宗其始遷之祖則茲之所幗與堠山之表系雁序蟬聯蓋可知也爰即其本支之所自來與繼此之羣聚而州處者合書爲編俾後世之收族者得以覽焉是爲序

嘉慶十有八年歲次癸酉仲夏月中澣

強蘭階拜撰

以莊先生跋

徐君以莊余之同硯友也少失恃呱呱無依全賴父部元翁獨力維持教養兼優俾至成立好讀書天性渾厚與言之下不違如愚憶昔道光丙午歲與余同受學於周星五先生門下剪燭讀文賞奇析疑遂爲余之益友竊謂世兄有此才識則采芹宜如拾芥矣奈遭時不偶屢試未獲一售然兄亦不以爲怪謂尚德不尚文務本不務名也丙辰春其父部元翁以纂修家乘委諸君君慷慨嚮諾不異一辭遂集本支稿

及各支同宗者一一檢點不苟至戊午之春而譜始成譜成一以尊祖一以敬身一以睦族一舉而三善備益見其尚德務本之深意也余故樂敘其品行如右

時維

咸豐八年戊午仲春月朔日

世愚弟杜鴻逵謹跋

守愚先生跋

徐先生名琛字玉田號守愚歐塘人幼失怙年未冠祖父母相繼歿先生居喪盡禮事寡母撫二弟若老成然性澹泊好讀書所交遊無俗士香茗相對移日彬彬如也立身誠信外侮來不與較而侮亦止訓後進率以孝悌忠信禮義廉恥爲務里中子弟薰其德焉然數奇既夢曰之傷更抱西河之痛及乎知命堂上萱凋先生哀毀骨裂聞者傷之今先生既杖鄉而杖國矣鶴髮童顏猶然如昨適

先生之族以重修家乘請先生欣然曰是余之志也於是釐訂較閱無間寒暑凡越二載而告竣噫敦本睦族厥功偉哉逵愧不文從先生遊最久故知先生爲最悉謹述數語於譜末先生幸勿訝其固陋焉

時維

嘉慶十有九年歲次甲戌載陽望後十日

年家眷姪趙志逵深源氏謹題

重修伯瀆港支譜跋

溯自世父有源公偕先君子彙修統譜時在嘉慶癸酉迄今四十餘年老成徂謝生齒日繁不亟纂修曷纘先緒顧余力绌才疎揣難勝任而於敬宗睦族之義未敢一日去諸懷去年秋歐塘丁塔諸宗彥倡議續修裕後光前聞之心喜謬承邀余勷理并詢曩時譜板余以舌耕餬口未克從事其間爰亟尋舊板乃向藏先伯父家年遠全失余殫力訪求散獲於鄉里外姓一載以來積有數十片檢可用者僅得三十有

二送局備用時局中於各支世表刊印將竣惟余伯瀆一支心力不齊稿猶未就而丁繁費重剞劂之需非綿薄所及墜緒不振惕焉滋懼不得已謹就舊譜添纂各房世表仍繪統支世系圖列諸卷端忍饑寒而毖為此苦心一點豈能繼先人而啟後人哉籍寫既畢漫述數言於簡末以誌余之慚懼云

咸豐七年歲次丁巳仲秋之吉

裕六公二十四世孫桂一亭氏謹跋

若愚公重修支譜跋

家之有乘猶國之有史也史分正閏譜奠昭穆有史以明正統之所在有譜以明宗統之所存宗法立彝倫敘矣宋元以來譜學失墜雖故家大族屢遭兵燹或子姓式微莫能詳其所自出徐氏為江南望族北宋鼎臣先生鉉遷錫邑東膠山所謂古十笏堂是也子孫散處崑山華亭簪纓至今不絕咸豐丙辰其族修統譜蘭畦逼守一支相傳自崑山遷錫然自若愚公以下五葉單傳其上不可考蘭畦尊甫少山學博

於嘉慶癸酉嘗為族人修入宗譜以考證未確當經備案抽毀蓋其慎也茲丁巳夏司局者以莊將康熙譜示蘭畦曰吾從事於譜有年矣不敢誣亦不敢畧若愚公自崑遷錫世次瞭然其可遺乎蘭畦曰唯唯及譜成乃仍多所舛錯仲先公為若愚公子世芬其名也歧為二世究所謂康熙譜即嘉慶時未盡抽毀者蘭倚於是喟然曰子何誤余吾承父命修支譜足矣何必入宗統哉因令以莊復設總局凡族之誤者正之若愚公以下專修支譜曰不可以吾廢公也仿

眉山蘇氏法譜其所知闕其所不知首
綸音紀寵榮也次世系序昭穆也附中山王九世十
圖敬宗收族也繪祠墓及義祭莊房詳稿承先志也
彙刻家傳壽序述祖德頌家慶也集祖訓附生傳自
序及西臺上書始末示子孫也以仲先公爲一世祖
若愚公爲流寓錫山始祖詳其所出也昭穆既辨井
然秩然余服其見之决識之精而實由於意之誠也
蘭畦解組歸田屏居錫山之麓石浪菴䖍報德虔供
奉

萬歲龍牌裝塑三教聖像伏誦大學及諸經咒以報
答君親烏乎不敢負君親其敢誣宗祖乎余嘗游石
浪菴見蘭畦虔拜大學讀至古聖賢人及孝者所以
事君等句拜必數起所謂修己以敬者如是其誠意
可知也余謂大學一書原本誠意誠意工夫徹上徹
下明德新民止善皆歸入誠意中古大臣致君澤民
皆誠意之所發見眞西山大學衍義以誠意爲內聖
外王之紹端蘭畦本誠意以正心修身而齊治均平
皆原於此大之在天下小之在一家擠以見之决識

之明如鑑之照物無遁形豈於修譜而爲人所惑乎
所著大士賜諭定善悟示明心格物論因親懿素觀
者衆敬甫鄒君題曰三教明心法另刊以徇衆請蘭
畦之所以導世可知矣刊既竣功丐序於余爲書其
原委如此蘭畦之原本誠意其能修己以敬有非他
人所能知者特表出之若夫宗法之善紹述之勤則
杜少京司馬鑒實俊三明經秦章軒學博錢揆初內
翰已詳言之不復述云時
咸豐八年戊午仲冬之吉丙午科舉人揀選知縣同
邑侯楨謹跋

滸村支跋

家之有譜猶國之有史二者一成誰敢易一字贊一詞哉而於今忽又突補我祖可考之生卒葬所及間記乃公之行誼與節烈者非云贅也緣得先輩芝亭公繼高公蕉林公與西堂振聲翼藩耀庚韻齋等公於道光十八年纂輯未刊之譜稿雖破爛散佚過半而畧得一二如得舊家珍不忍不遵而補之以慰先輩參互考訂之苦心小子無知究由何得幸拖泉少伯二叔祖心深於尊祖敬宗翻閱陳書遺籍中畧得破爛譜稿各數頁合以付示適小子手輯

宗支之稿未竟猶及遵而註入事功雖小而大可顯揚夫先祖以昭茲於來許爰誌數語於簡端以明小子所以補其闕畧者非敢僭妄云爾

時維

光緒二十八年春三月後裔壽朋品三謹誌

太史明菴公年譜序

今世之士所共羨慕者惟得尊爵享厚祿身爲貴人而已然不難於爲貴人而難於爲完人夫可謂完人者非得二三士大夫交口稱譽歎美其才而已也必其生平孝友有以深信乎宗族鄉黨之間而又言不苟發行不苟且庶幾無愧乎完人若太史明菴徐先生非其人耶先生少攻苦年二十餘即登巍科然不異儒素居官難進易退二十年如一日晚歲自著年譜歷敘其生平既卒孤子謂知先生者莫若予請爲

年譜序予讀竟起而歎曰嗟夫是豈吾輩所能及哉仲尼曰庸德之行庸言之謹有所不足不敢不勉有餘不敢盡予于先生亦云世之以文章進身者恆多引聲氣務相標榜或通結納邀過情之譽求不次之擢用奔走馳騖疲精勞神至老死于風塵名利之中而不知止者視先生有不靦顏汗下耶先生生平務本而不徇末蹈實而不務名其外雖無赫然奇異之迹而其中冲然澹然自立身制行以至於應事接物循循然莫不有規矩其居官則勤于職業討覈典故窮

窮日夜弗休朝廷大著作多出其手典禮詳明一時莫及其爲詩冲和清麗無愧作者而先生優游恬退而不自矜其能居家則孝於其親友於其弟詒謀燕翼能教其子孫其封翁思南先生嘗言曰吾家素所承者有四父父子子兄兄弟弟世以孝友相稱今觀先生之言視人之各有其父子兄弟而能如先生之家雍雍肅肅動遵禮法者誠不多見嗟夫先生孝友慈讓宗族能言之鄉黨能言之士大夫莫不交口頌之所謂務其本不狥其末踏其實不務其名誠非虛

語也夫子臣弟友今人之所難盡而先生能顧言顧行不愧乎慥慥之君子也邵文莊公有云願爲眞士夫不願爲假道學先生其無愧眞士夫歟余與先生同年交最契飲食讌會恒相接也親戚僚友婚喪慶弔恒相同也余於先生一言一行無時不服膺于心而每愧己之不如先生今先生歿余年已老無所覘傚清燈靜夜時手把先生年譜回環雒誦有深惘焉然則年譜之流傳于世足爲後進楷模不特徐氏子孫所當法則也豈非今之完人哉

同進士出身
誥授奉訓大夫任河南南陽府鄧州知州年愚弟劉
芳聲頓首拜撰

謹案明菴公諱鄉龍字明菴明嘉靖己未進士翰林院庶吉士刑部山西清吏司郎中

光緒二十七年歲次辛丑菊月下旬八日族裔孫達先謹誌

徐氏世紀 并序

爾聞有大倫曰君曰親生人有大節曰忠曰孝爲人臣而不鞠躬盡瘁者卽非忠臣爲人子而不愼終追遠者卽非孝子思南表兄余師南泉先生之令嗣也來自留都不數日適余奉敕歸田遂同舟南下兄出家史若干卷及前古後今諸名賢傳記以示余乞予爲序予久困冗務愧無以應也第念君追思先人之賢聲義烈忠規孝範輯修譜書以昭宗祖示子孫仁之至義之盡也雖

欲退遜情能已耶用是徧覩記載循至毅齋劉姊丈貞菴周年兄去歲合傳記敘較詳然反復久之間有缺者予幼時侍先生側竊聞先生與先夫子畢牧府君常遡淵源言之最悉先夫子每稱道弗置時或以教小子而小子謹詳識之不敢忘今本乎二公記述之體雜以父師口授之辭合而言之庶其有當于萬一云

夫徐之先始於黃帝黃帝之玄孫夏相伯益公諱大費若木公諱子久者伯益公之次子也始受封于江南鳳陽府泗州之徐城因以徐姓若木公三傳生山陝三省徐氏始祖德文公諱豹江浙七省餘徐氏始祖德明公諱鏷至三十餘傳生偃王諱誕繼數傳生駒王諱章禹又數傳生雲南侯諱懿郎與季子掛劍徐君是也若至孺子公諱穉後漢高士由伯益公而下則七十餘世更至孝穆公諱陵爲陳吏部尚書則九十餘世歷至孝穆公之第十六傳第七派遷錫之始祖鼎臣公諱鉉北宋學士吏部尚書累封東海郡開國侯則百有六世其先世居浙之會稽因鼎臣公

之父諱公望爲南唐常郡宜興令將兵全城子民深感致仕時乞公居此邑中公曰不可而人以義起竊公志好幽閒遂擇地于無錫縣東北隅東膠山之南横塘里經營宮室疆公寓焉此則徐氏居錫之始鼎臣公生於浙之會稽長于嘉興繼園居於揚州江都縣更卜宅于金陵棲霞山之西後以贈翁留寓故終定宅於錫此則徐氏遷錫之始鼎臣公無後以胞弟北宋集賢殿大學士楚金公諱鍇長子常州府通判諱元斂者爲公之嗣子此則徐氏錫山宦籍之始鼎

臣公之孫太醫院使諱鑗更定居于縣治之東景雲
里金匱山此則錫山徐府庄之始曾孫畏服公諱天
錫北宋天禧己未進士仕至太常寺正卿封諫議大
夫此則錫山徐氏登科之始夫至開科以後杏園桂
籍代有傳人强仕服官指不勝屈天錫公姪輔治公
諱艮佐寳元戊寅科探花仕至少司農輔清公諱艮
佑仕至殿中侍御公子輔仁公諱艮傅詔舉賢艮方
正輔明公諱艮儀任山東登州府通判輔靜公諱艮
傑任江西南昌府府尹輔清公子俊伯公諱鑑任宜

與縣學正輔仁公子方伯公諱圭任樞密院使輔安
公遷居江西饒州府鄱陽縣之繡球墩輔靖公子峻
伯公諱墉任丹陽縣儒學教諭至若輔治輔清公後
千一而至千五公等今爲常郡宜興之祖輔仁公後
千六千七千八公等今爲蘇州吳江洞庭松江上海
之祖千九千十公等今爲崑山無錫之祖輔明輔靜
公後千十一而至千十四公等今爲江陰常熟太倉
之祖者皆因千九公子元度公諱憲爲元仁宗朝南
臺監察御史兵部侍郎上南遊一疏直諫受鷙而尊

卑長劭各相趨避後爲四十餘支而宗族一大散惟
元度公嫡房子姪散而復聚後公長子裕一伯樞公
之孫華一虞野公諱德又遷崑山次子裕二仲樞公
之孫華二虞田公諱懋又遷蘇州尹山錫山僅裕一
公之次孫華三虞耕公諱行一支及元度公之三子
裕三公季子裕四公及姪裕五裕六裕七裕八裕九
裕十公等支而已此又散而復聚也其虞耕公後伊
何余師甫泉先生公之曾孫也思南表兄公之玄孫
也而兄一本流傳余所聞蓋如此若夫徐氏之分支

旁派世遠人繁三千餘年間前者不勝窮近者不勝
數而且意有所專屬故不具見于兹也觀者幸爲解
之　時維
嘉靖六年歲次丁亥端節後二日
誥授光祿大夫
太子太保南京兵部尚書前兵部戶部工部南京兵
部尚書戶部侍郎副都御史湖廣巡撫癸未進士
同邑秦金頓首拜撰

內史式玐先生壽序

余自解組歸田時過從玐翁姊丈丗年臺先生
喜其老而矍鑠每爲加餐獻歲春王先生年屆
杖朝親友具詩文以祝先生亦自製寄懷二律
遂爲倡和篇帙盈箱而余以衰邁未暇一言抱
歉殊甚猶憶余總角時受業于先生之嗣父闇
如夫子之門實與先生聯硯席風雨晦明賞奇
晰疑甚相得也已而宦遊南北更十餘載回念
曩者聯硯時事依依可遡今予能倦飛知還而

先生齒益加長生平閱歷如幻如夢予豈敢復
敘冰桃雪藕之辭漫爲添籌佳話哉竊惟先生
以太醫世其家自晉迄今四十八傳而先生襲
晉祖之蔭益窮其理因著醫學錦囊一書當代
名卿歷歷有序歲丁亥
聖天子南臨回鑾之日先生率其二子捧書以進
上覽大悅嘉予再三即命侍御取其書付太醫收掌
仍命先生之長子方來甥以
天恩溫問龍顏甚歡而進京擢用復召次甥自求和

尙以
天恩對論　命常講談（先生父子奏對事實一見南巡錄二見徐氏奏對全集）
而一時郡邑烜赫族戚光寵咸頌
皇上恩德徐氏合族父子兄弟具邀
帝眷誠千載之盛事而先生一生心血萃于此書今
果得大行于世猗歟盛哉且夫先生之才足以
醫國而亦竟以醫獲遇且以渭水之年而適當
後車之載天之報施善人固如此哉夫先生之
心壽民之心也先生之書壽民之書也今既頒

布域中自今以後百千萬世民之遭疾苦者咸
獲以享長年因以頌先生德于不衰先生之壽
民如此則先生之壽宜其與是書而俱永也況
先生于三教諸書無不窮研極究各爲著述甚
富再待
上覽有日予既拋荒筆墨蕪率之文不足以爲先生
禱特懇鴻儀陛君繪山水樂壽圖以致祝夫存
心濟衆仁者行也著書垂後智者事也智者樂
水仁者樂山先生之覽是圖也宜亦欣然而有

會也夫是爲序

康熙十九年歲次庚申春王正月

賜進士出身

敕授文林郎廣東瓊州府澄邁縣知縣戊午科舉人

姻弟吳世焜頓首拜撰

御覽內史徐與芬醫學錦囊序　金之俊

嘗讀素問靈樞二經大哉言乎與十三經並垂天地間聖人復起不能易焉近代太醫不熟二書僅襲諸方以便用藥甚于先聖之精意毫不相入偶著一書亦如夏蟲之鳴多見其拘於墟耳梁谿徐子式玠著痘學錦囊一書予讀之不但痘症明即千百症皆明不但幼科明即大方脈皆明徐子之學亦精且奇矣如醫家所最難理會者傷寒今讀此書有不了了於傷寒之所以然有不了了於傷寒之所以治者乎以

至瘋之害肌理癆之損元神蠱之積塞滯膈之枯血氣莫不了了於其所以然莫不了了於其所以治蓋徐子研精於素問靈樞積月累年故其奏效于大方奏效于痘症一以貫之如學宗孔孟而左氏公穀舉集于經册之上也矣讀是編者可廢諸書可參酌諸書而悉會歸于素問靈樞二書識是義者方可讀痘學錦囊一書

又　鄒式金　木石

粤稽徐氏世祖代有仙醫東晉尚書公諱熙熙傳至

內史公則四十八代扁鵲鏡經羽衣投書于秦望蛤
精愈疾藥石剖石子於海舟針鬼腰于宾漢射陽令
智術通幽治髮癥至子投油道度子神針冠代蘭陵
太守屬秋夫子長子而叔嚮爲弟昆光祿大夫係道
度之次君而濮陽有哲亂襲爵建與太守景升可謂
象賢隋贈朝散大夫之範允稱有子爻伯世業雄也
德醫太醫院使叔拱著異于南朝阮判御醫文蔚紹
衣於神鏡旁通靈異叔紹爲奇玉石患冷治之于氷
雪太盛之時疔疽症危愈之于寸釘立拔之後積滯
識爲尸注腹脹知爲石疣鬼物定爲邪氣魂氣飛越
而尸注可瘥鬼神祛蝈而石疣可散邪物釣氣而眼
見自消以至南巡疏諫邊戍傳忠是皆徐氏之白眉
爲杏林之翹楚錫山式珩遥世傳醫既研精于大方
更留慈于痘症窮年累月眞成閉戶書書濟衆博施
確令種松皆老錦囊一逝深闢用毒之非玉葉千張
大闡攻補之異既作帳中之秘爰示國門之懸會一
時㒵友夙訂金蘭之好樂輸梨棗之貲同志咸孚成
書遂輯見其文一覽了然奏其效萬家莞爾信囊中

之秘寶騐錦上之添花若夫式珩傳醫累葉種德千
條故老有贊頌之篇邑乘誌㒵醫之譽從此徐門醫
學四海通傳幼科大方同歸一致謹序

袁太孺人百齡壽序

蓋聞蓮開華嶽宜春建延壽之宮桃熟瀛洲不夜築長生之館西池王母名久隸於青城南極夫人位自班於絳闕砂滿寥家之井世享遐齡菊生酈縣之泉人多耆福萱庭日麗正當設帨之辰蘭圃風輕適際覽揆之候恭惟 徐母袁太孺人蓉城望族江表名家甫及勝衣便擅春椒之頌纔離毀齒遂工秋菊之銘爰以三公之貴冑歸我南州之象賢時則鴻案相莊鹿車對挽蘋蘩修職儼尹姞以無慚棗栗承歡較

郗鍾而何讓黽勉庭除綢繆牖戶方期明德之後必有達人定知積善之家自多餘慶竹還森立一庭覘繞膝之英桐又扶疎五夜食含飴之報才優封殖曩時之家業依然術善持籌舊日之門楣宛若而且安不忘勤宮而彌儉春風和煦猶遵陌上之桑秋夜凝霜尚響林間之杵兼之慈能逮下惠必旁敷門接延陵之里常濟饑寒居叨孟母之鄰均蒙任卹其婦德也如彼其母儀也又如此宜其祥徵五福年等高松兆協三多齡同芝鶴也茲者時當春仲壽届期頤洵閫內之行仙爲 熙朝之人瑞 龍章鳳篆親從 三殿以頒來 紫誥金泥遥向 九重而捧至加以紅藥齊翻青鸞並舞籌添海屋方看月姊之稱觴燕喜華堂更祝萊妻之甲子江皋日暖攜玉杖以相徉沙阜花明泛金觥而式燕奎昨年臺昔與趙珍親同盧李令偕程遠誼託朱陳乍接瑶函載歌彤管老余江總隔水而瞻天姥之鄉芷爾侯巴升階而獻麻姑之壽

賜進士出身

誥授光祿大夫禮部尚書予告在籍食俸加三級年家眷侍生沈德潛頓首拜撰孀眷晚生張文炤頓首拜書

乾隆三十三年戊子仲春吉旦

曹孺人九十壽序

龍飛嘉慶歲次戊午春正月叔岳母曹太孺人設帨於閨于是年九十矣稱觥者詩章盈案儀也忝屬葭莩不揣鄙陋而爲之序曰女有順德以相夫有孝德以奉先有和德以齊家有義德以教子有敬德以彰身有仁德以裕後其克全者吾見罕矣至一門而姑以貞壽旌於前婦以慈壽繼于後而皆受班昭之四教守馬倫之七誡者千室中幾不得一焉昔者太伯岳母親見袁太孺人之百歲也既以壼德聞於朝矣

是時叔岳母年方周甲叔父擁南公恭拜太伯岳母親見孺人捧栝棬怡怡色養恐不當意也退詢諸賓朋極稱孺人之賢德今得陳大畧如左

孺人系出名族爲鄉耆宏達曹公次女長歸叔岳趙珍公黽勉同心晨昏作苦業漸隆起自安淡泊至老不忘儉勤其相夫之順德也事父母至孝宏達公疾篤醫罔效孺人割臂作湯以進疾得愈奉姑袁太孺人如事父母甘旨柔滑問所欲而敬進之衣衾枕簞周旋愼齋數十年如一日其奉先之孝德也趙珍公卒世袁太孺人繼綜理家政連舉大事從容中節上自賓師下及僮僕各安其位其齊家之和德也先課子繼課孫誦詩讀書飯蠶衣布目不涉嬉戲耳不聽淫哇長子程達成均俊秀諸孫篤文行士林重器其教子之義德也至閨門肅若朝廷閫範垂爲懿訓崇大義黜浮靡睦族展親推恩廣惠德每施於不報善雖小而必爲閭里頌其溫恭宗黨稱其慈愛又有彰身之敬德與裕後之仁德焉夫古之賢媛如劉子政范蔚宗所記才行不專一操然有其一節已堪垂

世况備德如孺人非四教七誡親炙於袁太孺人之訓孰克嗣其徽音也哉且天之報施往往出儒生議論之表獨節孝之婦必有賢子孫之報古今若合符節今孺人子拜於前孫拜於後濟濟親族稱觥于堂奚不爲孺人榮矣罔憶當年克儉克勤有自喻其苦而不欲以告人者願孺人子孫無忘之也詩云彤管有煒若孺人洵足昭垂彤管者歟行見歲屆期頤請旌貞壽與袁太孺人之壼德宜付史館後先濟美曠世一奇爲邦家之光非徒親屬之榮而已是爲序

乾隆庚辰　恩科順天鄉魁
勅授文林郎江西贛州府雩都縣知縣戊子科同考
官愚姪婿鄒儀頓首拜祝
敕授儒林郎江蘇揚州府高郵州同知加三級梁溪
王游頓首拜撰并書
嘉慶三年歲次戊午春王正月　穀旦

燦宸公事畧

許村有同宗好修之彥曰燦宸與予十年闊别道里迢遠惟憑尺素往來以抒積悃然予心許其爲人有素矣予自一官匏繫滯跡春明始則玉堂清暇既乃改官薇省簪筆　内廷辰入申出無間寒暑歸邸寓則問奇者常至思有以敘述其爲人而未得也回想十年以來端本善則素推若人於嘉慶十年聞其重葺建祠則喜謂友生曰是知敬宗之道矣越六年重修家譜又喜謂友生曰是知收族之義矣予屢深羡

之然未有以敘述其事也今因宗譜就緒請序于予予屏塵事而思之曰是在神明於禮意者也夫禮教之行也不在具儀文而貴成其意意之既成則爲之果決自無退阻之機順乎人情且有鼓舞之道功建於此神注於彼循此序以思之一舉而兩得矣泛論者以建祠與修譜爲兩事而未思其理有相因也夫建祠以爲修譜之地合同宗諸子燕居而考訂之則世次瞭然及世次之既明則春秋享祀尊卑長幼秩然不紊彬彬乎禮度可觀克光祖廟此尤其一舉兩得

非通達有識者未易敦本而興禮也若是族人之好義與燦宸之篤信力行可無立言以叙述之哉書於家乘之簡端適以勉後來之相繼云爾

嘉慶辛酉科進士

欽點翰林院庶吉士

特授內閣中書協辦侍讀鵝湖同宗煥舫亭氏拜撰

敕授修職郎署理浙江按察使照磨

特授兩浙東江場鹽大使加三級同邑王霖頓首拜

書

雲衢君序

夫子孫之有所甚不得已於宗祖者情亦至矣水之源木之本夫人有是心也而千百人之椒衍於無既者亦必有人焉綜其敬宗收族之事而成之是則此人者固宗族之所重有賴焉者矣徐君雲衢切優見慨閔之思深支分派別之想其事有足稱者先是歐塘人徐姓華六公自松江府華亭縣遷居於此子姓繁衍繼嗣永昌又且村之西北既建宗祠以享以祀秩秩如亹亹如而分支既繁祭祀爾凛在乾隆之乙巳年思欲建造分祠雲衢君首爲捐資合房中湊成若干兩經理出入者亦既有年至嘉慶丁卯年遭旱災以其所經理出入之贏餘散給族中藉以不困者甚衆既乃買瓦屋八間以作分祠更置祠內基地山產以供祭祀後二年君又於通族祖塋獨力捐資栽松千餘棵今年春修輯宗譜君實督其事焉信乎君之足以底於成也抑余於君之事更有可詳述之者君名漢彩敬德公之次子未冠時即隨父至白茅河董治夫役弱冠父亡同兄漢倬主持家務弟漢青漢

武漢尤俱幼延師訓誨俾至成人爲之成室君生於
乾隆戊寅七月初六日今年五十六歲配錢孺人生
子一名安尊繼蔣氏生子二名憲尊次子嗣弟漢武
爲子夫以君之致力於宗祖者如此其詳且盡則宗
族之中凡所以致其誠於祖祠與所以展卷瞭如而
不忘夫先德者莫非君之有以貽之也而君之子子
孫孫勿替引之者亦必有蔚然興起緜其澤而彌盛
者矣此則余之所望於君也夫故於其宗譜之告成
也而贈之一言以爲序

時

嘉慶十有八年歲次癸酉季秋之月

通家眷生暘湖史秉直拜撰

永祿徐翁六十壽序

嘗讀洪範之稱五福一曰壽卽繼之以攸好德而貴
者不與誠以登大耋享高年不必在縉紳先生也雖
鄉曲父老亦得膺天慶焉要其可以自主者一本乎
好德好德之人類能出其嘉言懿行以壽于世而積
歲月以永其天年自可操劵必得矣歲癸酉吳宗橋
徐翁永祿稱六十觴而乞言於余余館其里左而習
聞其行故製文以爲壽翁生甫一歲而孤髫齡未嘗
違母命比長事奉惟敬怡怡色養鄉里鄉黨無間言

翁上有兩兄友愛甚篤一姊適王氏早寡迨服滿而
至期日殉節以終翁痛哭之急爲立碑於墓以表其
行但苦無力以請
旌家業本不厚也翁爲人慷慨有節槩遇公事必首
倡余欽慕者久之而未及一見適余弟蘭階與翁相
善於金閶見其狀貌魁偉議論風生述先世事蹟原
原本本未嘗或爽毫髮當其久出而歸也里中後生
小子漸染澆風幾成習俗翁一一詔誡併爲立家規
以承社之嗣是薰其德而善良者不可勝數蓋其心

之厚於德而復善與人同以視世之唯阿隨俗者奚
啻霄壤則自茲以往翁之壽正未有艾且將廣福田
以詒後人休也余安敢摭拾祝嘏浮言以掩其實爰
爲推所自來與近事之卓卓可稱者畧綴於詞以作
南山之頌翁其欣然而進一觴乎
嘉慶十八年歲次癸酉仲夏月中澣竹侯世愚弟友頓
首拜撰

詔旌節孝徐母朱太孺人七十貞壽序
忠孝節義　國典旌之史册載之神人敬之以
其爲人倫之坊表也然而忠孝難女節難守節
較諸死節尤難有舅姑在則以婦兼子有幼孤
則以母兼父門祚之絶續老幼之得所繫焉其
任重其境逆其心苦故其事難至於教子成立
而又有守有爲爲鄉黨倚賴之人其爲功也豈
不大哉其關風教也豈不遠哉此國學徐子鴻
浚之節母朱孺人爲不可及也孺人年二十六
抱黃鵠之悲鴻浚之考允祿公年二十五赴玉
樓之召上有老親元表公下有藐孤二人鴻浚
方四歲鴻潤方二歲孺人含悲孝養其翁終天
年以禮葬恩勤兩孤以養以教既受室而孺人
傳家謂二子曰我以未亡人持家二十年代汝
父養親教子心力交瘁幸襁褓中兒乃有今日
不負先人吾無憾矣吾不復預家事矣汝曹各
守先業毋怠毋荒凡遇濟人利物之事皆當勉
力爲之積善餘慶此吾志也鴻浚等承母教內

凡其家外勤其事事有艱大人不能任者而出任之倡浚伯瀆通修宗譜又修前明邑令王公祠俗稱南水仙廟也孺人首捐銀百兩鴻浚畫其成又捐制錢二百千南北士商捐資凡費六千幾百金工舉而資未集鴻浚出資應之而後眾歸之其慷慨任事如此又修保安教寺咸其大父之志孺人有子如此足徵二十年之教養有丈夫之所不及者嘉慶甲子二子具母守節狀呈當道遵例請旌奉

旨建坊旌門壬申春節壽七旬開長筵列孫子天之報施節孝孺人之報所天足為名家閨範流芳千載矣遂書以序其壽以存其家乘且纂入邑志云　時維

嘉慶癸酉仲春之吉同邑年侍生安吉頓首拜撰

候旌節孝夏孺人傳　河庄橋分遷江尖馮塘

予族鳳揚鳳仙幼年父喪母夏氏青年守節苦志持家事翁姑曲能孝養待賓師極其禮敬孤兒幼女養兼以教無一不撫育成人其餘主持中饋親操井臼罔不勤且儉焉族黨姻親慕孺人之貞操懿行無不傳為美談惜家寒力薄未獲請於學校邀

恩旌獎二子以有志未逮常耿耿在心然孺人之克全婦道節孝可風真有光宗族烏可泯沒無傳焉予忝居同族畧陳梗概以備後之君子表白焉是為序

嘉慶十八年歲次癸酉仲秋

澍村族姪玉純藍田氏頓首拜撰

道光歲次著雍閹茂春王正月恭祝

敕封孺人太老親母大人袁太孺人七旬榮壽并祝

敕授修職郎前署婁縣教諭吳縣訓導少山姻伯大人暨

敕封孺人姻伯母大人張孺人花甲同慶

蓋聞天姥峰前鳥集恒春之樹麻姑宅畔麋銜長

樂之花太乙經躔斗朝南極長庚分野地近西池

然而嫻壼範於爵姜未見萊衣同舞享嵩齡於驪

毋詎聽玉佩交鳴茲則兒貽桃實之甘算符六甲

婦進椒花之頌盤列五辛栗里松筠快覩孟梁偕

隱蘭閨琴瑟爭誇劉鮑雙仙繞膝多娛齊眉共慶

籌添十屋芴積一牀豈非昭代所稀逢德門之盛

事哉恭維

太老伯母大人袁太孺人揚風望族卧雪名門幽閒本

奉爲女宗貞靜無煩乎姆教髫年待字久著温恭

華冑于歸尤徵慈孝於斯時也絃以鸞膠而易續

琴方鴈彰而雛調绪比孫[illegible]廣秋飛倦

偕老[illegible]之[illegible]年夜[illegible]烏之待哺恐致孱

檢之憔悴或生蘆絮之猜嫌而適堂上扶持僉稱

養志簾前顧復衆謂推誠加餐進厨下之羹繡褓

仰手中之線斯固近世所難恒流莫逮者矣况復

丸熊而篝燈課讀勝貽紅蜜之含秣馬而剉薦留

賓遑惜青絲之剪寬能御下恕以與人娣姒既貞

而和婢僕亦温且惠廩有分贍之粟椸無常主之

衣比比懿徽盡難縷述既仰儀型於賢母自彰聲

譽於佳兒伏維

少山姻伯大人東海高閎南州清節幼擅石麟之號

筆架珊瑚長騰臘鳳之名篇裝玳瑁方擬聯鑣蓬

苑非徒樹幟膠庠執意萬里雲程半遺風引十年

雪案僅得冰銜然地雖莫展其才而天固特隆其

福蓋鱣堂春雨都重經師鱸渚秋風偏饒鄉味折

桂相公之閣峯洄搜奇探梅鄧尉之山蘇臺選勝

鐸音遐邇栽桃李於門牆笈負趨蹌覩楷模於几

席以視夫倒下官之手願察大吏之眉頭五斗折

腰一鞭執掌莫容驕傲但逐鳧趨者殆冰炭各殊

亦雲泥相隔也已夫人推令冏望固同韓氏登龍

而物被陰功奚止竇公救雀是以燕山萬竈多岩

晨炊薛邑千緡鋳從焚券稜年設賑都爲借箸而籌公務捐資應是解囊而贈馬帳溢横經之客鹿車塡問字之人度挹陳遵詎恃才而傲物義推郭解恒排難而息紛而況敬奉䕫枝誼隆荆樹恩意周於九族和氣孝於一門蓋德雖躋善於慈親而事更襄勞於賢助伏維

姻伯母大人張孺人敘其閥閲里號鳴珂遡厥門楣人欽草聖幢幢燈影度七巧之神鍼軋軋機聲織雙綫之妙絹議酒漿則事親至孝縈葛藟則逮下能慈恬安荆布之風儉皆中禮黽勉鹽膠之務勤以持家鴻眉戒昧旦之雞深於詩教駒齒勗英年之駿訓有義方堂前悉稟命而行梱外無內言之出坤儀若此棣萼廉窮三壽既慶同堂百福宜臻奕世此所以汾陽第宅金碧相輝謝傳庭堦銀黃俱綰洗腆而瑤琴合奏含飴而玉樹交柯福如海兮壽如山茂有松兮苞有竹

褒綸寵錫雲霞彰象服之宜

恩誥榮加錦繡煥鳳毛之色今者爲添彩綫燕剪紅旛鳳

紀建寅鴻鈞轉戊千花競笑春回黍谷之初百卉爭妍香滿蘭陔之候正値

太老親母大人七旬設帨

姻伯大人暨

姻伯母大人六秩稱觴　濟泰　誼屬葭莩情連瓜葛素聞淑德備悉芳型福當演以九疇慶且符乎三祝畀恩高樹光燦金迷綮戟遥臨聲馳轂擊獨是濡毫灑墨敢先珠玉以摛詞鞠歷希講竊後賓朋而上壽此日鴛漿頻飲同瞻五岳之圖他年鶴算齊添更進千齡之祝謹序

姻再姪鄭濟泰頓首拜

恭祝
晉封太宜人徐世伯母袁太宜人八十大壽 令嗣
少山封翁世大兄大人暨 德配
世大嫂張宜人七十雙壽兩代同慶序
蓋聞滙池獻瑞天開寶相之花蓬島呈祥地獨吉
雲之靄聽流音於蓬島名高十種金仙看效駕於
班龍號列五方玉女莫不冰桃比壽雪藕延釐況
以福草親培疊逛
九重鳳誥靈芝並植更欣果葉蟬聯玉毫可溯徽音珠字

合書懿行恭維
世伯母袁太宜人金閨淑質璇閣名姝鍼乍試而稱神
櫛不施而號士幼循女史之箴動依禮法早讀大
家之戒婉習閨儀本卧雪之清門才高詠雪擅齊
花之妙格筆果生花爰以德曜之高名得配梁鴻
之碩望珩璜佐理蘋藻匡襄中饋克持甘旨之供
畢備高堂侍膳酒漿之職親司晨昏則定省盡其
誠祭祀則吉蠲隆其禮掌文斯驗聿贈門內雍容
懿範堪師足動疇人景仰終溫且惠能儉而勤堂

促槐柯預卜克昌厥後階生玉樹早知必大吾門
如我
少山世大兄大人英年挺秀弱冠蜚聲寧芳植於泮
芹下帷志切坐春風於壇杏秉鐸才優獎拔孤寒
恩沾士族講明學術澤徧儒林善誘本乎循循力
行期乎慥慥轡纓望重聯梓里以言旋組綬情疎
奉板輿而歸養士論目爲醇儒鄉評推爲長者固
由義方之能訓亦兼內助之有賢
世嫂張宜人毓德名門蘊華珂里侍姑嫜而孝敬御

僮僕以慈祥華閫堂高不形矜色吉人心小祇慎
柔儀宜乎章笥呈禧蔚英賢於龍豹何符集慶卜
昌熾於雲鳳麟也 文孫蘭畦別駕果克家聲繼
美宦望留名仕版初登卜式之觀光有願邑符乍
綰河陽之馳譽堪思載道頌以神君一隅仰爲生
佛理煩任劇裴灌則兩事兼長別駕治中士元非
百里可限會且貂冠鼎盛蟬冕雲連溯其本根所
由來出自栽培之有素扶憑鳩杖允宜食報於遐
齡寵受

鸞章不愧遂榮於象服一門樂善五代同堂
北闕承恩浩浩進千秋之祝南陔舞綵雙雙迪七秩之年
此人天清福紫囊之笈所未聞宇宙休徵彤管之
書所莫罄也茲者著雍肇歲涒灘紀支鶴添海屋
之籌鶯兆琳宮之信筵開玳瑁香浮玉版瓊巵存
盎蓬瀛瑞獻芝房桃實聽子舍之八浪曲奏瑟琴
偕和頌壬林而四照花繁
絲綸盍煥宜福祿宜子孫受天之祜曰期頤曰耄耋得
壽之長也哉謹序

世愚姪王煥庚頓首拜撰并書

徐母裴太孺人七十壽序

嘗論古賢母之于子其氣類以相感相成蓋婦人無
外事德積於閫內不爲世所指稱故父之教子也顯
母之教子也微至以母兼父教其子則始隱而終顯
是以覘其子之賢而母之善教可知即母之賢亦無
不可知壽母裴太孺人學明公德配而耕芳耕霖兩
君尊慈也兩君少失怙學未卒業去習治生性穎敏
多億中侔賤徵貴才識恒先人一籌羣輩服其能業
遂隆隆日起而醇謹謙和人咸樂與之交然後知太

孺人之所以教之者爲有素也方學明公之歸道山
也所遺弱息長者甫逾十年而幼僅三齡耳太孺人
搘持門戶備極艱辛業故不貲其間嫁子娶婦延傳
欵賓以迄歲時伏臘燕饗莫不摒擋備禮里黨交口
譽之以爲難今喆嗣克自樹立率子婦歡然色養諸
孫環繞膝前蔗境彌甘方興未艾而太孺人亦已七
十矣古人有言曰人以壽爲榮非壽之能榮人人有
以榮其壽則將因壽而益榮若太孺人坤德安貞固
所謂壽而益榮者雖長君蘭摧以次君長子繼嗣順

氣成象和藹一堂他日昌大顯榮正有未可涯量者人咸羨康强逢吉太孺人之福爲獨優亦知培植之厚義方之嚴固有以自致乎哉茲居孟冬爲設帨辰長筵介壽稱展充閭鶴髮麟衫輝映一室索予爲序以祝嘏太孺人艱貞勵節淑慎徽音洵足爲吾宗光爰撰蕪詞賀紳芳紳福兩君試一爲太孺人誦之以助斕衫之戲焉可

宗愚姪裴晉頓首拜撰

大啟公序

世有非常之人必有非常之事非常之事謂何蓋有聚訟盈庭尙難制勝而一人獨任奇績偏成是非常之事也非常之人謂何人所畏避我獨向前人所趑趄我能肩任是非常之人也茍同事者代爲誌之則非常之事業有憑而非常之人品亦人所爭覩者矣如我族弟　大啟幼而岐嶷長而練達始也失怙失恃卽能操奇贏以經營四方爲創業計厥後憩止於嚴鎭仍習陶朱之雅韻廿載以來雖未能三致千金

亦足可稱小裕弟平日之爲人其處已也謙其待人也恕故其交遊甚廣與弟遊者亦一時之俊彥朋輩作聯以美之曰芳若芝蘭香滿座勁如古柏翠參天蓋斯言非獨贊其無事而靄然已靜觀其遇事而毅然矣弟望之雖心領其知我然未嘗躍躍於急其鎮靜安恬有如是者此固吾弟平日之襟懷若遇事而能果敢更可概矣於何徵之徵之今歲之事徵之於今歲爲祖之事蓋我徐氏遷錫始祖
公開公隹城卜於錫邑之惠山向來安堵係於正月

問訪知被佃售去吾弟望之卽無用躊躇無煩四顧竟攜貲往訟佃知之卽恐懼倩弟之相知者懇求息戈始也欲重懲繼也見其哀懇又不得不寬恕之由是衆服其威嚴又服其長厚傳有云趙盾如夏日之可畏趙衰如冬日之可愛若吾弟者直合衰盾二人兼而有之者也余忝在鴈行故不揣鄙陋以綜理其大概非謬附也祇欲免衣繡夜行之譏云爾

嵩雅

道光十有一年歲在辛卯冬十月族兄晉言拜草

德昌翁八旬壽序

祝嘏者輒引洪範一曰壽暨孔聖言仁者壽不知諸福本好德而仁道子罕言則以德獲福以仁致壽得此於士大夫蓋寡矧其畎畝農人乎則將引入公之術三樂之言以粉飾則廓則將引種壽之泉敢風之木以讚頌則浮則如新安德昌公余何以壽之曰翁積善施仁德以著能士大夫所不能是可以壽是足以爲壽翁稟性篤誠事父老酒食是豐偶財乏輒曲計多方以營全養敬之心故父母種愛之而更篤友于視昆季如一體九愛堂弟恒昌爲之子念祖恒昌公臨歿時翁捐其子而泣語曰爾死矣當無患遺孤之不能成立也余代以扶養俾克成人以安爾於九泉也遂涕下如雨是時念祖君僅幼翁撫字提攜愛憐尤篤甫成童卽延師教之課以詩書戒以解怠如自己出德配周太孺人賢德並燿撫畜念祖亦與翁同志鄉閭中困乏者翁必竭力周旋以遂其生見貧獨幼孤則更惻怛於中而解衣推食以濟之至於一一善行殆難縷飄又奚暇粉飾又奚暇讚頌快哉翁之仁裕於家庭又推於鄉黨於是德普一鄉其觀眉壽之無疆翁今八秩精神矍鑠

聖朝辛亥歲大修引年之典　恩賚修職郎此特共嘉兆
耳壽祉正未可量也是則所謂以德獲福以仁致壽不得
於士大夫而得之於畎畝農人豈不偉歟今歲秋徐氏續
宗譜念祖若以壽之序請俾附於簡末余愧不文以有姻
誼弗得再辭爰序其事爲翁祝嘏
咸豐五年歲在乙卯小春月　姻眷姪張松鶴拜撰

節母許孺人序

徐君靜山名壽福予之契交也丙辰秋因續修家乘君述
其節母許孺人梗概囑爲序予愧不文固辭君曰壽福之
欲序吾母者原不欲飾華詞以誇美筆墨間特以吾母一
生苦節使湮沒而無以示後人心實不忍君旣辱與予交
則序吾母者莫如君予不能再辭遂書大畧以序之
蘆案節母許孺人徐峻德公之媳漢鏞公之配也孺人爲
江陰前馬橋許天佑公次女幼端重以養媳歸徐門越數
年始合巹事翁姑至孝殫心色養竭力以供甘旨唱隨間
雍雍睦睦相敬如賓翁性好善家雖貧然名山古刹必虔
誠進香爲子求嗣孺人恒以十指所出佐香資舉一子靜
山甫十三齡而漢鏞公抱恙日以危篤孺人典簪服物以
供湯藥夜即焚香告天願以身代及公捐館孺人撫棺躃
踊慟絕而蘇營葬畢水漿不入於口親舊力勸不應乃指
孤子以告之曰汝死固爲完節但吾門兩祧惟此孤矣孰
若全軀守節撫養長成使宗祧不墜庶爲兩全耶孺人意
稍轉而所蓄盡耗日給不敷茹荼之苦不忍言矣氏素習
勤以紡織爲活計藜藿粗糲雜然一飽又性耿介不欲妄

希矚恤往往冰天雪夜一燈熒然鳴機軋軋達旦不輟偶聞兒啼卽相顧欷歔涕泗交集聞者爲之酸鼻越數年遺孤成立能熟諳世務知敎品好善娶媳余氏今孺人年已五十有七且抱孫矣君以母供佛長齋能曲體親心凡所欲需無不努力以備故孺人得優游蔗境無稍拂鬱亦云慰矣今年秋孺人患病君衣不解帶湯藥親嘗歷久不懈幸而得瘥適値譜牒將告成囑爲作序畧書以應之不特孺人飲荼茹蘖之苦於焉稍慰卽漢鏞公可含笑於九泉也已

咸豐六年歲次丙辰秋月

世愚姪麟書顧義頓首拜撰

韶元先生序

昔宣聖云仁者先難而後獲是必先其事之所難而後其效之可得歟如徐翁韶元者鳳山公之伯子也年未冠母周孺人謝世事父極誠有扇枕溫衾之遺範又嘗以未報母氏乳哺之恩爲念有兩弟慶元亘元友愛靡旣德配袁孺人善勷夫子嚐嗚無聞未幾而年逾三十命不由人堂上椿凋喪葬盡誠哀毁骨裂旣抱鴒原之痛又傷鴻案之情否運迭乘艱鉅獨任翁惟竭力調停而處之泰然易曰履而泰然後安

翁其有之矣子三長仲康次仲安俱幼三仲達尙在襁褓翁撫之慈嚴交至稍長諭之曰旣耕且讀毋怠毋荒行吾素位不涉外務吾家素所然也於是耕者耕讀者讀家業隆隆益盛迨昏娶旣畢子又生子年已杖鄉而始爲息肩之計含飴弄孫婆娑自適人多羨其福壽並臻云歲丙辰秋徐氏續輯家乘徐子以莊名棟余之契友也手訂其譜譜將告竣請余爲翁序余因壻其族素知乃翁以務本爲生以敦倫爲事以淡泊自甘以艱辛自勵事親能竭力教子有義方

始則困今則亨僞所謂先難後獲者非耶余非敢能序顧念舊誼不獲辭畧述其梗概不贅誕辰爲詳世表云爾是爲序

時維

咸豐六年歲次丙辰季秋之吉

眷姪婿周炳奎頓首拜謹序

惠昶公序

余曠觀天下人往往假仁義以沽虛名於鄉不若敦孝弟以行實事於族如徐君惠昶即恩昶所爲本於忠信所行由於孝弟孝弟本仁義仁義實孝弟也詢知君少時事父母至孝事兄長至弟及長勤儉治家耕讀自守於道光己酉歲天降水災滔滔莫禦村後界涇圩岸城低塌青苗盡淹君目擊心傷不忍坐視即至來歲春與兄靜育等籌謀照田起夫計圩岸週圍丈數計工派定靡不欣然樂從是舉也不特數千

畝之青苗將遇水漲可保無虞抑且什一徵之國課如際催科即可完納國計民生於君有賴焉更兼錫山彙修大統宗譜不畏跋涉不避風霜細心采訪以集蘇常兩府丁稿譜將告竣徵序于余余雖不文畧序數語以稱君之孝弟也可以述君之忠信也可如誕辰暨配有世表故耳茲不贅云是爲序　時維

咸豐八年歲次戊午花朝後四日

世姪袁照拜撰

以莊公序

徐君以莊名棟字仲達爵之表季弟也生三歲而慈母謝世呱呱無依賴嚴君德庇以養以教俾至成人父部元先生配袁孺人即爵之姑母也少時過家往來與君年相若交最密生平行誼惟爵知之最悉君業儒性穎慧讀書過目成誦塾師大奇之少長事父先意承志嘗泣請父曰無母何恃予母何故見背也生不逮養知君抱恨無窮矣厥後爲學益勤道誼愈精嘗與諸生言曰爲人以孝弟爲本學問爲先酧酢

往來非務本不可也至丙辰春父有喟然警君問之父諭曰吾非爲他也爲爾祖協修家乘以來迄今四十餘載久未修輯族誼不敦欲付是任懼不勝任吾是以喟然耳君受此言即與同宗酌議設局於惠麓宗祠立議約佈傳單四散采訪不畏難不辭勞櫛風沐雨無間寒暑遠近無遺親疏一體三年中遇兵遇旱遇蝗族人咸怯君獨嘗膽自行無忝厥祖者豈非君之識見過人哉自丙辰而歷戊午譜告竣爵往返十數次始終盡知爵愧不文使非纍陳德音情終不已遂略贈數語如不嫌鄙陋錄之譜端庶君德不磨爾

論曰聖人云言忠信行篤敬雖蠻貊之邦行矣夫既以忠信持己寬厚待人行教本睦族之事兼承父命而出此者是則君之至性至情流行乎其間也年登弱冠壯志已見端倪而裕後流光自後未可量也

咸豐八年歲次戊午律中仲呂立夏後十日

姻表兄袁錫爵拜撰

贈清源君序

族兄清源名鴻歐塘人雲衢公孫安尊公長子也君祖雲衢公爲人正直舉止端莊於嘉慶癸酉歲協修家乘以來思祖禰無寢室卽於本支倡捐公項建造分祠五房八間以妥先靈孝敬昭然人且追思不置焉而況其孫哉君爲公孫君且行公志矣和鄰里睦宗族於道光丙戌將分祠統入爰訓宗祠春秋享靈位安然君可謂克繩祖武者矣厥後先父逝世慈母繼卒君喪葬盡禮畢爾時胞弟朝源泰源福源俱

幼爲之延師加致聯姻成家昆仲友于雍睦一堂恐諸昆弟不知創守成家之道卽請親族殷分弟愛則與之永全手足之誼由是克勤克儉意外無貪廉節並著鄰里有爭者咸質之君以禮剖之不畏強不陵弱排難解紛里中悅服至道光庚子與己酉兩次遇水咸豐丙辰遇旱竭力勸捐賑恤貧民無恙豈非君之惠及鄰里也哉君之生辰德配爲詳世表故爾茲不復贅　時維

咸豐八年歲次戊午三月望日族弟介眉謹述

耀慶徐君序

徐君耀慶字梅林廷標公次子也少失怙伊孝養寡母定省音問敬執成人禮及長則慈母見背哀毀幾至滅性稱家喪葬見贊於里中長者自後克勤克儉不忝先人家業日隆隆起至咸豐丁巳春錫山彙修大統宗譜歐塘以莊訪諸君議及纂修家乘話言投機喜不自勝於是與各宗彥留心採訪徧歷蘇常兩府不避風霜無間寒暑年雖已近花甲精神益壯筋力愈健雖日行百里極倦毫無怨言久而變此不所謂有始有終者也譜告竣問序於余余

非能文而爲之序也但聞君品行故樂述其梗概如此

時維

咸豐八年歲次戊午清明前一日

世姪袁錫爵拜撰

嘉謀翁六十壽序

嘗讀洪範之稱五福一日壽即繼之以攸好德而重三戒者不亦以登大耋享高年不必在縉紳先生也雖鄉邑父老亦得膺天慶焉要其可以自主者一本乎好德好德之人類能出嘉言懿行以壽于世而積歲累月以永其天年自可操券得矣歲庚午西村壽翁嘉謀字萬春稱六十觴而請序於予予於同宗素聞其行誼故製文以爲壽翁翁父紹基儉朴遺風母丁氏閨範儀型室華氏雍睦[illegible]子榮慶源慶讀書家庭而翁之少時也晨昏定省溫敬生[illegible]生養葬祭之禮三者俱備鄰里鄉黨無閒言親戚師友無異詞存心天真無二色觀翁於事親之際宜乎壽及其壯也言忠信行篤敬事事任來犯而不爭里中後生小子漸染澆風翁一一詔誡薰其德而善良者不可勝數繼觀於品行之間又宜壽今其老也修橋梁以廣濟涉修家譜以敦睦族蓋其心之厚於德而復善與人同則自茲以往翁之壽正未有艾且將廣福田以詒後人也余不敢浮言以掩其實爰爲推所自來與近事之卓卓可稱者略綴於詞以作南山之頌翁其欣然而進一觴乎

時維

同治九年歲在庚午七月

同宗鶴皋拜序

靄亭公暨德配諸太安人六旬同慶壽序

居積以致富服食以希壽進取以求榮其果得也理歟不居積而富不服食而壽不進取而榮其能得也命歟莊子有言名也者相軋也智也者爭之器也君子不炫智不市名爲所得爲而澤施於人迨所積者厚而休和純固之氣乃與之會然則其不求而自得者理所宜然不得謂之命也然而能者寡矣歲甲戌余自京師歸將館於

世丈靄亭徐君之家邑中賢士大夫多有言徐君生平者曰君少失怙事母　王太安人性至孝寢門之內訢如也宗族之間怡如也經理家政井如也既長益勇於義邑東鄉新塘橋官道壞瀕於水每溺人君倡脩之費數千金而道成後水暴至無溺者自粵匪之來吾鄉游騎四出蹂躪君獨支吾其間凡鄉之老者幼者飢者貧不能存者君視其力之所能而貸之全活無算同治之初官軍新復城邑道殣相望君傾貲賑救爲食於路全活又無算其間歉而貸荒而賑凶不可以更僕計故寇難之餘奸宄蠭起獨於君之田里相戒保守無少犯固人心之未泯歟抑亦其惠之足以致之也盡余之所聞如此迨余主於君家舉向之所謂賢士大夫者問之則曰不識也余心異之入其門見其內外秩然有書盈架子弟能文章習禮讓矣而時有農人負耒耜之屬雜於其旁詢之君曰余有薄田數畝督臧獲自種之使後世習於勤苦知衣食之所由余益心異之噫所謂施而不伐有功而不德者歟所謂維土物愛厥心臧用彝訓以教子孫者歟以余所見證余所聞益信君少羸疾既壯而後

而貌日以豐不事商賈不問有無而境日以隆不炫德不求名而遐邇欽慕證衆口而相同夫古之君子所積者厚而休和純固之氣與之會者意在斯乎意在斯乎配諸安人賢而才孝行純摯一如君教丞子三幹卿譽宜從余遊好學多識爲文輒儁穎謹以正月之吉爲君舉六十觴乞言於余君信人也不敢以華詞進即余所見聞直書之以爲君壽

光緒四年春王正月　世愚弟竇士鏞頓首拜撰

鷺亭公七秩壽序

翳夫風清緱嶺曾吹子晉之笙春滿瑤臺快挹浮邱
之袖故九五福曰壽箕範先徵以八千歲爲春椿陰
特茂自來碩德必享脩齡宜乎亥數呈祥壬林誌喜
矣惟我
鷺亭世伯大人系出華宗夙推英物本梁溪之族望
振孝穆之家聲蕃榻常懸儉帷早下惟堂構宜承先
緒而詩書豈戀浮名闢謝氏之園亭幽懷自適治鄭
侯之田宅儉德堪師家號素封千畝之稻粱已足門
多翠鷺四圍之桑柘逾濃豹隱一方鳳翔千仞而乃
仁心惻惻俠骨稜稜待而舉火者數十家沾其餘潤
者幾百里設黔敖之粥豈曰嗟來綴白傅之裘漸能
廣被同天有術饋藥餌於遐方布地成金通津梁於
遠道雖身經浩劫不聞室毀鴟鴞而世積陰功旋卜
門容駟馬矣且夫金籝滿室何如衣鉢傳家支粟十
年孰若擁書萬卷於是謀深燕翼訓著鯉庭鏘鏘聽
雛鳳之音昂昂有家駒之概茁芝蘭於階砌三樹爭
榮㮚芹藻於宮牆一黌競爽所由伯歌季舞代有詩

晴左酒右椉鞏歌黃髮也兹當慶衍蟠桃恰值禮隆
杖國看綺筵之宏敞欣綵服之承歡舒麗景於西神
春回杖履覽祥輝於南極樂滿壺觴從今純嘏綿延
鶴算卜期頤之慶際此條風噓拂兕觥賡介壽之詩
光緒十四年歲次戊子春王正月穀旦
通家愚姪侯琫森頓首拜撰

典于公暨滕宜人壽序

誥授奉政大夫外舅大人暨　德配

誥封宜人外姑滕宜人六秩雙壽壽敘

繄夫璇躔宵朗瑤光騰南極之輝壽寓宏開戴勝儆西池之宴是以燕壽之頌詩溯源於令妻壽人之歌安世播和於雅律媞以勳者忝居館甥之視得附半子之列飫聞壼德命綴蕪詞何敢與墨而辭收而拜乎用敢詮郝陶之懿行刪祝史之紛誣敬謹陳言以希揄揚於萬一

外姑毓粹名門挺華右族應靈和而誕降啟光度而孕祥爰自羈髫之年已著珩璜之懿洎來歸

外舅大人也儷瓊紫對駢轂藍畦饋案見齊穆之宜考鐘有來雝之象窈窕德象佩詩訓之三篇飴密堇荁事威姑於夙夜愉承膂髓虔治敦牟侑廣微之潔馨絳趺濯色傳公奕之溫清標被無溫共摯孝有如此者鉅鹿恩好時譽以為大難梁鴻敬莊勝流嘖云嬾則負薪被絜㴸高行於絲編臥衣挽車輝懿範於綠帙

外姑潛德自耀冥心與同手足刎㑃晏安衣食有逾寒素其儉約有如此者他如閨門軒輊娣姒雍和媚黨徧其任郵臧獲罔施譙訶比兒之愛彌摯於閔斯仁庶之慈有均於何恃惟啬御之協則斯宏漑而彌洪其恩義有如此者綜此三德履厥三從是以觀

外舅之清勤勗德儉約持家而益歎

外姑之贊襄有緒光輔式宜也今者福衢便平二老則躬膺藩祉壽車控纚諸昆且並擷藻芹況金友玉昆徵讓瘐推肥之樂伯歌季舞振聯斟齊顙之芳

舞綵衣以娛親吹壎篪以和韻願從茲戩穀卜其無算膺慶祝茲彌年敢歌雅頌之篇曰子孫千億壽銘鼎彝之器云壽考萬年

龍飛光緒太歲強圉作噩夏子壻胡之勳頓首拜譔并書

達先先生六十壽序

蓋聞洪範陳五福而壽爲先福固不獨乎壽而壽可以藏諸福也試爲先生言之先生今年庚子春適值六旬稱觴余登其堂見其鬘鑠精神依然如昨藹藹然和氣可親也先生素喜行善事與先大夫秋亭府君遊府君與先生爲莫逆交先大夫亦喜行善事凡邑中善舉如創建錫金清節堂倡建洛社大橋建立數處惜字穀局惟惠山寺塘涇惜字穀局請楊君琢堂主其事楊君去後頹廢不堪謀之邑中賢士大夫

誰堪主其事者僉曰子亦知貫鄉中有善士徐達先者乎先大夫恍然醒悟遂延先生主其事先生主惜字穀局事收拾字紙爲先打掃遺穀爲本歲寒施以衣除夕給以米恐米之入於河也置水桶以淘之恐人之染於病也製丹藥以救之每至農隙之時到處宣講 聖諭凡人之薰其德而善良者不可枚舉矣郡太尊譚公鈞培慕先生之高誼選先生爲鄉約約正咨 部註册給照先大夫任吉林府事以及奉命赴漢河開礦常有書札與先生往來今先大夫逝矣而先生童顔鶴髮近乎神仙先生世居邑之北門外萬安鄉南莊徐巷與余家近故與先大夫交最厚余自客歲自京師覲見奉 命以知府發往湖北順道回籍奉先大夫秋亭府君入祀 敕建專祠以舊誼祝先生之壽而先生固五福之先者也邑中之賢士大夫交口稱先生之德先生眞不愧爲仁者壽矣是爲序

光緒二十五年歲次乙亥八月朔

誥授通議大夫

賞戴花翎

欽加三品銜分發湖北補用知府姻世姪李沛恩頓首拜撰

敕授修職郎翰林院孔目加二級世愚弟王元鑄頓首拜書

贈表兄公勤君序

徐君公勤表兄名世勳與予表毋舅之仲子也幼穎悟讀書過目輒成誦長能文一戰而捷游於庠體乃翁栽培之意學益勤志益奮（舍下）集文社君與焉每屬文思清筆健切理饜心黄韻士諱賡唐太夫子目爲可造才鄉闈與房備今困於場屋有年矣居家敦孝悌事父母能先意承志以是得堂上歡理家人生產亦井井有條兄弟間怡怡如也己亥秋其尊人病篤旣彌留呼君諭之曰爾伯父纂修家乘稿未脫而齎志以終今余將所録遺稿悉以付汝他

日能續修譜系纂入大宗余亦瞑目矣君受此言時值錫山徐宗祠重修統譜君固中人產力綿未逮乃與其堂姑母貞孝女堂兄疇五酌議籌款君以一人力悉心采訪廉有闕遺自春徂冬稿乃成徐氏固盛族也在昔聚族永昌自庚申之變迄今四十餘載宗支蕃衍城鄉分處涣散不可稽設非輯成一譜將視族姓如途人間支派而莫對不幾謂數典而忘祖乎萬物本乎天人本乎祖古來仁人孝子罔弗溯先世之源流而尊其祖也尊祖故敬宗敬宗故收族譜之爲義大矣哉譜成余嘉君之克成父志而君則歸美先祖也故兩存之畧贈數語以爲序

光緒二十九年歲在癸卯仲冬之月

表弟王季烈君九氏拜譔

錫山徐氏宗譜 卷一 序 一公派蘇州永昌公勤先生序 二 吉紛堂

甫森徐大兄序

慕廬朱子嘗謂子孫雖愚經書不可不讀誠以讀書可以明人倫通古今移氣質耳然世之長者謂人之爲人出於本性者每勝於今之讀書者也非薄視夫讀書也但以今之讀書者之所爲常汨沒其性眞近于迂闊者之所爲反不若不讀書者之爲人皆性眞之所流露而無一毫私僞之所粉飾也執此以觀徐大兄則益信兄姓徐氏名甫森號德芳字爾昌明玉公之次子自有明曾庵公之後文廣公之分派也因覽錫邑雙河辛稱萬安之鄉人煙稠密風

俗樸茂水土深厚旱潦無虞然其地之勝遂卜居占籍焉溯始遷者文廣公駕大湖船爲業繇陽湖布莊龍潭浜至滙龍橋東首坐落十都三中巷世居也迄今瓜綿椒衍孫子相承兄幼失怙嚴父撫孤成立家本寒素因母喪葬被人挫折而境竟寒儉無擔石儲未能讀書業商不就仍業農竭力耕作常念母氏數十年勤動全憑十指教養婚嫁讀進修道奉甘旨先意承志得其歡心定省之節雖讀書人幾蔑以過之族黨有危急兄每關之雖不能廣爲施濟必盡己之量代爲籌劃人有紛爭幾欲涉訟者必竭力婉曲勸解直視爲己事至平允乃止雖跋涉之勞可辭也然語言衝口而出人有過面斥之雖權貴人不避也故當時或有含怨者而究之人之稱頌者不少今夫人當無事之秋籲天指日誓同生死患難相救雖妻子爲戮不以爲憾一旦臨利害遇事變不獨不引手救反擠之又下石焉者皆是也安有若兄之視人之難勝爲己難而救之惟恐不及者哉嗚呼人之背義負約者聞兄之風能不有感也同治年間重建宗祠後進及修葺兩廊窗槅漆飾兄常奔走不暇不辭辛苦又丁亥歲起造前進集收捐貲亦有力焉

光緒已卯彙修支譜亦竭力協辦族有膠轕又不惜口舌而百方勸解雖世之讀書談道者未必能若是之皆出於性眞而無一毫私僞粉飾也此則今重修譜之意遂爲序

天運光緒二十有九年歲次癸卯十月之吉

金匱娛麓明灝氏陸暸峰謹撰

欽加五品銜

賞戴藍翎候選州同子勤先生序

龍山之北距城十里許地名社埄青山斜對綠水迴環頗得四時之勝景況人烟稠密比戶可封眞閭里一大村落也吾想彼蒼鐘毓必幾經默想而後發洩其奇此中殷實者固多才能者亦復不少洵所謂地靈人傑矣抑吾謂人之傑固藉地靈而能出而地之靈尤賴人傑而彌著也吾今乃于社埄之徐君信之君名益豐字子勤姓徐氏系出孺子先生之後予嘗覽其世家知所謂五品藍翎候選州

同太學生者也君秉資靈敏性尤穎悟少時即卓落不羈讀書不求甚解能得大意尤工字故凡製器尙象無不一見知之比長二品封職堂伯雪村公教受西學君授其業日夜講求得其口講指畫輒心領神會深造焉而詣彌精旣在江南機器局三十餘年監督匠工製造軍需經其指授無一不精堅利用而況出以心裁創造機器與槍子等物並駕泰西而上儕非格物致知功力甚深曷克臻此故一時奇技異能不惟無有出其右卽古之巧如公輸子削木鳶能飛孔明造木牛流馬以運糧當亦不是過焉斯時也奇巧之名聞于中外歷蒙兩江總督曾臺灣巡撫邵所

賞識嗣後每逢傳見往往一再嘉許其見重于當世大夫者如此間因製造有功尤解軍裝出力歷保五品銜候選州同雖極畢生之苦心孤詣今可謂報其功榮其身矣不寧惟是君之研求西學慘憺經營探其秘而奏其效已開華夏風氣之先近見外洋化學精良稟准南洋大臣劉派選局中之弱冠以下凡有智慧過人者出洋遊學先赴日本繼赴歐美以期學成致用可得匡時之良策濟世之經猷中國旣多材而多藝猶無必求洋人之外助哉是舉也

可見辦公實事求是忠于謀國而策上治安非心切於時務者不能爲也由是舉而行之屬在天津山東吉林廣東河南湖北凡見能製機器而匠心獨運出其門下之士者居多間以疑難事咨度必一一詳告之絕無吝情涉世若是治家可知凡經理內外務布其紀綱設其規模俱見有條而不紊性尤慷慨好施見里中諸善事必資助以成人美至若修譜之議會銜請示助費其成生平節已清廉居身淡泊積歷年之薪水廣造基宅并置良田百畝以垂裕後昆更無論矣德配蕭太宜人鴻案相莊鹿車共輓主持

內務闔門整潔尤好相夫行善有古之賢婦風舉丈夫子四女三易曰積善之家必有餘慶今觀其玉樹盈庭正可卜象賢繼起鳳毛濟美矣予也雖未獲與君遊而得與長哲嗣翰臣兄時相會晤飲酒談心用是竊慕君之材藝絕類超羣幷能大有功于國此乃邦家之光非徒門閭之榮也紀以譜牒誰曰不宜

光緒二十九年春王正月

誥授資政大夫

欽加二品銜

賞戴花翎候選道同邑薛翼運南溟氏頓首拜撰

例授奉政大夫

欽加五品頂戴翰林院孔目加二級同邑王元鑄槎蓀氏

頓首拜書

徐達先先生序

慧錫兩山之間有泉焉名曰二泉土甘而水肥邑士女每於春秋佳日輒往遊之歲甲午春余與鄉先生楊霖士觀察以廻邵海嶠刺史文焘許榴仙大令國瑞張黼廷孝廉均遊於二泉亭上觀而樂之於是煮茗品泉酌酒賦詩於其間見有白髮童顏長髯廣額扶笻而過之者詢之答曰某邑之南莊人徐達先也僻壤偏蹊足尋問諸先生曰君飄飄乎有神仙之概是以問之互談之頃怡然相得遂與余訂為莫逆交後先生董理慧山惜字穀局常住慧山余往來常相過問此次修譜告成丐序於余余不揣固陋

而以先生之實事而約畧序之謹按先生姓徐字達先一名洪貴錫邑萬安鄉九四圖南莊大徐巷人也係出北宋翰林學士封開國侯鼎臣公諱鉉後元南京兵部主事仕至武畧將軍裕一公諱懷祖二十一世孫曾祖夢岐公以孫容光貴　馳贈儒林郎六品銜前州縣主簿祖朝政公有隱德父廷德公讀書明理惜早年卒母陸太孺人青年守節撫孤成立奉　旨建坊旌表入祀貞節祠春秋祭典並　恩賚粟帛　給予貞松永茂匾額先生幼而岐

少長而聰慧行年四歲慈見父背母陸太孺人且教且誨貧甚紡績度日得以成立授之以室非賢母不能有賢子也初業賈以信義待人不欺已亦不欺人市井中存古[illegible]之風旋蒙李秋亭閣學金鏞延爲慧山惜字穀同經董無年施衣施藥施除夕米立水桶以便各處樁浩[illegible]究不[illegible]復籍米粒竭力收拾字紙每逢朔望宣講　聖諭廣訓行之十有四五年來而志益篤雖貧出於衆善士而邪人善任益信李公之得先生而先生不負李公也里中有雷尊殿將傾無人過問闔士告先生曰殿將傾而不修里

中之恥也先生遂邀同志數人募捐而重建之慧山五里街先祖孺子公祠堂傾圮已久四面牆垣不全惟存破碎享堂三間路丐處宿其中幾不堪設想適同宗仲虎京卿建寅由京師前赴鄂省順道旋里謁孺子公祖祠邀集同宗議以脩築添建遂飭先生向各友者捐並邀同宗各宗彥相助先生經理以來添建門樓廂房及脩築享堂等得以完全雖無丹楹刻桷而工堅料樸實可嘉之所以各支樂於資助固宜也仲虎京卿亦念及脩譜一節因告先生曰家譜三十年一脩是有定例自同治癸卯修輯以來已

逾三十年矣我以王事鞅掌不遑甯處敬宗收族之意亦不可廢我已與同宗子敬大令善寶譽宣茂才葆澍拖泉上舍文源并我堂弟子祥庠彥耀光業已商定修譜[illegible]只有期矣採訪全仗於汝汝其勉之先生曰謹受教方是先生從庚子年起至甲辰年止專司採訪之事東西南朔遍告同宗近至各鄉各鎮遠至毘陵暨陽義興吳郡琴川等地涉水登山風雨不避也曉行露宿棲止不安也幸藉衆擎共舉繕稿送局合數百年之同宗聯爲一氣五閱寒暑而成上賴祖宗默護之功中藉仲虎京卿邀集巨支相助

之力下憑先生奔走不遑之勞祠之得以告成譜之得以告竣者皆此也戊戌年歲饑米珠薪桂邑中倡行平糶惠山立平糶局邑紳延先生爲監督出入務求刻實小民咸沾惠焉先生居恒喜近善人喜讀善書事母以孝閭門[illegible]皇經斗發勸人以行善爲先公爾忘私國爾忘家不置田產家中類屋三楹將傾倒矣而不之問惟以公事汲汲[illegible]先邑之人咸欽敬之前由邑紳以先生宣講有功里閭[illegible]爲善士等情稟請　府憲蒙　本府正堂譚詳　督撫學三院咨　部註册給照以徐達先[illegible]正老成化導[illegible]

爲宣講　　聖諭鄉約約正並給善士可嘉匾額先生
生於道光二十年庚子二月十三日配袁陸橋陸氏儉勤
克儉終温且惠始也鴻案相莊克調乎琴瑟繼也鹿車共
挽親操乎井臼先生之行善實藉乎內助而成孺人生於
道光二十一年辛丑二月二十七日卒於光緒二十九年
癸卯正月十八日壽六十三歲權厝本圖姚江田坤山艮
向子二長增培次增林俱早卒女二長適柳巷上張世全
次適張阜莊張兆根嗣孫佩春
論曰士之所難有蘊無時偉哉行善相遇有知勇無不敢

惟義之爲困於翼飛中垂以斂一失其塗進退而坎理不
終窮既晚而通惟其壽考福祿之降
光緒三十年歲次甲辰菊月上澣
例授奉政大夫
欽加五品頂戴翰林院孔目加一級同邑世愚弟王元鑄
桂芬氏頓首拜撰并書

采訪述錄

竊思修譜誠非易事吾祖鳳山公與族叔玉田公於
嘉慶十八年間在堠山河莊橋修譜三年告竣其間
尋宗覓派嘗以艱苦告余父及臨終喚余父至榻前
曰爲人所當爲者敬宗收族自後修譜之舉責在汝
輩矣余父泣而誌之不敢忘及余長父乃告余曰爾
祖以修譜之責訓吾吾非不欲成父之志也祇因爾
母早世家務兼理不克分任其舉蓋爾祖協修以來
四十餘載誠今茲之急務也今爾讀書雖愚粗知禮

義修家乘汝能行吾之志吾即成父之志矣棟謹受
命按咸豐五年十月廿五夜得一夢見先祖鳳山公
族叔玉田公手執家乘一卷指吾而去及天明將此
夢告於父父即請族尊德貽與諸房長商舉至六年
二月清明春祭立議據刻傳單照譜采訪先訪近宗
支派宋家渡王觀沚西村浮舟村石幢洛社大井頭
與宗橋寺後村玉祁等支各抄底稿十五日回家查
譜內有佘溝上莊宜莊等處皆不知所向擬採往常
郡解觀出五牧柳堰岸橋大塘河到橫嶺戚墅堰一

帶遇兵舫因繞下塘小河約望西南有二十餘里到塘橋鎮采訪我族甚衆晤見上莊支道德敘悉舊歲宣莊支果中得中兄弟曾議約來春到歐塘支派倡合修輯今適特爲此事而至正祖宗之靈也道德欣然分赴宣莊佘溝等處約四月初十日送稿余返將本支譜稿悉心整釐至四月初十日道德果巾諸宗彥及各支派以譜稿次第送到遂請尊長議照現丁每人三百五十文緣其費終未能謄稿並徵後請父命郎將家米二十石糶錢爲倡聘請五牧劉卓亭譜

師於五月初三日講明先戚五十部擇吉於七月初三日在本祠彝訓堂內設局開盤時值河水乾涸飛蝗遍歷甯鎮賊踞勢屬凶荒以致道德果中虞論勢有三不可者一則干戈擾攘之際有關采訪二則遇此凶年飢寒未免三則府隔縣異往還非易棟且言三可應之如干戈擾攘易於離散必藉之有譜譜成之後他日所遷究有考証按諸人心同情共欲一可也將四十餘載之譜續而輯之輕丁資緩豐年爲人族裔無不樂從二可也至他方遠族先郵傳單近悅遠來免行親往若繼舊迹於前代敦族誼於異方合族雍睦三可也承彼諸宗理斯合行願蔵其事約丁繳資至九秋五十部先行齊集時裕六公支丁塔憲祀宗彥亦聞知欣然到局商議彙修大統重佈傳單同至丁塔到城南門外伯瀆港追詢舊板一亭宗彥檢點尙剩一二至下甸橋郁巷上鎮山頭大徐巷皆因荒未遂此次五日遇雨三次遭濕步行二百餘里至廿七日又到丁塔同憲祀等開船至裕四公支小蠡墅遇耀慶至寺頭遇求生至張涇橋滸村斷上石

橋頭板橋村東各言歐塘寫遠去來不便公議移局於惠山宗祠四方咸宜孰意人心不一如文成泰源在局辦事不守局規有妨善舉郎訴知尊長議斥斯時丁塔譜稿已成議約十月初四日到家初五日在惠山大宗祠啟局棟再借墊五十金以資局用與劉譜師議添大譜九十部惟惠山宗祠年久失修垣墻坍塌椽柱攲斜風雨莫蔽祠丁李寶兼看節婦祠堂余即詣見該祠丁母淑媛與其祠主說明并設局於節婦祠內選初七日開局共丁資不下而墊費已盡

勢同騎虎不得已再請父命父心亦怯即至家祠禱訴一番於明日又至洛社關帝殿求卜一籤籤曰十月桃異色高花開紅艷秀根蒂漸堅牢籤意甚切復至親友家告貸支持至十一月初二日同惠昶出往寺頭小蠡墅丁塔等處催稿連往渠塘新塘雅溪衕會見渭南等言欲支修因非有年稿或而止此次統修之舉姑俟來歲麥熟之後再酌初四日到華墅會見巨芬介眉宗彥伊亦云然由是衝寒冒雪奔走長涇寄跡一宿逵旦直前至南柏樹下會文仁宗彥更

往北栖樹下至徐家灣顧山城墅而繞回南柏樹下文仁以裕九本支甚多難以采輯待來歲春暖與蘇上秋江采集譜稿送局於是回到蘇上會遇秋江說定明日從滸村催稿又至陡山松灣內西河頭而至塘南復至小蠡墅收稿到局共六晝夜櫛風沐雨驅馳三百餘里初十日仍偕惠昶至新庫橋南園云亦有志數年未得其人今有諸宗彥吾亦與之俱亦定而返至十二月初五日出往由滸關蘇州永倉一路采訪至咸豐丁巳新正五日又合惠昶耀慶到上莊

宜莊初九日到城又至新安小沈瀆馬頭灣徐家偃十一日至河莊橋昏暮遇雨幾失足於橋河山澗十二日至板橋催稿到局十三日由惠灣而至方泉許墓康山萬埠泥橋等處十五日至庵西石塘橋等支該各處地居鄉僻人情頑悍而支派言語未明似難歸集大統悉心勸導以免有始鮮終之譏此間左有石塘大王即吾祖偃王祠廟靈佑四方求無不應吾等爲崇祖之事問筶以定成敗　云知心則知遠路返歸老者得福幼者得祿回局三十餘里披風冒雨

而歸十七日分東西而行惠昶耀慶由東門至村東催稿棟山獨月山而至西陽山采訪路途五十餘里戴月披星殊難彈述一至端午有裕一公派若愚公支前浙江司馬蘭畦君歸田余與南園耀慶等往俟商議適將在任得有中山王原像贊記及家譜刊刻修輯棟將康熙丁巳歲皇錫兩山舊譜及漁梁譜與家譜一一較對章章符合君即修輯統譜事事相斷赤心指劃得期訖速告成兼有少府卓卿與弟晉卿竭誠贊勷及尙裕支旭安協事三月至七月間支派

譜稿十到七八屢次催收不齊訴知蘭畦君言於衆貴於速而不宜遲既譜稿屢催未齊再佈傳單期八月中取齊過期不准收納棟遵依擬而行如期齊集至八年夏告竣是修也計丁五千餘丁譜一百四十部每部六十本東至蘇府西連常郡南接宜興北達江陰無遺漏無濫收自丙辰而至戊午三年告成其間兵不已而旱而蝗而疫仍能所爲如意者斯雖祖宗之靈皆仰蘭畦卓卿諸宗彦之一助也余任斯責有不忝父命者故備粗述云

咸豐七年歲次春王之吉

歐塘支裔孫棟以莊氏謹述

錫山徐氏宗譜　卷　以莊采訪述錄　末　古十笏堂

錫山徐氏宗譜

要考集

唐南州二十八世孫堅元固氏同姪嶠巨山氏合纂

唐南州三十一世孫放達夫氏同弟繼書氏同修

宋南州三十三世孫鈺鼎臣氏錯楚金氏男元級靜庵氏重輯

宋南州第四十世孫錫嘉賓山堯杏氏同男日向允明氏原纂

元南州四十四世孫窓元傑窓元衷窓元度窓元爽窓元讓窓元徵原輯

明南州五十二世孫崑山汝龍鳳池錫山卿龍明庵氏彙輯

明南州五十二世孫學山鶴揚慕洲膠山燁樺希湖氏編訂

清南州六十四世孫錫山社岡里建寅仲虎氏重輯

錫山徐氏宗譜　卷　要考集　一　古十笏堂

重修徐偃王廟碑記　韓愈

徐與秦俱出伯翳爲嬴姓國於夏殷周世咸有大功秦處西偏專用武勝遭世衰無明天子遂虎吞諸國爲雄諸國既皆入秦爲臣屬秦無所取利上下相賊害卒僨其國而沉其宗徐處得地中文德爲治及偃王誕當國益除去刑爭末事凡所以君國子民待四方一出於仁義當此時周天子穆王意不在天下好道士說得八龍騎之西遊同王母晏於瑤池之上謳歌忘歸四方諸侯之爭辨者無所質正咸賓祭於徐

贄玉帛死生之物於徐之庭者三十六國得朱弓赤矢之瑞穆王聞之恐遂稱受命命造父御長驅而歸與楚連謀伐徐徐不忍鬬其民北走彭城武源山下而百姓隨而從之萬有餘家偃王死民號其山爲徐山鑿石爲室以祀偃王偃王雖走死失國民戴其嗣爲君如初駒王章禹祖孫相望自秦至今名公巨卿繼跡書史徐氏十望其九皆本於偃王而秦後迄茲無聞家天於伯翳之緒非偏有厚薄施仁與暴之報自然異也衢州故會稽太末也民多姓徐氏支縣龍邱有偃王遺廟或曰偃王之逃戰不之彭城之越城之隅棄玉几研於會稽之水或曰徐子章禹既執於與徐之公族子孫散處徐揚二州間即其居立先王廟云開元初徐姓二人相屬爲刺史帥其部之同姓改作廟屋載事於碑後九十年當元和九年而徐氏放復爲刺史放字達夫前碑所爲今戶部侍郎其大父也春行視農至於龍邱有事於廟思惟本原曰故制觕樸下窄不足以揭虔妥靈而有梁桷赤白陊剝不治圖像之威黯昧就滅藩拔級夷庭木秃缺祈甿

日慢祥慶弗下州之群支不獲蔭庥余惟遺紹而戶其土不即不圖以有負聚罰其可辭乃命因故爲新衆工齊事惟月若日工告訖功大祀於宗廟卿咸序應是歲州無怪風劇雨民不夭厲穀果完實民皆頌曰耿耿祉哉其不可誣乃相與請辭京師歸而鑱之於石辭曰

秦傑以顚徐由遜綿秦鬼久餒徐有廟存婉婉偃王惟道之耽以國易仁爲笑於頑自初擅命其實幾姓歷短言長有不償亡誅其利害孰與王當姑

茂之墟太末之里誰思王恩立廟以祀王之閒孫世世多有惟隣茲邦廟土實守堅𡺸之後達夫廟之王歿萬年如始耐時王孫多孝世奉王廟達夫之來先慎詔教盡惠廟民不圭於神維是達夫知孝之元太末之里姑茂之城廟事時修仁孝振聲宜寵其人以及後生嗟嗟惟王雖古誰亢王死於仁彼以暴喪文追作誄刻示茫茫

時

唐元和十年十二月九日

重修徐偃王廟碑記畧

畧曰禮諸侯方祀山川之神能興雲爲風爲雨在其地則祭之古也今之郡守視古諸侯衢邦靈山廟血食歲久靈迹愈著邦人非奉之一日寶慶二年季冬（宀）假守於茲祀事惟謹越明年夏潦秋旱禱輒響應歲獲中稔民用輯寧邦人僉言王大功德於民封爵宜極褒崇王妃王子亦當隆品秩以侈報稱乃具以實請於朝事且施行矣是歲十二月旁地居民曲突非謹延及王祠倏爲灰燼守以祀神治民爲職廟燬神怒民失憑依（市）甚震懼方慨然有興復志邦人又言王功德在民民病棟宇之壞智者獻謀宮者輸財踴躍競勸一反手事濟矣於是協衆志捐郡帑乃廣規制拓其基址前袪蔽障翠嵐層出背起樓閣清溪環遶買區之淆處者斥之視吏之根據者徙之翼以重垣周衛護也映以方沼增勝槩也四方之民聞廟再新炷香乞靈者肩擔摩於道會前乃請封爵議曹關諸太常太常

上之朝省下之轉運使者使者檄官屬合辭以
聞
天子嘉王功德改封靈惠仁慈聖濟英烈王　王妻
姜氏封協濟夫人　子寶宗封佑順侯　寶衡封
佑德侯　寶明封佑澤侯
命下之日甫躬率邦人郊迎　奉安
誥命於廟而成禮矣競爾守臣非敢自謂不獲罪於
王也甫庶幾不獲罪於禮耳
皆維

皇宋寶慶三年十月七日
前豫章太守知衢州事郡守袁甫薰沐拜撰

東漢南州高士孺子先生祠堂記

漢自元興以後政出宦者小人挾其威福相煽爲惡中材顧望不知所爲漢既失其操柄紀綱大壞然在位公卿大夫多豪傑特起之士相與發憤同心直道正言分別是非白黑不少屈其意至于不容而織羅鉤黨之獄起其執彌堅而其行彌厲志雖不就而忠有餘故及其既歿而漢亦以亡當是之時天下聞其風慕其義者人人感慨奮激至于解印綬棄家族骨肉相勉趨死而不避百餘年間擅强大懷非望者相

屬皆逡巡而不敢發漢能以亡爲存盖其力由於孺子于時果被豫章太守陳蕃太尉黃瓊薦辟皆不就舉有道拜太原太守安車備禮召亦不至盖忘已以爲人與夫得志則樂行其道不得志則獨善其身其操雖殊其志於仁一也在位士大夫抗其節於亂世不以死生動其心異于懷祿之臣遠矣然而不屑去者義在於濟物故也孺子嘗謂郭林宗曰大木將顛非一繩所維何爲棲棲不遑寧處此其意亦非自足於邱壑遺世而不顧者也孔子稱顏回用之則行舍

之則藏惟我與爾有是夫孟子亦稱孔子可以進則
進可以止則止乃所願則學孔子也而易於君子小
人消長進退擇所宜處夫苟不當其時則見其不可
而止此孺子之所以未能以此而易彼也孺子姓徐
名穉孺子其字也豫章南昌人按圖記章水北經南
昌城西歷白社其西有孺子墓又北歷南塘其東爲
東湖湖南小洲上有孺子宅號曰孺子臺吳嘉禾中
太守徐熙於孺子墓隧種松太守謝景於墓側立碑
晉永安中太守夏侯嵩於碑旁立思賢亭世世修治

而不廢至拓跋魏時謂之聘君亭今亭尙存而湖南
小洲世不知其嘗爲孺子宅又嘗爲臺也余爲太守
之明年始即其處結茅爲堂圖孺子像於祠中以中
牢祭品祀之蔬菓既具率州之賓屬拜焉自漢至今
且千載富貴湮滅者不可勝數孺子不出閭巷獨稱
思至今則世之欲以智力取勝者非惑歟孺子墓以
得其地而臺亦幸可考而知祠之所以示邦人者以
尙德也故並采其出處之意敘爲記焉

豫章太守南豐曾鞏敬記

徐偃王廟菴記

尤棟

錫山西南一舍而近是爲五里湖湖之陽有山山之
陽有廟祀徐偃王王嬴姓誕其諱爲周諸侯治以仁
義穆王西遊瑤池忘返諸國交執玉帛贄於徐穆王
馳歸伐之王不忍兵其民去之彭城武原山下而居
焉至章禹見執於吳子孫散處揚徐間即所居立王
祀韓昌黎記衢州廟綱羅舊聞於斯爲信葢衢常皆
古揚州境也然是邦也茂王子孫廟藉以不廢則里
人若浮屠氏之力嘗質圖志闕創始歲月惟殿重建

於紹聖戊寅書棟可考殿南爲軒軒南爲門其以東
西二序殿後小室浮屠氏跌息地也廟山相傳曰廟
塘廟據其址石塘橫其東人是以名隸於廟者六十
畝有奇歲所薪燎供祭祀等用紹興間善彬居之業
猶故彬去中廢官稅莫供爲里正病吾宗有佃於官
爲任輸送慶元己未衆謂祠宇日就荒蕪水旱疾厲
將無所乎禱遂還請宗僧繼彬之舊僧敬共事神清
苦持戒爲一方信重經營補葺由殿及序翼敘而正
更汚而潔結菴於廟之北偏以保慶中建閣以儲梵

筴旁闢軒以延賓客廟逼湖波往來病涉又累石堤百餘丈爲橋三役竟復慮無以供衆乃置田三千七百餘步爲伏臘計先後二紀皆克就緒一日其嗣孫文禮欵門曰廟菴規模粗整惟故山未復余曰於吾宗族歸之吁始乎此廟僅有此山今由菴而隄隄而橋照映湖濱過者屬目詢之衆皆曰倘與其徒道㤮等弊衣糲食積羸累奇而成之余謂元本所在皆王仁義之澤浸潤演迤非惟子孫敬之人與浮屠氏皆敬之故相爲扶持廢者復與失者復還也禮請記顛

末茲山去先塋近予春秋掃祭塋祠下瞻敬已登閣覩彼巖石磊隗久欲剜苔以記曾遊禮之言適與心會故書時景定癸亥孟冬朔

恩褒忠義徐公祠記

嘉靖之季江南郡縣中倭者半而常熟禍最烈蓋邑濱大海民不知兵無寸鋒隻鏃爲鬬器無斗粟束芻爲儲胥無壁塢營壘可禦無金湯樓櫓可守殺人盈野血流丹地一縣令一參知一太尉忠憤激烈驅皺百烏合市人首扼鯨鯢之冠梟其名王爲我鼙鼓逮於孤軍絶援兵盡矢竭然後身罹鋒鏑視死如歸三公死而倭亦震潰內地皆得稍稍爲備此其功不在睢陽平原下三公功雖等而徐公尤偉縣令以封疆

死參知以大臣死死固當乃徐公徒以太醫卑秩非有專城百里之寄熊軾隼旟之尊委而去之是可以無死也顧獨散家財結賓客聚子弟家僮爲兵以與賊抗三年戰奏五捷一門陣殲九軀不費縣官一尺鐵斗升粟而生擒五巨酋斬首二十級纔同二公奮勇窮追猝然遇伏嗚呼至於今壯夫義士聞公懋功勁節猶然拊膺裂眥恨不與公同死豈不堪廟食百世哉幕府軍中上書言　天子憫諸臣忠贈故邑令王鈇鄉參政錢泮官皆光祿寺卿廕子皆錦衣衞百

戶立祠奉祀矣獨不及徐督夫臣忠死既等報功亦
宜等臣有大小忠抑有大小乎斯豈 陛下奬貞魂
慰死事表率臣工一體至意哉公之子希顏陳父戰
功死節會希顏死 恩典久湮彼子希冉率男生員
立敬上書請立專祠褒忠如二臣 詔可撫按覈題
請 旨事功明實忠勇可嘉贈太醫院吏目廕子入
胄監邵伯李公議三人共事雖分位別崇卑一體報
功已歎時分先後況獨厭奏俘馘之功乎邑令趙侯
奉 詔褒忠粽丈昭貞山地委督營工希冉貲益官

給建爲專祠堂寢門垣鐘簴俎豆煥乎鼎新署其寺
爲忠節撫中丞周題請 欽賜恩褒忠義匾額蒸嘗
祀典咸如二臣公之功與虞山東海同高深矣嗚呼
微希冉父子拮据經畫公之功幾不血食矣天之所
以報公者當在後人乎公名督字鑑之其先汴人始
祖承事郎千十四公扈宋蹕南遷子省八官龍虎上
將軍都漕萬戶 勅葬海虞之邵舍里子孫家焉其
後少司空恪大司空栻皆 皇明經濟名臣家傳忠
赤公之英風義烈有所自來 王綸闡揚以風當世

太原王穉登撰 邵武守嚴澂書
萬歷三十二年甲辰孟春季男希冉敬立
各憲題奏批
撫臺趙 題懇乞
天恩憫恤陣亡有功徐督以勵士氣以慰忠魂事
撫臺郭 詳徐督生前既多俘馘之功臨難又堅死
綏之節事功明實忠勇可嘉
按臺周 詳徐督精忠勤王禦倭死節准崇祀典以
爲義勇之勸

按臺周 題徐督奮不顧身矢心抗敵功績昭彰報
宜祠祀
按臺何 題徐督追寇喪元甘爲厲鬼允宜贈爵廕
子表義褒忠
本府盧 叅徐督義氣奮揚忠勇靖難大節既同於
王邑令廟食宜配於錢大叅
本府李 叅徐督赤心慕義奮勇喪元俠骨尙有餘
香 恩典備當隆錫
本縣馮 申徐督三年戰奏五捷一家陣殞九軀

恩褒忠節祠祀攸宜
本縣施　申徐督氣吞醜虜身殞窮追戰功獨懋祀
典當崇
本縣沈　參徐督義滅狂寇志切衛民屢奏俘馘之
功卒罹鋒鏑之慘豈厄運之適逢實人心所共悼
也宜允執揚功績祀當配享大參以成興滅繼絕
之義以申崇德報功之典
本縣趙　申徐督禦倭血戰以死勤事宜祀百世以
報厥功

本縣耿　申徐督五奏奇勳論功居最允宜血食千
年始慰忠魂九地
公於嘉靖三十四年五月二十四日禦倭殉難稽
延至萬歷二十八年始　蒙恤典
勅建專祀於虞城石梅之昭眞山地照王錢二公祭
例春秋一體遣官致祭鐫石於祠而表揚功績迄
今廟貌巍峩奕世常昭

為徐樹昌請其遠祖孺子公墓記　秦道然洛生

漢高士徐孺子先生墓在章水北經南昌城外歷白
社之西相傳吳嘉禾中太守徐熙爲先生九世孫於
先生墓隧種松太守謝景於墓側立碑晉永安中太
守夏候嵩於碑旁立思賢亭至拓跋魏時謂之聘君
亭世世修治唐張曲江九齡有墓碑銘勒於石上宋
曾南豐鞏於湖南小洲得孺子宅號孺子臺因其遺
址結茅爲堂圖先生像爲文以記其事余謂先生高
風峻節久已照耀人耳目又有典江南豐二先生之

文足以垂世而行遠後之人無能復有所發明有加
於二先生之外可不待繁言而共信然至於今去先
生之世益遠矣趨時者多懷利而忘返避世者又以
放廢爲養高出與處皆無當於先生而先生之心跡
漸晦世人幾疑爲沮溺丈人之流亞又何可不一言
以闡明先生之志按南豐祠堂記稱先生非自足於
丘壑遺世而不顧其獨善隱約與忘已以爲人其操
雖殊其志於仁則一嗟夫士惟其如是所以出仕而
非徇人潔已而非忘世進退各隨其時卷舒惟安乎

遇而不執一己之成心處之此先生之飄然引去有合乎君子無道卷懷之義而非石隱之流所得而比擬也先生墓在宋時已失其考後復尋得之重刻曲江文以彰其舊康熙乙未十一月五日先生五十八世孫錫山徐樹昆特過其墓讀其遺文惜乎字多剝蝕致於嗟歎久之嗚呼先生之名與天地同流不係乎碑文之存焉否也然有此舊跡益以慰後人之思登其堂而拜其像已足以想見其人況謁其墓而讀其碑不又足以與起後賢乎是不可以無記

松屏書屋記 鑑湖公書室

鑑湖者暨陽南里峭岐人也好讀書不求甚解與仲兄定遠翁同肇硯五十餘年尤爲友愛仲兄精於文翁兼長於詩著有鑑湖詩鈔二翁固所謂魁奇特起之士而終不偶命耶非耶翁宅於岐市西北一里許四面皆溪也其北溪之上有松岡焉崇墉繞舍如畫屏然庸額其堂曰松屏書屋者王公手植庭槐後即爲三公之兆翁之祖父義有取於松屏者倘亦德修於身責報於天兆翁等以五大夫封爵抑否爵然而

士之遇不遇時也五柳逃名古君子不有獨行其志者乎夫士既不得志於時多自喜放於山巔水湄之外名區勝地恣意觀遊其所見山奔海立沙起雷行雨鳴樹偃一切蟲魚草木風雲鳥獸之狀類無不探其怪奇一一達之於詩其爲詩也如嗔如笑如水鳴峽如種出土如寡婦之夜哭如羈人之悲歌極一時之感憤鬱積以寫人情之難言騷士不平之鳴大抵然矣而鑑湖之詩爲何如乎翁性嗜酒泉香而酒冽酒醉而詩狂不拘拘於司空圖之二十四品而率性

而行匠心獨出至晚歲而其詩愈工倘得太師觀風乎翁詩其選也翁之才捷性敏視仲兄爲過之故定遠翁之詩文簡古純樸不求苟悅於世而翁之詩文則行雲流水舒卷自如有忘懷於得失者其陶靖節之亞歟嗚呼靖節嗜酒翁亦嗜酒靖節好詩翁亦好詩樂天知命彷彿近之吾不知翁亦何修而得此也然翁既得此則靖節隱於詩酒有五柳先生傳翁隱於詩酒又何可無松屏書屋記哉余不才忝爲姻戚又嘗館於松屏書屋二翁詩文讀之最悉每不勝執

鞭之慕焉因不揣固陋願獻芻蕘妄爲之記此亦翁之片羽吉光與仲兄畧見一斑耳至其孝友齊家之實行名賢傳之詳矣余不贅

嘉慶十有三年歲次戊辰仲春之月

姻弟炳風周且南拜撰

世愚弟雨耆王霖拜書

歐塘宗祠記

夫祖宗之有宗祠所以妥先靈供祀事秋霜春露聿展孝思將於是乎在則宗祠之建不綦重歟丙辰秋鄰邑歐塘徐君以莊重修家乘局設宗祠請予爲祠記曰吾遷祖華六公係夏相伯益公百有六傳北宋開國侯鼎臣公第十五世孫明洪武定鼎由松江華亭縣遷於歐塘而世居焉譜牒詳明章章可考惟宗祠之建未表所繇余曰請詳所繇徐君曰吾祖鳳山公首爲捐貲存公經理暨族叔祖瑞福公相與謀建

祠宇告宗人曰自遷祖迄今紀年三百餘計世十數代子孫蕃衍不下數百家不建祠以孝事忘本莫甚焉禮曰君子將營宮室宗廟爲先吾族豈不然乎宗人皆曰宗祠之建誠宜急急矣乃於嘉慶二十四年始建祠於大河之南一造三開一書屋聊爲祭奠此係敬橋公之遺址也厥後皇父等又捐貲存公意欲開拓堂簾增造前第皇父謝世瑞福公蒞理其事有西二房雲衢公購瓦房八間欲建分祠其子綸章公捐入公祠遂又鳩工庀材構門造址因其舊宇肇其

新工無侈費族不告勞凡三閱月而告竣時道光九年冬月吉日也自此擇吉釋奠相與落成宗人咸謂輪奐聿新皆繇鳳山公等不辭艱辛經營締造所以克底於此也故請記余曰然誠如君言則斯祠之建誠不可以不記也劉向云愛其人者兼愛其屋上之烏而況宗祠乎宗者尊也尊祖故尊祠也烏革翬飛其雄觀也風雨鳥鼠以神安也瞻拜之下覺堂構森嚴几筵輝映迺祖迺宗之靈庶幾其陟降庭止來格來享焉凡子孫之駿奔執豆於其間者其仁孝之思

有不油然藹然感發於不自知者乎不與爾祖鳳山公之孝思及瑞楓綸章公之孝思同爲無盡也歟倘寖歷年時不立文誌則作者之敬誠建祠之本始勢不至胥泯不止於是乎謹書前事是爲記

旹

咸豐六年歲在柔兆執徐蕤月之吉

陽邑庠生黃始然拜撰

徐氏惠山宗祠記

咸豐八年夏五月表弟徐敬義以其族所輯大統宗譜自惠山來余家余閱之見其世次明晰記載備詳方深嘉嘆而敬義告余曰余此來非以譜誇余宗之榮也蓋有請焉余問之曰何謂也敬義曰此譜輯於惠山孺子公之祠譜中歐塘峭岐等所建支祠皆各有記而此統祠之記獨缺焉今欲吾兄補之使創始者之不致泯沒焉余曰斯祠之建未知其詳予何能記敬義曰祠係世父廷昌公與各支宗彥元標景元

等共議以建者世父公逝世其建祠各據具在今詳閱而爲之記其可乎予曰可遂不揣謭陋而記之夫宗祠之建以尊祖親親而深水源木本之思可不言而喻矣謹按各據廷昌與元標景元等於道光七年公議建徐氏統宗祠于惠山之麓遂勸通族支派量力書捐畧有成緒即買祠基于犒膝街之圖門外念二六圖退字四百五十號平田一分四百五十一號平田一分一千二百七十六號平田一分四釐一千七十七號平田四釐一千二百七十八號平田二分

一千二百七十九號平田二分共平田七分八釐擇于九年之冬相其陰陽庀材鳩工經營伊始爲祠屋兩進凡七楹時世父廷昌以各支捐數未能齊集世父廷昌遂于本支書捐五十千外墊用洋蚨五百五十八元共計足錢六百零四千七百廿二文合各支所收捐數共計洋蚨一千零四十二元九角六分三釐又計錢四十八千五百二十文又伯瀆港支有源于所捐外墊用錢廿八千二百文新安支長庚墊用錢三十七千六百文西高山支希齋墊用錢五十九

千零三十三文共計費用洋一千零八十元二角八分三釐又費用錢七百四十三千零六十六文除收捐外淨墊錢七百念九千五百五十五文而殿堂門廡規模粗具遂得于道光九年十一月之吉奉夏相伯益公第七十世孫東漢南州高士孺子公之位爲蘇常兩郡統族之祖而祀焉余嘉之曰噫建祠族之公舉也而廷昌公以綿薄之力獨肯墊用多錢以成善舉至各支捐數久懸而不怨其于尊祖親親水源木本之思殆有深焉者乎雖工未告竣俟爲謝世而

其意可嘉矣徐氏之族熾昌蕃衍其間必有賢者起而續成之庶幾黝堊丹漆氣象光昌美哉輪而美哉奐先靈永奠即廷昌公之志亦可以竟而無憾也

咸豐八年歲次丁巳七月之朔　壬召棠謹記

治祖若愚公流寓錫山記

徵自去夏由浙省旋里前因學博公修譜未竟其事茲專修支譜以遂先人之志焉適有鄉居宗人以莊惠祠耀慶南園諸君來言及欲修宗譜我等於丙辰冬起設局惠山半載有餘毫無眉目仔細思之只得懇徵將各祚列方冀有成徵答以嘉慶十八年所修之譜吾支舛錯當經先人立案抽毀現徵專修支譜承先志也以莊即將康熙譜出閱指某某的係吾支徵終疑之又言吾族子姓蕃衍散居四方已四十餘年未修宗譜際此時世再不纂修愈難稽

考余聽之以爲極是徵思三十年來遇有善舉無不贊襄此次回里閉戶不與外事今諸君誠爲敬宗收族起見徵安敢辭然一切筆墨須請明白諳練之人主稿庶可無誤因許其列名充局中諸務皆不與焉至今春譜事將竣又向以莊等諄諄言之須較對無錯方可散給以莊人雖誠實而究屬少不經事竟被同人慫恿不問譜之錯與不錯俟徵往常熟瞻仰名賢古跡時即將宗譜散去後被各支查出始知舛錯者十餘支將吾祖接兎采公後查其年月不符究其所誤之由因仍照嘉慶本譜抽毀譜修之[illegible]徵

即邀同闔族商議令以莊復設更正局公舉一亭宗彥將各支舛錯處一律改正三月事竣忽從小蠹堅故紙中撿出康熙咸丁巳眞譜數十頁載明千九公支崑山無錫兩分總圖係偃王八十九世起崑山城內東西第一支明崑山分在川公之長子鳳池公世系第一圖諱汝龍長子諱應聘長孫諱永芳長曾孫諱開弘號孟博崇禎己卯科副榜鼎入乙酉年殉難配陳氏長子諱履恂號存赤邑庠生配李氏次子諱履惇號若愚配金氏季子諱世芬號仲先流寓錫邑三子諱履恪號昭事配戴氏七月初六日同父

殉難四子諱履慥號庸士配周氏同父兄殉難五子諱履恍號胥生邑增生配周氏同胞五弟兄與大司寇立齋公同曾祖兄弟也吾始祖若愚公崇禎乙酉年至錫後更名大章班班可考以莊等再四勸徵更正俾入宗統余將所見嘉慶宗譜只有弟兄四人而吾祖原名諱履惇已被前人滅去祖宗之名如何漫行加減吾將支譜重修更正詳載明白也宗譜內所有吾支世系世表等件概行抽還銷毀而已余自癸丑春起虔代

聖上脩身頂禮

大悲懺祈保平安至丙辰夏感蒙
大士賜夢直陳江浙垂危情形每早加拜
大學聖經全本兩載有餘始知吾祖原名毀沒百數十年
茲以一旦明之豈非
上蒼顯應可爲心誠求之雖不中不遠矣此謂知本此謂
知之至也徵本不通文墨何敢作記竊喜吾
始祖來源如此敬綴數語以示子孫
咸豐八年戊午十二月望日
九世孫徵沐手謹識

中山王遺像記

予之寓武林也常從徐君愼安遊時君適以言罷官將發矣手一冊示予曰此前明中山王像予得之鹽官族人定國子孫者受而觀之頰而髭豐頤廣顙左頰黑子一凝然古大臣風度憶少遊金陵莫愁湖登勝棋樓嘗獲觀王像蓋魏國子孫所世祀今所見無少異金陵陷賊後莫愁湖祀像不知流落何所而是冊乃獨留天地間俾後人得以展拜而生敬豈畫像之所值固亦有幸不幸耶又聞西湖僧量雲言是冊

之藏鹽官徐氏也徐氏發老且病十餘年來每丐其宗之有力者佽其棺衾直而償以冊貲冊某某皆思得之特言及直則輒靳弗諾某某固皆得意於祿仕非若比況君當廢斥貧無餘財歸裝儉若寒士而乃從發請酬之特厚失意者如此得意者如彼亦各從其志也量雲故楚北徐氏子以同姓故嘗識君是爲記時咸豐丁巳夏日施建烈書于寄軒

蘭畦別駕以抗言軍務罷官將歸適有以中山王遺像及其後九代十圖求售者遂亟値購之以示人曰

此余之宦橐也惠山本創有祠基將來刊刻宗譜當
一一增入以示後人其有志於敬宗收族如此時丁
巳初秋少京杜紹祁書

憶余於四十年前游金陵莫愁湖勝棋樓曾瞻中山
王像今蘭畦邇守自淛江去官旋里携王之像暨王
之後裔九代十圖見示即拜觀之見絹本多損裂惟
面目完好凜凜有生氣與勝棋樓像無少異後倩畫
工修補之復重加裝裱屬題數言余惟王之功績載
在明史吾友敬甫鄒君已錄其全傳於册何敢贅一

言因識數語以見蘭畦敬宗收族其篤於一本天性
有過人者時丁巳初秋竇承焯拜跋

竇册中山像鹽官久庋藏丹青半傷蠹眉宇炯含光
轉屬仍賢裔分題徧左方勝棋樓莫問塵世感滄桑
丁巳中秋月望日　秦昌煜拜題

徐氏義田記

裕十公文

余嘗讀錢公輔范氏義田記竊歎其心之仁法之創規模
之宏遠用意之深入人情纖悉周至費不過萬金而舉族
數百丁咸賴其養以爲士苟有餘財仿而行之度非甚難
顧乃少習鄉邦長而策名京國往來數千里中所見富家
巨室往往婢僕曳纖羅狗馬饜粱肉而族之人被短褐咽
糟糠曾不能分其絲粟其爲善者或出巨貲營佛殿買禽
魚構園池而畜之而義田之舉無聞焉夫豈無仁心緩急
親疏施之無序故也邇者奉　檄宰是邦距吳郡不百里

意文正之澤之漸被者深百世下當有聞風繼起者既下
車考圖志稽歷郊野義田之舉志不絕書祠宇莊房煥然
相望於道余同年友竇曉湘孝廉手一編示余曰此徐君
藹庭所置義田規條也幷命君子幹卿廣文傑樌乞余文
叩其始末乃益信吳俗好善敦宗睦族之誼未盡泯於人
心而徐君之過人者益遠按徐之先由郡城徙邑之坂橋
數傳至紹宗者本安氏出繼於徐又數傳爲靄庭君君
生不逾中人始年十四即承祖若父遺命孜孜爲贍族計
讀書力穡刻苦自奉有贏餘輒置田畝不妄費一錢雖處

亂離前所置產尺寸不敢棄前後共計一千八十一畝有餘都爲義田又有宅旁建屋一區爲義莊以儲租息奉祖若父栗主於中以誌所自蓋君自髫齡矢志歷五十餘年兩世未竟之緒至是始底於成余維宗子之法廢氏族放紛久矣立義田以收之饑有食寒有衣貧不能嫁娶喪葬者有助鰥寡孤獨廢疾者養之有差子弟無師者教於塾不幸教者治以家法有訟爭集議而平其曲直歲時祭祀親疏之誼長幼之序貴賤愚智之倫胥於是乎觀禮余故謂義田之制所以維宗法之窮苟徧於天下則天下可以

無事抑余尤有慨焉自范氏創舉義田吳中士大夫仿而行者奚啻數百族要皆始於本朝未有垂千百年子孫世守勿替如范氏者其爲善同而行之久暫不同何哉法未善則弊生物黨衆則易散著名不能假也今觀徐氏規條之備積累之艱大畧與范氏無殊誠得廣文兄弟慎守而擴充之安見徐氏義田不與范氏並垂天壤特念徐君有范氏風而余文遠不逮公輔曷足爲徐君重惟表揚風義以勵末俗守土者之責也爰不辭而爲之記君諱其曜祖諱雲翔父諱學禮均以義行

旌長子葆楨次子葆樹佐君定莊規者也季子葆梓佐君鳩工集事者也例得附書

光緒十七年歲次辛卯仲冬

賜進士出身知金匱縣事前翰林院庶吉士王念祖謹撰

滸壩改橋利農記

滸村之南百餘武有滸塘河橫立里許其東尾與東清官河一壩隔相傳古無壩水內達大旱不涸農田賴之明嵗歷時里有巨紳惑於風水始作土壩自此官河之水非車汲不能入遇夏旱滸河輒涸良田千百頃無以資灌溉豊歲則鳴鉦集桔槔於壩汲水救苗宵晝不輟一方苦之余友徐君少華同里則經逸帆先生之季子也負豪氣性剛眺每遇旱年鬧滸河東壩桔槔聲輙義形於色謂撤是壩建木橋行人仍便而水利以興光緒初元余歸自閩適邑

侯西蜀廖公樂興水利從少華之請招余與安君燮棠作勘形勢並檄少華董其役已舉工矣旋因事阻不果行少華以爲憾丙戌丁亥連歲旱暵凡滸塘之田得沾官河水者咸熟否則皆坐視苗槁而無如何於是迤西之河南巷烏土壩雲浦上等各村凡度水可達之處皆翕然慕之明年夏又旱不雨農正惴惴爲慮少華乃謀於里族同志者定議撤壩改橋號召願從各村通力合作春車實集三日而壩撤河通維少華生平好奇僻與俗多忤故里人有與不合者欲以此舉爲立異沾名有傷風水百計阻撓不

怯弱之人幾爲退縮而少華則堅忍不摇當衆誓於神前如有殃咎集於我躬衆惑始解厥事乃定光緒十四年八月舉工半月而橋成費錢四十餘緡悉自徐族公帳農田賴而舟楫通所謂水利者自此興矣因名其橋曰濟生蓋取利濟民生之義也越明年冬余自新疆解組還山聞之喜而不寐回憶十四年前偕廖公暨燮棠同御小車少華引看滸壩時忽忽若前日事不意少華有志竟成惜廖公燮棠之不及見也余因之有感焉少華一寒士耳滸塘無[illegible]河之田而能人言不恤陰禍不避沾利一方而不爲身

謀亦曷故哉假令移其志而見用於時豈不利濟蒼生稱循良於當世而乃偃蹇終身老死於戶牖之下見窺於田夫牧豎天厄其遇可謂至矣惟然而滸河水利之功不可沒也余願後之享其利者毋忘少華當日之苦心焉少華卒於光緒十八年十一月初十日年四十七卒後三月一子夢吉始生人偶一爲善天亦報之而得一子焉易簀時神明不亂不以後事爲慮而以手書事畧屬其繼配范氏曰吾生平所爲祇此滸壩改橋一事差可慰心嚴某知吾吾死後汝必爲吾乞嚴某記之九原無遺憾矣茲果請記

於余余不文何敢言記爰爲敘述顛末以不負亡友之遺囑云儕邑族同志從事者爲徐挹泉繩武少伯子昂物壽汪燮亭也然是舉雖成於少華諸君而始議則發自廖公玆既記其事於石則飲水思源不可不尸祝廖公於滸河之上以誌不忘所自兼以風後之令斯土者俾知爲治當以興水利爲首務焉庶是記亦不無有裨於地方云

光緒二十年歲在甲午春三月

同里前任甘肅新疆迪化直隸州知州嚴金清撰

監生嚴汝修書

重建孺子公祠門樓廂房記

余未弱冠時適值粤匪南竄隨先大夫雪村公學習軍務於金陵大營克復後漸入仕途奔走於燕齊楚越等省以及派參德國公使王事鞅掌不遑甯處已丑歲督辦金陵機器局兼襄辦文闈事務事竣回籍謁墓並謁始祖　孺子公祠於惠麓僅有享堂三楹四面墻垣傾圮遂以謀之族人欲以興工復建門樓暨修築等事無有應者謀諸逵先逵先曰但有其心而無其力何得以致之倘藉祖宗在天之靈默呵護

之幸而有成心力交瘁所不懼也余曰善哉子其行之於是逵先冒風雨披霜星易寒暑塵飯塗羹在所不計凡族人散處四方者不問東西南朔而往告之以勸其資助幸而衆擎共舉樂於捐輸即於光緒十七年二月十七日動工庀材鳩工重建門樓三楹東西廂房兩個墻垣門戶窗槅俱極堅固共費錢一千餘百緡皆出於族中諸衆彥業已告成庚子秋余自京師歸再謁　孺子公祠見祠中美輪美奐肯構肯堂逵先告余曰上賴祖宗之靈下賴同族之義逵先

奔走於其間五年來始克竣其工余曰工作之初苟無其人經之營之何以克臻美備若此乎子其落落難合有志者事竟成也後之子孫飲福受祚之餘而燕饗於寢室者其無忘違先之一片苦心云爾是爲記

光緒二十六年歲次庚子孟冬之月

誥授資政大夫花翎二品頂戴三品卿銜專摺　奏事督辦京師農工商務總局　記名出使大臣直隸補道南州六十三世裔孫建寅謹記

一亭公入祀忠節祠記

一亭徐君名桂金匯人也與余交三十餘年凡問字析疑賞花玩月無不同心同志爲王人月師器重弟子余學詩於師師每多委一亭批謬故余得一亭之教也時至今日風流雲散可悲也夫況一亭遭庚申兵劫四月十七日全家夫妻兒女四人殉難於梅邨鄉次最可憫者子萬昌見父母受害之際詈其賊詈而後被賊亂刄而死豈非天性也歟惜一亭生居寒素無當道有力者表其父忠子孝之節幸老友雲村

丁君姪孫惠源知其詳故余略綴數語并偕二人於壬申八月初六日置木主權入忠節祠異日惠源輩必高大門墻再奉入本祠無失祭祀實有厚望焉一亭著有花龕小瓊樓詩詞等集中有謝友人惠畫云山水待人情氣薄乾坤變我意還輕朋居云衣雖未敝無人共門縱常關有客來亦可想見其人品之高趨而不逮永其年眞可哀也已

同治十一年歲次壬申臘月初九日呵凍作於梁溪寓齋古歙同學弟項繼皐拜書

謹案伯瀆港支一亭諱柞以咸豐庚申粵匪南
來闔門殉節克復後經蘇州采訪局查悉列入
奏案
署江蘇巡撫郭 奏據蘇省采訪局詳忠義第
九案內稱查得徐柞係江蘇常州府金匱縣人
捐軀殉難奮身不顧父忠子孝足振頹風堪以
建坊列入 祀典以彰忠魂等情同治六年六
月初八日奉
旨著交部分別旌卹欽此同治六年九月初四日准
禮部咨開查照例案分別建坊入祠可也等因
在案茲據該本支一亭公之堂姪祥甫攜來入
祀忠節祠記一篇並飭知一套請刻入等情前
來達先既嘉其爲人又慕其忠義列之譜中以
爲後世孝子忠臣者勸
光緒二十八年春王正月南莊支達先謹識

錫山徐氏宗譜

傳芳集

唐南州二十八世孫堅元固氏同姪嶠巨山氏合纂
唐南州三十一世孫放達夫氏同弟繼書氏同修
宋南州三十三世孫鉉鼎臣氏鍇楚金氏男元級靜庵氏重輯
宋南州第四十世孫錫山嘉晉堯咨氏同男日向允明氏原纂
元南州四十四世孫憲元傑憲元光憲元表憲元讓憲元度憲元敵原輯
明南州五十二世孫毘山汝龍鳳池錫山顯龍叩庵氏彙輯
明南州五十二世孫膠山鄉樹集洲膠山瀛梅禾湖氏編訂
清南州六十四世孫錫山社岡里建寅仲虎氏重輯

歷代名人題徐氏廟祠諸詩

宋

題偃王廟　　汪藻

石馬金魚識故宮斷碑殘碣覆杉松誰憐邦國干戈
地空有塗山玉帛踪芳草滿庭留晚色斷雲連埜歛
春容中原逐鹿歸狙詐此意悠悠委暮鍾

又　　劉章

楊榆青蔭密不記幾周星造化留神迹山川受地靈
一時捐玉几千古享彤庭仁義終難泯丹心照汗青

又

徐王遺踐地花落舊巖阿山鬼下茅屋野禽啼苧蘿
列祠溪上見疑塚草間多寒食思家客空山記所過

明

讀唐張曲江撰孺子公墓碣　　陳獻章 白沙

故人已謝陳蕃輩欲起先生在帝桓自昔山林輕祿
位至今朋黨惜衣冠尋常笑語諸公接七十支離一
老看誰謂開元張相國重磨碑碣寫心肝
杜陵烟艇草迷茫相國銘章今在亡人物一時堪輔
弼斯文千載共輝光眼中斷送蒲輪返原上來攜絮
陌香事異鑿坯終遠去鴻冥天濶道之常
陳蕃寶武使人悲却憶陳蕃在郡時他日蒲輪應未
信平生木榻竟何裨事機成敗終難算天命去留那
得知萬古西山一回首風清月朗聘君祠

又　　張元楨

煌煌赤社盤千古岌岌危樞擁一桓久辨中林難逐
鹿誰能新沐不彈冠過人風節閑人立一代人才萬
代看若道此生忘此世東湖秋月是心肝

芻牛莫致安車載束草誰憐知已亡心了先生此機
藏跡于夷惠更輝光丹山威鳳出非偶空谷幽蘭死
抱香冷眼笑渠鈎捕者强將古手正天常
箇裡興亡箇裏悲亦專人事亦天時鴻冥儘教諸公
望天缺安能片石裨苦節好輪安節好一夫知愧萬
夫知乾坤試着千年蹟若箇高人合並祠

又　　江西 羅倫

黨錮諸君骨已寒先生雙眼獨桓桓不煩使者重懸
榻懶逐羣兒學挂冠高士風標天地老曲江文字古

今看生芻一束東湖水無限清光入肺肝
丈夫元有支天力漢室誰教自取亡不動客星煩太
史獨留芻玉酹嚴光中原烟草貂璫暗南國風花木
榻香杖畔几時來好語先生開戶繫天常
說及東都萬古悲何堪人事繫天時羣雄睥睨終何
及一代人才信有裨黨籍儘教諸子與天機難與此
翁知解嘲莫笑揚雄論誰書陳蕃入此祠

又　　夏亭　夏寅

漢家陽九重罹厄痛恨本由靈與桓事有太阿先授

柄理無鮮屢倒加冠何消黨議焦頭拯盡被奸雄冷
眼看萬古清風一塵榻南州不起正摧肝
秦施法峻鴻先舉漢到陵夷鹿再亡黨籍眾方搜李
范廟誰復念高光東京黃耇出何補西澗紫芝春
自香一片曲江鑴後石至今文采映綱常
一本支傾本自悲中原回首是何如衣冠黨錮三靈
改名節光華百世裨事到開元皆定論機於諸子最
先知寒煙野水東湖上有酒唯澆孺子祠

又　　徽州　范涞

當年誰共扶炎祚梁是將軍主事桓鳳在中原疎結
綱鴆飛空海肯彈冠江山落日情猶繫禾黍秋風眼
倦看千載摩娑讀遺碣不堪回首惜中肝
欲尋高士名空在得見遺文道未亡大廈縱難支一
木西京猶自有餘光原邊野草爭秋色壠上迷花駐
晚香不是飄零甘避世憑將出處繫綱常
殘鐫斷薜足堪悲況是西風日暮時號令不曾歸主
辟匡扶何以望偏裨鼎無輕重難勞問鳥有雌雄世
未知懸榻亭虛梁日落依稀顏色墓前祠

偉長先生中論目錄序

臣始見館閣及世所有徐幹中論二十篇以爲盡于此及觀正觀政要怪太宗稱嘗見幹中論復三年喪篇而今書此篇鈌因考之魏志見文帝稱幹書中論二十餘篇於是知館閣及世所有幹中論二十篇者非全書也幹字偉長北海人生於漢魏之間魏文帝稱幹懷文抱質恬澹寡欲有箕山之志而先賢行狀亦稱幹篤行體道不耽世榮魏太祖特旌命之辭疾不就後以爲上艾長又以疾稱固辭而不行蓋漢承

周衰及秦滅學之餘百氏雜家與聖人之道並傳學者罕能獨觀於道德之要而不牽於俗儒之說至於治心養性去就語默之際能不悖於理者固希矣況至於魏之濁世哉幹獨能考六藝推仲尼孟軻之旨述而論之求其辭時若有小失者要其歸不合於道者少矣其所得於內者又能信而充之逡巡濁世有去就顯晦之大節臣始讀其書察其意而賢之因其書以求其爲人又知其行之可賢也惜其有補於世而識之者少也蓋迹其言行之所至而以世俗好惡觀之彼惡足以知其意哉顧臣之力豈足以重其書使學者尊而信之因校其脫謬而序其大畧蓋所以致臣之意焉

直龍圖閣學士前豫章太守南豐曾鞏拜書

附偉長先生傳畧

鞏謹案偉長先生家史考之偉長先生爲東漢南州高士孺子先生之長孫也父諱曰亂字季登其高尙有父風叔諱曰曜遷國子祭酒弟曰庶仙醫濟世隱曰察爲博學宏詞科先生生於漢魏之間凛然有祖

父之風自豫章之南昌而遷北海魏文帝與吳質書曰徐偉長懷文抱質恬澹寡欲有箕山之節可謂彬彬君子者矣著中論行於世皆建安七才子中之一子一曰盛字文衢因避亂遷居於瑯琊後歸仕於吳拜爲中郎將别號曰江表孫曰自得智勇過人由文而武都督中外諸軍務晉元帝封爲陽陵侯字曰昭明昭明子曰時儀襲封爵位時儀之子曰寧仕晉爲吏部郎中生銓銓生熙字靜期亦仕於晉由太守而至尙書兼通黄帝內經窮參素問靈樞二書世號曰

仙醫任太守時曾於九世祖孺子先生墓隧種松至今挺植本若虬龍拔地蒼蒼蔚然大觀熙公宅在浙之嘉興因中夜井中放五色光遂奏聞晉成帝而願捨宅爲寺帝賜寺額曰靈光寺後改爲精嚴寺云寺卽熙公之故宅祠立於精嚴寺旁熙公之子曰豐之爲蘭臺二十四賢之一豐之子曰欽之宋武帝時爲秘書監欽之之子曰逵之爲六朝振威將軍而生湛之字曉源宋元嘉二十二年爲衡陽尹二十八年爲僕射而爲駙馬樹績立勳於朝賜謚曰忠烈生子曰聿

之聿之生孝嗣初爲丹陽尹齊明帝建武四年爲尚書令孝嗣生緄緄生二子曰揖曰擒揖仕於梁爲太師令揖生勉字曰修仁自幼孤而且貧清操雅斷被若秋月後仕於梁年爲太宰擒歷仕梁陳爲戸工二部尚書娶臧氏夢五色雲化爲鳳集左肩而娠遂生天官孝穆公諱陵數歲時有聖僧寶誌公以手摩其頂曰此子乃天上石麒麟也自夏朝伯益公而下至孝穆公凡九十一世又十三傳而至北宋學士鼎臣楚金兩先生輩前金十三派凡百有六世其間忠孝節烈筆不勝書再俟大手筆續敘之也

曾輩謹識

中山王像册

夫國非將帥之立功雖英君不武家有祖宗之傳書即異代如新是以銅柱壯猷赤伏之金甌無闕鐵券堅誓婆留之玉葉弗衰也而況義首從龍佐匹夫以匡大統勞深汗馬經百戰而懋元勳俎豆報於前朝丹青藏之遺裔如中山王徐者吾蓋觀像而有感焉惟王發於畎畝起並濠梁輔弱冠之英年有從軍之遠志當時天雨毛而驚變石眼開以興謠黃屋瓦崩紅巾麻亂苟昧良禽之擇木亦思逐鹿於中原將矢

狗死留皮之忠嗟非得主負虎飛食肉之異悔失封侯大抵英雄只論成敗初或為開門節度而弗屑終則欲臥榻鼾睡而誰容鴻鵠之舉不高翻貽笑於雀族鷸蚌之爭未定已收利於漁師古嘗有之良可慨已王獨於芒碭數卜年後覘王氣之上升雲臺廿八宿中應大星之如斗來歸眞帝命作總戎一則如鄧禹之識人一則如漢高之善將凡征十有六載惟癸巳至戊申自東南而西北勇先一旅拔考叔之弧蝥威振六軍執郤克之桴鼓無戰匪克有功不矜受降

既得衆以寬持法更與恩相濟曹彬攻城而託疾惟恐殺一人民李勣勝敵而得金盡以散諸士卒用能鳥鳴丏上蟻埽穴中三箭以平百蠻一槍而定九鼎此即智如誠意只籌帷幄而未載兜鍪驍若開平但奮干戈而不事斧鉞宜其登淮陰之壇十丈尋訏少年賜汾陽之第千區特蒙上賞何其盛也豈不榮哉然而風雲會固非常魚水歡尤難得沛公大度且忍為功狗之烹藝祖推心猶巧諷兵權之釋彼洪武何如主耶於此而懼滿不若崇韜爭長或同徵德吾恐

伏波被謗豈必眞有明珠文種遭讒卒不負乎賜劍況縱畫奴而不縛亦明知黑子之安逃在王惟出至臣下之苦心而人早陰中其前以蜚語機甚危矣爾將及之乃卒以一德格天片言悟主猜忌默消於愈鑾宮貴長保夫始終謂非獨屏樹下之有眞安在醉臥殿中而無罪乎至於武侯食少嘗僵瘍生班師而虎騎泣多禱疾則龍顏憂重說者謂鵲醫四召猶難同天策之剪鬚鸞炙一盃迹頗類壽春之飲藥是則史臣所未載竊疑影事之無徵也所惜者廉頗未老

而先袞裴度還朝而遽逝自失擎天之柱旋來動地之聲蛇乃鬥於鄭門鴟竟毀夫周室假使老臣尚在北平豈能長征嗣主雖孱南內何妨高臥伏兩朝之經濟定七國於指揮必不令晁錯算謀釁起削桐之漸瘤生姑待患遺滋蔓之深燕子不來王孫無恙非特姬家叔父永作親臣抑且石碏男兒亦爲肖子又何致赤舄妄希夫白帽黃袍竊易以緇衣子奚入而昭公出奔曲沃强而孝侯被纂甚至六宮灰洒都成望帝之魂九族血流竟絕讀書之種哉嗚呼雖天未

厭兵而不弔亦王之遺恨於無窮者也今者碧瓦風飄不見華蓋之殿朱門草没誰尋大功之坊而一燈英靈千秋完好鬼神呵護孫子留貽紅羊之刼不同灰白虹之氣猶欲吐入桓厨而永守比魏勞而加彌我友壽魚王苗裔也談將門之駿烈示王者之態姿重付裝池忍見其壞不加修飾懼失厥眞嗚呼馬璘讀家傳而慨然未聞有畫謝運述祖德之貽厥弟書於詩從古所希於斯爲盛雖名垂宇宙不關粉墨如生而狀識冕旒絕勝弓刀自動毛髮森張乎風雨精神比植夫山河誰貌褒公技神曹霸我慚永叔像記鐵槍壓松年中興名將之圖雖其開國笑文烈下拜先人之影重此傳家

應笠湖先生原題　　李培謹誌

泰掖公疏畧

天啟元年六月南工科徐憲卿條上入覲事宜免覲之數當寬（撫按調繳多留循良）糾擾之罰當重（自備腳力毋科民擾驛）違限之法當嚴（稽查往來水程）至於署篆之人速當議定（擇取鄰邑郡佐之有品望者攝之毋落貲郎猾吏之手）署印之考速當議行（既有考成成知振勵出兩朝從信錄通紀並載）十一月蔭南戶部侍郎孟養浩一子入監從南科臣徐憲卿請以功在國本故也（出兩朝從信錄通紀並載）三年三月南科臣徐憲卿奏天下安注意相天下危尤注意於救時之相請一外一內相間而列

尤望會推諸臣去桃李之私化門戶之見勿擁戴以市恩勿占風而投契務求眞實幹濟以資爰立（出通紀及明紀編年兩朝從信錄全載疏語）四年六月楊漣疏入逆當持之不下倖辭廠乞罷而旋矯溫綸慰留乃徐下嚴旨切責漣於是一時大小臣工無不義憤科道則有魏大中等南科則有徐憲卿等（有權當罪狀一疏）先後申疏無不危悚激切而總受抑於煬竈之姦一高下其手而得罪之輕重攸分矣（出兩朝從信錄質紀通紀並載）八月南工科徐憲卿奏江南水災自四月二十二日至五月二十四日雨

點如拳凡三十餘晝夜不休兩麥浥爛無顆粒矣乞勅該部亟議災重者蠲災輕者折（出通紀兩朝從信錄全載疏語）

嘉慶十有七年歲次壬申八月既望續修家譜於北宋學士鼎臣公東膠山舊宅古十笏堂

鐙湖先生自遣詩

抱書作枕夢難成燋悴終朝爲舌耕試粉不煩人主
麵繞池疑近蔡州城陽春有調空搔首幽谷無聲莫
聽鶯自笑自憐還自喻得親書史也非輕

此己巳五月望日　先生自遣作也越一日　先
生驟患喉疾遂至不起距易簀僅八日耳豈詩中
第二第六二語竟成詩讖耶　先生次君近宸灑
淚錄出而囑朝爲之跋展誦遺章凄然欲絕不知
涕之何從也時

嘉慶十有四年歲次己巳五月二十有五日愚姪壻
夏翼朝敬跋

疊和原韻一首

紛綸經義仰康成梓里頻年寄筆耕每托清吟消永
晝何緣痼疾返幽城風流頓盡悲如夢柑酒猶期共
聽鶯我是羊曇感知己愴懷奚啻一身輕

姪婿夏翼朝頓首拜草

疊和原韻三律 并叙

先生素躭吟咏其捐館前八日爲詩自遣中一聯
云陽春有調空搔首幽谷無聲莫聽鶯夏孝廉翼
朝跋其後謂幽谷句適爲喉疾之讖噫信有之乎
余與先生曾未謀面先生之女夫章茂才甫者吾
甥也以詩示同人囑爲輓并次韻讀其詩往復不
置因愴念一生和成三疊

玉樓詩讖詫先成從幾經師事筆耕銅海貽謀留蕙
圃雀風吹夢斷書城醫無靈藥嗟吞炭谷少芳踪想
聽鶯自古考終歸五福帝鄉乘去白雲輕

雖未瞻韓敬老成寸田能道子孫耕齒尊鄉里扶鳩

杖志愜林泉謝鳳城隨雨送梅新易簀餘柑在谷舊
求鶯誼深友愛追仙跡看破浮生一羽輕

鳳雛畢竟羽翰成揚顯他年祿代耕地下修文仍絳
帳堂前嬌客泣青城空嗟酒聖觴辭鶴難向琴仙字
訪鶯莘末關情亦灑淚輓歌聊抵束芻輕

姻愚弟趙金芻頓首再拜

疊和原韻四首

長年燋悴庾蘭成周甲辛勤筆舌耕讖語竟符康節
夢遺書待寫洛陽城月明華表歸來鶴春盡江南執

聽鶯是否仙遊主春館爲靈應覺玉棺輕

年愚弟汪道平拜稿

梓里芳型重老成畢生辛苦硯田耕傳家最好聯雙璧擁卷何慚面百城顧影西風驚斷雁關心幽谷詠遷鶯淒涼剩墨聊追和感愴重泉萬事輕

姻愚弟祝百十拜手

昭文不鼓悟虧成自嘆精神敝筆耕魂斷長懸高士榻仙遊合住化人城斜陽如昨空悲鵩斗酒何時復聽鶯腹有新詩留客和情深未覺世緣輕

晚弟蔣鍾拜手

慘澹經營語識成精神久敝硯田耕騎鯨午夢超塵網不盡芳型記管城人去玉樓悲化羽琴亡絳帳冷春鶯青囊深愧藏丹藥莫挽凌霄鶴馭輕

世愚姪何春煦拜草

泣血詞二十四絶 并小序

不孝 母嚴太孺人苦節五十四年慟於嘉慶七年六月八日見背春秋七十有六 不孝 昏迷苦塊沉痛往事溯太孺人以二十一來歸二十三遭府君含英公以勤讀積勞謝世時 不孝 血裹麻衣甫生四月耳閱三年王父燕翼公又以无疾終繼祖母温太君悲哀病革太孺人禱天刲股旋起沉疴復延一十九年棄養嗣居外大父母喪太孺人追念劬勞持齋三載以報 不孝 幼

多疾病出痘險甚太孺人衣不解帶食不下咽者四十餘晝夜嗚呼母氏兒瘁若是 不孝 逭天之幸曷其有極耶先府君僅一長姑出嫁早卒既無伯叔妯娌可分太孺人之憂 不孝 且鮮兄弟姊妹以釋太孺人之慮而太孺人孝養舅姑敬禮賓師展親睦族守節持家儉則荊釵布裙勤則虀鹽井臼饋問往來禮有等差居常寡言笑內外整肅男婦各事耕織太孺人修己治人如此人饑周以粟人寒施以衣人遇災厄未有

不矜恤之者乾隆五十年歲大祲不孝仰承
慈命施賑於鄉凡數閱月有司以名上於
朝特邀
鉅典恩賜職員太孺人樂善好施又如此乾隆五十
四年族黨姻親嘉太孺人之貞操懿行請於學
校達於
朝旌門如制今已矣不孝煢煢在疚何敢言文惟痛
太孺人之艱危孤苦什伯尋常不忍泯沒用是
泣血濡毫略序梗概悲聲嗚咽不知所云

哭溺劬勞母獨賢未成六尺父終天麻衣血裏呱呱
泣御恤恩深五十年
淑慎柔嘉秉性貞來歸兩載郎為孀只因襁褓宗祧
寄身重如山人未亡
黃鵠長歌泣素帷捧匜子婦一身兼善承堂上含飴
樂不使心傷膝下殲
全憑大父費支持背棄何堪命數奇從此一門皆隻
影憚惸三世鞠凶罹
整齊內外肅兼溫鍾郝依然禮法存饋問素諧親黨

誼生芻此日奠盈門
樂善非關種福田好施饑粟與寒棉至今貧舍交相
述扼腕聲聲頌母賢
八袠猶須假四齡一堂三代奉椒馨胡為日落崦嵫
景萱草萋萋燐火青
一息難同天地春此身莫贖百年親縱然事死如生
日栝棬終非口澤新
有生呼吸命相依寸草春暉露已晞擗踊號天天莫
應慘將衰絰換斑衣

小斂髽簪大斂衾慈顏猶得見愔愔蓋棺頃刻成千
古色笑從今夢裏尋
類櫛烝烝靈座前白華無力可呼天晨昏哭進三餐
著菽水還期到九泉
苦塊餘生慟七哀不如依慕在啼孩香燈一盞寒孤
影何路飛魂伴夜臺
傳眞泣作在生看色笑空存骨月寒白髮蒼顏猶顧
我傻乎有兒莫承歡
遘姑病革勢難安刲股延齡懸肺肝到老血痕猶未

泯一誠留與子孫看
追念恩勤父母身持齋三載報雙親祇緣守義歸甯
少至性長懷孝未純
血灑春秋淚欲枯豆籩酒醴婦承夫隱憂所祝惟成
立兩代單傳一線孤
靡依匪母刻呼雞何恃誰來恤藐孤獨我昊天眞罔
極孽深反哺不如烏
章角無知謀北堂一椎忝附列宮墻青衫不自丸熊
出失怙何人教義方

頻來外侮忍凌欺巾幗尤難門戶持多故況遭家不
造一生逆境善委蛇
卅年守業繼先人門祚雖衰德未湮不羨傳家金滿
篋祇知名義重千鈞
辛勤起早夜眠遲耕織桑麻事事宜可奈分憂無妯
娌蘗砧惟有九原知
含辛茹蘗等荼芬終年荆布是釵裙本來澹泊操冰
雪不但居孀儉孔殷
全受全歸六月中嗣今扇枕向誰風年年露灑蓮花

淚哭誕辰隨哭忌同
巍巍綽褉煥 龍章節孝祠分俎豆香仰仗
恩綸垂不朽蓼莪抱痛與天長
嘉慶七年歲次壬戌冬月
不孝玉純藍田氏泣血謹述

又作

讀此詞兮淚滿腮依依馳慕仰慈幃任他鐵漢心應
慟有淚當從此集揮
刻此詞兮讀此詞行行摹對細躊躇總祈一字無差

錯方盡今朝任所之
摩挲兩手淚頻揮說有模糊細細猜詩是藍田親泣
血刊從小子按行排
節操從來總格天母慈子孝世稱賢起麟後裔應昌
大和氣盈庭自得先
秋堂於嘉慶甲戌閏二月偕伯濱埠支再姪孫
有源續衍增輯宗譜於貞壽堂督刻前詞悉心
校對已被梓工刊訛捧讀之下黯然神傷曷勝
痛念劬勞忽忽三十餘年如一日能不令人悲

感揮淚盈煩濡筆而書四首於末殊不自知工拙耳逃韻之病亦無暇檢柬觀者幸爲解之北宋舊宅秋堂氏謹述

光緒二十七年歲次辛丑孟冬月達先氏重刻

贈玉田先生 五律一首并序

歐塘玉田徐先生者余之神交友也嘗思交友必擇古人之至言也然交有幾世而多泛泛交者余不喜之喜則喜以心交心交莫若乎神交爲尤妙如吾於徐先生則有焉心馳神慕惓惓於懷因述其所爲以述其梗概云

履道素彬彬誠哉君子人懷文承世德守樸任天眞其仰鄉中彥咸推席上珍循循敷訓誨遐邇奉西賓老我夙聞名猶慚未識荊神交空恍惚心賞不分明

詎意聯朋秩旁求到友聲先施能似此準擬締新盟

再贈玉田先生世紀 五言二十韻

粵考徐因國遥遥華胄聯焉兹追世系於以溯流傳伯益支分紹駒王緒允延文光輝斗極逸氣耀星躔雉戢南州翼蟠蟠北海淵彬彬徵萬古肅肅集英賢清白榮當代忠貞著昔年雄才幾壐地定命早承天寶誌欣摩頂洪崖笑拍肩祥麟應兆瑞渴驥會奔泉用是尋圖譜爲君細討研四時勤述祖一德統遵先垂佩多成玉耕心便作田靜深同豹隱浩蕩狎鷗眠

機械渾忘矣優游故裕壽風亭鳴鼓吹月觀寫拳拄
十指豎鑑爾三宵思渺然荷輿停白社陳榻擁青氈
方略經綸濟宏詞琬琰鐫諸誼循教授長此撫瑤編
陽湖馮翼庭敷階氏頓首拜題

靄亭徐公暨德配諸太安人六旬同慶壽詩

六旬雙壽一家中瑞靄盈門喜氣融敬恪如賓伸冀缺儉
勤偕老賽梁鴻椒花酒獻千鍾綠桃實枝蟠疋樹紅翹望
長庚增朗耀少微星與婺星同
木公金母列仙班歲月逍遙閬苑間三祝樽罍開北海九
如詩句進南山蘭堦毓瑞幾枝秀萊綵承歡五色斑何必
採芝兼餌术養真自可駐韶顏
孝穆家聲累葉函解衣推食梓桑周仙翁常極常娛樂王
母西池共晏游嘗雨祝鼇觥介兕故鄉循例杖扶鳩從來

仁者原多壽天錫康强孰與儔
植槃齒德重梁溪綸綍頒封荷紫泥彈指華年逢耳順既
心樂事得眉齊熊丸教子青衿賦鶴算同庚絳縣稽望族
高門原直著傳瑒聿把瓻詞題
光緒四年歲在壬正月吉日
嫺姪楊驥浩頓首拜題
計逕十載[illegible]日[illegible]風見性真睦族能師范氏法[illegible]
鄰常指尊公困南州風度思高士東海星輝頌老人我亦
[illegible]欣譽鑠通家共此祝長春

春風扇暖遐重鬯周甲筵開泛玉巵芹藻香濃凝子舍芝
蘭秀挺茁孫枝此身自抱九仙骨他日定齊百歲眉何俟
不才勤華祝德門餘慶已先知
光緒四年春王吉日

通家愚姪華鴻模拜題

十畝陂塘五畝居湖山深處靜相於親朋屢餽監洞粟鄉
里爭迎下澤車酒料遠畦供秫稻山厨終歲足鰕魚散仙
清福大能許不假長生肘後書
耆耋嘉耦亦華顛同駐韶光䄠壽天术序芝岡借隱樂金

文卞札上眞篇倘書風月娛今夕孝穆文章屬後賢記取
他年眞率會金鯨重瀉酒如泉
光緒四年春王吉日

世愚姪鄒厚培頓首拜題

童顏鶴髮杖鄉年海岳清華滿大千吉戊春臨明壽色長
庚酒晋傚瓊筵蘭蓀繞膝齡延永松栢齊眉祚𢇍仝積善
慶餘躋上壽綵衣戲舞玉堂前
戒𢓨崇德夙心盟教子詩書副盛名譽著凡龍承祖澤秀
培三鳳振家聲椿庭嘯演春秋富萱閣篝添福祿賡嘉話
倡隨符甲算　綸音遥錫畢瑤觥
光緒四年春王吉日

世愚姪陶嘉采頓首拜題

鴻案眉齊獻壽忙筵開六秩晋霞觴辛盤恰肩銘椒頌子
舍新吟采藻香王謝清才如鶴立劉樊仙偶喜鸞翔本公
金母古難老天錫期頤樂未央

世愚姪過炳頓首拜題

保稚家風好箇如壽筵開處列簪裾百年眷屬齊鴻案雙
影湖山輓鹿車松鶴高情忘黻佩紫桑嘉耦託耕鋤郎君

才筆尤清發天上麒麟信不虛

姻愚姪蔡鳳沼頓首拜題

玳瑁筵開碧玉堂椿靈萱茂景方長蔗鍾患難仁還壽星
映臨宮作有芒周甲鹿車欣共輓闔庚鴻案快相莊鳳毛
濟美應與美舞綵先看奉鶴觴

世愚姪孫思敬頓首拜題

望氣佳哉板橋之東瑞靄萬千止東海名門岡陵獻頌耶
耶仙島玳瑁開筵既拜木公遂參金母雙照華堂日月同
遐棋美有孫繩祖武見象翁賢。

豈惟福壽能全更厚德吾曾無間焉彼賢者多財何嘗爲
累富而好禮孰不欣傳乘下澤車騎欵段馬鄉里善人陸
地仙呼祝史爲我歌旣醉景福綿綿

右調寄沁園春

光緒四年春王吉日

姻愚姪胡㞢福頓首拜題

徐君少山公贊

予悲君之不可復作兮忽覽觀乎遺照溯昔而懵懵兮諦
视猶疑其未省顧知君之深莫如余兮亦何容論乎形貌
懿夫内行之克修事高堂以純孝與人交必圖厥終非止
競夫紵縞獨與予兮神覩若金石兮同調探六經之微言
惟先民之則儆君之志洵遠且大矣其才復高以妙造秉
鐸而溢乎江矣自克振興夫文教吾鄉忽罹夫水患兮桑
梓咸被夫恩膏忽焉而徂逝兮何昊天之不弔予重悲君
之遇盛時兮用未展其大效余卜君之有賢子孫兮必將
大其食報聊一言以紀實兮頻執管而嗟悼後之人孰傳

儒林與循吏兮庶令名之終耀

例授徵士郎　晋階儒林郎道光乙未科　恩貢進士候

選直隸州州判

欽加直隸州州同銜世愚弟竇承焯拜題

遷居惠灣支諸祖贊　　王召棠

茂德公贊

卓彼前修勤學好友乃遷惠灣瞻山仰斗敦厚慈祥有爲有守始闢草萊爰置田畝惟讀與耕名成不朽佑啟後人流芳永久

成公行贊

是惟成公克紹遺矩抱樸持身心存太古誠信待人春風和衆甫廟董程拓新殿宇勤儉操持樂於農圃忠厚栽培燕翼詒羽

子安公贊

質實古樸任劇理煩憤慨其性侃卓其論片言瑣行信服鄉村大啟爾宇式廓田園八旬雙慶兩贈
皇恩綜家三世以業詒孫

廷昌公贊

世風澆漓兄弟乖張媿其異母彌見鬩牆君敦古處克念鞠子母有二人弟無異視自少至壯自壯至老無或相尤終於相好求之古人誰與頡頏嗚呼末許許家之宴庶幾王氏之祥

延祚公贊

母有賢娣惟我之姨作嬪於公舉案眉齊允世通家久欽嘉德克恭厥兄克宜爾室形容瑰瑋心性寬和質而且樸惠而不苛吁嗟乎先民之矩矱可以爲後生之觀摩

貞節烈女詩并傳

五言古詩十六韻　周貴樽

貞節本庸行路之重岡巒人貴爲其難一日千古亂
卓哉郁氏女空谷之幽蘭結髮尚孩幼矢願終團圞
吁嗟年十九鳳去天不完孤鸞失比翼仍寄一枝寒
含茶依父母飲泣淚未乾滅性忘青春毀衣裂羅紈
及年四十餘歸守徐門闈辛勤奉舅姑妯娌遍和歡
機梭十指禿日哺飢未餐撫姪如己出延師慈訓端
成立既婚娶蘋蘩心庶安具彼丈夫志勿以巾幗看

亘古清操重　榮旌應不刊

五言古詩二十五韻　史振鐸

天地精英氣由來鍾婦人貞烈流芳久冰霜節操真
娟娟郁氏女竊祿合絲繙芳年十有九猶然處子身
所天忽長逝聞訃哭酸辛夫死今已矣妾命安足珍
毀容不自惜歸徐哭夫神持服行喪畢何處奉清塵
誓死無它志長齋茹菜蘋一室影爲侶梵誦達晨昏
堂前舅姑老孝事如雙親妯娌無誶語臧獲感深仁
撫姪爲夫後教誨延師賓成立完婚配千秋俎豆循
巾幗丈夫志白石阿磷磷栢舟古奇節方斯堪比倫
豈無膏沐飾眉嫵誰笑顰豈無蘭茝佩骨氣自氤氳
此心甘灰燼安忍負幽冥青春悲喪偶淒切苦荆榛
矢心金石固勁質凛松筠閭里自生色門第日益新
卓哉徐烈婦塵途莫問津潛德幽光發宜奬列崇禋
竊仰高風古俚句表沉淪

謹案貞節烈女郁氏汝楫徐公之聘婦也年十九歲未婚而公卒守貞二十餘年誓不更嫁年四十歲歸徐門爲婦心堅鐵石志礪冰霜事翁

姑以孝待妯娌以和飲蘖茹荼寔如也爲夫立後以畢素願而卒士大夫爲之歌詩以佳其節操云事載邑志

乾隆六十年歲次乙卯仲春月

敕授儒林郎江蘇揚州府高郵州同知加三級王游

頓首拜撰并書

誥授奉政大夫
欽加五品銜
賞戴藍翎候選州同子勤先生軼事

大夫者字子勤卽孺子公七十二世孫也少有大志不甘遊嬉讀書過目不忘工字得顏柳之體其先祖父最愛之嘗謂孺子可教必能振起家庭也時遭兵燹遷避他方而大夫年祇十齡耳侍奉高堂早夕不離左右事家之道已能井井有條雖處患難之秋而量入爲出佈致裕如及至克復重見天日但滿目凄凉家景蕭然大夫慨然曰人生

天地間不能有爲于國而問舍求田終老牖下者非吾素志也時湘鄉曾文正公創立製造機器局于上海爲國求材如饑如渴大夫年近弱冠仰蒙其選奮習測量畫圖諸學又遇二品封典堂伯雪村公早荷江督聘請在局繙繹格致諸書故每于公餘之暇親領訓誨教授西學極意研求頗有心得以致識見較廣者欽服其家學淵源耳光緒二年各省需用軍裝甚迫日夜製造緩不濟急設立襲造分局于龍華遂由此始其間辦事勤能製造精良者舍大夫而誰上遊知其能委調龍華分局事任勞任怨不辭艱

難躬行則寅畏小心馭下則寬猛並濟所有機器向之搆自外洋者大夫出心思以創造之所有工程向之不能限期者大夫每勉勵以督率之木牛流馬恐難專美于齊勉從公孰有繼之于後如大夫者眞軍務中之矯矯而辦公中之難得歟福建基隆之役獲解軍裝出力間因製造有功保舉五品銜州同選用生平之材藝嘗世之賞識者甚多其門下士若天津若山東若吉林若廣東若河南若湖北凡製造有需材之處故能招之卽來揮之卽去也英雄其氣且又菩提其心從公滬瀆各省之賑捐實繁而大

夫慷慨好施無不遂其意而去所以助衣助銀時有風聞具有乃祖遺風昭昭在人耳目至若水源木本敬宗收族更切懷思髮亂以來因見宗族散處四方生齒甚繁遂與堂兄直隸候補道仲虎等會銜請示地方官批準結示開盤大通宗譜得以一律告成覘其出處名社埲里乃祖于社埲橋畔建立住屋數椽當時基址不足基宅未能擴充乃祖于此每多遺憾及髮亂後基宅蕩焉無存俱遭焚毀大夫每記先人之言故將歷年積蓄起造住宅前後地基尤得一律歸併不一年間大廈落成巍巍氣象遠邇仰瞻

一爲子孫之計一終先人之志也德配蕭太宜人舉四子三女長子五品銜中書科中書名翼清次子國學生名傑清早卒出嗣二胞弟承豐後三子國學生名志清出嗣三胞弟復三後幼子候選巡檢名贊清出嗣四胞弟弈豐後孫祖梧祖松俱能秉秉有禮一門忠義尤足尚焉因以之事記之

光緒二十八年歲次壬寅中秋前三日

會辦江南製造局總辦上海會文局江蘇候補知縣湘陰

朱枚霞林氏頓首拜撰

五品頂戴翰林院孔目加二級同里王元鑄頓首拜書

書徐氏父子旌孝事

吳曾祺

吾江城東外各沙洲自咸同後日漸漲拓延袤數十里遼曠濱江居氓龐雜往往有蠻野獷悍之風曩者鄭守庭先生經爲之創設鄉約隨時舉講諳諳然如父師之詔子弟濡染既積民氣稍馴距今三十餘載倡導失而俗益漓梟販帮匪之蹤或且竄伏其間濟相聳誘諭者幾歎沙洲之難與更化然詎知十步之內有芳草十室之邑有忠信若徐氏父子以孝行著稱豈非秉彝之良蒸民同好而不可以地限人者乎

徐氏居海壩沙世業農有監生號根孝者其父母數次疾篤嘗再刲左臂一刲右臂和湯以進俱霍然立愈根孝子名行福因祖母驟病危甚復代父刲股以進亦不藥卽愈根孝父子旣闇然不以自異外人尤莫悉其情久之爲戚黨所廉得事乃漸襮衆始同聲驚歎以爲至性過人匪可易及也會合江名孝廉李紫璈先生超瓊署宰吾邑振厲風教凡事涉忠廉孝義者獎飾之惟恐不及里人爰摭根孝父子梗概以聞李公大加贊賞謂事雖愚孝而兩世一心至誠感

格親病均得轉危爲安要非無故而致況世風頹敝倫常根本之地能得敦崇實誼者爲範於鄉閭表而出之所補非細立須孝行箕裘額一方命旌其門嗚呼苟難之行聖賢勿尙即盡孝之道尤非一時一事所可概例顧愛親之身至不自恤其身以求保親之身則必其中旁皇鬱結有不出乎此而心不安者且必其平日贍依孺慕積之既深且摯臨境乃不覺激而爲此情但求其自慊事未可以强爲彼詩書名族夸語忠孝遇父母有疾一切起居湯藥扶持抑搔之

事皆以委任婢僕而已不過從旁問視聊奉虛文者比比是也誰非人子誰無天良覽徐氏所爲能勿悚汗乎哉根孝居去吾家不一里爲人樸愿勤業其母年七十餘今猶健在融融洩洩室無誶語是根孝平居侍奉能得親歡與其子之曲體親心色養維謹而不徒以一節畸行妄炫末俗概可識矣即邑侯李公之嘉獎能以孝弟勸民深得治化之原尤足欽矣曾孫幼年孤露僅獲逮事王父服勞視膳之未曾未少竭心力覩根孝父子之行祇增愧疚謹爲據陳大略用以志佩並冀鄉之人知所感勸焉

題曉山先生松風臨水朝磨劍竹月當牕夜讀書圖

錢夢 亦樓

世上勞人殊草草獨有人兮懷其實朝磨劍兮風蕭蕭夜讀書兮月皎皎掩卷沈唫若有思意氣居然出塵表松高高兮竹有節水畔牕前無限好丹青繪出此時情直把磨根一齊掃遂見令者相見之披圖因以悟至道惜陰無復閒晨昏摩厲以須勤探討爲所爲兮求所求曉山眞可謂之曉

豪情自喜一眚松風裏青山草履凉夜清如此清如此清如此只怕聞聲人喚月光來喚王孫舞劍起 右失去一節

又

周佐堯 旉山

才名城北讓翩翩卞雪風姿畫裏傳想見元龍湖海氣風流跌宕十年前

相逢世路正崎嶇幾輩驚心欲棄繻可許入林還把臂從君擊劍學陰符

附曉山先生春日感懷詩二首

中懷悵似水瀠洄抱久何時好得開塵境枉從愁裏過拙詩都向性中來酒難解悶何須釀書不堪觀且亂堆冶幸

後庭餘地有種花可自剔蒼苔

飛花片片柳纖纖睡起朝曦未下檐嫩葉初齊鶯坐樹小窓纔啟燕穿簾治家口食謀難定報國胸襟淚盡粘竹解與人爭出地故教筍漸透新尖

曉山先生事蹟

曉山先生諱杲余堂伯父太學生雨村公諱沛冢子也議叙縣丞自幼博涉史籍好唫詩學擊劍又工篆隸既壯激昂慷慨倜儻不羣同治癸亥三月拒賊於常熟之王莊身敗被執不屈仰藥死由癸酉科舉人大挑教諭寶七鏞申

報載入縣誌余承先君命偕仲弟葆樹季弟保梓續修梅軒公支譜兄長君錫炳以兄讀書學劍圖并所作詩稿示余余恐其湮沒弗彰也故謹登數首并誌其顛末云

堂弟保楨幹卿氏謹跋

錫山徐氏宗譜

金石集

唐南州二十八世孫堅元固氏同姪嶠巨山氏合纂
唐南州三十一世孫放達夫氏同弟繼書氏同修
宋南州三十三世孫鉉鍇鼎臣氏楚金氏男元緞靜庵氏重輯
宋南州第四十世孫錫嘉言山堯杏氏同男日向允明氏原纂
元南州四十四世孫懋元傑寔元誠憲元度寘元亮察元讓容元敬原輯
明南州五十二世孫崑山汝龍鳳池錫山翹龍明庵氏彙輯
明南州五十二世孫膠山卿楊嘉洲膠山鶴楫承湖氏編訂

清南州六十四世孫錫山社岡里建寅仲虎氏重輯

欽加同知銜賞戴花翎　特授常州府無錫縣正堂孫
欽加四品銜知府用補用直隸州知州署理常州府金匱
縣正堂孫　爲給示曉諭事據花翎二品頂戴直隸候補
道徐建寅藍翎五品銜候選州同徐益豐藍翎五品銜武
生徐耀先道員職銜監生徐召棠附貢生候選訓導徐葆
樹六品銜補用主簿徐容光庚午科武舉徐上達鹽提舉
銜布政司經歷徐家寶內閣中書甲午科副貢徐振清同
知銜候選通判徐鴻猷同知銜浙江候補知縣徐善寶鄉
飲介賓徐珍監生徐昌浩徐文源附生徐承治職員徐光

旭徐子讓徐嘯山徐子彥徐翰香紹正徐達先稟稱職等
遷族世祖東漢南州高士孺子公諱穉豫章向有專祠春
秋給帑致祭因氏族散居錫金江陰蘇常屬邑等處未能
遠赴專祠致祭咸豐八年八月經致仕在籍前吏部左侍
郎侯桐等稟請　前撫學憲　題咨請建公祠於惠麓春秋
官爲致祭鄰邑子孫與祭稱便兵燹祠宇被毀祭器無存
同治十年經族人以莊經捐復建亭堂三楹並修之譜甫
及動工又復停止光緒元年二月經族人翰林院編修徐
文洵等稟請　前邑憲陳麐給示曉諭並飭地保照料等情

各在案旋由職達先經理捐建門樓廂房等所幸賴衆擎
共舉業已告竣家譜當校準重修以副敬宗收族之意秉
公商酌擇日開盤刷印凡在子孫按丁輸捐各宜盡力樂
助誠恐無知之徒藉詞抗違有妨大局爲此聯名環叩乞
賜會銜曉諭等情到縣據此除批示外合行出示曉諭爲
此示仰該氏通族人等知悉須知修輯宗譜係爲敬宗收
族起見務各盡力共襄善舉倘有無知之徒藉端滋擾許
即指名稟　縣以憑提究其各遵照毋違特示
光緒貳拾陸年捌月初十日示

更正宗譜記

吾氏宗譜康熙乾隆嘉慶等年彙修已非一次此次之修
悉遵前法始丙辰冬終戊午夏凡二十月事成譜散始知
舛錯頗多遂邀闔族集議定有訂正之條即舉伯濱港支
宗彥一亭襄理其事刊布公啟傳單於八月廿日開局於
十一月廿日開盤凡譜中舛錯各支並缺頁贊語及誤刻
龍板不應用字等處概行更正翻印補全其以前傳序像
贊並十大宗圖十三派世系圖所有細悞雖經一亭改定
而呆板在竹卿宗彥處屢取未全呆板之文字與活板互

相呼應以故祗能悉仍其原矣至世系間有關畧世表間
有參差有一亭手作世芬一集便記兩圖附列譜中以備
查考惟北門大街若愚公一支去年夏仲閣宗丈蘭畦司
馬由浙江解組旋里閉門侍養重慈修刻支譜並刊中山
王九代十圖像記我等詣訪再四告以譜事半載辛勤毫
無頭緒須藉尊名庶可完璧棠蘭畦宗丈答以嘉慶癸酉
年緣本支誤接常經先人立案抽毀未便修入若以賤名
即可冀成諸君既爲敬宗收族起見豈能坐視乎我等即
將宗丈之名首立方能成就至若愚公一支修入亮采公

後因未考其詳迨散譜後致宗丈自行檢出年月不符卽
嘉慶間未盡抽毀者我等之慫尤實情理所難恕矣宗丈
付之一笑且謂之曰吾支爲吾支譜則是也但譜中之悞
猶有甚於吾支者必須速與一亭一一改正庶不愧於先
人不怍於後世則幸甚也五月以來一亭細心采訪忽從
小蠡市破卷中檢出康熙丁巳年殘譜數十頁載明千九
公支崑山無錫兩分總圖係偃王八十九世起崑山城內
東西分第一支明崑山分在川公之長子鳳池公世系第
一圖諱汝龍長子諱應聘長孫諱永芳長曾孫諱開弘號

孟博配陳氏崇禎己卯科副榜舉人乙酉年殉難子五長
諱履恂號存赤配李氏邑庠生次諱履惇號若愚配全氏
季子諱世芬號仲先流寓錫邑三諱履恪號昭事配戴氏
七月初六日同父殉難四諱履慥號庸士配周氏同父兄
殉難五諱履悅號習生配周氏邑增生與大司寇立齋公
從堂兄弟至若愚公流寓錫邑更名大彙班班可考確的
無移矣我等即勸蘭畦宗丈更正修入宗丈笑而答之查
閱嘉慶十八年所修宗譜吾始祖原名竟被經理之人滅
去祖宗如何加之子孫可以修之譜者以備後人可考吾

由支譜已詳載矣所有宗譜內前刻吾支世系世表等
件抽還銷毀而已其一奇公支徐車口寬一公茭袁郎
橋裕一公支丁港裕九公支井上漪村明一公支夾衕
有功公支書院衕支以及檀頭衕後祁等支或經改正
或另刻支譜或自認不訛亦只得聽其自定此次更正
之費草七竣事仍棠蘭畦宗丈暫爲慨墊若愚公之原
名已沒數十年茲以一旦豁而明之足見宗丈作事誠
意虔拜大學聖經此謂知本此謂知之至也我等不勝
慚愧之至

咸豐八年戊午十二月中浣

在局司董以莊南圖耀慶惠衆仝識

謹案書院衕山支達先採訪至彼該本支子澈大令善贊
以爲前次修譜被人欺誑竟將世數壓下此次再不肯受
誆等語局中諸友再三商維既不敢以前譜改動又不敢
以前次被人欺誑壓下世數一誤而又再誤惟有將前次
更正宗譜記刊之世表之前覽是譜者庶一望了然該本
支送稿將及核盤而裕一公之總表裝訂已經成集且不
及更正錄此以備查考云

光緒三十一年孟夏之月　在局司董謹誌

蘇州永昌支世系考

余充採訪之職凡我徐氏之在邇遐者理當一一訪之庶所遺漏斯可乃謂稱職於光緒二十九年譜局已開三年而遠方莫至伏思我始祖豁一公本居崑山以及蘇常等處而採訪未周不能無憾於是雇舟先到蘇州訪問永昌等支至永昌本宅詢之咸謂徙居不一本宅僅存數房再到蘇城內訪之晤見永昌木支公勤宗臺相見如舊語以譜事欣然即從秋間公勤宗臺攜老譜輯新稿並一切傳贊至惠山宗祠修輯公勤宗臺出老譜與本局老譜對閱

見豁一公之後兩譜互有小異錫山譜載豁一公諱懷祖子一諱淵子二長德次行永昌譜載豁一公子諱淵子三長城次德三行表內載淵公元末隱居常熟之唐市錫永兩譜俱同惟永譜載城公由唐市遷居蘇州齊門外橫街是爲遷蘇始祖等情錫譜之所缺漏既合修理宜并入然錫譜之刻已久而永昌之刻亦已久不敢更動祈後之閱者覽譜無畛域之分并爲一處可也目之曰淵公長子城次子德三子行署述此言以爲後之考焉

光緒三十一年三月

裕一公南莊支達先謹述

廣實公行狀

秦觀 淮海

君姓徐氏諱天德字成孚廣實其號也先世泰州興化人遠祖湘自興化徙揚州之高郵家焉湘生繼嗣嗣生公亮亮生君曾祖鏜咸不仕祖元吉有厚德鄉人尊愛之終於高郵軍司理父格前通州司戶參軍參軍磊落豪縱不耐細務自司理之設事計多以委君家既右族金錢邸第甲於一鄉公私斂施变錯重復君操其綱維批贅補隙抉剔貪頁日縦月收布笥么麼無所遺漏於是參軍以爲能謂所親曰吾有子矣將不復與家事耳熙寧元年以入粟試將作監主簿又五年始至京師授潭州甯鄉主簿皆非其好也君事親至孝四時甘新未進不以輒嘗待昆弟族人一主於恩義叔父寮爲不悅者所搆刺史惑之嘗有人誣君笞殺家奴刺史大怒以君屬吏諷幷致其叔君曰罪繇某不繇叔也榜脇萬端不服獄吏嘉之爲請於刺史得脫友人以貧不能葬其親者君聞之曰是余過也卽爲買田出錢以辦喪事而友人之親得葬者五喪此其可見者也至於視親族之孤急交遊

之難賴其施者甚衆而能諱不自言雖妻子有不得而知者矣雅性寬厚給使皂隸或時犯之殊不介意婚姻之事不幸至於甚難處者君指顧從容顏色不變而變以兩全由此覘其材智度量信有以過人者焉君頗涉傳記陰陽醫藥算術之學無所不窺晚節尤厭人事思與佛侶處士杖屨相從蔬食清淡爲忘年之計惜乎未及而卒矣實熙甯八年閏某月十八日也享年四十有一初娶張氏有賢德前君若干年卒繼娶蔡氏節行益奇君病殆時至取毒藥自引從

君二日卒於是又見所以刑諸家者也子男五人曰文通文仲文剛文饒文昌女三人曰文英文美文柔初君好學審問聚書幾萬卷欲舉進士而父祖不從乃嘆曰吾固不能子當讀書女必嫁士人其後四子藝業蔚然有成而文通尤自立又以文美妻余如其志云葬有日矣文通泣謂予曰惟先人行義可質諸幽明不幸以多貲之故士大夫以嫌自戒者或不能究言諸孤畏懼泯滅盍爲我圖之予既相與泣下因掇其尤著白者爲行狀以俟夫自信之君子考而誌焉

諱按廣實公行狀傳于家乘自宋迄今歷年已久今歲癸酉譜將告成深念吾族先世之賢聲義烈吾家既藏有舊譜重鐫於貞壽之堂並繪圖於十三派內以俟廣實公派下的傳高郵分遷毘陵等處各支宗彥自信考正補輯爲望秋祭後兩日適有翁家莊錢子梅溪名泳久客京師二十餘年爲名藩器重之士好古博學長于書工于詩載書過訪於吾族伯濱從姪孫有源家之德壽雙尊書屋

把晤時知彼爲伊姻家某刺史聘入高郵州署主稿協修城工州志詢其高郵古今人物梅溪曰東海徐氏志中亦與稱焉示以所載書籍曰此草訂之州志也問其所自欲乞吾鄉少司寇秦小峴先生作州志書序因秦氏世祖淮海先生本高郵人也載州志中云有源憮然有感曰吾家譜間亦有淮海先生所撰宋主簿廣實公行狀梅溪乞觀披讀至再忻然拍案而起曰奇哉天假之緣使錢某得眞於徐氏家史事豈偶然耶梅溪揮汗于舟中

錄其全篇而載去益見家乘之重不可不珍焉凡有所作必當搜羅考實貫諸於經史方可傳世小子無知敬爲之記

兆鰲論曰賡實先生之英去今七百餘年何其靈也得錢子之好古續采其眞修入于高郵州乘爲公之後者其可不思勉哉

北宋學士鼎臣公第二十九世孫膠山兆鰲步瀛氏謹識于五經書屋

皇清馳贈奉直大夫候選州同知加二級清溪徐君暨配錢太宜人合葬墓誌銘

賜同進士出身 誥授奉直大夫京畿道監察御史前翰林院庶吉士戶部江西司主事廣東司員外郎貴州司郎中充大清會典館戶部則例館纂修官甲子順天鄉試同考官軍機處行走加一級元和陳鍾麟譔文

賜進士出身翰林院庶吉士充功臣館協修官加一級長洲顧元熙書歲進士候補訓導元和陳本直篆蓋

君姓徐氏諱嵩字霞宣一字清溪系出漢南昌徵君孺子至宋散騎常侍諱鉉居河北厥後有由鄉科官教諭諱壽者實始居吳其孫東泉公卜居長洲縣之永昌君之八世祖也父易堂公諱亨元配韋太孺人無所出繼娶王太孺人生丈夫子三君爲仲子生有至性弱不好弄每與兄嬉戲獨屏坐不與伍視黨戚器具之君未十齡易堂公謝世擗踊號泣至不欲食又恐倍傷太孺人心中夜背母涕下交頤而人不及見也稍長益誠樸不苟言笑與兄暨弟罔篤友愛未幾罔殁哭之慟惘惘如失左右手而兄崑方

徙家陸墓析箸以居君獨奉母居永昌朝夕承歡無闕禮無惰容以終太孺人之年洎丁母憂哀毀幾至滅性經營喪祭盡禮盡誠儒囊之私一如居父喪時君少穎悟讀書能通大義以失怙之早也不得不以治生產爲先務遂棄舉子業而留心於陶猗之術料事每多奇中因而利獲三倍一鄉中裒然稱首嘗誡子孫曰人無賢不肖要以耕讀爲先不力耕則不知衣食之艱不讀書則不明義理之指浸而至於驕縱淫佚有欲保其先業而不得者汝曹愼之哉君性長厚人有緩急求無弗應人有諮訪必忠告以善

言人以非禮相干必正言拒之使知而愧悔然能容人之過卒無慍色治家不厲而威巫覡尼媼之輩屏跡於門御下以恩絕不假以辭色頤指之下罔弗奔走恐後凡事黜華崇樸家雖充裕而自視欿然兢兢業業惟恐失墜故終其身無一意外事得以富壽康寧於桑梓之鄉君可謂福德人矣配錢宜人爲郡中望族祖候補州同知署武康縣知縣諱璐達父希夔笄年來歸覯操作同甘苦常東作方殷時常以雞鳴起具數十人食俾人得盡力於南畝人故樂爲之用雖處豐亨之境而勤於紡績至老不衰家人則

之無游手者用能克相夫子並躋稀齡云君生於雍正十二年甲寅十一月三十日卒於嘉慶十三年戊辰正月二十三日享年七十有五以孫昇援　例需次州同知得加級　貤贈奉直大夫配錢宜人生與君同歲八月十七日也卒先兩月嘉慶十二年丁卯十一月十三日也享年七十有四　貤贈太宜人子一步鰲太學生　例授州同知女二一字龔鳳臺一適陳逸亭孫男二晟太學生昇候選州同知孫女三一適元庠生胡廷桂前河工效用畯發山東武定府候補縣丞藥坡公長子餘未字曾孫男三佩萱

佩芝佩蘅皆晟出俱幼余與賢嗣步鰲交久矣步鰲字載元性伉爽敦孝友行誼爲一鄉所推重歲乙卯卽其宅後建立宗祠復於其西卜得吉壤以營先兆於此見君之遺澤甚長也今將擇吉合葬君與錢太宜人於長州縣東曠字圩之新阡手疏行略來謁余余與君通家久且重賢嗣之爲人弗獲辭乃爲誌而銘之銘曰

高原膴膴松栢蒼蒼沙繞其穴水環其旁其用則晦其道彌光積善之家必有餘慶子子孫孫與地永昌

嘉慶二十九年九月　吉立

皇清例封儒林郎布政司理問銜　誥封奉直大夫州同
銜加二級　貤贈朝議大夫鹽運司運同銜國學生立
堂徐公墓誌銘
賜進士出身
誥授光祿大夫　經筵講官吏部尚書
武英殿總裁　紫禁城騎馬教習庶吉士兼管三庫事加
二級常熟翁心存撰書
賜進士出身
誥授奉政大夫同知銜署安徽和州直隸州知州隨帶加

三級元和金寶樹篆蓋
咸豐三年癸丑冬十二月朔　贈朝議徐君以壽終於家
越二年乙卯卜葬有期其孫晟等具狀郵寄請銘余曰此
吾鄉耆舊也行修義立是應法宜銘况有葭莩之誼曷敢
以不文辭按狀君諱步鰲字載元號立堂系出漢孺子至
君之九世祖東泉公始居長洲縣之東永昌涇遂爲郡人
曾祖文范祖亨俱以明讀傳家考諱嵩　貤贈奉直大夫
妣錢氏　貤贈宜人君性誠篤有古君子之風自奉約而
後於行義道光癸未吳中大水君倡平糶全活無算戊戌
修築郡城出貲助工壬寅秋捐助海疆經費是歲米翔貴
郡有普濟堂度用告乏君請於郡守舒自庵先生引爲己
任一年中歲加釐整貧民至今德之己酉又大水施濟如
癸未時近年協濟局籌辦軍餉君輸納益鉅遂以子若孫
所應得勳敘榮及其身以國學生　封奉直大夫　贈朝
議大夫其他諸義舉不勝縷述焉尤篤於報本建立宗祠
輪奐聿新既又欲立義莊未果因別置祭產以垂久遠詳
君自著祭田記家故有譜支庶益蕃君擬修之未竣而遽
卒易簀時命其子必紹成之吁世之擁厚貲稱巨室者大

都嗇財賄耽聲色能好行其德者尠矣君獨明大義敦至
行如此可不謂難矣乎君才智過人疑難之事措之裕如
居恒喜觀先正格言曰吾以求日用事物之實也謙冲接
物尤徹師儒詒裕後莫若務本務本必先讀書督課子姓
親見兩孫遊庠家道之隆方興未艾蓋其脩於己者備及
於人者廣故得履順境享大年子孫曾元五世同堂天之
報之者固已厚矣抑余更有說焉大凡人之禀受視氣運
爲厚薄當扶輿靈淑之氣磅礴鬱積蔚爲昌期生其際者
類皆純明篤實出則爲名臣爲國家興利除弊卓然以經

濟見否或潛隱衙門脩其天爵州郡闡德蒐軼知名者所
在多有如君者非其倫與君生於乾隆三十五年正月十
四日距卒時壽八十有四配陸氏　封宜人　贈恭人同
邑處士諱子諭錦亭公女孝事舅姑敬相夫子慈撫卑幼
克勤以儉姻族稱賢先君十八年卒子三長晃殤次晟布
政司理問銜議敘鹽運司運同銜三品州同銜加二級女
三俱適名族孫十佩蘐議敘鹽運司知事銜佩芝議敘國
子監典簿銜佩蕖早卒佩荃議敘州同銜佩璘長庠生佩
藻議敘翰林院待詔銜佩瑗議敘鹽運司運同銜佩璋府

庠生佩璠議敘中書科中書銜佩瑛議敘光祿寺署正銜
曾孫二十六玄孫三瓜瓞綿延寖昌以熾嗚呼可謂盛矣
先是君葬陸恭人於長邑東永昌涇下十四都上九圖東
曠字圩祖塋之穆兆至是晟等卜吉於八月二十日奉君
柩合窆焉銘曰
風土清嘉是鍾人瑞脩道為榮不求祿位嗜義若利急公
如私孝思錫類以篤本支箕疇五福君獨脩有匪器之宏
其克勝受幽宮焉宅永昌之原嘉名允叶佑爾後昆

清故通奉大夫徐君墓碑

皇清誥授通奉大夫按察使銜候選道徐君戊卿既殁之
二年乙亥嗣子澍卜兆得吉將營窀穸奉狀泣請於余曰
先君子之功烈著在桑梓不忍百世後卽於泯滅敢乞貞
珉之辭用光泉壤余昔督辦鄉團與君同患難相知最深
不敢以不文辭按狀君姓徐氏諱佩[illegible]字戊卿長洲縣人
世居齊門外之永昌涇曾祖諱嵩祖諱步蟾父諱昇皆封
通奉大夫妣皆封夫人君少慷慨以功業自期許不屑屑
章句之學家豐於財振贍分乏結交契友無稍吝嗇匪踞

金陵揚鎮悉為賊竊垂涎江左虎視　庚申大兵潰蘇
常岌岌四鄉不逞之徒掀掠蠭起君謀諸兄弟散財粟募
勇士卽鄉團練保衛一方部署未定蘇常陷逆氛四擾君
與昆弟逆戰屢殲其衆遠近響應聲勢益壯避亂者咸歸
為時承平久將士不知兵遇賊卽潰粵匪自九江東下狃
於常勝驟遭挫折恩甚雖虎負嵎郡常一日數驚相持兩
載援盡餉絕適今爵相合肥李公提兵來滬君與仲兄季
弟簡精銳詣轅門自效李公嘉之命統其衆立巡湖營隸
程忠烈麾下時六兒少遼以謀內應入郡機洩被拘君知

不免益憤激誓滅賊以報忠烈善用兵知君義勇撫之厚
既從克太倉將規復崑山君請於忠烈曰外援不絕城未
可圖也請先剿正義賊卡以斷其歸路從之連克崑新吳
江掃平寶帶橋五龍橋周和山大宮瀆蠡口黃埭滸關虎
阜洞庭東西山諸賊壘遂復蘇城既入亟訪少遠蹤迹則
已爲逆酋所戕身首異處棄屍河中尋而出之洞胸械足
襲衣可識君撫屍痛哭棺殮成禮祭告復仇以慰九泉之
心旋隨忠烈進師浙境破平望石壘命於嘉興城外築浮
橋濟師賊死拒鎗子咨如雨君率衆猛進前者撲後者繼

頃刻橋成而嘉興復忠烈以傷殞全師凱旋尋以諸賊已
克我併營伍君奉撤歸優游里下未嘗自言其功又九年
以疾卒當粵焰之擾江南也大帥擁衆十餘萬糜金錢千
萬一擾賊鋒魚爛瓦解君以彈丸一隅毀家號召聚烏合
之徒當鴟張之寇每戰輒捷久而不衰卒能從戎效命佐
成膚功非忠義憤發有以固結夫人心曷克臻此君先人
粟敘部郎中軍功累保花翎候選道按察使銜
覃恩加從二品封同懷兄弟五人君序第八生於道光八
年戊子十月初八日卒於同治十二年癸酉十一月十三

日無子以七兄之子溎爲嗣光緒元年乙亥十二月葬於
永昌涇之新阡子山午向兼癸丁銘曰紅羊刼遘　窊狂
振臂大呼羣膽張首摧兇鋒衛梓桑終隨元戎慨舊疆策
勳稠疊宜
龍章功成歸臥林泉鄉元宮永閟千秋藏泐石不朽銘有
光
誥授通議大夫三品銜前權蘇州府事固安楊靖頓首拜
譔并書丹
大清光緒紀元歲在乙亥嘉平之月　日

誥封奉政大夫同知銜布政司理問鄉飲大賓藹庭

徐公墓志銘

君諱其曜字靄庭先世由郡城遷居無錫析縣爲金匱人本姓安氏居安鎮爲邑望族其祖有諱紹宗者徐出也乞養於舅遂繼舅後爲今東北鄉板橋徐氏君祖曰和諱雲翔考謹軒諱學禮俱贈奉政大夫妣王太宜人君少而峻整性特和厚髫齔之年卽善承重闈意旨君之字蓋祖所命也初曰和先生善治生以勤樸飭嗇起家晚年有宅一區田數百畝徐氏族

祇四五家皆好善而先生爲最凡貧人來貸米者不得取重息子弟男女各有職業無敢暇逸迨君之生家裕矣劬躬操作不異寒素居無何曰和先生與謹軒先生先後卽世君年甫十四有世父二人產析爲三旣遭大喪値歲洊饑王太宜人出錢數百緡以濟貧乏且謂君曰爾祖若父俱好施與惜爾父年不永耳今幸具饘粥爾其無忘祖父之志君於是恪遵遺訓歲入或有所餘卽以與親族之不給者道光二十八年捐修新塘橋石堤其明年大水君以母命先後

捐錢至千二百緡咸豐丙辰大旱蝗旣捐錢四百餘緡而復設廠煮粥饑民賴以存活咸豐庚申粵寇陷城旁蹦鄉里君攜眷出走時値大亂凡富人避地輒被刦掠惟君家獨完蓋受君惠者共爲君防護而不使君知耳大難初平百物騰貴君獨與其鄉人力糴服賈以情相結以義相勗前後六七年間所增幾什倍矣以是知善之果可爲而人情之猶不薄也君旣饒於貲乃壹以濟物爲務偶遇偏災捐金錢惟恐不贍給衣施藥惟恐不周分田千餘畝捐建義莊以贍

宗族晉豫大旱獨捐巨貲事聞議敘以布政司理問加同知銜於光緒十五年八月初一日卒享壽七十有一配諸宜人幼習詩禮有閫德前君七年卒妾呂氏周氏子葆楨附貢生同知銜候選訓導葆樹附貢生候選訓導俱能繼君志以能文著聲庠序間葆梓候選州同沈靜幹練能佐父理家務女三適過適王適楊男孫三人俱業儒女孫三曾孫一葆楨葆樹從余遊將以光緒十六年十月之吉用甲山庚向葬君於猶字號之新阡來請誌墓之文余不敏知君最悉

不敢以不文辭謹泚筆而志并系銘曰貌碩以莊量寬以容煬和抱德麗耆穀豐聰聽彝訓亦士亦農泰以贍族約以持躬慶延累葉隱隱隆隆安且吉兮閟此幽宮

光緒拾捌年壬辰仲春吉日

癸酉科經魁大挑教諭世愚弟竇士鏞拜撰

諸太淑人墓表

誥贈中議大夫靄庭徐君之配贈太淑人諸氏以光緒八年壬午三月初一日酉時終於內寢既窆既樹其子葆樹恒思母教不忘來請追爲墓道之文謹按太淑人姓諸氏父承顯公居邑東鄉楊亭世爲望族太淑人生而淵靜慧敏喜讀書旁及卜筮星命家言靡不通曉父母愛悅之逾於他子女年二十一歸於徐舅已前卒姑王淑人在堂以嚴儉持家見淑人布素操作勤必以禮則大喜自慶謂有婦矣久之盡以

內政委淑人嘗暑月食瓜淑人先以瓜心奉姑而夫婦退食其餘姑知而憐之命以餘甘餉婦淑人終不敢食反致棄置慈孝之篤多類此里有悍婦逆其姑淑人招之至家留數日見母子姑婦之間怡愉婉摯遂涕泣悔悟卒以孝聞道光戊申里西南新塘橋石堤壞陊剝數十丈行者苦之淑人亟勸靄庭君出資修復工費甚鉅其明年水災靄庭君捐資一千二百餘緡助賑咸豐丙辰大旱多蝗靄庭君捐貲尤多全活尤衆靄庭君敦仁尚義出自天性而淑人贊襄勸

勉之力亦甚宏伉儷一心樂善不倦雖至減服用撤簪珥所不計也淑人教子嚴而御下甚寬臧獲婢媪偶有過誤未嘗呵斥每事後教戒之或轉爲掩飾其人輒感悟愧悔生平不喜華靡不佞佛求福端靜正肅人莫窺其喜愠一家之中秩然以清雍然以和皆淑人之化也淑人先藹庭君七年卒享年六十有四以光緒十六年十月之吉與藹庭君合葬於本鄉猶字號之新阡子三葆楨縣學生同知銜葆樹縣學生候選訓導葆梓知府銜三品封典女三人適過適王

適楊孫三人世勳世烈世燕皆葆樹出太淑人葬後數年葆楨葆梓先後卒無子以勳嗣楨後燕嗣梓後孫女三人曾孫二人念曾紹鳳此皆藹庭君墓誌所未備也例得補書於阡

光緒二十五年己亥十月　譜姪華鴻模拜撰

誥封奉政大夫貤贈朝議大夫同知銜候選訓導附貢生幹卿徐公墓誌銘

光緒壬辰之秋余與幹卿約以九月間下榻余齋爲蟹菊之讌已而久不至有言其病者命舟往視之疾甚越宿疾有間余返舟歸城已又久無訊一日余自外歸見案有譽宜所寄書亟發視之則幹卿卒矣悲夫幹卿幼穎悟讀書目數行下從錢亦樓先生授經先生故宿儒熟於經史訓詁之學每以暇日指授幹卿幹卿輒復領悟稍長學爲文先生見之則大喜日

夕奬勉年十四應童子試幾獲雋矣忽得重疾殆而後愈父母鍾愛禁不許苦讀遲之又久見人入試輒心喜乃復爲文沛然以充淵然以客觀勤苦於學者亦無以加也暮年受知於瑞安黃漱蘭學使補博士弟子員應江南省試會丁其父藹庭君憂哀毀幾滅性服闋益以勍勵期復入試而已不及待矣幹卿生有高識遠韻家故豐田廬所入薄斂而厚施所餘錙銖奇零之數不復省視故鄉人共德之與人交坦然無町畦不爲矯激之言崖異之行始學爲詞賦又學

爲小品古文又爲篆隸及圖繪花卉鳥獸之屬一見輒肖肖則輒復棄去舉凡富貴逸樂流俗嗜好之事無所歆羨時或反以爲耻獨至鄉里諸善舉及宗族戚黨貧乏不能自存者不惜殫竭心力以拯其難必至得當而後已蓋其天性然也其家義莊之側有曠地大可數畝近歲屢言欲於其中引泉累石雜蒔花竹以爲讀書娛息之地卒未就嗟乎以幹卿之才分境地使不遽死或者就其學之所至乘時運而獲名位亦足以爲福於民而退庇其里閭即不然而徜徉

泉石據圖書花竹之勝優游以臻耆壽如仲長統樂志論之所云其事亦絕可歎矣何以其竟止於是也嗟夫幹卿徐氏名葆楨縣學生同知銜候選訓導生於咸豐元年辛亥二月二十六日子時卒於光緒十八年十月初五日戌時得年四十二歲曾祖雲翔字日和祖學禮字謹軒父其曜字韻庭世居金匱東鄉板橋弟二人葆樹譽宜保梓少勤韻庭君承先志捐建義莊幹卿與兩弟實贊成之娶周氏妾張氏子世勳孫念曾幹卿受業於余其卒也余慘怛不能爲懷乃及其葬而爲之銘

銘曰夷曠高邁志絕塵性行敦善淑且均苛憐風雲澤我民不爾亦是神仙人胡不永年遽返眞佳城鬱鬱楊湖濱土厚水深奠爾神世世逢吉如貞珉

光緒二十五年十月

友生竇士鏞曉湘氏撰

立堂公祭田記

步鰲耄矣自顧生平碌碌無所稱凡君子之所云積學植
德於鰲何有抑鰲雖不敏其於先人彝訓亦何敢失墜念
先君子之辭世也諄諄戒鰲曰人無貴賤惟敦本崇實處
心循分而已今遺汝田園桑柘之屬頗足以供衣食汝能
勤儉而獲贏餘以爲余所未及爲斯慰耳至於似續繁而
有所以授之與否則有似續者之福澤在余安能必焉鰲
於是承教承業屈指自立以來垂四十餘年幸微先人之
靈如舟行風利罕遇石尤而舵工亦復小心翼翼無敢戲

豫故於舊業之有所增廣猶花木之雨露調而不覺其茂
榮月茂也鰲知夫天之所以與鰲者非使自有餘而已誠
欲以爲所當爲者也而營墓建祠饑者賑之寒者衣之疾
者藥之郡大夫之舉任普濟者應之力所能勝者鰲不敢
郤然鰲不足謝責於先人也異日者或效范文正設莊田
贍宗族殆稍慰我先靈所願乎雖然有急於此者鰲今欲
析產授子而於祭祀殊乏長規此大歉也鰲惟春秋嘗禴
所以報本返始者無恒產以專之難必其歷久弗替斯祭
用備矣夫祭田擇膏腴綜其田之入以奉俎豆脩祠墓又
有餘貲以備不虞乃可傳奕葉於無窮然而司之者必慎
其出納權其盈虧事事筆之於紙釐然相遞相承無幾微
私意行乎其間則庶乎其可矣爰取田號鏝勒貞珉申之
書契俾世世子孫奉爲成法其亦追遠之一道耶噫鰲年
八十二子十孫曾孫男十有九元孫男一暨長幼婦女共
食指不下六十可謂繁矣而所有田園桑柘之屬亦足周
其衣食資矣若夫敦本崇實處心循分不自知其至猶未
也鰲性眞率不喜矯枉不欲身後之以傳贊處譽也因記
祭田而述大畧如是是則謂祭田記也可謂鰲自敘也亦

無不可時

道光二十九年歲次己酉夏四月　金匱華　宜書

蓉江派新塘徐氏譜序

梧塍徐氏有三派與吾王氏俱世姻也聚居於塍之北者曰司馬徐聚居於塍之西者曰大宅徐聚居於塍之南者曰新塘徐新塘徐氏又分二派塘之南以千十四公爲祖此出於子固公也塘之北以千十公爲祖此出於子華公也嘗考錫山徐氏大統宗譜二公之七世祖北宋學士罘封東海郡開國侯鼎臣公自渤遷於錫山爲蘇常第一世祖諱鉉者係夏相伯益公之一百六世孫也千十四公之後爲漁梁派新塘支至九清公偕弟九峯九州轉徙塘南之野溪者也千十公之後至禘九公之九世孫慕塘公茝應隆自無錫并上遷江城之脾對巷及明季避世率子若孫再遷塘北之橋裡者也至今稱爲蓉江派新塘支與塘南之徐同支而異派焉先於咸豐乙卯冬十七世孫禘柏興其堂叔彩煥本房弟姪德勳德信萬華清照等倡議捐資始建支祠奉祀以慕塘公爲始遷祖祠中神位之設昭穆井然祭饗之時長幼秩然所謂尊祖敬宗敦倫睦族者眞慕塘公之賢子孫也及丁巳歲錫山同族彙脩大統全譜來訪新塘禘柏等不勝踴躍即設局支祠因本支中多耕寡讀特

請姻長嘉賓華君搜其遺軼採其遷徙輯其圖表越數月而稿成于是華君偕其叔姪等奉稿而來乞序言余爲世姻故且重其爲人之未嘗學問而有合於務本之君子者不揣譾陋而言之并以告徐氏中同宗異支同支異派云爾

時

光緒七年丁巳嘉平月

清化里菉礄居士王春如笑山氏拜撰

曾祖考松泉公傳

曾祖考松泉公諱昭鶴字鳴皋爲高祖考兆鎰府君第三子府君以素手起家稽覈出入無爽毫分不休公童年隨侍持算井井有條比長有志習治生術年十九高祖考見背公益惟勤惟儉研求會計嘗語於人曰古人謂齩得菜根百事可做吾非能希蹤古人第爲所嘗爲耳壯歲往還京邸通四方之貨以懋遷易數年間銖積寸累家業稍隆上起即在京龍建樹基業設立京莊貿易往來日盛一日斯時雖與士大夫交必以誠利之所在恒留其有餘居恒勤儉自矢至老不渝人有憂急事不僅周其困乏必爲之謀及萬全人有爭競事往往解囊慨助兩釋其憾不令人知人有求助無論親疏必量其所需之輕重以慰之卒之日聞之皆爲歎惜公嘉言懿行不能殫述聊記其大略如此時光緒二十八年

曾孫世澍謹述

裕一公派蘇州閶門城內皮市街支

橫塘五福橋四搭浜坟圖

虎邱十渡港坟圖

裕九公派江邑南八士巷墳圖考

十三世夏太孺人十四世鶴年公十六世子安公夏孺人墓在文林鎮七堡齊彥橋河東佳城係離龍入首左近小河右灣有塚內砂重圍外峯遠拱面前砂水有瀆[illegible]堂端正朝案整高坐後龍脈有護青龍蜿蜒白虎馴繞經云生水朝堂蠡斯千古旺神聚局食祿萬鍾此抽龍結局之法外氣所以聚內氣也定立丁山癸向兼午子三分丙午丙子分金

十七世大章公夏孺人十八世康侯公陸孺人振侯公海孺人十九世彥華公又兼華公陸孺人墓在先任河南岸佳城離龍入首左有天關右有地軸堂取劉家一井無如乾亥圩風穿射所以穴宜坐進避其穿之射之之法定立午山子向兼丙壬三分分金

十九世士華公包孺人二十世增二公墓在先任河南岸祖塋之東另立主穴定立丙山壬向兼午子三分

十七世茂盛公陸孺人十八世文侯公郭孺人十九世周孺人又鴻濆公墓在先任河南佳城坤龍側結子癸空局河則一一屬水洛乃二三爲土是洛克河圖之象貴平培

土成金以土爲上格所取龍中之餘氣平中之一突也坐空朝滿之穴定立丑未兼艮坤向

十六世萬和公夏孺人十七世茂修公陳孺人十八世文明公文炳公墓在八房灣佳城坤龍幹結旋亥入首雙街水爲明堂橫小田作朝案下砂有收鎖吉水有特朝能穴生成陰陽交搆正合天元一六之義也定立乾巽向兼亥巳三分分金

十四世袁太孺人十五世玉鳴公十八世文仁公嚴孺人蔣孺人墓在長浜河東岸北稍廟灣裡佳城離龍引脈渡水穿田巽峽分枝左交右界中抽而來流合雙水而止乙卯形如蝙蝠入首辛酉水爲貪狼朝堂察其穴情能眞穴正此萬年吉壤也定立乙山辛向兼卯酉三分分金以袁太孺人爲主穴文仁公爲另主穴并誌之

十七世大發公王孺人十八世文義公文禮公十九世聖坤公陸孺人爲一墓十五世玉佩公夏孺人爲一墓俱在下油車浜佳城是乾坤雙界之龍後坐護砂重叠前案秀之灣環戌見蜂腰之形庚脈貫頂之局茲立兩佳城一曰玉佩公之墓定立例騎之法乙山辛向兼卯酉三分一曰

大發公之墓定立辛山乙向兼戌辰三分氣取順龍立穴
兼收三吉藏納大秀印星在於右灣朝堂正合河洛天元
一炁之貴格也
十九世士璠八墓在胥墳址佳城離龍來脈左有長浜河
一界右有吳水溪一鈎為飛鸞弔角式翻身逆結法面前
膠峯遠拱坐後小塚近穴此取幹龍之餘氣木星之一節
也定立癸山丁向兼子午三分分金
十九世鴻湧公墓在東三畝佳城巽方來脈前有橫河後
有長浜明堂寬暢砂水停勻此三元均吉之地也定立癸

山丁向分金
十九世鴻遠公濮孺八二十世濮孺八墓在二畝三分里
佳壤坤山艮向兼申寅三分辛未辛丑分金坐參宿四度
向尾宿十二度中整金是雙貴扶山體用全太陽三合祿
彌照壬水司垣一氣連竅馬眞率先白星龍德來守護天
禽玉印坐班聯此格合星堪欽安葬慶牛眠
裔孫 景釗 永誠 沐手謹誌
光緒二十七年歲次辛丑巧月

裕六公派安鎮支祭田細號

令字六十八號	高田五分五厘二毫墳	徐傑	[illegible]
又	六百七十號	又四分四厘一毫	又
又	六百八十七號	又四分四厘四毫	又
又	二千四十二號	又八分七厘九毫	又
又	二千四十六號	又四分三厘七毫	又
又	二千八十七號	又二分六厘一毫墳	又
又	二千九十二號	又二畝七分三厘四毫	又
又	二千九十三號	又二畝二分四毫	又

又	二千九十五號	又五分一厘	又
又	二千一百五十四	又一畝三厘三毫	又
又	二千一百七十號	又四分九厘九毫	又
又	二千三百四十六	又九分五厘二毫	又
又	二千三百五十九	又八分七毫	又
又	三千三百六十六	又二畝三分五厘八毫	又
又	三千四百六十號	又一畝三分七毫	又
又	三千六百五十號	又一畝二分九厘七毫	又
又	四千一百九十八號山二分		又

又　四千二百五十一號山二分　又
終字一百七十八號　高田五分八厘九毫　徐集慶
又　七百四十一號　又四分七厘五毫　又
又　七百四十四號　又四分二厘三毫　又
又　七百五十四號　又一畝二分四厘一毫　又
又　七百九十四號　又二分五厘一毫　又
又　七百九十五號　又一分九厘四毫　又
誠字一百六十一號　又六分九厘九毫　又
又　二百八十六號　又九分　又

又　一千九號　又八分七厘五毫　又
又　一千十一號　又八分五厘　又
又　一千十二號　又九分二厘五毫　又
又　一千九十四號　又八分一厘四毫　徐餘慶
又　一千五百五十號　又一畝八厘六毫　又
籍字二千十三號　又九分九厘一毫　又
又　二千一百九號　又一畝四分二厘七毫　徐集慶
業字九百五十號　平田一畝一分七厘五毫　徐餘慶
枝字二十七號　高田一畝七厘一毫　徐公祭

又　二千一百十二號　又一畝一分四厘　又
又　四十號　又一畝三分五毫　又
共計高田三拾一畝玖分柒厘一毫
共計平田一畝一分柒厘伍毫
共計山川肆分正
此係我徐氏裕六公派安鎮支祭田爲我安鎮支徐氏春秋祭掃祠墓以及修理祠墓等項凡我子孫不准私自變賣以及投獻勢豪之家經理人等祇許擴充以推廣　先人立田之美意若有私相變賣以及

投獻勢豪之家作不孝論田產追還公處契價充公凡我安鎮支徐氏子孫俱可鳴
官告追以保全公產而垂久遠刻諸譜牒未必無小補云
光緒三十年歲次甲辰仲春月安鎮支裔孫公啟

錫山徐氏宗譜

紫芝集

唐南州二十八世孫堅元圃氏同姪嶠巨山氏合纂
唐南州三十一世孫放達夫氏同弟繼書氏同修
宋南州三十三世孫鉉鼎臣氏 鍇楚金氏 男元紱靜庵氏重輯
宋南州第四十世孫錫嘉言同男日 山堯杏向允明氏原纂
元南州四十四世孫懋元傑 憲元表 懋元度 寰元亮 愙元讓 窻元敬原輯
明南州五十二世孫崑山汝龍鳳池 錫山鼎棟明庵氏彙輯
明南州五十二世孫膠山鄉鶡嘉洲 膠山鶴標承湖氏編訂
清南州六十四世孫錫山社岡里建寅仲虎氏重輯

紫芝園記

紫芝園者太僕少卿徐君景文之家園也太僕家在蘇州府閶門外上津橋負陽而面陰右爲長廊數百步以達於園園之南向前臨大池跨以修梁曰紫芝梁成而芝草生故園因易名紫芝循梁而入有門翼然堂曰永楨文太史手書堂東西有門其中門曰攬秀余所名也堂西有樓曰五雲亦文太史題凭欄翹首以北望三台子牟安能北望以忘魏闕哉再入爲友恭堂許元復先生書額友恭而後深房曲室拔棟

連楠沉沉莫可窺矣紫芝橋南疊石爲峯曰五老余易名仙掌巨靈奇蹟縱非蜀道移來亦彷彿漢宮承露金銅仙人五指排空耳左軒右樓樓小於軒軒名迎旭樓名延薰軒在東樓在南也稍西折而南經一門名入林梁石而渡名卧虹堂曰東雅文太史書棟宇堅壯閎麗爽塏榱題斗栱若鳳齒魚鱗廈屋渠渠可容數百人堂後小山有二古松一蚪枝偃蹇蓋數千年物堂西書室余名爲太乙齋火光熒熒出於杖首主人于此修中壘之業乎循池而右樓名白雲檻

名遺心皆出太史公題綠波鱗鱗房廊倒影何必太
液影蛾乃稱僊境池右折滙於東雅之前巖岫參差
磴道屈曲而登一亭臨池三峯環列曰浮嵐左折而
上有峯如屏下俯石洞曰竅壑由洞右折而上亭北
向曰瞻辰渡石一峯秀出拾級而下爲釣臺天目奇
松覆之淸風時來枝間聲謖謖如秋江八月濤可以
洗心可以濯足悠然有桐江一絲之想俯而西過石
門曲徑臨流飛巖夾道峭壁巑岏鉤衣而刺目者林
立南行入一洞峯石皆錦川雙洞若環名曰聯珠淸

曠通明可羅胡床十數石如天成流丹染黛欲上人
衣其上爲臺曰騁望山之最高處也東望城闉千門
萬戸西望諸山羣龍蜿蜒美哉山河之固遐想吳越
霸圖不能不動英雄一慨矣峯之最高者名曰標霞
其他羣石或如潛虬或如躍兕或獅而蹲或虎而臥
飛者伏者走者躍者怒而犇林渴而飲澗者靈怪畢
陳莫可名狀每當朝霏夕曀烟横樹暝池光澄澄水
輪浸魂若深山大澤含氣出雲又如仙家樓閣霧闠
雲窻與琪花瑤草相爲映帶非復人間世矣山勢正

與東雅相向右過石門名排雲石徑折而下古木奇
峯左右森列過小石梁臨以碧沼傍皆峯巒島嶼大
小凡五六徑盡有亭名隔塵逶迤而入修篁蔽日暑
氣不到樓在竹中曰留客取杜少陵竹深留客句也
竹盡處一軒名浮白過此穿徑入水洞廣可五六尋
下臨幽澗東腓爪趾而渡名浮波折而上東向一亭
三峯在側曰淸響亭西皆竹也石梁琴臺在焉山水
淸音絕勝綠竹于焉持螯于焉醉月何惜涼州一石
耶園盡處傑閣嵯峨曰玄覽登茲四望一圖之勝悉

在眉睫無復隱形大都紫芝橋之內宮室棟宇爲政
政在覩深橋之外峯巒洞壑亭榭池臺爲政政在秀
野此則經營位置之槩也大園創自太僕之從高叔
祖梁溪元少司農元度徐先生諱憲瀛於太僕之祖
默川翁諱封翁爲人疏直坦中豪俠好客雖席先世
之業號稱素封然不屑持籌鑽核樂義好施置田免
里人之役多蓄法書名畫古鼎樽彝名流哲彥詩酒
過從以歲方大祲營土木以食貧者園初築時倪高
士雲林先生爲之置景始修時文太史爲之畫布仇

實父爲之藻繪一泉一石一榱一題無不秀絶精麗雕牆繡戸文石青鋪綵金繢翠窮極工巧江左名園未肯合置雖左默川翁晚歲家漸旁落臺省郡邑諸公登臨燕集祖餞交會鐘鼓干旌至者往來出入不問主人使泉石薜蘿厚顔蒙恥凡若干年丙戌以後太僕君登高華陟清要游者不敢闖入而園始復爲徐氏有矣當是時翁巋然黄髮猶及見其孫貴顯然後歿其得於天者厚哉園初名寄勝余易名爲紫芝紀瑞也九莖三秀自昔表德禎祥惟有德者當之徐

自默川翁而上代多長者翁又培且滋之造物將以茲園奇麗非凉德人所能堪故必俟其後人之賢者而復授如太僕君之忠雅寬平與物無競其勳名未可量也昔平泉花石贊皇不能保之易世輞川圖痕中允乃獲垂之千秋文之不可已也如此此太僕君所以索予記也惜余暮年衰颯不能陸離其辭爲茲園爭勝耳園凡若干畝屋室三之池二之山與林木磴道五之峯三十六亭四洞三歷亭樓觀臺榭島嶼不可計創于元之至正盛於嘉靖丙午修於萬歷丙申太僕索記之意非徒侈游觀誇鉅麗蓋欲不忘祖德使後之人世守先業於勿替也是爲記　嵗維

萬歷二十五年丁酉春三月　太原王穉登撰

跋紫芝園記　　鄒祖穀天目

錫山南里徐氏持其先世紫芝園記來示余且請余跋語余讀其文知大原王百穀先生所作其園創自元少司農元度徐先生復興于先生之從孫明默川先生及太僕景文公以歲大祲營土木以食貧民余歎曰古今人之不相及有如是哉古人爲游觀也而不忘惠民其賢于今人遠矣夫園亭之設自古所在多有如石氏之金谷賈氏之半閒堂其窮極工巧比之是園當違過幾倍然興廢變幻不常不一二十年往往爲人所訾詈者其故安在至如晝錦堂也以韓魏公名西園雅集也以蘇文忠公名可以知士大夫之所重者有在矣默川先生當年興復是園其意在惠民可歌也詩曰蔽芾甘棠勿翦勿伐徐氏有焉

錫山徐氏宗譜

世系集

唐南州二十八世孫堅（元固）氏同姪嶠（巨山）氏合纂

唐南州三十一世孫放（達夫）氏同弟繼嵩氏同修

宋南州三十三世孫鉉（鼎臣氏）鍇（楚金氏）男（元敏 靜庵）氏重輯

宋南州第四十世孫（錫嘉 山範）（言杏）氏同男（日明）（允明）氏原纂

元南州四十四世孫（懋元傑 寬元亮）（憲元瑞 德元護）（偉元度 發元敬）原輯

明南州五十二世孫（崑山 錫山）（汝龍 翀）（鳳池 明庵）氏續輯

明南州五十二世孫（胙山 膠山）（鄭 鵬）（楊 權）（纂 承）（州 湖）氏編訂

清南州六十四世孫錫山社岡里建寅仲虎氏重輯

宋保議郎彬公譜傳

禮有之仁率親義率祖夫率祖則敬宗敬宗則收族禮之屬也俗遞降而遞波宗盟替矣彼視其先世且以爲不知者何人飲江漢而忘岷嶓其於箕裘何有徐生端從余遊爲余言其先世且謂二三受事者業已籍舉宗而譜之譜成請得闡其宗功則無宋彬公者余繙其譜而其軼足徵因爲次之而爲傳之

傳曰徐受氏于咎繇歷偃王而益大至唐有牧歙者廼始王新安其後遞衍遞蕃率以公之宗爲䏈膴之

冑所居去邑七里鄉因以聚族爲名王父令山陰雅多惠政公生而犖犖仕宋爲保議郎嘗奉勅責茗監鹽茶諸稅奉法循禮以廉幹著聲烏了山中郡而峙翼萬堞而逼三辰形家者言是宜冠山爲宮以張形勝公將歸老閭而自以爲功遂庀匠鳩材掫神皐以禋岱岳因度黃冠士使朝夕祝釐其間又爲置田若干不隸於家乘蓋爲奉祀者裁修之籍云公有孫二爲逢吉逢辰吉以子貴封從仕郎而辰之裔孫桂六亦復以質行顯桂六者家素以資雄而倜儻有大節與兄桂四雅以嫺睦聞里中時國事劻勷日索民間金錢以充軍食閭右之族歲苦踐更無肯窺足而應者公不吝輸家以勤國恤且挾重糈歲往弛擔無期人或謂公獨瘁難堪矧又有兄在何如遞相供役爲得息肩也公敬謝主臣兄老矣與其疲於奔命毋甯獨我爲勞耳蓋歷三十年如一日曾無纖芥下乎其篤天倫急王事如此

吳生曰徐之先蓋神明之冑也著於漢顯於唐累葉相承煌煌往牒然纘箕裘而開堂構則惟保議公信

而有徵且日烏聊之址巋然爲魯靈光迹其所行夫亦遑遑趨義者矣桂六之輸家佐國奇舉也至間關三十載而獨貽其兄以安可不謂始終嫺睦者乎雖其軼不時時多見而大節著矣亦何負於神明余聞高其風而爲詮次如此二三受事者爲予瑫爲份[illegible]應虹而係出桂六公而宣力於宗盟者也相觀而起其斯爲奉家祀者耶因以徐之多君子矣

眷晚生吳之俊頓首拜撰

徐氏源流序畧

按史記虞舜時五臣臯陶掌刑伯益掌火相傳帥日伯益乃顓頊子也註云伯益即伯翳生二子長曰大廉爲秦祖次曰若木爲徐祖韓昌黎衢州偃王廟碑又曰徐與秦俱出伯翳爲嬴姓國於夏殷周世咸有大功秦處西偏專用武勝遭世衰無明天子遂呑諸國既皆入秦爲臣屬秦無所利上下相賊害卒僨其國而沉其宗徐處得其地以文德爲治及偃王誕立益除去刑爭末事凡所以君國子民之道待四方一

出於仁義當此之時周天子穆王無道意不在天下好道士說得八龍騎之西遊同王母宴於瑤池之上謳歌忘歸四方諸侯之爭辨者無所質正咸賓祭於徐執玉帛生死之物於徐之庭者三十六國得朱弓赤矢之瑞穆王聞之恐遂稱受命命造父長驅而歸與楚連謀伐徐徐不忍鬬其民北走彭城武原山下百姓隨而從之者萬有餘家偃王死民號其山爲徐山鑿爲室以祀偃王偃王雖走死失國民戴其嗣爲君如初駒王章禹祖孫相望自秦至今名公巨卿繼跡史書徐氏十望其九皆本於偃王又曰徐之公族子孫散處淮揚二州間由是觀之偃王子姓雖繁而散於四方居處不一溯其淵源尋其法派考証爲難畧述其所傳聞以列九派云

彭城派　山陽派　茂林派　南州派

越派　蕭州派　會稽派　瑯琊派

晉陵派

徐氏族譜引

余見故家舊族譜及家譜問其先世則懵然不知嗚呼此乃譜不講之弊也且豺獺皆知報本人靈於物者而不知祖宗之所自出支派之所由分親疎之所以別昭穆之所以序眞豺獺之不如也今觀徐氏譜引歷千百年來以嗣以續如視諸掌其子孫之賢可知矣予嘉其克紹先志僭爲之引

皆維

宋乾道九年仲冬之吉

翰林院待制直秘閣修撰張九成頓首拜題

題徐氏族譜引

山必祖於崑崙之脉千峯萬岫皆其支也水必祖於天一之精千滙萬川皆其派也人必祖於有生之源千子萬孫皆其後也今閱徐氏譜牒以迄於今統宗衍派一覽百世繩繩無窮孝子慈孫家藏珍玩擬諸天球河圖其寶過矣豈非善繼善述者而能之乎

西山蔡元定題并書

徐氏譜像跋

世以譜傳而不能像傳能並以傳者必先人勳業著於當時道德名於斯世乃能留其像與凡摹容雖盛不久去此譜之故也徐氏譜像燦然可傳千百世而不朽子孫瞻先人之像讀先人之譜而不興起仰止之心者未之有也

景炎元年歲次丙子春王正月吉州文天祥拜書

姓原 初祖黄帝軒轅公少典九世孫公孫之子名軒轅國號曰有熊初建都於北直隸順天府古嬀州涿鹿之地因蚩尤作亂復建都于順天府之涿州在位百年始于癸亥終于壬寅子二十五傳徐氏之祖曰少昊古贊

聖德廣大人文光亨干戈習用海宇清甯天長地久福及生民

四十一世孫龍遊 譔拜題

徐氏世牒

本觀先牒也返思南北家乘續舊支一脈子孫無異姓千年昭穆似同時烝嘗共守唐臣廟金石猶存宋詔詞雖□族人崇孝敬莫將身世負君師

監察御史梅溪王十朋書

徐氏譜序

世以譜傳而不能以像傳能並以傳者必先人勳業著于當時道德名於斯世乃留其像以傳爲像矣而終不傳夫亦無譜之故也徐氏譜像燦然可傳千百世而不替子孫

瞻先人之像讀先人之譜而不興仰正之心未之有也

吉州文天祥拜書

孺子亭 泰協略

聘君亭下燒痕新爲弔南州古逸民道合故應留太守□危肯復上蒲輪盤飧鄭重譚農事絮酒間關哭故人高□至今還寂寞荒祠野老薦溪蘋

本源實錄

蓋聞水木之長者必固其根本欲流之遠者必濬其泉源物且如是而況人乎夫人之本源在乎祖宗子孫之蕃衍無非由祖宗之德澤所致尊其祖敬其宗猶之木固本流濬源也溯自吾祖始受封於江南鳳陽府泗州之徐城曰徐子爵諱若木字子久其先軒轅黃帝之立孫大業公之子諱大費字伯益也伯益生二子長大廉受封於秦爲秦始祖次若木受封於徐爲徐始祖若木生菴延菴延生琭琭生二子長豹

爲山東山西兩省半始祖次鑠爲江南江北七省餘始祖鑠生顥泓顥泓生亮亮生允廸允廸生絳絳生敦敦生旄旄生頤頤生睿睿生璟璟生靖靖生曇曇生炎炎生肅肅生遜遜生翀翀生肇肇生振振生闢闢生興興生表表生常常生蕃蕃生暢暢生廣廣生通通生碳諱綏追封懿王碳生敍已上傳延襲爵徐侯敍生誕誕乃伯益三十三世孫也生而靈異襲爵徐侯治天下以仁義務本澤及他邦周穆王晏於瑤池之上當時諸侯執玉帛死生之物咸賓祭於徐之

庭者三十六國於是得朱弓赤矢之瑞穆王聞之與楚連謀伐徐徐侯不忍兵其民北之彭城武源山下而居焉百姓隨而從之者萬有餘家悉稱偃王云妻姜氏生三子長寶宗次寶衡三寶明而長次俱無嗣惟寶明生修修生弁弁生軌軌生景景生渾渾生恕恕生衡衡生章禹周封爲駒王章禹生常華常華爲周上大夫常華生之問爲周上卿之問生庠庠爲周上大夫庠生祁祁爲周正卿祁生彥章彥章周威烈王封爲侯爵彥章生懿及懋懋無嗣懿卽吳季子掛劍徐君是

也懿生書書生訥諾諾無嗣訥生敏敏生仲書仲書俱爲上卿仲書生洎能學清高時列國分爭周赧王五十九年五月五日避難渡江隱居東海子孫靡不簪纓生一子宜宜生監監生邸邸生毅毅生辟辟生濤濤生邁邁生友之亮之俱爲上卿友之無嗣亮之生相漢高祖封爲高郵侯相生釋拜大司徒釋生叔諭爲刺史叔諭生悅懷懷無嗣悅生馭爲諫議大夫馭生宏宏生皎皎生咸俱爲御史大夫咸生黃漢明帝封爲武源侯黃生寵寵生堯諭舜諭舜諭爲諫議大夫

無嗣堯論生之洵之洵生穉郎陳蕃設榻待之是也穉居南昌號五處士之一家貧業耕非其力不食淸風凜然世稱南州高士生二子長胥其高尚有父風次曜遷國子祭酒其子庶忠君孝親仙醫濟世庶生察博學鴻詞其後失傳惟胥生幹字偉長遷居北海建安時爲七才子之一幹生盛遷居瑯琊仕吳爲中郎將盛生自得晉元帝封爲陽陵侯自得生時儀時儀生甯爲吏部郎中甯生銓銓生熙仕至尚書熙生豐之即蘭臺四十二賢之一豐之生欽之宋武帝時

爲秘書監欽之生逵爲振威大將軍逵生湛之宋元嘉二十二年爲衡陽君二十八年爲僕射湛之生聿之聿之生孝嗣初爲丹陽尹齊明帝建武四年爲尚書令孝嗣生顗顗爲建康令生二子長揖仕梁爲太師令揖生勉仕梁爲太宰其後失傳次摛仕陳爲工部尚書摛生陵母臧氏夢五色雲化爲鳳集左肩而娠生爲數歲時寶誌公以手摩其頂曰天上石麒麟也梁爲散騎常侍陳爲吏部尚書生三子長儉傳至十五世而子孫蕃衍有若南金若南星若南溟若偉

若商若遹若爽等公次子儀傳至十五世而子孫衆多有若爽若鉉若鍇若鑑若鐵等公三子份傳至十五世而子孫慶衍有若顗若銓若競若縱若熙若點等公溯其世次俱產於南唐大宋之際十勿九誥一時稱爲人物之隆未有踰於吾族者也因分南金南爲十七派即十七派之上下祖孫無不章章可考夫溯孝穆公陵長子儉爲刑部郎中儉生龍龍生必大必大生敬心敬心生訥諸諧生嘉吾失傳訥爲翰林學士生嘉猷嘉卿嘉獻生橡林林失傳橡爲五經博

士生朏朏生齊聃八歲能文爲鳳閣舍人齊聃生長子堅唐中宗朝萬年主簿爲含像亭十八學士之一同衢州刺史嶠公重修偃王廟者也堅生虹爲翰林院修撰虹生天際天際生國賓及卿國賓生南金南金即第一支合像亭學士堅公派也天際次子卿有杜甫二子歌卿生大和大美大和生南星大美生南溟南星南溟即第二支有杜甫二子歌卿公派也齊聃次子璧生蛟蜚蛟失傳蜚生天元天元生仲雅後周爲大榮府學士失傳再溯訥公次子嘉卿生杞杞

生膾膾生二子長則東海隱士則生莊莊生二子長允失傳次兌兌生天倫天倫生鄰鄰生大器大器生偉偉居臨湘事母至孝生八子皆名士時號八龍偉郎第三支長沙八龍派也傳至五世孫有一奇二奇三奇等公即今蘇州射瀆新宅滸關無錫新庫橋浙江金甯紹等支始祖也膾公次子賜生有功有年有年失傳有功爲唐之秋官生四子愉竟允見長子愉唐開元詔爲恭陵令愉之長子天表失傳次轂爲定安太守封東莞縣侯轂生壽爲侍御史贈平章政事

壽之長子杜失傳次子宰平章政事宰之子商同平章事封東莞縣侯以上三世俱相繼登進士科商郎第四支秋官有功公長房派也傳至五世孫昶公仕南唐歙州刺史見治北七里皇呈千山川環秀遂籍家焉因姓名村曰徐村至今稱爲新安徐氏者此也其後裔公開公友鑵公等先後遷於江蘇之錫邑郎今城內書院衙城外黃土塘嚴家橋等支是也次子尭失傳三子允允生天麒天麟天麟失傳天麒生郁郁生大方大方生遹特奏狀元詩遹郎第五支秋官

有功公次房派也四子見生天爵天爵生毅毅失傳次子放生大年大年生奭北宋大中壬子科狀元奭郎第六支秋官有功公三房派也又溯孝穆陵公次子儀爲戶部尙書儀生彪彪生必文必文生啟啟啟生謂謂生嘉賓爲翰林院侍講嘉賓生植植生三子長勝勝生二子長貽貽生有恒有禮有禮失傳有恒生洪七歲能文對策高第調平陽府司法參軍洪生天益天益生敏敏生三子長節次簡均失傳三君獻爲黃州知府君獻生爽爽郎第七支知黃州派也

勝次子贍生有華有華之子嶠字巨山善書爲衛州刺史同萬年主簿堅公重修偃王廟書也嶠之子浩授中書舍人浩之長子繼書爲德州刺史繼書之子公望爲常郡宜興合公望之子鉉鉉錯長子鉉失傳次子鉉郎第八支北宋開國侯忠臣派也三子錯郎第九支集賢殿學士派也植公次子歷失傳三曰則生輕拜銀青光祿大夫輕生驥驥生峴峯峴之子湘溫溫爲大丞相都督中外諸軍務失傳湘之子繼嗣繼嗣之子公亮公亮之子鑵郎第十支東海郡王派

也次子峯峯之子淵淵之子繼詩繼詩之子公稷公
稷之子鐵鐵卽第十一支東海郡王次房派也峯次
子源失傳又溯孝穆公陵三子份爲太子洗馬份生
二子長必嚴次必武必嚴生敬發敬發生語語生嘉
善嘉善生松松生明明生允高允高生希節希節生
賓漢賓漢生壽祖壽祖生和和生誠坤誠坤生鎧鎧
卽第十二支江甯鳳陽和州派也次必武生敬成敬
成生診爲左僕射診生嘉年嘉年生三子長楊御史
大夫楊生月月生輔軏轅軫輔生驊爲右庶子驊生

崑崑生晦曜曜失傳晦生繼易爲秘書省正字繼易
生公來公來生銓銓卽第十三支右庶子派也軏爲
兵部尚書生騮騮爲工部侍郎騮生澤澤生國忠任
江陵守國忠生繼禮爲兵部尚書繼禮生公徽公徽
生兢兢卽第十四支兵部尚書派也轅之子騆爲湖
州刺史騆生岃岃生時時生繼庚繼庚失傳繼
虬生公敬公敬生鑨熙鑨卽第十五支湖州刺史派
也熙卽第十六支工於書畫爲江南名族派也惟軫
之後失傳卽嘉年公次子燕亦失傳三子梅生胄胄

生轍爲桂州刺史諡文靖公轍生騐騐生崧出將入
相封凌國公崧生曙昉昉失傳曙生繼志拜相封陽
卿侯繼志生公立失傳次公勤生黙黙卽第十七支
楚州孝子派也傳至五世孫石之子積居山陽少孤
事母至孝以父名石終身不敢履石而孝子派者所
由來乎卽今江邑之周莊錫邑之許墓常郡之三橋
等支始祖也蓋吾祖鉉公字鼎臣少而穎敏十歲能
文對策高第任南唐爲散騎常侍陞吏部尚書宋太
祖有忠臣之褒乾德五年三月九日敕徵爲翰林學

士累封開國侯始居無錫東膠山之横塘里卽今所
稱古十笏堂是也其子元鈒爲常州府通判其孫寀
任太醫院院判寀有三子長天恩傳至八世而有千
一千二千三千四千五等支皆其派也次天錫傳至
八世而有千六千七千八千九千十千十一千十二
千十三千十四等支皆其派也三天綱傳至八世而
有千十五千十六千十七等支皆其派也愢吾寬裕
亨明盛藏茂等公皆千公之孫若寬一生濂濂生三
子長華四卽今錫邑徐家舍等支始祖也次華五卽

今陽湖上莊宜莊余溝等支始祖也三華六郎今錫邑歐塘支始祖也若寬二寬三寬四等公即今錫邑方泉鎮菴西陸巷等支始祖也若寬五寬六寬七寬八寬九寬十等公即今蘇州江陰松江上海等支始祖也若裕一郎今崑山城內錫邑城外丁巷里南非下甸橋太倉永倉沙溪等始祖也若裕二裕三郎今蘇州封門外尹山瓜涇港無錫東門外蕩口甘露東亭等支始祖也若裕四裕五郎今錫邑北門外小蠡墅尤塘西河頭夾山等支始祖也若裕六郎今錫邑

北門外丁塔寺頭漳涇南門外伯瀆港宜興河橋等支始祖也若裕七裕八郎今錫邑西村獨山吳宗橋等支始祖也若裕九郎今金邑東膠山北張涇橋長浜斷上石橋頭許村江邑新塘橋徐家灣南柏樹下等支始祖也若裕十郎今金邑東膠山南五涇厫北宋舊宅堠山河莊橋板橋張州橋村東東亭等支始祖也若明一而歷明九郎今常邑顧山河山祁舍等支始祖也若明十郎今江邑新塘雅溪華墅常邑漁梁等支始祖也若明十一明十二郎今江邑長壽峭岐等支始祖也若載三茂四郎今錫邑揚窖灣花雲廟浜泥橋萬埠金邑西徐巷等支始祖也自夏相伯益公而下至陳天官孝穆公凡九十一世又十三傳而至北宋學士鼎臣公輩十七派凡百有六世又十二傳而至寬裕明茂等公凡百有十八世至寬公之孫華公輩凡百二十世至今彙修江南全譜或從華公輩爲始祖者或華公十六世孫二十世孫即夏相伯益公三十五世三十九世孫也或從寬裕明載茂等公爲始祖者則一百三十三世三十七世孫矣

其間忠孝節烈書不勝書且譜亦詳言之矣無用余之贅聯至於世系之流傳支派之分明素所表見此復略而言之

歐塘支裔孫　棟謹述

光緒二十八年歲次壬寅春王正月

南莊支裔孫達先纂輯

書院衙裔孫　荃校閱

後記

無錫是中國吴文化的發祥地。七千多年悠久歷史與文明，造就了『梁溪明秀之區，衣冠禮樂甲於江左』的城市人文傳統和深厚的歷史文化底藴。數千年來，文脉綿延，永世流芳。邵寶在《錫山遺響》序中曾經這樣描述：『錫之爲邑，在三吴間。山水清麗豐曠，生其地者，多沉雅秀整，以文名家，代不乏人。』文化已經成爲這座城市最本色的氣質。爲傳承吴地文明，建設文化名城，進一步彰顯無錫城市内在精神特質，經過幾年的精心策劃，旨在全面整理地方文化典籍的《無錫文庫》編纂出版工作於二〇一〇年全面啓動，二〇一一年起陸續與讀者見面了。

無錫的城市文化曾經爲中華文化寶庫作出過巨大貢獻。顧愷之、倪瓚、王紱、鄒一桂、賀天健、徐悲鴻、錢松喦、吴冠中，如松秀群嶺，在中國繪畫史上擁有很高的地位；華秋蘋、楊蔭瀏、劉天華、華彦鈞（阿炳），乃韵動天籟，對中國音樂發展發揮了重要作用；李紳、蔣防、尤袤、蔣捷、陳維崧、顧貞觀、嚴繩孫、周濟、劉半農，皆胸懷錦綉，在中國文學史上可謂各領風騷；計六奇、顧祖禹、顧棟高、秦蕙田、嵇璜、錢基博、錢穆、錢鍾書、錢海岳，可稱堂奥廣庭，學造淵源，在中國學術史上卓然大家；顧憲成、高攀龍之東林，唐文治之『國專』，徐霞客之游記，徐壽、華蘅芳之『格致之學』，陳翰笙、錢俊瑞、孫冶方、薛暮橋之經濟學，都堪稱中華文化史上的一座座高峰，至今閃耀着炫目的光芒。

深厚的歷史文化底蘊激發了無錫城市的文化自覺。市委、市政府滿懷對鄉土誠摯之情、對文化敬畏之感，以義不容辭的責任擔當，致力於文化强市建設，以科學的理念和方式對歷史文化遺產作全方位的觀照、深層次的發掘、系統性的保護，匯四海之智，舉全市之力，共襄文化建設盛舉。二〇〇六年十二月，無錫市成功申報國家歷史文化名城，標志着新一輪文化意識的覺醒，并迅速轉化爲文化自覺的實踐。近年來，我市全面啓動惠山、清名橋、小婁巷、榮巷、蕩口等五個歷史文化街區和十個古村落保護修復工程，『護其貌，顯其顔，鑄其魂，揚其韵』；鴻山遺址成功保護的經驗被國家文物局譽爲大遺址保護『無錫模式』，并被授予首批國家考古大遺址公園，闔閭城遺址考古發現則確立了歷史上無錫曾作爲吴王闔閭都城的地位；建成開放六十餘座博物館、名人故居和紀念館；對無錫的非物質文化遺産予以重點保護；每年春天舉辦的中國（無錫）吴文化節、中國文化遺産保護論壇成爲文化亮點，享譽海内外。這些舉措遵循規律，探索文化建設體制和機制的創新，形成了寶貴的『無錫經驗』，得到海内外學者、專家的一致肯定。

在注重保護歷史文化遺存的過程中，發掘、整理無錫歷史文獻著作，展示和弘揚無錫城市的思想精神世界，自然而然成爲大家關注的重點。二〇〇六年，市委宣傳部組織無錫文史專家、學者編撰的十七册三百萬字的《無錫文化叢書》正式出版，引起强烈反響，出版後供不應求，在二〇〇八年再版加印。《無錫文化叢書》集中反映了無錫城市文化精華，展示了無錫城市文化特質，彰顯了無錫歷史文化的厚重，同時也告訴人們，文化精神的傳遞是文化繁榮發展的重要内涵，一旦擦去歲月蒙塵，優秀的歷史文化就會轉化成爲取之不盡的精神財富。

爲了進一步彰顯城市歷史文化底藴，二〇〇七年，市委、市政府將全面系統整理無錫文化典籍擺上工作議事日程，明確提出編纂《無錫文庫》。由于無錫歷史文化底藴深厚，卷帙浩繁，内容豐富，編纂工作千頭萬緒，要想整理出一部簡明扼要而又内容翔實、主旨鮮明而又文質彬彬的文獻集成，難度遠大於預想。爲此，我們先後成立了《無錫文庫》工作委員會和編輯委員會，加强對編纂出版工作的組織領導與統籌協調，在尊重歷史、尊重規律、尊重科學、尊重專家的基礎上，積極推進文庫編纂工作。編輯委員會經過反復論證，明確原則，綱舉目張，有條不紊地開展工作。充分憑借地方文史專家的優勢，充分發揮高校人文學院、研究機構的作用，充分依靠出版機構的專業經驗，并邀請國内外著名文史專家指導、把關，形成了文庫編纂的工作合力。

在編輯過程中，我們力求使《無錫文庫》成爲經得起歷史考驗的鄉邦文獻集成。全面規劃又保持開放結構。面對豐富的歷史文化積澱，没有規劃就不可能形成清晰的編纂思路。在前期編纂工作中，編輯委員會經過二十餘次的論證會和專題研討會，形成并確定了《無錫文庫》總書目，明確了收録範圍和内容主體，立足無錫市區，兼顧江陰、宜興，主要體現無錫本土内容，突出人文科學，適當兼顧其他門類。據此，《無錫文庫》收録圖書五百五十餘種，分爲五輯：第一輯『官修舊志』，收編無錫地方志（含江陰、宜興）；第二輯『地方史料專著』，收編反映無錫地方史料的專著與筆記；第三輯『年譜家乘』，收編無錫（含江陰、宜興）地方名人年譜和望族的家譜；第四輯『無錫文存』，收編歷史上無錫作家詩文和專著的精華；第五輯『近現代名家名著存目』，編撰無錫近現代名家名著的書目提要。爲使文庫具有更大的開放度和包容量，《無錫文庫》注重整體設計，在框架分類上既注意整合，又突出重點，考慮到文庫的涵蓋面和系統性；在書目選擇上既注重經典性，又强調代表性，兼顧到圖書本身質量和作者特點；在出版方式上既總體規劃、循序推進，又采取較爲靈活的方式，成熟一批出版一批，不編序號，爲今後增補書目預留空間。

尊重歷史又反映時代特色。《無錫文庫》注重歷史性與時代性相結合，以嶄新的學術角度和現代學科理念對城市歷史文化進行整理和弘揚。編纂工作充分體現對歷史傳統的尊重，儘可能減少評述性成分，杜絶截割、改篡、增删圖書内容，對節選本衹采取作者的自選本。與此同時，以現代學術視野來看待傳統史料，增加收録有價值的歷史資料和文獻，如對民國時期的一些稿本、期刊、會刊、紀念册也予以應有的關注，收入了部分重要的民間史料。

保持原貌又便于讀者查閲。《無錫文庫》除第五輯外，全部采用原版影印方式，力争選擇最優版本作底本，保持文獻著作的歷史面目。爲了便於閲讀、查證、使用、研究，每一輯均撰寫編輯説明，每種書撰寫提要，并編撰《文庫》書目索引。通過這樣的方式，使《無錫文庫》兼具工具書檢索的作用，增强文化典籍整理的實用功能。

如期完成又精益求精。《無錫文庫》作爲一項重大文化工程，編纂工作面廣量大，必須集中力量，一鼓作氣。我們明確，從編纂工作全面啓動開始，花三年時間完成《無錫文庫》出版工作。《無錫文庫》總書目形成後，五輯的書目編纂工作同時開展、整體推進。我們要求，《無錫文庫》編纂出版工作要强化精品意識，力求思想精深、内容精彩、選編精當、學風精良、裝幀精美。文庫編纂出版的每個環節都反復論證推敲，確保經得起歷史檢驗。

《無錫文庫》的編纂出版工作，得到了鳳凰出版傳媒集團的大力支持，鳳凰出版社在版本選擇、編輯出版方面做了細緻的工作；由於《無錫文庫》收録的資料有三分之二散落在全國各圖書館中，中國國家圖書館、上海圖書館、南京圖書館等一批國内知名圖書館爲此提供了積極的幫助；應邀擔任《無錫文庫》學術顧問的專家，都是無錫籍的文化名人和國内一流的古籍研究專家，他們有的不顧年事已高，有的不顧自身工作繁忙，爲《無錫文庫》的編纂工作付出辛勤勞動；《無錫文庫》工作委員會和編輯委員會成員以及編務人員在文庫編纂出版過程中做了大量的工作。在此，謹向他們表示崇高的敬意和由衷的謝忱！

由於《無錫文庫》收録内容涉及範圍廣、時間跨度長，部分書目已經散佚，可利用資料受到限制，加之編輯委員會水平有限，《無錫文庫》的編纂工作難免會有一些疏漏和錯誤，不當之處敬請讀者指正。

王立人

二〇一一年一月